MYTHES ET IDÉOLOGIE DE LA FEMME DANS LES ROMANS DE FLAUBERT

Lucette CZYBA

MYTHES
ET IDÉOLOGIE
DE LA FEMME
DANS LES ROMANS
DE FLAUBERT

Presses Universitaires de Lyon

CZYBA (Lucette). — Mythes et idéologie de la femme dans les romans de Flaubert/Lucette Czyba. — Lyon : Presses Universitaires de Lyon, 1983. — 416 p. ; 24 cm.

ISBN : 2-7297-0190-7

A la femme la maison, à l'homme la place publique.

Proudhon

(*Système des Contradictions économiques ou Philosophie de la Misère*)

INTRODUCTION

En entreprenant cette étude sur les mythes et l'idéologie de la femme dans les romans de Flaubert, je n'ai pas sacrifié à une mode : les questions que je me suis posées à ce sujet sont plus anciennes. Toutefois j'ai conscience d'avoir été stimulée, encouragée dans cette voie, par la réflexion qui après 1970 a été plus systématiquement et méthodiquement conduite à propos du discours tenu sur les femmes et qui a abouti à la remise en cause d'un certain nombre d'idées reçues dans ce domaine. Cela d'autant plus que, malgré la multiplication des travaux qui ont renouvelé la lecture de Flaubert, l'intérêt de la critique ne s'était pas porté sur la question de la représentation imaginaire de la femme dans son œuvre. Ce que l'on continuait à dire et à écrire sur ces «personnages de papier» que sont les héroïnes flaubertiennes ne me paraissait pas assez bénéficier des recherches et des acquis de la narratologie, de la sociocritique des textes ou de la textanalyse. A mon sens trop souvent l'émotion et le plaisir esthétiques du lecteur, face aux tableaux et aux portraits féminins de Flaubert, l'empêchait de discerner ce qu'il ne m'apparaissait pas irrévérencieux d'appeler, d'un mot peut-être galvaudé mais difficile à remplacer, la misogynie du romancier. En particulier le personnage de Mme Arnoux dans *L'Éducation sentimentale* continuait à faire l'objet d'une sorte de consensus admiratif et de tabou. Je m'étonnais de ne pas voir discuté le jugement selon lequel ce personnage est «l'image de ce que l'humanité féminine peut offrir de plus tendre, de plus digne et à travers tout de plus invinciblement préservé» (1). C'était pourtant ne pas tenir compte des ambiguïtés du texte, réduire en conséquence le sens de l'œuvre, c'était enfin faire inconsciemment sienne une idéologie de la femme et de la mère historiquement datée sur laquelle il convenait plutôt de s'interroger. Je me suis demandé quels procédés littéraires mis en œuvre par le romancier favorisaient finalement l'adhésion du lecteur à l'a priori du mythe d'une nature féminine, d'un éternel féminin. Tout en ayant dans le même temps la certitude que le texte de Flaubert ne se réduisait pas à produire ce sens-là. Car il ne s'agissait pas pour moi de réduire le texte mais de révéler ce qui n'est pas toujours évident à première lecture.

Il m'a donc paru opportun d'étudier l'idéologie de la femme que la conception (comme la lecture) des personnages féminins flaubertiens met en jeu, ainsi que les mythes qui sont le véhicule, le support et l'expression de cette idéologie. Car le propre du mythe, selon la définition de Roland Barthes (2) que j'ai adoptée, est de transformer l'Histoire en Nature, le sens en forme, d'imposer ainsi un système de valeurs que nous prenons pour un système véridique. Procédant de l'imaginaire et s'adressant à l'imaginaire, le mythe participe de l'idéologie, il est un noyau, sinon le noyau de l'idéologie, définie par Pierre Albouy comme «un système de représentations constituant la représentation imaginaire des rapports réels de l'individu à la société et à son histoire» (3). La difficulté méthodologique étant, bien sûr, de faire le départ entre imaginaire et réel. Car si les mythes féminins constituent une déformation imaginaire d'une réalité de la femme, comment déterminer cette réalité ? Certes un certain esprit critique nous permet de flairer le mythe, c'est-à-dire de saisir la distorsion, souvent inconsciente, d'avec la réalité, grâce au recul historique, mais cet esprit critique risque de ne pas dépasser le stade de l'empirisme. Une manière de procéder moins artisanale consiste à repérer, dans le discours fortement codé qu'est le mythe, et plus encore le mythe littéraire, les références et les stéréotypes culturels qui favorisent le glissement de l'historique au non-historique. J'ai donc tenté dans un premier temps de discerner, dans leurs contradictions et leur complémentarité, les tendances les plus significatives de la représentation imaginaire de la femme au XIXe siècle, afin de disposer de références permettant de mieux évaluer celle qu'en proposent les romans flaubertiens. Je me bornerai ici à résumer la synthèse de ce qui m'a paru le plus révélateur du discours tenu sur les femmes au siècle dernier : fonction subversive des utopies saint-simonienne et fouriériste, la première remettant en cause les fondements familiaux de la société établis par le Code Napoléon, propriété et mariage monogamique, la seconde substituant, à l'argent, l'amour comme pivot de la société idéale et opposant un scepticisme relativiste au dogmatisme absolu et intransigeant de la morale conjugale et familiale contemporaine; sens symbolique (et limites) de la révolte sandienne; ambiguïtés de la mythologie féminine dans *La Comédie humaine*, mythologie fondatrice, étant donné l'influence des modèles socio-littéraires balzaciens sur toute l'écriture romanesque contemporaine et ultérieure; question des femmes posée et éludée au moment de la Révolution de 1848; espoirs féministes avortés et réaction contre les revendications des femmes dès juin 1848, la forme la plus insidieuse de cette réaction ayant consisté à enrober, à dissimuler l'idéologie dans une représentation satirique, sinon grotesque, de ces revendications. A la misogynie de Proudhon qui me paraît typique du Second Empire, puisqu'on la retrouve, aux nuances près, aussi bien chez Taine, Maxime Du Camp, les Goncourt... et Flaubert, j'opposerais volontiers les ambiguïtés de Michelet, tandis que l'article *Femme* du *Grand Dictionnaire universel* de Pierre Larousse figure la projection-bilan de cette idéologie au début de la Troisième République en 1872 (4). La lecture de nombreux textes littéraires contemporains de la production flaubertienne, combinée à celle de revues de vulgarisation littéraire et artistique, à large diffusion, comme *Le Musée des Familles*, m'a convaincue de l'importance de certains mythes féminins dans l'imaginaire social du XIXe siècle : empruntés à l'Histoire de l'Antiquité, ceux de Messaline et de Cléopâtre; à l'Histoire de France, ceux de Marguerite de Bourgogne, Isabeau de Bavière, Diane de Poitiers; à la Bible, ceux de la Reine de Saba, Dalila, Judith, Hérodias-Salomé... Des peintres et des caricaturistes (Delacroix, Daumier, Gavarni, Gustave Moreau...), pour ne citer que les plus caractéristiques, m'ont paru n'avoir pas moins contribué que les écrivains à l'élaboration d'une véritable typologie féminine à laquelle je ne devrais pas manquer de me référer.

Dans les textes flaubertiens eux-mêmes j'ai essayé de repérer les phénomènes de déplacement et de condensation, également caractéristiques du discours mythique, métonymies et métaphores, qui signifient une opération de camouflage ou de dérobade et qui signalent l'existence d'un refoulé. Je me suis aussi interrogée sur la fonction du discours italique qui, tout en produisant une illusion de réalité, a une dimension critique, sur la fonction du cliché dans l'écriture flaubertienne, cliché qui tend aussi bien à édifier le vraisemblable qu'à en saper les fondements de l'intérieur. Je me suis attachée à montrer le caractère privilégié du mythe littéraire qui, grâce à sa richesse et à son ambiguïté, a pour fonction de résoudre provisoirement, dans et par l'imaginaire, c'est-à-dire dans et par un discours lui-même mis en cause, des contradictions insolubles dans la réalité; à montrer que le mythe littéraire autorise par conséquent une lecture plus approfondie et plus complète de la réalité historique dans laquelle s'inscrit l'œuvre, qu'il permet d'avoir plus de prise sur les contradictions inhérentes à cette réalité puisqu'il tente de les résoudre ou de les annuler en se projetant dans l'imaginaire, dans un imaginaire écrit, formulé selon un langage lui-même ambigu et contesté. Aussi les images que l'œuvre romanesque propose de la féminité ont-elles souvent plus à dire sur le statut des femmes dans une société donnée, singulièrement au XIXe siècle, qu'un discours théorique tenu sur elles, ce qui ne signifie pas qu'on minimise l'apport de ce dernier dans une étude consacrée à l'idéologie de la femme. Ainsi l'ambiguïté parfois très forte des mythes littéraires flaubertiens concernant la femme est apte, par la force même de cette ambiguïté, à produire les conditions d'une lecture démystificatrice. L'examen de la mythologie féminine de Flaubert m'a donc paru un moyen efficace d'apprécier la lucidité du regard qu'il porte sur la société à laquelle il appartient, et d'apprécier les limites de cette lucidité, un moyen efficace de préciser la nature et le sens de l'ironie distanciatrice, peut-être désespérée, qu'il a exercée contre sa propre classe, la bourgeoisie, d'appréhender enfin comment il était parvenu à transformer une idéologie en esthétique.

Partant du principe, établi par Benveniste (5), que «la langue est un système où rien ne signifie en soi et par vocation naturelle, mais où tout signifie en fonction de l'ensemble», je me suis efforcée de dégager, malgré la disparité apparente des œuvres considérées, la cohérence de cette mythologie féminine et j'ai poursuivi cette recherche aussi bien dans les œuvres de jeunesse de Flaubert que dans ses ébauches, brouillons et projets inédits qui m'ont été accessibles. En recherchant cette cohérence, j'ai perçu la nécessité d'esquisser aussi une lecture psychanalytique des textes : après les travaux de Theodor Reik sur *La Tentation de Saint Antoine*, l'interprétation que Marthe Robert (6) a donnée du double rêve rapporté dans les *Mémoires d'un fou* m'a persuadée de l'intérêt et de l'importance de cette approche des textes. C'était poser la question du rapport fondamental de la mythologie féminine avec son archétype maternel et avec le «roman familial» de Flaubert (7).

Je ne veux pas achever cette introduction sans remercier Roger Bellet qui, après avoir approuvé le projet de ce livre, n'a cessé d'en soutenir l'exécution de ses conseils et de son amitié.

Lyon, mai 1982

CHAPITRE I

MYTHES ET IDÉOLOGIE DE LA FEMME
DANS LES ŒUVRES DE JEUNESSE DE FLAUBERT

> La débauche la décorait d'une beauté infernale.
>
> (*Novembre*, 1842)

> J'ai peur de n'aimer qu'une conception de mon esprit et de ne chérir en elle que l'amour qu'elle m'avait fait rêver.
>
> (*Mémoires d'un fou*, 1838)

Lectures du collégien Flaubert

Les œuvres de jeunesse de Flaubert (1) reproduisent un certain nombre d'idées convenues dans lesquelles la société contemporaine est convaincue de reconnaître la vérité de la «nature» féminine. Ce phénomène de reflet n'a rien qui puisse surprendre. Comme tous les collégiens de son âge, le jeune Flaubert, déjà conditionné par son milieu et son histoire familiale, subit de surcroît l'influence déterminante de ses lectures quand s'élabore sa mythologie féminine personnelle. Les adolescents de cette génération lisent ce que nous appellerions aujourd'hui les best-sellers et les revues à grand succès, destinées à tout public, représentatives du «goût littéraire moyen» des Français sous le règne de Louis-Philippe : ainsi le *Musée des Familles* et *Le Colibri* de Rouen figurent mieux que la *Revue des Deux-Mondes*, la *Revue de Paris* ou la *Revue Française* le genre de publication que pouvait lire un enfant ou un adolescent au début de la Monarchie de juillet (2). Flaubert a connu le *Musée des Familles* et publié deux de ses œuvres de jeunesse, les seules qui aient vu le jour de son vivant, dans *Le Colibri* (12 février et 30 mars 1837). La lecture comparée de la correspondance, des premières œuvres du jeune Flaubert, et celle du *Musée des Familles* (premier volume, 1833-1834; troisième volume, 1835-1836) faisant apparaître un certain nombre d'échos, de correspondances, la question doit être posée : quel véhicule idéologique a représenté le journal dirigé par S.H. Berthoud, quels mythes a-t-il contribué à promouvoir, quelle fonction sa lecture peut-elle avoir eue dans l'élaboration de la mythologie personnelle du jeune auteur concernant la femme ?

L'image de la femme dans le *Musée des Familles*

Le *Musée des Familles* qui, en reflétant et vulgarisant les modes littéraires, en reproduisant les stéréotypes et les mythes contemporains, favorise la promotion des valeurs qui fondent la société bourgeoise sous Louis-Philippe, ne peut proposer de la femme qu'une image convenue. On relève en effet un certain nombre de stéréotypes connus : italienne (immanquablement) «vindicative»; faiblesse, fragilité nerveuse, frivolité, rivalité des femmes... Leur fonction dans la société se réduit souvent à

celle de consommatrices et d'ornement luxueux, la beauté étant considérée comme une des qualités féminines essentielles; la vieille femme,
devenue par conséquent caduque, nulle, déplacée, a nécessairement un
aspect «hideux», elle est «courbée, ridée», «sorcière à la voix aigre».
Il va de soi que la femme est la propriété de l'homme : l'amour se fonde
sur la possession, et la jalousie chez un homme est considérée comme la
preuve de son amour; le corps voilé de la femme et son équivalent moral,
la pudeur, attisent le désir masculin. La vocation «naturelle» de la femme
est l'amour, c'est-à-dire le mariage et la maternité, les contes et nouvelles
publiés dans le *Musée des Familles* se chargeant de promouvoir les vertus
féminines cardinales, inhérentes à cet état : fidélité, soumission, patience,
sens de l'économie, générosité, dévouement, sacrifice de soi (de préférence
anonyme), pitié pour la souffrance d'autrui et piété; la vie des femmes
étant vouée elle-même à la souffrance et au malheur, leur résignation se
fonde sur leur foi en Dieu; elles sont destinées à la vie domestique et
privée, aussi les «femmes savantes» sont-elles condamnées, soit par le ridicule, soit par les malheurs que leur conduite ne manque pas d'entraîner;
leur «nature» de mères fait d'elles «les premières institutrices du genre
humain»; chargées de «former les âmes», (non les esprits), «elles portent
l'avenir des sociétés dans leur sein»; par son abnégation, sa résignation
devant le malheur et la souffrance, la femme a pour fonction de promouvoir la vertu, d'élever le niveau moral de l'humanité, c'est l'«ange» dont
la beauté est rehaussée par les qualités morales. Angélisme mystificateur
puisqu'il cautionne, masque et tend à maintenir le statut contemporain
de la femme, infériorité et aliénation. La femme ne doit pas en effet
outrepasser les limites du rôle qui lui a été traditionnellement attribué :
les reines elles-mêmes n'ont pas droit à l'ambition, briguer les insignes
virils du pouvoir est synonyme d'impudeur et l'accent est mis sur la punition qu'elles ne manquent pas de subir (3); de même l'article de Félix Gail-
lardet insiste sur le châtiment réservé à Marguerite de Bourgogne (4),
une revue à destination «familiale» ne pouvant que censurer la nature
des crimes qui l'ont justifié. Le texte de l'article n'en est pas moins am-
bivalent : «... c'est qu'il y a quelque chose d'*attachant* et de *terrible* à
la fois dans cette histoire de débauches et de tueries princières, consom-
mées le soir, à minuit, entre les murs épais d'une tour...». Cette ambivalence appelle notre attention sur une contradiction fondamentale de
l'idéologie bourgeoise contemporaine : d'une part la panique provoquée
par les excès de la sexualité féminine impose la nécessité d'une morale
répressive; mais d'autre part l'imaginaire masculin est fasciné par des
figures mythiques telles que Marguerite de Bourgogne, Messaline et Cléopâtre, symboles de voluptés interdites, d'où les composantes sadiques ne

sont pas absentes, ces exemples privilégiés, royaux, d'inconduite féminine devenant des mythes de châtiment et de crime.

Le stéréotype de la femme au bal

Si exemplaire soit-elle, l'influence du *Musée des Familles* se combine à celle d'autres revues quand il s'agit de proposer, voire d'imposer à de jeunes lecteurs une certaine image de la femme. En fondant *Art et Progrès*, journal littéraire et théâtral, durant l'année scolaire 1834-1835, le jeune Flaubert imite Victor Herbin (5), et la revue que ce dernier vient de fonder le 12 juillet 1834, *Art et Progrès, Revue du théâtre, Journal des auteurs, des artistes et des gens du monde.* Le collégien reprend à son compte la vision artistico-mondaine et par conséquent réductrice de la société contemporaine que ce titre connote et reproduit dans son propre journal deux stéréotypes de la mythologie féminine bourgeoise dans la première moitié du XIXe siècle, la femme au bal (7e soirée) et l'actrice (12e soirée).

Une femme n'apparaît vraiment «femme» que dans le cadre mondain et luxueux du bal : femmes «fleurs», — («quelles fleurs à cueillir», selon Octave dans *La Confession d'un Enfant du Siècle*, 1836) —, «tailles qui tourbillonnent», robes qui font «tressaillir d'envie» le collégien, «glaces qui reluisent», lumières qui «flamboient»... Mazza, l'héroïne de *Passion et vertu* (1837), rencontre Ernest à un bal donné par le ministre : dans un univers romanesque bourgeois où les femmes sont des oisives, le bal figure le moment et le lieu où se détermine une destinée féminine. La vision mythique du bal, qui associe l'idée de féminité à une atmosphère de fête brillante et luxueuse, et réduit les femmes au statut d'objets du plaisir masculin — (plus précisément d'objets offerts en quelque sorte à un microcosme mondain à dominante masculine évidente, microcosme reproduisant les hiérarchies politiques, sociales et culturelles contemporaines) —, inspire les rêveries amoureuses du héros de *Novembre* (1842) : «Je me représentais celle que j'avais choisie, telle que je l'avais vue, en robe blanche, enlevée dans une valse aux bras d'un cavalier qui la soutient et qui lui sourit...». Dans *Quidquid volueris* (1837), *L'Éducation sentimentale* de 1845, *Madame Bovary* (1856), *L'Éducation sentimentale* de 1869, la séquence du bal joue un rôle déterminant dans l'économie de l'œuvre et rassemble les mythes fondamentaux concernant la femme dans l'idéologie contemporaine. En outre, si Flaubert a gardé une impression si durable du bal auquel il fut invité avec sa famille en 1836 par le Marquis de Pomereu dans son château du Héron (6) et si ce souvenir a eu dans son œuvre des échos répétés, c'est apparemment parce qu'il n'a pas vécu cette expérience de façon naïve, mais culturelle, déjà influencé par la mythologie du bal et l'image de la femme que cette mythologie implique. Sans doute peut-on formuler une hypothèse pour expliquer l'origine et l'importance de ce mythe du bal. Dans chacun des textes cités la valse en est la composante fondamentale; c'est la danse par excellence, car elle provoque le désir de la possession et en figure le substitut dans l'imaginaire masculin contemporain. De plus, la valse a depuis 1815, le Congrès de Vienne ayant été «le Congrès dansant», des vertus de cristallisation politique et mondaine (plus que nationale et régionale); il est clair que la valse classe une «société» :

> «A peine entré, je me lançais dans le tourbillon de la valse. Cet exercice vraiment délicieux m'a toujours été cher; je n'en connais pas de plus noble, ni qui soit plus digne en tout d'une belle femme et d'un jeune garçon; toutes les danses au prix de celle-là, ne sont que des conventions insipides ou des prétextes pour les entretiens les plus insignifiants. C'est véritablement posséder en quelque sorte une femme que de la tenir une demi-heure dans ses bras, et de l'entraîner ainsi, palpitante malgré elle, et non sans quelque risque, de telle sorte qu'on ne pourrait dire si on la protège ou si on la force» (7).

Et c'est la posséder sous le regard d'un public choisi, c'est-à-dire sous un *regard tiers* privilégié, ce regard tiers qui assume une fonction capitale dans l'économie du désir masculin au XIXe siècle. L'amertume d'Henry, réduit au rôle de spectateur lors du bal donné par Mme Renaud, donne à lire cette fonction de la valse :

> «Chaque fois qu'elle passait devant Henry, sa robe lui effleurait les jambes, le satin soyeux s'accrochait presque au drap de son pantalon, et il attendait qu'elle repassât devant lui, avec une anxiété infinie... Henry,... adossé à la muraille, la voyait apparaître et disparaître..., le corps cambré en arrière, la tête renversée, la bouche mi-ouverte... Et il l'admirait..., et la convoitait dans son âme, coupant sa robe de bas en haut, et se la figurant nue, toute nue, dans cette posture-là» (8).

Aucun intérêt pour l'aspect esthétique, donc sublimé, de la danse dans ce texte qui révèle en revanche un fantasme très fort de violence et de viol. Dans une société où toucher le corps féminin (du moins celui des femmes dites honnêtes) fait l'objet d'une stricte réglementation, voire d'un interdit, la valse constitue l'autorisation exceptionnelle, la transgression du tabou, d'autant plus que la «toilette» dénude certaines parties du corps féminin habituellement voilées et cachées; la valse permet un pouvoir sur le corps féminin; d'où l'attrait de cette danse et la mythification du bal qui ressortit donc à l'idéologie du pouvoir (pouvoir impliquant la possession des femmes), comme on le verra plus loin.

L'actrice

L'actrice est la séductrice par excellence. Les confidences du héros de *Novembre* montrent que le jeune Flaubert n'a pas échappé à l'emprise de ce mythe qui hante la conscience masculine romantique. Le mythe flaubertien est très éloigné cependant de l'actrice-apparition de Nerval; c'est en effet un regard tiers, celui de la foule, qui aimante l'amour de l'adolescent, ce qui fait apparaître la jalousie comme une composante fondamentale de la mythologie féminine des œuvres de jeunesse. Le désir a figure triangulaire : A est fasciné par B parce que B est regardé par C; par conséquent, A adore B à cause de C. Aucune relation authentique et binaire n'existe entre A et B :

«... il me semblait qu'elle arrachait mon cœur avec le son de sa voix, pour le mêler à elle dans une *vibration* amoureuse.

On l'applaudissait, on lui jetait des fleurs, et, dans mon transport, je savourais sur sa tête les adorations de la foule, l'amour de tous ces hommes et le désir de chacun d'eux... Qu'elle est belle, la femme que tous applaudissent et que tous envient, celle qui donne à la foule, pour les rêves de chaque nuit, la fièvre du désir, celle qui n'apparaît jamais qu'aux flambeaux, brillante et chantante, et marchant dans l'idéal d'un poète comme dans une vie faite pour elle ! Elle doit avoir, pour celui qu'elle aime, un autre amour, bien plus beau encore que celui qu'elle verse à flots sur tous les cœurs béants qui s'en abreuvent, des chants bien plus doux, des notes bien plus basses, plus amoureuses, plus tremblantes !» (9).

Jules, le poète, ne manque pas de s'éprendre de l'actrice Lucinde après l'avoir vu jouer le rôle d'Adèle Hervey dans l'*Antony* d'A. Dumas; son ami Henry aime «toutes les femmes de théâtre» : «... leur voix lui faisait bondir le cœur, ... le bruit de leurs pieds sur les planches de la scène retentissait en lui et irritait toute sa sensibilité». Il ne pense à la Rosalinde, «la cantatrice à la mode, la beauté de Paris»... qu'«avec des frémissements dans les vertèbres» (10). Ce vocabulaire typique de la vibration, du frémissement, des sens irrités, signifie une émotion du corps, non du sens esthétique, un fantasme de possession et une absence de sublimation.

L'intérêt du texte de la 12e soirée d'*Art et Progrès n° 2* est de témoigner de la vision ambivalente que les contemporains ont eue de l'actrice, vision poussée en caricature dans le contexte provincial :

«Le bruit court que Melle Coeline, chargée de dettes, a décampé de Rouen sans tambour ni trompette».

Lucinde abandonne Jules dans les mêmes conditions. Que signifie l'ambivalence du mythe de l'actrice ? Il semble que cette figure attractive/répulsive, — (l'amour de l'actrice est «dévorant» et «fait peur») (11) —, d'autant plus répulsive qu'attractive et attractive que répulsive, soit particulièrement apte à mettre en lumière un aspect fondamental de l'idéologie contemporaine : la peur que suscite la femme, proportionnelle à la séduction qu'elle exerce, se manifeste sous l'accusation de la prodigalité, souvent associée à une sexualité débridée (le jeu corporel de l'actrice ne peut-il pas apparaître comme une forme de prostitution à son public ?) Le nombre des amants de Lucinde est incalculable; quant à la Rosalinde, cette «femme magnifique, qui eût dévoré le revenu d'un empire», elle «couche avec son cocher» (12). L'actrice fait partie de la race exécrée des «mangeardes» qui attaquent les fortunes, ruinent les familles et compromettent le pouvoir masculin fondé sur l'argent, celles que «redoute tant le bourgeois pour son enfant». Simultanément toutefois le mythe de l'actrice prodigue tend à signifier que la fascination exercée par une femme est proportionnelle à son aptitude à dilapider l'argent, comme si pour les concitoyens de Louis-Philippe le critère de la séduction était précisément la capacité de subvertir le fameux modèle de vie proposé par Guizot : «Enrichissez-vous !» Cette interprétation est confirmée par la définition que le héros de *Novembre* donne du mot *maîtresse* :

«... c'était pour moi un être satanique, dont la magie du nom seul me jetait en de longues extases : c'était pour leurs maîtresses que les rois ruinaient et gagnaient des provinces»...

Ponctuation éloquente : les deux points introduisent bien un rapport de cause à effet entre la prodigalité et le pouvoir de séduction.

Luxe, pouvoir, argent et virilité

La mythologie de la femme apparaît en effet indissociable de l'idéologie de l'avoir et du pouvoir fondé sur l'avoir, qui caractérise la bourgeoisie dans la phase conquérante de son histoire. Cette relation se manifeste sous plusieurs formes. A l'instar des jeunes loups de la *Comédie humaine*, Jules et Henry subordonnent la possession des femmes à celle de l'argent :

Henry «aurait voulu être riche, pour passer sous ses fenêtres, monté sur un andalou noir, qui sautille sur le pavé comme une levrette. Elle aimait les fleurs; les fleurs, hélas ! ne sont faites que pour les riches, eux seuls sentent les roses et portent des camélias;

ils en achêtent qui sentent l'ambre et la vanille et les effeuillent sur le sein de leurs maîtresses, et le lendemain ils leur en donnent de nouvelles» (13).

Lucinde inspire à Jules «une étrange envie» d'être riche :

«C'est celle-là qu'on aimerait à voir dormir sous la soie, dans un lit d'ébène, à couvrir de fleurs..., à couvrir de diamants; c'est elle qu'il faudrait promener, l'été, dans un landau verni, à quatre chevaux, doucement bercée par des soupentes élastiques, étendue sur la plus soyeuse étoffe, vêtue de mousseline, fraîche et parfumée comme un bouquet. Ah ! le luxe lui irait bien !»

Selon le héros de *Novembre*, on n'est pas «bien né» quand on conçoit d'avoir une maîtresse en étant incapable de «la couvrir de diamants» et de «la loger dans un palais», «l'homme qui paye est le maître, le seigneur, le roi»; aussi l'amour des grisettes ne lui inspire-t-il que du dégoût :

«... il ne pouvait se résigner à monter dans une mansarde, pour embrasser une bouche qui vient de déjeuner avec du fromage, et prendre une main qui a des engelures».

Le mythe du château, mis en rapport avec celui du bal dès 1835 dans *Le Moine des Chartreux ou l'anneau du prieur*, a la même signification : avoir accès au château, c'est «vivre», c'est-à-dire participer à ces fêtes qui signifient la réussite sociale et figurent symboliquement la possession amoureuse dans l'imaginaire masculin contemporain :

«Puis regardant le château : — Oh ! là dedans il y a des hommes qui *vivent*, la *valse* peut-être bondit sur le parquet, saccadée et délirante ! Il y a des femmes qui tourbillonnent, entraînées dans les bras de leurs danseurs; il y a des laquais aux livrées d'or, des chevaux dont la parure a peut-être coûté plus d'heures de travail que mes heures d'ennui; il y a des lustres aux mille reflets, des diamants qui brillent dans les glaces»...

L'emploi répété du vocabulaire de l'argent et du pouvoir ne laisse pas d'ambiguïté sur la signification sociale de l'amour masculin. Etre l'amant d'une actrice (que tous convoitent) c'est devenir «de suite l'égal des *riches* et des *puissants*» (14). Car à travers elle on possède son public; l'actrice n'étant qu'une médiation sociale (sauf dans la métamorphose nervalienne). Quand l'adolescent des *Mémoires d'un fou* rêve son avenir à vingt ans, il confond gloire et amour; le même paragraphe de *Novembre* rapproche le rêve de gloire de celui des «luxures les plus effrénées», des «voluptés les plus féroces»; Jules enfin définit ainsi sa future »vie d'artiste» :

«... on joue mon drame,... il est applaudi à outrance, je pars d'ici, je vais avec Lucinde, nous vivons ensemble, elle jouant, moi composant. Tu sais comme la réputation arrive vite, j'en aurai, va, je serai *riche*, je voyagerai, j'aurai une *vie d'amour et de poésie*»...

Pour le jeune ambitieux, émule de Rastignac et des autres arrivistes balzaciens, les femmes sont la consécration et l'instrument avoué de la réussite sociale. Henry, fraîchement débarqué dans la capitale, n'envisage qu'une maîtresse possible : «une femme riche, une femme du monde». Parvenu au terme de son éducation sentimentale, il tâche «de coucher avec toutes les femmes, d'exploiter tous les hommes et d'accaparer tous les louis». Une actrice dont il est l'amant le rend célèbre et la protection d'une danseuse lui donne accès à une revue politique. «Le beau docteur Dulaurier... célébrité scientifique... a commencé par les femmes entretenues, s'est poussé par les dévotes». Le postulat selon lequel la possession/domination des femmes est synonyme de force et de puissance fonde le mythe de la virilité. Quand Émilie lui a avoué qu'elle l'aime, Henry se sent «fort, assez pour renverser le monde à lui seul... il était grand, il était magnifique, il dominait tout, il pouvait tout, il aurait volé avec les aigles»...

Il est significatif que le texte évoquant leur départ pour l'Amérique reproduise les mêmes termes :

«Henry se sentait fier et fort comme le premier homme qui a enlevé une femme, qui l'a saisie dans ses bras et qui l'a entraînée dans sa tanière. Alors l'amour se double de l'orgueil, le sentiment de sa propre puissance s'ajoute à la joie de la possession, on est vraiment le maître, le conquérant, l'amant».

L'attitude de son père, porte-parole caricatural de l'idéologie bourgeoise contemporaine, sous-entend ce mythe de la virilité :

«Si l'on avait dit au père d'Henry : «Votre fils a séduit une grande dame honnête et riche, portant un beau nom et maîtresse d'un beau château, il s'est marié avec elle, c'est un fier parti», le bonhomme eût remercié sa destinée... Dans une autre conjecture, si Henry avait conquis le cœur de la fille d'un charbonnier ou d'un marchand de légumes, et qu'il l'eût ensuite plantée là avec un marmot sur les bras, ne voulant pas s'avilir à l'épouser, son père fort probablement l'eût regardé comme un gaillard très espiègle et fort habile; dans le fond de sa vieille indulgence philosophique il n'aurait pas même été fâché des succès de son fils, et peut-être eût-il voulu voir la pauvre fille qui l'avait trouvé si aimable».

En conséquence, la femme constitue l'enjeu de la compétition masculine pour le pouvoir. Pietro Ornano l'emporte sur le doge de Gênes en enlevant sa fille et en en faisant sa maîtresse. Dans un *Rêve d'Enfer*, Julietta n'est qu'un moyen employé par Satan pour tenter d'obtenir la victoire sur le duc d'Almaroës. Les femmes forment le sujet privilégié des conversations masculines parce que leur conquête est considérée comme le meilleur faire-valoir : c'est pour pouvoir «faire le Lovelace d'estaminet» que l'adolescent des *Mémoires d'un fou* renonce à la chasteté dont on le «raillait» et qui lui «faisait honte». Ernest, médiocre avatar du fat balzacien, parie avec ses amis de faire une nouvelle conquête et, après avoir séduit Mazza, se vante d'en avoir «encore une» en soupant chez Véfour (15). Les femmes entretenues à la mode sont l'enjeu de la compétition masculine : «Bientôt on me connut, ce fut à qui m'aurait» (16). Dans une société structurée selon le principe fondateur du pouvoir masculin, l'intérêt porté aux femmes n'est pas conditionné par des qualités qui leur seraient propres mais par la suprématie que leur conquête signifie sur tous les autres mâles, rivaux potentiels par définition et spectateurs. D'où cette importance, on l'a vu, du *regard tiers*.

Le Triangle œdipien

Le mythe de la puissance virile fondée sur la possession des femmes explique «le supplice infernal, la douleur de damné», éprouvés par ceux à qui cette possession est refusée, par Djalioh dans *Quidquid volueris* et par l'adolescent des *Mémoires d'un fou* :

«... En voyant cet air de fêtes, ces visages riants, en contemplant Adèle, son amour, sa vie, le charme de ses traits, la suavité de ses regards, il se demanda pourquoi tout cela lui était refusé, semblable à un condamné qu'*on fait mourir de faim devant des vivres* et que *quelques barreaux de fer séparent de l'existence...*»

«Et puis, tout à coup, une pensée vint m'assaillir, pensée de rage et de jalousie : Oh ! non, elle ne dort pas; — et j'eus dans l'âme toutes les tortures d'un *damné*».

«Je pensai à son mari, à cet homme vulgaire et jovial, et les images les plus hideuses vinrent s'offrir devant moi. J'étais comme ces gens qu'*on fait mourir de faim dans des cages et entourés des mets les plus exquis*».

La reprise de ce thème, en 1837 et en 1838, en des termes presque analogues, donne à penser que les textes trahissent une obsession secrète du jeune écrivain. L'expression du mythe de la puissance virile dans les textes cités faisant intervenir des éléments qui ont eu une fonction déterminante dans la constitution de la personnalité de l'auteur, l'interprétation de ce mythe relève ici autant de l'analyse freudienne que de l'histoire sociale; ce qui est logique puisque l'analyse freudienne prend naissance (et sens) dans un contexte historique déterminé, caractérisé par le mariage monogamique, la toute-puissance du mari/père, c'est-à-dire où les structures familiales de la société bourgeoise n'ont guère évolué depuis le début du XIXe siècle. Deux scénarios inédits de 1837 (17) contribuent à donner du poids à cette hypothèse. Dans les deux cas, triangle œdipien classique : un jeune homme aime une femme plus âgée que lui; jaloux de son rival, dans le premier scénario il le tue en duel et éprouve «repentir» et «honte sur lui-même». Si l'on considère cette culpabilité, la secrète préférence pour le jeune homme prêtée à la dame, le fait que dans le second scénario celui qui a vingt ans l'emporte sur son rival qui en a trente-huit, avec «de nombreux droits acquis», il est tentant de voir dans ces textes l'expression du conflit œdipien entre père et fils et de lire dans la préférence accordée à chaque fois par la femme à son jeune amant une tentative inconsciente pour compenser par l'écriture le sentiment de frustration et d'impuissance éprouvé dans l'expérience personnelle. Le scénario de *Madame d'Ecouy* (18) peut être lu comme une confirmation de l'attachement œdipien à la mère : le jeune Arthur d'Ecouy tue le Baron de Bonnechose quand il apprend qu'il est l'amant de sa mère. Tout se passe comme si les femmes étaient l'occasion et l'objet d'un conflit de générations, révélant la jalousie de celui qui n'a rien à l'égard de celui qui possède, la frustration et le dépit des adolescents incapables d'accéder aux privilèges des pères, des nantis. *Les Mémoires d'un fou* nous semblent éclairer de façon décisive cette question du triangle œdipien chez le jeune Flaubert. Les deux rêves-cauchemars qui constituent la partie IV de l'autobiographie de 1838, rêves des hommes aux couteaux entre les dents et de la mère engloutie par les flots, punie de mort à cause d'une faute inconnue (19) selon l'interprétation freudienne qu'en a donnée Marthe Robert, signifient l'angoisse de la castration, le désir de potentialiser la puissance paternelle, la rancune contre la mère qui a préféré le père rival et qui s'est ainsi irrémédiablement dégradée. Le ressurgissement de ce double rêve, au moment où Flaubert se dispose à dire, en le transposant, son amour impossible, parce que d'avance condamné, pour Elisa Schlésinger, tendrait à montrer que le traumatisme de la «scène primitive»(20) a eu sur son organisation personnelle une influence décisive : les origines de la vie sont irrémédiablement souillées, la vie elle-même est frappée d'une effroyable malédiction, l'amour physique est synonyme d'obscénité, de paroxysme absurde, de déchaînement sauvage (21). La lecture de ce conflit de générations peut aussi se faire à un autre niveau socio-historique, ce qui n'exclut pas l'interprétation freudienne qui vient d'en être donnée. On peut en effet voir dans ce conflit la figure d'un malaise plus général, d'ordre socio-politique, qui est le fait de la jeunesse sous la Monarchie de Juillet et dont témoignent des textes comme *La Peau de chagrin*, précocement lucide en 1831, *Lorenzaccio* (1834), *La Confession d'un Enfant du Siècle* (1836)... Quelles perspectives d'avenir la bourgeoisie libérale qui vient de s'emparer du pouvoir offre-t-elle à ses enfants en effet ? Gagner de l'argent, «faire son trou», «s'établir», autant de valeurs que ces jeunes gens rejettent sans savoir par quoi les remplacer, convaincus d'arriver trop tard dans un monde qui n'est pas fait pour eux et où ils ne sauraient être heureux. Constat amer d'une frustration fondamentale : dans un univers régi par l'avoir, comment être ? Or dès 1839 un des leitmotive de la correspondance flaubertienne est précisément le refus et la critique de l'«établissement» :

> «Eh bien ! me voilà presque sorti des bancs, me voilà sur le point de *choisir un état*. Car il faut être un homme utile et prendre sa part au gâteau des rois en faisant du bien à l'humanité et en s'empiffrant d'argent le plus possible. C'est une triste position que celle où toutes les routes sont ouvertes devant vous, toutes aussi poudreuses, aussi stériles, aussi encombrées et qu'on est là douteux, embarrassé sur leur choix».

La femme-propriété

La conséquence logique du primat de l'avoir, fondement de l'édifice social contemporain, est d'imprimer une force nouvelle au mythe ancestral de la femme- propriété de l'homme. Le statut de la jeune fille, les termes dans lesquels il est défini dans *L'Éducation sentimentale* de 1845, ne laissent aucun doute à ce sujet : pour le séducteur éventuel elle ne figure pas en effet «dans le corps d'armée à attaquer. En effet elle ne prend rang dans le monde qu'avec la dot qu'on lui donne et le mari à qui on l'a donnée; pour que quelqu'un songe à s'en emparer, il faut auparavant qu'elle appartienne à un autre et qu'elle porte son nom, ainsi que l'argent, qui a besoin d'être marqué d'une effigie quelconque avant qu'on le livre à la circulation publique». Le plaisir masculin des amours adultères se fonde donc sur la transgression de la sacro-sainte loi de la propriété, puisqu'il consiste à «prendre» une femme à son «légitime» propriétaire. Le bien d'autrui paraît d'autant plus séduisant qu'il est plus jalousement gardé. La jalousie de l'amant à l'égard du mari, celle d'Henry à l'égard du père Renaud, provient du fait qu'il ne peut se sentir propriétaire d'Émilie à part entière :

«... n'est-il pas ton mari ? Tu lui appartiens.

— Non, c'est à toi, reprenait-elle en l'entourant de ses bras, à toi et pas à un autre.

— Tu lui as appartenu autrefois... avant moi il t'a eue, il t'a possédée en maître.

— Pas comme toi, ami... oh ! pas comme toi.

— Qu'importe ! je dois le haïr, à ma place tu ferais de même. Eh bien je le hais, car j'en suis jaloux, de cet homme : il peut t'aimer celui-là et te le dire devant tout le monde».

De même le père Renaud, après la fugue de sa femme en Amérique en compagnie d'Henry, éprouve toutes les souffrances du propriétaire dépouillé :

(il) «voyait déjà sa maison perdue, vide, affichée à vendre... il pensait... à son nom traîné partout... humilié... par cette belle femme qu'il avait eue, qu'il aurait pu avoir encore, qui était bien la sienne cependant, et dont la large poitrine gonflée, qu'il avait vue nue autrefois, peut-être alors, en ce moment même, se dilatait sous celle d'un autre».

La responsabilité de la femme en ce qui concerne le nom et la fortune de son mari montre à l'évidence qu'on ne lui reconnaît ni identité ni autonomie personnelle. L'ambivalence du jugement porté sur l'adultère rend lisibles les contradictions de l'idéologie bourgeoise. On lui accorde en effet un pouvoir d'attraction équivalent aux craintes qu'il inspire et à la condamnation dont il est l'objet :

«Certains mots me bouleversaient, celui de *femme*, de *maîtresse* surtout...

Ce mystère de la femme en dehors du mariage, et plus femme encore à cause de cela même, m'irritait et me tentait»... (*Novembre*).

La peur et la condamnation de l'adultère sont en relation directe avec le système social fondé sur la propriété : puisque la fonction de la famille est de préserver, voire d'accroître, le patrimoine, l'adultère féminin constitue une menace de dilapidation de ce dernier (et par conséquent de perversion de l'ordre social), les enfants adultérins risquant de se partager la fortune familiale avec les héritiers légitimes, ou même de la leur soustraire.

Toute la mythologie de l'amour est conditionnée par ce postulat de la femme-propriété masculine. La volonté de connaître tout le passé de la femme aimée correspond à une entreprise d'appropriation la plus complète possible; le fait que l'amant se croit tenu de faire, lui aussi, des confidences sur son propre passé ne constitue pas une objection à cette proposition mais plutôt une confirmation de l'influence du système social de la propriété sur la mythologie de l'amour : aimer, c'est se sentir propriétaire de l'autre; on verra plus loin à quel point les femmes ont intégré et assimilé cette mythologie amoureuse, créée à l'origine par (et pour) les hommes :

> «... ils s'étaient fait la confidence de toute leur vie; ils l'avaient voulu tous deux, pour se connaître plus intimement jusque dans les profondeurs de leur passé, et que leur cœur leur fût ouvert jusque dans ses fondations et dans ses ruines»... (*Éducation sentimentale* 1845).

Autre forme du désir masculin d'appropriation, le mythe de Pygmalion (dont la manie d'Arnolphe fournit dans *L'École des Femmes* une version dégradée et grotesque), à savoir façonner la femme aimée, intervenir dans les moindres détails de sa vie, afin de la rendre complètement dépendante :

> «Il eût voulu que la longue bergère de tapisserie où elle s'asseyait dans la journée eût été faite exprès pour elle et donnée par lui; que le tapis où elle marchait pieds nus, un autre n'y jetât pas les yeux; que sa bouche même, lorsqu'elle s'ouvrait pour les mots les plus simples et les plus nuls, ne s'ouvrît que pour lui seul; que toute sa vie, en un mot, eût été comme une mélodie secrète et particulière qu'il eût composée avec ses mains»... (*Ibid.*).

Ce qui, sous la forme élaborée de *L'Éducation sentimentale* de 1869, deviendra «une curiosité douloureuse qui n'avait pas de limites», est déjà contenu dans cet extrait (assez verbeux) de *Novembre* :

> «... quand j'avais vécu un jour avec une femme, je me disais : «Que ne l'ai-je connue depuis dix ans ! tous ses jours qui ont fui m'appartenaient, son premier sourire devant être pour moi, sa première pensée au monde pour moi. Des gens viennent et lui parlent, elle leur répond, elle y pense; les livres qu'elle admire, j'aurais dû les lire. Que ne me suis-je promené avec elle, sous tous les ombrages qui l'ont abritée ! il y a bien des robes qu'elle a usées et que je n'ai pas vues, elle a entendu, dans sa vie, les plus beaux opéras et je n'étais pas là; d'autres lui ont déjà fait sentir les fleurs que je n'avais pas cueillies»...

Mythe de la virginité et fantasme de viol

Le postulat de la femme propriété masculine a pour conséquence la mythification de la virginité et son association fréquente, dans l'imaginaire masculin contemporain, au fantasme de viol, avec une sorte de logique car ce droit de propriété autorise le viol légal du mariage. Un conte «fantastique» de fin 1835, début 1836, *La Fiancée et la Tombe* (22), reproduit cet aspect fondamental de l'idéologie de la femme. Parce que le Duc Robert a «ravi la pureté» de sa fiancée Annette, Paul, pour venger cette offense, le précipite dans les fossés de son château avant d'être tué lui-même. Un an après le spectre de Paul apparaît à la jeune fille, lui enjoignant d'aller chercher la dague et la tête du Duc dans les fossés, sinon elle ne pourra lui être unie. Bien qu'elle accepte de subir cette épreuve assortie de difficultés multiples (tempête de neige, démons...), elle meurt maudite par Paul. La castration symbolique du rival par l'intermédiaire de celle qui est considérée comme une pécheresse (malgré son irresponsabilité dans l'affaire), l'acharnement contre cette dernière révèlent l'impact du mythe sur les consciences.

La fantasmatique du viol fonde l'inspiration de *Quidquid volueris* (1837). Cette histoire de Djalioh, l'homme-singe qui viole et assassine Adèle, la femme de Paul de Monville, s'apparente au conte d'Eugène Chapus, *Le Brick du Gange*, où un orang-outang viole et tue Nadjah, jeune femme hindoue aimée de Madhava. L'intérêt suscité alors par les singes anthropoïdes (23) n'est pas seulement d'ordre philosophique; il dissimule (et révèle) en fait des obsessions contemporaines moins avouables; il fournit au jeune Flaubert l'occasion d'écrire un de ces textes qui donnent à lire ses propres obsessions, profondes, inconscientes et déterminantes pour la constitution de sa personnalité. Cette fantasmatique du viol s'inscrit dans un contexte plus largement sadique, de même que le voyeurisme jaloux de Djalioh est mis en relation avec sa volonté de recourir à la force pour posséder ce qui lui est interdit, de jouir de la souffrance infligée à l'objet aimé et de sa destruction, avant de se suicider lui-même dans un paroxysme de violence :

«... Oh ! si je pouvais la prendre, elle, et puis déchirer tous les habits qui la couvrent, mettre en pièces et en morceaux les voiles qui la cachent, et puis la prendre dans mes deux bras, fuir avec elle bien loin, à travers les bois...»

«... il la prit, la fit s'asseoir de force sur ses genoux, et de ses deux mains il lui déchira tous les vêtements, il mit en pièces les voiles qui la couvraient...

(il).... courut sur Adèle, lui enfonça ses griffes dans la chair...

Adèle pleurait; une trace de sang coulait de ses seins d'albâtre.

Enfin sa féroce brutalité ne connut plus de bornes...»

La composante sadique est essentielle dans l'élaboration du texte;

— au moment du mariage :

> «Quand la foule s'écarta pour laisser passer le cortège, Adèle
> se sentit la main piquée comme par une griffe de fer : c'était Djalioh
> qui, en passant, l'avait égratignée avec ses ongles; son gant devint
> rouge de sang...»

— quand Paul de Monville raconte la conception de Djalioh : «Une petite
sotte de négresse» n'ayant pas voulu de lui, le narrateur s'est vengé d'elle
en l'enfermant avec un orang-outang. Au retour de la chasse, il a constaté
le départ du singe et trouvé «l'esclave en pleurs et toute ensanglantée des
griffes de Bell»; il décrit les souffrances de la jeune femme pendant sa
grossesse et conclut sur sa mort quelques heures après son accouchement;

— dans la description du meurtre de l'enfant d'Adèle par Djalioh :

> «... il le prit dans ses deux mains, le fit tourner en l'air sur sa
> tête, et le lança de toutes ses forces sur le gazon, qui retentit du
> coup. L'enfant poussa un cri, et sa cervelle alla jaillir à dix pas, au-
> près d'une giroflée»...

L'évocation de l'orgie impériale, leitmotiv des œuvres de jeunesse (*Danse
des morts*, 1838; *Rome et les Césars*, 1839), associe la volupté au crime et
à la volonté de destruction (24). Comme celui de Djalioh, le comportement de Marguerite, l'héroïne pitoyable d'*Un Parfum à sentir* (1836), se
caractérise par le voyeurisme de la jalousie mis en rapport avec la volonté
de détruire autrui et de se détruire soi-même; en faisant éclater sa haine
contre sa rivale, elle provoque son mari qui la précipite elle-même dans
la cage du lion :

> «Déjà le fier animal l'avait saisie... elle avait la poitrine déchi-
> rée, et ses mains portaient l'empreinte des griffes».

Jules enfin, porte-parole de l'artiste dans l'*Éducation sentimentale* de
1845, hérite du voyeurisme sadomasochiste des personnages précédents;
en témoigne son attitude quand il retrouve Bernardi, son ancien rival
auprès de Lucinde :

> «Jules aimait à causer d'elle, à entendre de la bouche même
> de Bernardi mille détails intimes qui la dégradaient, mille faits qui
> outrageaient le souvenir qu'il en avait gardé...» (25).

L'étude des œuvres ultérieures permettra de confirmer cette fonction
essentielle de l'obsession sadique dans la mythologie féminine de l'écrivain.

Une mineure vouée à l'amour et à la souffrance

L'image que les textes du jeune Flaubert donnent de la femme, perçue et définie selon des critères uniquement masculins, signifie son aliénation, sa domination par le sexe fort, son statut de mineure. Tout d'abord sa vocation est exclusivement celle d'une amoureuse. *La Mort du Duc de Guise* reproduit ce poncif dès 1835 et exalte la générosité et le dévouement de l'amante. Vanina, la belle gênoise enlevée par le corsaire San Pietro, ne manque pas non plus de tomber amoureuse de son ravisseur (26). Dans l'*Éducation sentimentale* de 1845, l'amour est toujours le pivot autour duquel s'oriente toute l'existence d'Émilie Renaud :

> «En lui se résumaient ses affections, l'aimer et le suivre était presque une loi de son organisation et lui semblait être toute sa destinée (...) elle ne voyait rien qu'à travers cet amour (...) il y avait dans l'univers un homme; derrière lui, au second plan, s'agitait le reste de l'humanité; sans lui elle ne voyait rien de beau ni de bon, il expliquait sa vie, il en était le mot suprême...».

Corollaire de l'amour des femmes, leur souffrance : aimer, c'est souffrir, quand on est une femme; en témoignent Marguerite (*Un Parfum à sentir*), Julietta (*Rêve d'Enfer*), Mazza (*Passion et Vertu*), toutes trois acculées au suicide. Les femmes sont les martyres de cette «religion» inconnue des hommes qui ont d'autres buts et d'autres préoccupations dans l'existence, «la science, l'ambition, le jeu, l'argent, la gloire, les orgies, le café, la chasse, les chevaux, le billard...» et des aspirations plus limitées :

> «Pour vous il n'y a pas d'âme, vous êtes des athées; le corps, le corps est tout, et quand vos sales désirs sont assouvis, malheur à nous ! nous ne servons plus que de piédestaux à votre exécrable vanité et d'ornement à vos maisons» (*Éducation sentimentale* 1845).

Si une femme, voire une reine, se risque à manifester une ambition autre qu'amoureuse, si elle aspire au pouvoir politique comme Isabeau de Bavière, elle finit «dans la misère et l'opprobre» (27) : toute expression d'une volonté féminine autonome, considérée comme une menace, provoque peur et répression, tandis qu'on exalte la «générosité» et le dévouement, signes de soumission et d'obédience au pouvoir masculin.

La beauté féminine : stéréotypes et modèles idéologiques

Une femme est aimée parce qu'elle est «belle» : la laideur de Marguerite suffit à justifier la haine d'Isambart (28). Là encore le destin des femmes reste entre les mains des hommes, car ce sont eux qui fixent les critères de la beauté féminine. Quand il s'agit de l'estimer, l'usage des stéréotypes signifie la référence constante à des modèles idéologiques. Le jeune Flaubert partage ainsi avec ses contemporains le goût des yeux noirs, de préférence grands (ce sont ceux d'Isabeau de Bavière, d'Isabellada dans *Un Parfum à sentir*, de Maria dans les *Mémoires d'un fou*, de Mazza dans *Passion et vertu*, de Marie dans *Novembre*, d'Émilie Renaud). Les cheveux nécessairement longs, sont plus souvent noirs (Isabellada, Maria, Mazza, Marie, Émilie) que blonds (Julietta dans un *Rêve d'enfer*, Lucinde dans l'*Éducation sentimentale* de 1845). L'emporte en effet sur «la fée scandinave» (Adèle dans *Quidquid volueris*), «la neige médiévale» (Lucinde), le type de la «beauté méridionale et ardente» (avec ses différents avatars, italien, andalou, oriental) si commun à l'époque romantique. Isabellada est manifestement une réplique du modèle figuré par Esmeralda dans *Notre-Dame de Paris* (29). Le héros de *Novembre* est assez lucide pour percevoir la permanence d'un type de beauté dans l'imaginaire de tout homme :

> «Le type dont presque tous les hommes sont en quête n'est peut-être que le souvenir d'un amour conçu dans le ciel ou dès les premiers jours de la vie; nous sommes en quête de tout ce qui s'y rapporte, la seconde femme qui vous plaît ressemble presque toujours à la première... Voyez aussi comme ce sont éternellement les mêmes dont vous parlent les gens qui écrivent et qu'ils décrivent cent fois sans jamais s'en lasser...».

Frédéric Moreau dans l'*Éducation sentimentale* de 1869, associe immédiatement la séduction de Marie Arnoux à sa ressemblance aux «femmes des livres romantiques» (30).

La beauté est immanquablement synonyme de jeunesse. L'opposition caricaturale entre les vingt ans d'Isabellada et les quarante ans de Marguerite dans *Un Parfum à sentir* reprend un lieu commun de l'époque. Marguerite, «vieille» femme amoureuse est un objet de risée et de mépris; ses perspectives d'avenir sont l'hôpital, la folie, la noyade dans la Seine et la morgue, alors qu'Isabellada, devenue la dame de compagnie d'un grand seigneur, mène une vie luxueuse. Le statut de la vieille femme, transformée par sa laideur en être asexué, ne peut être que celui d'une servante qui tend à faire oublier par son dévouement et sa résignation la perte de ses agréments physiques : ainsi la maîtresse du cabaret du *Grand Vainqueur* est «toujours bonne et douce, calme au milieu du bruit, et parant seulement sans murmurer ses carafons menacés d'un revers de main ou d'un geste conservateur» (31). Au mieux la femme vieillie, quand elle a de l'argent, est condamnée à la solitude et à l'ennui, sa compagnie se résume «en son carlin et sa guenon», les singes et les chiens étant les seules créatures qui ne repoussent pas son amour :

> «Toutes les femmes que vous voyez si jeunes et si fraîches, eh bien, si elles ne meurent pas avant la soixantaine, auront donc un jour la manie des chiens au lieu de celle des hommes, et vivront avec un singe au lieu d'un amant...
>
> Hélas ! c'est triste, mais c'est vrai; et puis, après avoir ainsi jauni pendant une douzaine d'années et racorni comme un vieux parchemin, au coin de son feu, en compagnie d'un chat, d'un roman, de son dîner et de sa bonne, cet ange de bonté mourra...» (32).

Rivalité, identité, sentimentalité des femmes

Le mythe selon lequel le but de toute existence féminine est d'obtenir l'amour d'un homme a pour corollaire celui de la rivalité des femmes entre elles en vue d'acquérir ce privilège rare, ce dernier mythe ayant pour fonction d'assurer le maintien du pouvoir masculin, selon une stratégie éprouvée, diviser pour régner. Belcolore poignarde Deidamia dans *La Coupe et les Lèvres*, Vittoria abandonnée par Don Juan de Maraña, tue sa rivale Carolina, la jalousie de Mathilde s'exalte «jusqu'à l'égarement» quand elle apprend que Mme de Rênal visite deux fois par jour Julien dans sa prison (33). Dans *Deux Amours et deux Cercueils*, plan inédit, vraisemblablement de 1835, l'épouse du Duc d'Armans meurt victime de la jalousie de sa rivale, la maîtresse de son mari qui «lui met de l'Arsenic tous les jours dans son lait». Mazza, l'héroïne de *Passion et Vertu*, en proie à la passion amoureuse, hait toutes les femmes, «les jeunes et les belles surtout», parce qu'elles figurent à ses yeux des rivales possibles; Émilie Renaud est «jalouse de toutes les femmes» et accuse son amant Henry «de trop regarder» celles qui viennent chez elle et «de trop leur parler». La beauté, cause de l'amour, étant nécessairement synonyme de jeunesse, le mythe de la rivale jeune, jolie et par conséquent triomphante s'impose... D'où l'opposition caricaturale dans *Un Parfum à sentir* entre Marguerite, l'épouse légitime, vieille, laide, méprisée, édentée, et Isabellada, la jeune maîtresse, jolie, brillante et aimée.

L'acharnement des femmes à acquérir l'amour d'un homme (et à le conserver), le fait qu'elles sont anéanties voire qu'elles se suicident quand elles le perdent, signifient qu'elles sont inaptes à trouver une identité autrement que par l'intérêt qu'un homme veut bien leur porter : «A l'homme, tu devras ton heur ou ton malheur, tu seras faite femme, physiquement et socialement, par lui seulement» (34). L'examen du statut de la vieille fille en fournit une preuve supplémentaire. Tant que son âge le permet, elle reste, comme Aglaé dans l'*Éducation sentimentale* de 1845, celle qui attend un mari; elle ne peut vivre que par procuration, réduite au rôle ambigu de confidente-entremetteuse, «Scapin femelle» favorisant les intrigues d'autrui et y puisant un substitut de vie affective. L'ambition exclusive des femmes à «avoir» un homme montre à quel point elles ont assimilé et fait leur l'idéologie masculine de la possession dont elles sont pourtant les premières victimes. Le rapport amour-propriété est explicite dans *Deux Amours et deux Cercueils* : la maîtresse qui empoisonne lentement l'épouse, sa rivale, «petit à petit... lui *vole* tout ce qu'elle possède»; Émilie Renaud se croit autorisée à contrôler et à régenter de façon despotique la vie d'Henry parce qu'il est son amant. Ainsi la jalousie des femmes, leur caractère «exclusif» ne sont pas «naturels» mais produits par un contexte sociologique dans lequel triomphent les valeurs de l'avoir, elles-mêmes fondatrices du pouvoir politico-social.

En relation directe avec la vocation uniquement amoureuse des femmes, leur incurable sentimentalité. Aussi le mot-clef de la séduction est-il «Je vous aime», comme Desgenais l'explique à Octave dans la *Confession d'un enfant du Siècle*; Ernest n'emploie pas d'autre stratégie pour vaincre les résistances de Mazza. Émilie vante la délicatesse, la «belle âme» de son amant parce qu'il fait de ce discours amoureux l'ordinaire de leurs entretiens, tandis qu'elle dénonce la grossièreté de son mari qui ne l'a «jamais comprise» et «ne connaît l'amour que dans ce qu'il a de brutal et d'odieux». La sentimentalité féminine s'exprime dans le besoin de respecter un rituel amoureux consacré : échanges de cadeaux, gages de fidélité, tels que cheveux, bagues, portraits-miniatures, nécessité des lettres dites d'amour, «toutes ces balivernes sentimentales, si sottement écrites d'ordinaire, et qui plaisent tant aux dames...»; dans le traitement réducteur qu'elles font subir à la littérature : lire les poètes, c'est se laisser «bercer mollement dans leur rythme», «emporter par le rêve d'un génie sur quelque nuage d'or, au-delà des mondes connus»; le «poétique» équivaut à l'exaltation vague, à la rêverie sur les lieux communs éculés du romantisme, bref à «... un oubli complet du monde et une extase sans fin sur le soleil, sur la nuit, sur la mer, sur la lune, sur les nuages, sur les ruines...». Aussi les jeunes amants flaubertiens, l'adolescent des *Mémoires d'un fou*, Henry et Jules avant que leur «éducation sentimentale» ne soit achevée, peuvent-ils avoir l'illusion d'une communication dans la mesure où la femme aimée leur renvoie ce qu'ils croient être l'image de leurs propres goûts littéraires, mais ils finissent toujours par découvrir qu'il s'agit d'une image dégradée; en outre la révision ultérieure de ces valeurs de jeunesse entraîne la condamnation des femmes qui continuent à les partager. Une première conclusion s'impose : dans le meilleur des cas l'intelligence d'une femme se mesure à sa capacité de servir de miroir à l'esprit de l'homme qui l'aime; l'initiative intellectuelle, la pensée originale lui sont inconnues; on ne tolère chez elle que l'imitation, la reproduction de la pensée masculine, à condition encore qu'elle se donne la peine de faire oublier qu'elle pense :

> «Je n'ai jamais entendu personne le sentir (il s'agit de l'art) *avec plus de naïveté* et *avec moins de prétention*; elle avait des mots simples et expressifs qui partaient en relief, et surtout *avec tant de négligé et de grâce*, tant d'abandon, de nonchalance, *vous auriez dit qu'elle chantait*» (35).

Infériorité intellectuelle

La sentimentalité des femmes est donc un obstacle à leur développement intellectuel et le signe de leur infériorité dans ce domaine : trop de cœur, pas assez de tête, elles réduisent leur vision du monde à l'intérêt qu'elles portent à un seul homme, il en résulte nécessairement pour elles un appauvrissement, pour ne pas dire une atrophie intellectuelle :

> «... C'était de plus en plus un abandon complet de tout ce qui n'était pas son amant, un oubli profond de Dieu et des hommes, un exclusivisme complet, dans lequel elle vivait comme dans un monde...».

> «Elle ne comprenait donc rien ? Elle ne sentait donc rien ? Mais quelle étroitesse de l'esprit et du sentiment, quel excès de cruauté ou de bêtise...» (36).

S'il arrive aux femmes d'avoir du courage, c'est qu'elles ont été incapables d'estimer le danger :

> «... les femmes parfois ont des héroïsmes magnifiques qui peut-être ne leur coûtent pas grand-chose...» (*Éducation sentimentale*, 1845).

A fortiori la philosophie leur est inaccessible :

> «... *les femmes n'aiment pas la mort*... L'être qui donne la vie se courrouce de ce que la vie n'est pas éternelle»... «elles n'ont pas l'œil assez sûr pour contempler les précipices de la pensée, ni la poitrine assez large pour respirer l'air des hautes régions» (*Ibid.*).

Des bourgeoises et des mères

Statut social des femmes mises en scène dans les *Œuvres* de jeunesse ? Des bourgeoises le plus souvent comme Adèle, Mazza, femme de banquier, Émilie, épouse d'un maître de pension; la femme du peuple apparaît peu : quelques silhouettes de laitières et portières quand il s'agit de brosser la toile de fond que constitue le spectacle de la rue, la femme du commis réduite au rôle d'utilité, la tenancière du *Grand Vainqueur* à celui d'élément du décor; une place plus importante toutefois est ménagée à la servante de *Rage et impuissance* (1836), premier avatar d'une figure appelée à devenir un type, celui de «la servante au grand cœur» :

«C'était *une de ces* bonnes et honnêtes filles *qui* naissent et meurent dans les familles, qui servent leurs maîtres jusqu'à la mort, prennent soin des enfants et les élèvent.

Celle-ci avait vu naître M. Ohmlin, elle avait été sa nourrice, plus tard sa servante...».

Il n'est pas indifférent de noter que la formulation catégorielle réduit significativement ici le personnage féminin à l'état d'échantillon, nullement personnalisé, représentatif d'une espèce presque zoologique et que trente ans plus tard, le créateur de la Vatnaz aura encore recours à cette structure grammaticale, typique du discours balzacien, entre autres discours romanesques tenus sur la femme au XIXe siècle.

Dès ses premiers écrits, le jeune Flaubert ne manque pas non plus de reproduire l'image traditionnelle de la femme vouée à la maternité, avec ses connotations habituelles de soumission, d'abnégation et de souffrance. Dans *Matteo Falcone ou Deux Cercueils pour un proscrit*, narration de 1835-1836, l'unique fonction de la mère, absolument dépendante de la volonté de son mari, est de souffrir et de mourir de la mort de son enfant, la mise en scène dramatique de cet avatar de la mater dolorosa n'étant pas sans évoquer la figure de la Sachette aux prises avec les représentants de l'autorité venus lui arracher sa fille qu'elle vient enfin de retrouver :

«Une femme accourt, pâle, échevelée... elle se cramponne aux barreaux de la morgue...

Puis elle tomba par terre en poussant un cri d'agonie»...(37).

Dans *Un Parfum à sentir*, Marguerite est (aussi) une mère malheureuse; dans *La Peste à Florence* (1836), la mère n'apparaît que pour recevoir le cadavre de son fils, celle de *La Dernière heure* (1837) pleure la disparition de sa fille... L'amour pour les enfants, la vocation de la maternité, sont des lieux communs obligés du discours féminin, l'imparfait — style indirect, dans l'*Éducation sentimentale* de 1845, le signifie :

> «Elle n'avait pas le *bonheur d'être mère*, mais elle adorait les enfants...».

La mère est celle qui «installe», «nippe» et «emménage» son fils quand il vient faire ses études à Paris, c'est-à-dire celle qui tente de reconstituer pour le «pauvre» enfant un substitut du foyer familial et qui ne manque pas de «s'attendrir» et de pleurer en le quittant. Elle est aussi le porte-parole de la morale bourgeoise encourageant son fils «au travail», à la bonne conduite, à l'économie, scandalisée par «les dévergondées» qui écartent les jeunes gens du droit chemin.

Espace et temps féminins

L'espace imparti aux femmes dans les *Œuvres de jeunesse* est essentiellement celui de l'intériorité : maison, foyer, cadre de la vie privée et des tâches domestiques réservées aux femmes, telles que les travaux d'aiguille. L'épouse du commis «garde la maison tout le long du jour, raccommode les bas, fait des manchettes en toile pour son époux, lit les mélodrames de l'Ambigu et trempe la soupe...». La tenancière du *Grand Vainqueur*, «tout le jour... était accoudée sur le vieux comptoir... raccommodant des chaussettes ou un vieux pantalon bleu avec du fil blanc». La vieille servante de M. Ohmlin est présentée cousant dans une chambre basse, à la clarté de la chandelle. Si la vie que mène Adèle, avant son mariage, dans le château de sa mère et, après, dans l'hôtel de son mari, faubourg Saint-Germain, est plus élégante, le piano, la lecture du dernier roman de Balzac remplaçant le raccommodage, elle relève toutefois du même statut d'intériorité, car le parc ou le jardin ne sont que des annexes de la maison. Quand son fiancé va à la chasse, Adèle le voit partir de sa fenêtre, position-clef des femmes dans la littérature romanesque du siècle, qui figure leur attente, leur passivité, leur rôle de spectatrices (et non d'actrices) face au monde extérieur. La localisation d'Émilie entre la fenêtre et la cheminée, au jardin sous la tonnelle, est une banalité dans la peinture comme dans la littérature contemporaine :

> «L'hiver, elle se tenait dans sa chambre, assise entre la fenêtre et la cheminée, occupée à coudre ou à lire, devant une petite table à ouvrage qui lui avait appartenu étant jeune fille...» ...«dès que le printemps était revenu et que les premiers bourgeons de lilas étaient éclos, elle allait avec son ouvrage se placer dans la tonnelle, et elle restait là jusqu'au soleil couchant».

Sortir de ce «cercle étroit» et protégé qui constitue l'espace féminin est suspect parce que signe d'une rupture avec les normes de la conduite féminine : la promenade à cheval d'Émilie ne se situe-t-elle pas entre la scène où Henry lui avoue son amour et celle où elle devient sa maîtresse ? Aglaé, professeur de piano dans les *boarding schools for young ladies* et accédant ainsi au monde du dehors, n'est-elle pas accusée par Morel de ne pas être «grand-chose de propre». Étant donné la nature des occupations et de l'espace impartis aux femmes, le temps qui les concerne ne peut être que celui de la répétition monotone, de l'uniformité, de l'absence d'événement, en somme celui du retour cyclique des saisons.

Le mariage

En critiquant le mariage, Flaubert ne fait pas preuve à proprement parler d'originalité. L'institution a déjà subi de nombreux assauts, dont un des plus notoires est la *Physiologie* que Balzac lui a consacrée (38), et ne s'en porte pas plus mal; comme si le fait de dénoncer les tares les plus criantes du système aidait à le perpétuer, une critique traditionnalisée en lieux communs jouant le rôle de soupape de sécurité, critique conservatrice dans la mesure où elle renvoie les parties dos à dos et où elle présente le mariage comme un mal aussi éternel que nécessaire. Il en va ainsi dans *Quidquid volueris* :

> «La première voyait dans le mariage un mari, des cachemires, une loge à l'Opéra, des courses au Bois de Boulogne, des bals tout l'hiver (...), et puis encore tout ce qu'une fillette de dix-huit ans rêve dans ses songes dorés et dans son alcôve fermée.
>
> Le mari, au contraire, voyait dans le mariage une femme, des cachemires à payer, une petite poupée à habiller, et puis encore tout ce qu'un pauvre mari rêve lorsqu'il mène sa femme au bal.
>
> (...) Il avait pris une femme parce qu'il s'ennuyait d'être seul chez lui (...); enfin la meilleure de toutes les raisons, il aura de l'amour, du dévouement, du bonheur domestique, de la tranquillité, des enfants... Bah ! bien mieux que tranquillité, bonheur, amour, cinquante mille livres de rente en bonnes fermes, en jolis billets de banque qu'il placera sur les fonds d'Espagne».

La «petite comédie bourgeoise» insérée dans *Smarh* (1839) reproduit l'opposition classique entre les rêves «poétiques» de la jeune femme et le prosaïsme du mari; la perte des illusions, les satisfactions mondaines de la première et les satisfactions de propriétaire du second; la maternité pour l'une, le retour à la vie de garçon pour l'autre; d'où la conclusion stéréotypée :

«Ce fut donc, d'une part, une vie de dévouement, de sacrifices, de combats; et, de l'autre, une vie d'orgueil, d'argent, de
vice (...); et ils restèrent ainsi étrangers l'un à l'autre, habitant
sous le même toit, unis par la loi, désunis par le cœur».

Constat d'échec et d'impuissance à remettre en cause cet échec : ainsi
va le monde, c'est la leçon que Satan donne à Smarh; à quoi bon changer
ce qui de toute façon est voué au néant ? Surtout si l'on songe que personne n'a les mains propres dans cette affaire. Le rire de Yuk, signifiant
le grotesque de l'existence, est la seule conduite à tenir :

«La scène IV est toute remplie par un rire de Yuk, qui termina ici la comédie bourgeoise, en ajoutant qu'on eut beaucoup de
peine à enterrer le mari, à cause de deux cornes effroyables qui
s'élevaient en spirales. Comment diable les avait-il gagnées, avec une
petite femme si vertueuse ?»

L'attitude de Flaubert à l'égard du mariage dans sa correspondance trahit
le caractère bourgeois de sa révolte : il le refuse au nom de l'Art puisqu'il
signifie «l'établissement» incompatible avec les exigences de la création :

«Le mariage pour moi serait une apostasie qui m'épouvante.
La mort d'Alfred n'a pas effacé le souvenir de l'irritation que cela
m'a causée. Ça a été comme, pour les gens dévots, la nouvelle
d'un grand scandale donné par un évêque. Quand on veut, petit ou
grand, se mêler des œuvres du bon Dieu, il faut commencer, rien que
sous le rapport de l'hygiène, par se mettre dans une position à n'en
être pas la dupe. Tu peindras le vin, l'amour, les femmes, la gloire,
à condition, mon bonhomme, que tu ne seras ni ivrogne, ni amant,
ni mari, ni tourlourou. Mêlé à la vie, on la voit mal, on en souffre ou
(on) en jouit trop. L'artiste, selon moi, est une monstruosité, —
quelque chose de hors nature. Tous les malheurs dont la Providence
l'accable lui viennent de l'entêtement qu'il a à nier cet axiome»(39).

Lorsque le texte de *Novembre* accuse le mariage d'être «pire que le viol»,
il reproduit une critique contemporaine. La violence toutefois du refus
de Flaubert, la volonté de dégrader et de tourner en dérision, qui marque
à chaque fois sa condamnation du mariage, donnent à lire la résurgence
d'un conflit personnel plus profond qui relève, on l'a vu, de l'interprétation freudienne (40) et qui a conditionné en définitive, pour une large
part, sa vision de la femme.

L'adultère

Corollaire du mariage bourgeois, fondé sur l'intérêt, et du statut des femmes mariées réduites au rôle de reproductrices, la nécessité des amours adultères, seules synonymes de plaisir et de volupté. La séduction de la femme adultère, telle qu'elle apparaît dans l'*Éducation sentimentale* de 1845 et déjà dans *Passion et vertu* (1837), est donc d'abord un phéno-mène d'époque. Aussi la mise en scène romanesque fait-elle de la chambre l'espace féminin privilégié, figure de l'intimité érotique :

> «Dans la douce odeur fraîche de cet appartement fermé, sans doute qu'un poète eût senti des souvenirs de femme et de tendresse amoureuse, parfum composé, qui s'exhalait de tous ces vêtements, étendus sur des meubles, de ces savons encore humides, de ces lam-bris silencieux, et qui vous arrivait comme une émanation d'adul-tère».

Émilie, adultère, «prodigue» à Henry «chaque jour mille trésors d'amour toujours nouveaux. Tantôt c'étaient d'adorables *langueurs*, où tout son cœur se *fondait*, ou bien d'âcres déchirements...» Elle a «des variétés de volupté où son amant se (trouve) pris comme dans des trahisons succes-sives». De même Mazza, avant de se suicider, «resta quelques minutes à regarder son beau corps que rien ne couvrait, à penser à toutes les volup-tés qu'il avait données et aux jouissances immenses qu'elle avait prodi-guées à son amant». Et le jeune auteur conclut : «Quel trésor que l'amour d'une telle femme !» Alors que l'article de la Gazette des Tribunaux, dont il s'inspire, accable la femme adultère (41), lui au contraire tente de mettre en scène la naissance de la passion de Mazza, sa liaison avec Ernest, l'aban-don de ce dernier, les résolutions criminelles de la jeune femme pour se libérer de sa famille, et son désespoir final à l'annonce du mariage de son amant. Aussi *Passion et vertu* peut-il être lu comme une ébauche de *Ma-dame Bovary* et le personnage de Mazza comme une esquisse de celui d'Emma, si l'on considère moins le détail de l'anecdote que la tentative d'écriture romanesque. Le désir de défier la morale et l'ordre bourgeois ne suffit pas pour expliquer la prédilection de Flaubert pour la femme adultère, c'est-à-dire pour une image dégradée de la femme, la fascination qu'elle exerce étant proportionnelle à cette dégradation : Mazza apprend à Paris «tout ce qu'il y avait de large et d'immense dans le vice et de vo-luptueux dans le crime», son amour est caractérisé par la violence frénéti-que, le désir de profanation et de destruction et provoque la peur d'Ernest, séducteur patenté pourtant, et sa fuite au Mexique. En considérant la fas-cination qu'exerce sur Flaubert la prostituée, nouvel avatar de la «femme infâme» qui constitue «l'idéal féminin» de l'écrivain selon Mario Praz,

sans doute pourrons-nous mieux discerner les raisons profondes de ce phénomène.

La prostituée

La prostitution, comme l'adultère, est le complément nécessaire du
mariage et une conséquence logique du statut de la jeune fille et de la
femme mariée, dans la société bourgeoise du XIXe siècle. Marie, dans
Novembre, affirme que la prostituée a d'abord une fonction de substitut :

> «Aucun ne vient pour moi, aucun ne me connaît (...) qui
> saura tous les amours exaltés qui s'abattent sur une fille publique,
> toutes ces belles élégies qui finissent dans le bonjour qu'on lui
> adresse ?»

En concevant ce personnage, Flaubert reproduit, en le dévaluant, le type
de la prostituée au grand cœur, rachetée par l'amour, représenté dans
Marion Delorme et dans *Rolla*. La dévotion de Marie à l'égard de l'homme
aimé n'est pas sans évoquer celle de certaines héroïnes balzaciennes, Esther,
Coralie, «la fille aux yeux d'or». Plus révélatrice toutefois que la répétition de ces stéréotypes, la volonté de défier la morale, lisible dans le
discours anti-vierge que l'écrivain fait tenir à la jeune femme : il fascine
en effet le héros de *Novembre* dans la mesure où il lui propose une image
féminine dégradée, au moment où il affirme que «l'esprit borné des
femmes (le) dégoûte de leur commerce» (42).

> «Je l'avais écoutée avec avidité... Agrandie tout à coup à des
> proportions que je lui prêtais sans doute, elle me parut une femme
> nouvelle, pleine de mystères ignorés et, malgré mes rapports avec
> elle, toute tentante d'un charme irritant et d'attraits nouveaux.
> Les hommes, en effet, qui l'avaient possédée, avaient laissé sur
> elle comme une odeur de parfum éteint, traces de passions disparues,
> qui lui faisaient une majesté voluptueuse; la débauche la décorait
> d'une beauté infernale. Sans les orgies passées, aurait-elle eu ce
> sourire de suicide, qui la faisait ressembler à une morte se réveillant
> dans l'amour ?» (43).

Vision baudelairienne, associant «la chair, la mort et le diable» et révélant
le sadisme latent de l'écrivain : Marie n'associe-t-elle pas de surcroît la
volupté à la férocité, relisant «cent fois» les *Crimes des Reines* (Messaline,
Théodora, Marguerite de Bourgogne, Marie Stuart et Catherine II), rêvant
d'un amant dont les membres auraient «la souplesse terrible et voluptueuse
des léopards» et dont les dents mordraient «avec délices ce sein qui se
gonfle pour lui»... «Qu'il m'aime ! qu'il me batte ! qu'il me brise !».

L'érotisme évoqué ensuite est celui du déchaînement frénétique et de la violence sans frein :

> «... pour lui je me tordrai dans des mouvements de couleuvre, la nuit j'aurai des soubresauts furieux et des crispations qui déchirent (...) ou je bondirai en hurlant un hymne de guerre, comme les femmes des sauvages...» (44).

On est en droit de penser que la «dégradation» de la mère «œdipienne» n'est pas étrangère à la persistance de cette prédilection pour «une femme infâme», adultère ou prostituée, dans un contexte caractérisé par le désir de profanation, de déchaînement destructeur et auto-destructeur, associé au dégoût de la chair et au refus de procréer (45). Cette prédilection pour «la femme infâme» ne conditionnera pas moins l'élaboration des personnages féminins dans les romans de la maturité.

Le corps féminin

Le statut du corps féminin au XIXe siècle est lisible dans les œuvres autobiographiques du jeune Flaubert, *Mémoires d'un fou*, *Novembre*, *Éducation sentimentale* de 1845, en même temps que les textes laissent transparaître des obsessions plus singulières. Le mystère féminin, c'est d'abord le corps interdit, caché. Aussi l'adolescent cherche-t-il l'explication du mot femme «dans les livres, dans les gravures, dans les tableaux», dont il aurait voulu «pouvoir arracher les draperies pour y découvrir quelque chose»; les premières femmes qu'il a aimées sont des danseuses de corde : «Mon esprit se tourmentait en songeant à ces cuisses de formes étranges si bien serrées dans des pantalons roses, à ces bras souples...» Le pied et ses attributs, le bas, la bottine, la pantoufle, acquièrent ainsi une importance particulière; la vue de la gorge de Maria, allaitant son enfant, bouleverse l'adolescent des *Mémoires* qui n'avait jamais «vu de femme nue alors». Aussi l'épie-t-il quand elle va se baigner :

> «Je la contemplais de loin sous l'eau, j'enviais la vague molle et paisible qui battait sur ses flancs et couvrait d'écume cette poitrine haletante, je voyais le contour de ses membres sous les vêtements mouillés qui la couvraient...».

L'érotisme du vêtement consiste donc à dévoiler en voilant, à provoquer par conséquent, l'imagination du spectateur. La danse a une fonction privilégiée par son pouvoir de suggestion, celle d'Isabellada dans *Un Parfum à sentir*, celle de la bayadère dans *Novembre*, valse d'Émilie dans l'*Éducation*. Le plaisir se fonde sur la transgression de l'interdit; en sont des signes, la chevelure dénouée, le corps dénudé, tels qu'ils apparaissent dans *Novembre*, dans l'*Éducation sentimentale* de 1845, associés à la découverte de la volupté. L'érotisme de la chevelure révèle pour Flaubert comme pour Baudelaire l'importance des parfums et du toucher : «Je ne sais ce qu'elle s'était mis aux cheveux, mais elle embaumait, et je me sentis le cœur plus mou et plus faible qu'une pêche qui se fond sous la langue»... De même la fascination du corps féminin provient de Satan :

> «Elle avait des hanches rondes, de ces vraies hanches de femme, dont les lignes, dégradantes sur une cuisse ronde, rappellent toujours, de profil, je ne sais quelle forme souple et corrompue de serpent et de démon...» (46).

Peur de la femme et fétichisme

Le corps féminin fascine parce qu'il fait peur, à cause de son «mystère» (interne) : corps infernal... La séduction de la femme constitue un danger pour le sujet masculin : Lucinde appartient «à cette race de filles d'Eve venues pour perdre les hommes, à ces femmes magiques qui se jouent avec les serpents»; Henry dit d'Émilie : «elle se glisse vers moi comme une couleuvre et m'enlace de mille bras invisibles»... «Il l'aimait jusque dans ses entrailles... elle l'appelait à elle d'une force invincible. Parfois il se débattait dans ses liens, mais il retombait toujours. C'était une séduction qui grandissait à la contempler, un vertige qui l'attirait».

L'obsession flaubertienne de la faiblesse, de la «fusion» qui accompagne le désir amoureux et l'exprime, signifie celle de la perte d'une identité péniblement conquise et sans cesse menacée. C'est sans doute là ce qui explique le fétichisme de l'écrivain : la rêverie sur ce qui figure la femme étant moins dangereuse que sa présence (son parfum et son contact), le choix des objets fétichistes, permettant, en découpant, en fragmentant le corps féminin, de jouer avec les fantasmes, d'entretenir le désir, de favoriser l'essor du mythe. Ce fétichisme (singulièrement du pied et de la chaussure), sa fonction, les confidences du narrateur de *Novembre*, celles des *Souvenirs, Notes et Pensées intimes* les font apparaître sans ambiguïté :

> «... je restais devant la boutique d'un coiffeur, à regarder les belles figures de cire avec des fleurs et des diamants dans les cheveux, roses, blanches et décolletées; j'ai été amoureux de quelques-unes; l'étalage d'un cordonnier me tenait aussi en extase : dans ces petits souliers de satin, que l'on allait emporter pour le bal du soir, je plaçais un pied nu, un pied charmant, avec des ongles fins...; les corsets suspendus devant les magasins de modes, et que le vent fait remuer, me donnaient également de bizzares envies...».

«Il y a huit jours j'ai pensé pendant deux heures à deux

brodequins verts... et à une robe noire : sans ajouter rien de plus de niaiseries qui me tiennent le cœur attaché longtemps, je baguenaude dans ma tête, je me chatouille pour me faire rire, je me fais des tableaux dont je suis le spectateur, des tableaux avec des horizons roses, un beau soleil, tout y est bonheur, rayonnement».

Cette rêverie fétichiste trahit la volonté d'arrêter le temps, de gommer son usure, de fixer les moments de bonheur vécu et de leur conférer l'éternité des mythes.

Rêve et mythification de l'amour; fantasme de violence et orgie

Telle est bien en effet la tendance profonde de l'écrivain des œuvres de jeunesse. Le Fou des *Mémoires* n'«aime» et ne «désire» vraiment Maria que deux ans après l'avoir rencontrée quand il se retrouve seul dans le village où il l'a connue :

«... Je me la créais là, marchant à côté de moi, me parlant, me regardant... je reconstruisais dans mon cœur toutes les scènes où elle avait agi, parlé. Ces souvenirs étaient une passion»...

Le narrateur de *Novembre* ne revoit jamais Marie et même a «hâte de la fuir»; aussi bien aucun jour ne s'est écoulé sans qu'il perde à rêver d'elle le plus d'heures possible : «Quelquefois je m'enferme exprès et seul, je tâche de revivre dans ce souvenir...» Il aime donc de plus en plus à mesure que le temps passe; Marie est devenue un mythe et c'est ce mythe qu'aime le narrateur :

«J'ai peur de n'aimer qu'une conception de mon esprit et de ne chérir en elle que l'amour qu'elle m'avait fait rêver...».

Il fallait que Marie devînt un mythe et que le livre fût écrit «car la mémoire oublie et l'image s'efface». Dans les *Œuvres de jeunesse* l'amour est en fait rêve d'amour ou/et fantasme de violence. Ainsi Jules «vit dans la sobriété et dans la chasteté, rêvant l'amour, la volupté, l'orgie» (47), comme Saint-Antoine s'enfonce dans la solitude pour mieux se livrer au débordement de ses convoitises. La vie moderne lui paraissant «trop étroite», à l'instar de Flaubert, (de Balzac et de Gautier), il rêve d'orgies antiques, de «Cléopâtre buvant des diamants», et nourrit sa rêverie amoureuse de tous les mythes qu'a pu concevoir l'humanité :

«Tous les rêves de beauté que les hommes ont faits successivement, à chaque année de leur jeunesse, il les fit, il les reprit à son tour, passant comme eux par toutes les variétés du désir, par toutes les formes du corps...».

Il n'exclut pas «les monstruosités de Justine» car «la poésie est partout» et la rêverie flaubertienne parfaitement compatible avec la détermination de «disséquer» les autres et soi-même, sans pitié.

CONCLUSION

Dans ses œuvres de jeunesse Flaubert imite plus qu'il ne crée; il se borne souvent à reproduire les mythes féminins que ses lectures lui proposent. A l'instar de ceux dont ils sont l'imitation, ces textes ne remettent donc pas en cause le statut des femmes dans la société bourgeoise de la Monarchie de Juillet, mineures vouées aux souffrances du mariage et de la maternité, à la monotonie répétitive de la vie privée et domestique, sans participation effective à l'Histoire et sans prise directe sur leur propre destin. Ces écrits de jeunesse donnent à lire le rôle primordial de l'argent et de la compétition dans l'économie du désir, la possession des femmes riches ou chères figurant le signe de la réussite sociale et du pouvoir masculins. Comme leurs modèles, ces textes font du luxe et de l'élégance de la toilette, la condition sine qua non de la féminité, confondant nature et culture et transformant en essence ce qui est en fait produit par la civilisation industrielle et marchande. Parmi les peurs qui obsèdent l'imaginaire collectif contemporain, ils expriment celle qu'inspire le corps féminin capable par son pouvoir de séduction de compromettre l'intégrité masculine. Ils reproduisent les stéréotypes du roman, voire du feuilleton, sur la sentimentalité incurable et l'infériorité intellectuelle des femmes, sur le couple antinomique et complémentaire formé par l'épouse-mère de famille-gardienne du foyer, du patrimoine, de l'ordre social et des vertus traditionnelles, et par la maîtresse, courtisane vénale, dissipatrice, dispendieuse et dispensatrice de plaisirs.

Néanmoins, les *Mémoires d'un fou*, *Novembre* et *L'Éducation sentimentale* de 1845 présentent aussi l'intérêt d'annoncer et d'expliquer ce qui caractérise la vision flaubertienne de la femme et de la féminité dans les romans de la maturité. Ces textes donnent à lire en effet une prédilection marquée pour la femme infâme, qu'il s'agisse de la fascination exercée par la femme adultère ou par la prostituée; ils apportent un certain éclairage sur l'origine de cette prédilection, sur celle du sadisme, tentation permanente de l'imaginaire flaubertien, qui se manifeste sous plusieurs formes : voyeurisme sado-masochiste, déchaînement frénétique destructeur d'autrui et de soi, volonté de profanation sacrilège, de dégradation de la femme aimée associée au désir de la mythifier, violence du plaisir éprouvé fondée sur le désir de désacralisation et de profanation. Avant la première version de *La Tentation de Saint-Antoine* (1849), ces écrits autobiographiques proposent des signes prémonitoires d'une contamination révélatrice entre l'image de Marie et celle de Vénus (48). Ils fournissent une première ébauche de ce qui, dans les œuvres de la maturité, est appelé à devenir l'expression originale et spécifique de la peur qu'inspire l'Eve tentatrice et infernale en révélant chez le sujet masculin l'obsession de la langueur, de la fusion, de la liquéfaction. Ils expliquent ainsi le besoin de tenir la femme à distance en la rêvant, en lui conférant l'intemporalité du mythe et en substituant la contemplation fétichiste au contact charnel. Tout a bien été rapidement joué pour Flaubert. Sans les œuvres de jeunesse, le lecteur ignorerait combien la mythologie féminine du romancier a été influencée par ce que la constellation maternelle a précocement fixé dans son inconscient.

CHAPITRE II

LES AMBIGUÏTÉS DE «MADAME BOVARY»
OU
LA MODERNITÉ DE FLAUBERT

«La femme est un produit de l'homme. *Dieu a créé la femelle et l'homme a fait la femme*; elle est le résultat de la civilisation, une œuvre factice. Dans les pays où toute culture intellectuelle est nulle, elle n'existe pas (...). Quelles femmes c'étaient que les courtisanes grecques ! Mais quel art c'était que l'art grec ! Que devait être une créature élevée pour contribuer aux plaisirs *complets* d'un Platon ou d'un Phidias ?».

(Lettre à Louise Colet, 27 mars 1853)

«Je tourne beaucoup à la critique. Le roman que j'écris m'aiguise cette faculté, car c'est une œuvre surtout de critique, ou plutôt d'anatomie. Le lecteur ne s'apercevra pas, je l'espère, de tout le travail psychologique caché sous la forme, mais il en ressentira l'effet».

(A la même, janvier 1854)

«J'étais bien le même particulier il y a onze ans qu'aujourd'hui (à peu de chose près du moins; ainsi j'en excepte d'abord une grande admiration pour les putains que je n'ai plus que théorique et qui jadis était pratique)».

(A la même, 28-29 octobre 1853)

INTRODUCTION

Le 14 novembre 1850, de Constantinople, Flaubert écrivait à Louis Bouilhet :

> «A propos de sujets, j'en ai trois, qui ne sont peut-être que le même... 1˙ *Une nuit de Don juan...*; 2˙ l'histoire d'*Anubis*, la femme qui veut se faire baiser par le Dieu. — C'est la plus haute, mais elle a des difficultés atroces; 3˙ mon roman flamand de la jeune fille qui meurt vierge et mystique entre son père et sa mère, dans une petite ville de province, au fond d'un jardin planté de choux et de quenouilles, au bord d'une rivière grande comme l'Eau de Robec. — Ce qui me turlupine, c'est *la parenté d'idées entre ces trois plans.* Dans le premier, *l'amour inassouvissable* sous les deux formes de l'amour terrestre et de l'amour mystique. Dans le second, même histoire, seulement on s'y baise et l'amour terrestre est moins élevé en ce qu'il est plus précis. Dans le troisième, ils sont réunis dans la même personne, et l'un mène à l'autre...».

L'œuvre que voudrait écrire Flaubert pour (se) «donner (sa) mesure» à lui-même devrait donc exprimer une vision du monde qui est déjà celle de *Novembre* et de l'*Éducation sentimentale* de 1845 : nos aspirations par lesquelles seules nous valons sont nécessairement déçues, le malaise de vivre se caractérise par l'insatisfaction, toute tentative pour échapper à la prison de l'existence est inéluctablement vouée à l'échec. Qu'il ait finalement choisi d'écrire une biographie féminine, en fusionnant le projet n˙ 3 communiqué à Bouilhet, le canevas fourni par l'histoire de Delphine Couturier, épouse Delamare (1), les *Mémoires de Madame Ludovica* (2) alias Louise Pradier, l'expérience de sa propre liaison avec Louise Colet... a un sens : c'est un personnage féminin qui lui paraît le plus apte à incarner et exprimer cette insatisfaction fondamentale; il faut être une femme en effet, Flaubert le montrera, pour s'acharner à «chercher le parfum de l'oranger sous les pommiers», Jules, figure de l'artiste, étant, dès 1845, convaincu de la vanité de cette quête. D'autre part le correspondant de Louise Colet est trop conscient des «misères de la femme» pour ne pas en avoir pitié :

> «... je suis dans ce milieu... Si mon livre est bon, il chatouillera doucement mainte plaie féminine; plus d'un sourira en s'y reconnaissant.
>
> J'aurais connu vos douleurs, pauvres âmes obscures, humides de mélancolie renfermée, comme vos arrière-cours de province, dont les murs ont de la mousse». (Lettre à Louise Colet, 1er septembre 1852).

Déjà dans les œuvres de jeunesse, Flaubert s'en est pris, on l'a vu, à l'institution du mariage (3); le thème de la mal-mariée, celui de l'adultère complément nécessaire et indissociable du mariage, de la fascination exercée par la femme adultère ont inspiré *Passion et Vertu* (1837) avant d'être repris dans l'*Éducation sentimentale* de 1845. Mazza et Émilie, femmes de goûts romanesques, déçues par leur mariage avec un être prosaïque, et croyant pouvoir trouver auprès de leur amant le bonheur dont elles ont rêvé, peuvent être considérées comme des ébauches d'Emma (4), la séduction de Mazza par Ernest préfigurant celle d'Emma par Rodolphe tandis que les amours d'Emma et de Léon (suivant la progression épisode Yonville/épisode Rouen) ont une parenté certaine avec celles d'Émilie Renaud et d'Henry Gosselin. Mais les ambiguïtés et la richesse du texte de 1857 autorisent une interrogation beaucoup plus nuancée et diversifiée de la condition féminine car elles impliquent, de la part de l'écrivain, une attitude beaucoup plus complexe à l'égard de l'idéologie et des mythes contemporains concernant la femme. La question se pose aussi de savoir comment *Madame Bovary* confirme ce qui caractérise la mythologie féminine des œuvres de jeunesse et si, malgré le parti pris affiché d'impersonnalité − («... je n'y ai rien mis de mes sentiments ni de mon existence...» (5) −, le texte ne présente pas en réalité des récurrences significatives des obsessions profondes et durables de Flaubert, le choix d'une héroïne féminine ouvrant à l'écrivain la liberté «d'accéder à des zones de son propre moi que la masculinité lui interdirait normalement» (6).

PREMIERE PARTIE

La destinée féminine dans *Madame Bovary*

Les personnages féminins du roman, à commencer par l'héroïne (et exception faite des servantes) appartiennent tous à une petite bourgeoisie provinciale qui a conservé des liens étroits avec la paysannerie. Souvent besogneuses parce que financièrement limitées, voire gênées, ces femmes n'en épousent pas moins aveuglément les valeurs fondamentales de l'idéologie bourgeoise dominante. L'histoire d'Emma s'inscrit et s'écrit dans ce contexte sociologique, n'a de sens que par rapport à lui. Convaincu de la vérité sociale de son œuvre, l'écrivain pense que son personnage n'est pas une exception mais présente la valeur exemplaire d'un type : «Ma pauvre *Bovary*, sans doute, souffre et pleure dans vingt villages de France à la fois, à cette heure même» (7). La grande, la seule affaire dans la vie de ces femmes est le mariage, suivi de son corollaire, la maternité. Réduites à la vie privée, parce que vouées à la condition d'épouses et de mères au foyer, l'aubergiste, la veuve Lefrançois mise à part, elles n'ont d'existence légale, d'identité reconnue que par leur mari, leur histoire se confondant avec la sienne. Le titre du roman constitue donc un indice important, que confirment l'ouverture et le finale, précisément consacrés à Charles Bovary, le mari. Liées par le mariage indissoluble, privées d'autonomie, condamnées à répéter des comportements séculaires, les femmes apparaissent invariablement comme des victimes. Vivre pour elles signifie souffrir. Un enchaînement de «malheurs» constitue leur «destinée»; elles s'y résignent en effet comme à une nécessité apprise de leur «nature», la mère de Charles étant exemplaire à cet égard (8). L'histoire d'Emma elle-même ressortit à ce pathétique que la tradition romanesque, depuis le XVIIIe siècle, associe à la «destinée» féminine, en montrant l'amour impossible, c'est-à-dire en fait la vie impossible car «au-delà de l'amour, ne serait-ce pas la vie même qui serait visée ? Ce que l'on châtie chez l'héroïne, n'est-ce pas au fond la pure aspiration vitale ?» (9). C'est donc dans la mort seulement qu'elle peut «se retrouver». D'où le lien inévitable entre le sacre romanesque de la femme et la nécessité de son sacrifice. Il s'agit par conséquent d'étudier plus précisément le traitement que l'auteur de *Madame Bovary* fait subir aux mythes féminins contemporains, de voir comment l'histoire d'Emma simultanément confirme et bouleverse les schémas habituels, dans quelle mesure la lecture de son échec contribue, sinon à subvertir, du moins à remettre en question les valeurs établies concernant les femmes.

Statut socio-économique des femmes

Dans cette société paysanne la vie publique reste interdite aux femmes. Il est inconcevable qu'elles puissent avoir une prise directe sur le monde extérieur en exerçant des responsabilités professionnelles propres à leur conférer une réelle autonomie. Les seules activités rémunérées qui leur soient autorisées démarquent celles de la femme au foyer. Ainsi l'aubergiste offre aux célibataires sédentaires comme Léon Dupuis et le percepteur Binet, aux voyageurs, un substitut de la maison en leur fournissant la nourriture et, éventuellement, le logement; la veuve paraît donc spécialement désignée pour assumer cette fonction, qui ressortit plus aux traditions familiales qu'au métier des affaires : le signifient les déboires de Mme Lefrançois à la fin du roman, quand les conséquences inéluctables de l'évolution du monde contemporain capitaliste la rendent victime de la concurrence des *Favorites du Commerce*, établies par Lheureux (10). D'une manière plus immédiate encore, les activités de la nourrice sont une réplique de celles de la femme au foyer; substitut de la mère dans la petite enfance, elle exerce ses occupations dans la sphère limitée de l'intériorité domestique et apparaît invariablement dans le texte encombrée d'enfants. La situation de la lingère du couvent, des servantes, auxiliaires et reflets de leurs maîtresses, confirme à la fois la géographie féminine maison-jardin et la dépendance économique des femmes, cette dépendance se transformant en exploitation systématique dans le cas de la servante de ferme, Catherine Leroux (11). De même les rapports que la mère de Charles Bovary entretient avec le monde extérieur n'apportent pas de démenti à l'énoncé de ce statut féminin : ce sont la paresse et l'incurie de son époux qui la conduisent à jouer ce rôle d'intendante car elle ne dispose en fait d'aucun pouvoir de décision.

Le mariage : un marché, et un marché de dupes

Le texte dénonce le système matrimonial en montrant son dysfonctionnement et ses contradictions. Dans la grande et moyenne bourgeoisie, le mariage, on l'a vu, est affaire d'argent, non de sentiment; la petite bourgeoisie, soumise à la même idéologie, tente, mais avec moins de bonheur, de contracter elle aussi des mariages qui servent ses intérêts. Ainsi le père Bovary «saisit au passage une dot de soixante mille francs»; l'héritage de son beau-père se réduit cependant à peu de chose; il n'a pas de quoi «entretenir son fils dans les écoles du gouvernement» et ne peut lui offrir que des études d'officier de santé (12). Charles est franchement dupe d'un premier mariage contracté «par spéculation» et les intrigues de sa mère pour évincer les autres prétendants de la Veuve Dubuc apparaissent dérisoires : «... de toute cette fortune qu'on avait fait sonner si haut, rien, si ce n'est un peu de mobilier et quelques nippes, n'avait paru dans le ménage (...). La maison de Dieppe se trouva vermoulue d'hypothèques jusque dans ses pilotis; ce qu'elle avait mis chez le notaire, Dieu seul le savait, et la part de barque n'excéda point mille écus. Elle avait donc menti, la bonne dame !». Quand il s'aperçoit que Charles a «les pommettes rouges auprès de sa fille», le père Rouault ne laisse pas passer l'occasion de s'en «débarrasser» : elle ne lui sert guère dans sa maison et le prétendant «ne chicanerait pas trop sur la dot», dot qui est mangée en deux ans.

Les femmes, elles, sont doublement dupes; d'abord parce qu'elles demandent de l'amour à une institution qui, par définition, l'exclut, le texte le souligne ironiquement : les «servilités» de la mère Bovary, «folle de son mari autrefois», l'ont «détaché d'elle encore davantage»; Héloïse, dont le comportement odieux vient d'être détaillé, demande en dernier ressort à son mari «quelque sirop pour sa santé et un peu plus d'amour»; le voisinage du concret (une de ces drogues caractéristiques de la pharmacopée rudimentaire de l'officier de santé), l'emploi du quantitatif «un peu plus», dénaturent le sentiment, «les longs bras maigres» que la veuve passe «autour du cou» de Charles achevant la charge grotesque de la tentative de séduction. Les femmes d'autre part se laissent tromper par les apparences : pour avoir été «amoureuse de sa tournure», la mère Bovary s'est retrouvée avec un mari qui rentrait le soir «blasé et puant l'ivresse» après avoir couru «après toutes les gotons du village». Emma est «bien aise de se marier pour être débarrassée de la campagne et des paysans», elle épouse Charles «pour ne pas épouser un paysan, il a au moins les mains blanches», «c'est un monsieur» (13); mais les «fortes bottes» de son mari— («c'était bien assez bon pour la campagne») —, le couteau qu'«il porte dans sa poche comme un paysan», ses «manières épaisses» en apporteront le démenti (14).

Épouse et standing; l'idéologie de la paternité

En faisant de Charles Bovary un petit bourgeois paysan, le texte donne à lire la vulnérabilité de cette classe de la société à l'influence de l'idéologie bourgeoise contemporaine, idéologie du pouvoir fondé sur l'avoir, en même temps que le choix de ce statut social favorise le démontage critique de cette influence. La «possession» (15) d'une femme dont le profil est conforme aux critères fixés par cette idéologie, «belle éducation«, à savoir danse, géographie, dessin, piano, broderie — (autant d'arts d'agrément et d'ornement) —, maîtresse de maison selon les règles (16), objet de luxe et consommatrice (17), signifie selon l'officier de santé promotion et valorisation sociales :

... «Il rejaillssait de tout cela beaucoup de considération sur Bovary.

Charles finissait par s'*estimer* davantage de ce qu'il possédait une pareille femme» (p. 588).

Ce que confirme le jugement d'Homais, expert en matière d'idées et de comportements convenus : «c'est une femme de grands *moyens* et qui ne serait pas déplacée dans une sous-préfecture» (p. 610). Vocabulaire ambigu révélateur de la confusion des valeurs marchandes et morales.

Comme on se marie pour avoir des enfants, qui signifient entre les époux «une union plus complexe» (18), la paternité équivaut pour Charles à un label d'existence réussie. L'emploi de la métaphore, triviale à dessein, empruntée à ce vocabulaire de la manducation qui est au cœur de l'œuvre, — («Il connaissait l'existence humaine tout du long, et *il s'y attablait sur les deux coudes* avec sérénité») —, démystifie ironiquement cette satisfaction bourgeoise. L'éducation dont il rêve pour sa fille démarque logiquement celle qu'a reçue Emma et reproduit le modèle de la jeune fille destinée à devenir une épouse accomplie : ...«il voulait que Berthe fût bien élevée, qu'elle eût des talents, qu'elle apprît le piano...» (p. 640). Le texte montre Charles condamné (comme Emma, on le verra plus loin), à se réfugier dans les fantasmes en jouant les Perrette, — («il achèterait des actions, quelque part, n'importe où; d'ailleurs la clientèle augmenterait; il y comptait...» (p. 640) —, car la réalité lui échappe : à la fin du roman, Berthe devient, pour gagner sa vie, ouvrière dans une filature de coton (19). Ce processus de prolétarisation de la famille Bovary, ruinée, achève la remise en cause d'une mythologie mystificatrice de l'ascension sociale.

Ce que doit être un mari

Le texte n'est pas moins critique à l'égard du mythe du mari modèle, l'accumulation (excessive) des qualités requises en dénonçant le caractère chimérique : «beau, spirituel, distingué, attirant», il «devrait *tout* connaître, *exceller* en des activités multiples», comme si l'excellence, dans un monde où les techniques sont de plus en plus diversifiées, était compatible avec la multiplicité des entreprises. Nouveau Pygmalion, c'est à lui de former, voire de transformer, son épouse en «l'initiant»... «à tous les mystères» (p. 588); or le mariage ne modifie en rien Emma : les scénarios insistent sur la «torpeur de son cœur et de ses sens» qui ne sont «pas encore nés», la version définitive sur son «calme» (20). Alors qu'un mari est censé servir d'intercesseur entre sa femme et le monde extérieur qui lui est inconnu (parce qu'interdit), l'expérience de Charles se réduit à l'univers restreint et déjà connu de la campagne immédiate, son père, au contraire, a le mérite d'avoir «couru le monde» et de pouvoir parler «de Berlin, de Vienne, de Strasbourg, de son temps d'officier, des maîtresses qu'il avait eues, des grands déjeuners qu'il avait faits» (p. 605). Il ne présente aucun des critères contemporains de la virilité dénotant une éducation bourgeoise (savoir nager, faire des armes...) (21) c'est-à-dire l'aptitude à «tenir sa place», et à «faire son chemin» dans la société contemporaine, les hommes qui y détiennent le pouvoir ayant nécessairement reçu cette éducation. Pour Charles, trop pauvre pour s'offrir un cabriolet comme Canivet, docteur en médecine, le cheval (une vieille jument) n'est qu'un moyen utilitaire de locomotion et non la pratique gratuite d'un art noble, pratique sanctionnée par la maîtrise d'un langage technique : «... il ne put, un jour, lui expliquer un terme d'équitation qu'elle avait rencontré dans un roman» (p. 588). Charles n'a pas d'«ambition», le nom que porte son épouse n'a aucune chance de devenir célèbre (22); il s'endort sur *La Ruche médicale*, la lourdeur matérielle, l'animalité de son attitude «le menton sur ses deux mains», «les cheveux étalés comme une crinière...» suggérant l'incapacité d'accéder aux sphères élevées et épurées de l'intelligence; en outre l'évocation caricaturale du modèle — «un de ces hommes... qui travaillent la nuit dans des livres, et portent *enfin*, à soixante ans, *quand vient l'âge des rhumatismes*, une brochette en croix, sur leur habit noir, *mal fait*» —, tend à démystifier ce nouvel avatar de l'ambition bourgeoise. Enfin la place de l'épisode du pied-bot dans l'économie du roman est significative : Emma ne demande «qu'à s'appuyer sur quelque chose de plus solide que l'amour», c'est-à-dire sur une de ces valeurs que cautionne la morale bourgeoise, à savoir favoriser la «réputation» et la «fortune» de son mari (23). Cet épisode pitoyable dénonce le ridicule de ce rêve en fournissant un exemple achevé du grotesque triste poussé dans ses dernières conséquences : mise en scène illusoire, — («beaucoup de bandes — une pyramide de bandes...» «comme dans les hôpitaux» (24) —, réclame d'Homais dans le *Fanal de Rouen* (p. 634) quand l'intervention, une simple piqûre qui tient du miracle, est à peine achevée, contraste des suites réelles, gangrène et amputation, avec ce «cri déchirant»... «au milieu du silence qui emplissait le village» (p. 637).

Conséquences de l'idéologie de la propriété et du pouvoir sur la maternité

Le statut socio-économique des femmes conditionne leur comportement dans la maternité et la conception qu'elles en ont. Insatisfaites de leur propre sort, elles ne peuvent désirer avoir une fille dont l'existence serait, à leur avis, la réplique de la leur. Elles croient qu'un fils au contraire leur permettra de vivre par procuration ce que leur situation de femmes aliénées et opprimées leur a refusé. Ainsi la mère de Charles a reporté sur son enfant «toutes ses vanités éparses, brisées. Elle rêvait de hautes positions, elle le voyait déjà grand, beau, spirituel, établi dans les ponts et chaussées ou dans la magistrature» (25). Pour les mêmes raisons Emma souhaite un fils : «.... cette idée d'avoir pour enfant un mâle était comme la revanche en espoir de toutes ses impuissances passées» (26). Destiné à compenser les désirs frustrés de sa mère, le fils n'est pas considéré comme un sujet autonome mais manipulé par la volonté maternelle. L'histoire de Charles jusqu'à son mariage avec la Veuve Dubuc (1ère partie, ch. 1) souligne le rôle déterminant qu'y a joué sa mère dont la mention figure de façon insistante au début de nombreux paragraphes (27); c'est elle qui décide de son installation à Tostes, de son premier mariage. Maîtresse dans la maison de son fils, la belle-mère tend à étendre son autorité sur sa bru : d'où les leçons que subit Emma (28). Ce despotisme (29) est la première conséquence d'un amour qui considère l'enfant comme la propriété de la mère; la seconde est la jalousie éprouvée pour celle qui figure la rivale, la belle-fille trop aimée de son mari, selon un jeu de métaphores et de comparaisons qui signifient la dépossession :

> «Du temps de madame Dubuc, la vieille femme se sentait encore la préférée; mais, à présent, l'amour de Charles pour Emma lui semblait une désertion de sa tendresse, un envahissement sur *ce qui lui appartenait*; et elle observait le bonheur de son fils avec un silence triste comme quelqu'un de *ruiné* qui regarde à travers les carreaux, des gens attablés *dans son ancienne maison*» (30).

Fonction de l'idéologie dans la définition de la beauté et de la féminité; dans la perception du corps et du vêtement féminins

Pour apprécier la beauté féminine, le recours aux stéréotypes, on l'a vu, signifie la référence constante à des modèles idéologiques. Ainsi s'explique que celle d'Emma fasse l'unanimité masculine (31). Elle correspond en effet à un type à la mode : (grands) cheveux noirs, yeux sombres, teint pâle — Flaubert montre ironiquement comment les lectures de Léon conditionnent son amour pour Emma :

> «Elle était l'amoureuse de tous les romans, l'héroïne de tous les drames, le vague *elle* de tous les volumes de vers. Il retrouvait sur ses épaules la couleur ambrée de l'*odalisque au bain*; elle avait le corsage long des châtelaines féodales; elle ressemblait aussi *à la femme pâle de Barcelone*, mais elle était par-dessus tout Ange !» (p. 664).

En comparant la Veuve Dubuc à Emma, le texte reproduit le stéréotype contemporain de la femme vieillie et laide, opposée à celle dont la jeunesse provoque le désir; le couple des servantes Nastasie – Félicité, réplique de celui des maîtresses, redouble l'effet de contraste. La féminité indissociable de l'élégance, de l'oisiveté et du luxe, implique la référence permanente au modèle aristocratique de la «dame», de la «femme du monde» (32); Paris figurant un moderne avatar du château dans la mythologie contemporaine, ce modèle se confond avec celui de la Parisienne (33). La femme étant conçue comme un ornement, le luxe comme le prolongement de son corps, sa fonction est de dépenser, d'être une consommatrice; le résumé de la séduction féminine par Homais, spécialiste en matière d'idées reçues, en favorise le démontage critique : «Ce qui le séduisait par-dessus tout, c'était le *chic*. Il adorait une toilette élégante dans un appartement bien meublé...». Le rapprochement d'un détail matériel (bas dans tous les sens du terme) et d'une notation spirituelle produit de même un effet d'ironie critique à l'égard de Léon :

> «Il savourait pour la première fois l'inexprimable délicatesse des élégances féminines... Il admirait l'exaltation de son âme et les dentelles de sa jupe...» (34).

Argument a contrario : tout ce qui connote l'appartenance des femmes au monde paysan, comme dans le croquis caricatural d'une jeune invitée à la noce, «rougeaude, ahurie, les cheveux gras de pommade à la rose» (p. 583), leur travail ménager, signifie leur absence de charme. Le texte des brouillons précise pourquoi la Veuve Dubuc «n'était pas capable d'effacer par son contact l'image charmante qui s'était fixée sur le cœur de son mari» après ses visites aux Bertaux :

> «Elle était toujours à compter son linge sale. Il la trouvait, en rentrant, baissée à compter ses torchons ou couverte d'un petit châle noir (...) qui tendait sur des cordes la lessive dans le jardin. C'était une ménagère...».

Cette conception idéologique de la féminité, «élégante», «distinguée», anti-ménagère, entraîne une perception particulière du corps et du vêtement féminins. L'intérêt accordé aux robes d'Emma, — (robes de soie, «à trois volants», à «quatre falbalas», dont le «frou-frou» est noté)—, signifie l'importance du luxe pour ce vêtement qui, cachant et révélant simultanément le corps féminin, en est indissociable : quand Léon «sentait la semelle de sa botte poser» sur la robe d'Emma, «il s'en écartait comme s'il eût marché sur quelqu'un» (p. 667). Le modèle aristocratique conditionne également le regard masculin porté sur le pied et la main, parties visibles du corps féminin interdit et par conséquent morcelé, selon l'idéologie du XIXe siècle. Pied «coquet» (p. 618), non utilitaire, dont les «bottines minces» suggèrent la nudité; mains soignées, oisives d'Emma, plus propres à l'étreinte amoureuse qu'aux travaux de la ménagère : aussi se pique-t-elle les doigts en cousant les coussinets destinés à la jambe cassée de son père; de même Léon est irrité de voir la jeune femme ourler un torchon car «ses doigts semblaient s'y écorcher par le bout» (p. 610). Les mains d'Emma ne peuvent se lire que si on les replace dans un réseau plus vaste et plus complexe, singulièrement dans le contraste qu'elles forment avec celles de Catherine Leroux, la servante exploitée et asexuée des Comices, «deux longues mains, à articulations noueuses...» et qui «à force d'avoir servi... restaient entr'ouvertes, comme pour présenter d'elles-mêmes l'humble témoignage de tant de souffrances subies» (p. 625). Au regard naïf de Charles qui, «habitué aux paysannes», précisent les premières rédactions, est «surpris de la blancheur des ongles» d'Emma, «brillants, fins du bout, plus nettoyés que les ivoires de Dieppe et taillés en amande», un autre regard se substitue, plus critique : «sa main pourtant n'était pas belle, point assez pâle, peut-être...» (p. 579). La confrontation de ces deux regards permet le démontage critique du modèle aristocratique en produisant un effet d'ironie à l'égard de ceux qui en sont dupes. Telle est bien en définitive la signification des mains d'Emma admirées par Charles : l'aristocratie, devenue modèle idéologique, c'est-à-dire imitée, dévaluée et absorbée par la mythologie bourgeoise de la richesse, ne ressortit plus à la catégorie de l'être mais à celle de l'avoir (35).

La nervosité féminine

Flaubert sans aucun doute emprunte à son propre vécu (36) quand il évoque «les nerfs» d'Emma. Elle a une attaque de nerfs quand la mère Bovary fait brûler la procuration; elle s'évanouit quand le tilbury de Rodolphe passe devant la maison après leur rupture et, quelques heures plus tard, elle est victime d'une «fièvre cérébrale»; elle s'évanouit encore après le bal masqué (37). Enfin elle se sent gagnée par la folie après sa visite ultime et infructueuse à la Huchette :

«Tout ce qu'il y avait dans sa tête de réminiscences d'idées, s'échappait à la fois, d'un seul bond, comme les mille pièces d'un feu d'artifice...».
... «Il lui sembla tout à coup que des globules couleur de feu éclataient dans l'air comme des balles fulminantes en s'aplatissant, et tournaient, tournaient...» (p. 680).

Transposition des propres hallucinations de Flaubert, comme en témoignent les deux fameuses lettres à H. Taine :

«Dans l'hallucination proprement dite, il y a toujours terreur, on sent que votre personnalité vous échappe, on croit qu'on va mourir...» (fin novembre 1866).
«... On sent les images s'échapper de vous comme des flots de sang. Il vous semble que tout ce qu'on a dans la tête éclate à la fois comme les mille pièces d'un feu d'artifice, et on n'a pas le temps de regarder ces images internes qui défilent avec furie...» (1er décembre 1866).

L'intensité de la crise subie par l'héroïne justifie cette analyse descriptive qui a une fonction libératrice pour l'écrivain (38). Un personnage masculin ne permettrait pas semblable catharsis. Cette dernière n'est possible que si l'a priori de la nervosité «naturelle» des femmes est préalablement admis. Cependant placer, par deux fois, et à des moments dramatiquement intenses, l'idée reçue de cette nervosité dans la bouche d'Homais, qui ne manque jamais l'occasion de proférer un lieu commun sur la «nature» féminine (39), produit simultanément un effet de distanciation critique : exemple des ambiguïtés qui font la complexité et par conséquent la richesse du texte romanesque, de telle sorte que ce dernier, sans remettre en cause une vision bourgeoise du monde, en dévoile néanmoins les présupposés.

DEUXIEME PARTIE

Mise en scène critique d'une éducation féminine

Influence déterminante de l'éducation des filles

Le chapitre VI de la première partie a une fonction essentielle dans l'économie du roman. La femme «de fausse poésie et de faux sentiments» (40) que le roman met en scène s'explique par l'éducation qu'elle a reçue et qui l'a conditionnée irréversiblement. Flaubert a longuement réfléchi à la question de l'éducation des filles, à propos de sa sœur Caroline et de la fille de cette dernière, sa nièce Caroline. Sa correspondance en témoigne, qui fournit la matière d'un véritable traité sur le sujet. En particulier dans la lettre adressée de Constantinople à Mme Flaubert, le 24 novembre 1850, il multiplie les recommandations : le choix d'une institutrice est une affaire grave, car son enseignement et son influence déterminent l'avenir de l'enfant qui lui est confiée :

> «On apprend aux femmes à mentir d'une façon infâme. L'apprentissage dure toute la vie. Depuis la première femme de chambre qu'on leur donne jusqu'au dernier amant qui leur survient, chacun s'ingère à les rendre canailles, et après on crie contre elles. Le puritanisme, la bégueulerie, la bigoterie, le système du *renfermé*, de l'*étroit*, dénature et perd dans sa fleur les plus charmantes créations du bon Dieu (...). J'ai peur du corset moral, voilà tout. Les premières impressions ne s'effacent pas (...). Nous portons en nous notre passé; pendant toute notre vie nous nous sentons de la nourrice (...). Mêle-toi de tout cela le plus que tu pourras toi-même, et surveille le caractère et le *bon sens* (je donne au mot l'acception la plus large) de la personne...».

Le couvent : lieu clos de la tiédeur et de la somnolence, loin du monde réel, monde froid

Les brouillons de Flaubert insistent sur l'isolement et l'atmosphère confinée du couvent : «... elle s'amusa de cette vie nouvelle qui se passa tout assise, loin du bruit... Comme ses parents ne venaient jamais la voir, elle restait tout entière sous (l')influence» des religieuses. La version définitive confirme et resserre les ébauches : «Vivant donc sans jamais sortir...» (p. 586). Quand le couvent est perçu de l'extérieur, ce sont ses murs qui permettent de l'identifier. Le couvent détermine la somnolence; l'adjectif «tiède» qui qualifie «l'atmosphère» des classes (p. 586) ne se réduit pas à une stricte précision calorique mais connote l'attitude morale d'Emma. Son «assoupissement» (associé à la «langueur») est provoqué par la perception de certaines odeurs; le couvent détermine la sensualité, le tempérament voluptueux d'Emma, car il impressionne durablement ses sens, la seule chose que cette éducation cultive et affine en elle, les sensations tactiles («fraîcheur des bénitiers»), visuelles («rayonnement des cierges») complètant celles de l'odorat («parfum de l'autel»). Les réactions ultérieures d'Emma (torpeur causée à la Vaubyessard par le parfum du Vicomte, étourdissement dû à celui de Rodolphe pendant les Comices) sont la conséquence de cette éducation première et non le fruit du hasard (41). Le couvent figure dans le texte le lieu typique de l'illusion et du rêve, de l'engourdissement de la conscience (et non de l'éveil de l'intelligence qui permettrait l'observation et l'apprentissage de la réalité); c'est ce que signifie «l'assoupissement» d'Emma. C'est pourquoi elle le regrette quand, rentrée chez elle, elle prend la campagne en dégoût; plus tard, lassée de sa liaison avec Léon, elle évoque nostalgiquement les années qu'elle y a passées. Le couvent fonde une relation fondamentale entre la sensation de tiédeur et l'univers fantasmatique d'Emma. L'épisode de la Vaubyessard, vécu précisément sur ce mode, est caractérisé par cette atmosphère :

> «Emma se sentit, en entrant, enveloppée par un air chaud, mélange du parfum des fleurs et du beau linge, du fumet des viandes et de l'odeur des truffes...»

Il est dans la logique du texte romanesque de noter également la chaleur du théâtre de Rouen (p. 651), celle de la chambre de l'Hôtel de Boulogne («le tiède appartement»), autres lieux propices à l'abandon d'Emma à ses fantasmes. Argument a contrario : dans le roman le froid connote la réalité intolérable; quand la déception de ne pas voir se renouveler «l'événement» du Bal est mise en scène et en images, le texte précise : «L'hiver fut froid», (p. 596), cette indication débordant la pure climatologie; après les jeudis à Rouen (IIIe partie), «Emma, ivre de tristesse, grelottait sous ses vêtements et se sentait de plus en plus froid aux pieds...» (p. 665); le froid fournit la métaphore de la vie quotidienne insupportable : «... Sa vie était froide comme un grenier dont la lucarne est au nord...» (p. 589), alors que la «clarté joyeuse» de la flamme de la cheminée est associée à la découverte de l'amour de Léon (à Yonville) (p. 609), et que son souvenir (réconfortant) s'exprime par la métaphore du feu : «... il y pétillait plus fort que, dans une steppe de Russie, un feu de voyageurs abandonné sur la neige. Elle se précipitait vers lui, elle se blottissait contre, elle remuait délicatement ce foyer près de s'éteindre...» (p. 616).

L'éducation du faire-semblant; les lectures mystificatrices

Petite-fille de berger, Emma reçoit aux Ursulines une «belle éducation», c'est-à-dire, selon les scénarios, qu'elle est «élevée» (...) avec les filles des gros bonnets»; cette éducation ne la prépare donc nullement à une pratique sociale authentique mais la voue à l'illusion du paraître, du faire-semblant, à «faire du fla-fla», comme dit la Veuve Dubuc, puisque sa situation sociale réelle l'empêche d'être une vraie «demoiselle de ville»; le couvent lui apprend à confondre le paraître et l'être, les premières rédactions le soulignent : «... elle préférait rester assise à *faire* la petite dame». Elle vit en effet dans un monde de rêves : «distraite à la classe», jouant fort peu durant les récréations et refusant la discipline «qui était quelque chose d'antipathique à sa constitution» (pp. 586, 587). Rien ne favorise chez elle la réflexion sur le monde réel et son apprentissage. Comme elle ne s'évade du couvent, lieu clos et isolé du monde, que par ses lectures, elle finit par croire que le monde *est* ses lectures. Le texte en fournit deux indices : la lingère, grande pourvoyeuse de romans, sert aussi d'intermédiaire entre les pensionnaires et le monde extérieur : elle «vous apprenait les nouvelles, faisait en ville vos commissions...» (p. 586); les keepsakes d'autre part sont autant de «tableaux du monde, qui passaient devant elle les uns après les autres dans le silence du dortoir», la perception du «bruit lointain de quelque fiacre attardé qui roulait encore sur les boulevards» suggérant la confusion qui s'établit alors dans l'esprit de l'adolescente entre les belles *images* et la «réalité» du monde (p. 587).

Les lectures d'Emma ont une fonction mystificatrice et expliquent ce que Flaubert appelle la «fausseté» de son héroïne. Sa manière de lire tout d'abord est caractérisée par l'identification complaisante : «Il fallait qu'elle pût retirer des choses une sorte de profit personnel et elle rejetait comme inutile tout ce qui ne contribuait pas à la consommation immédiate de son cœur... cherchant des émotions et non des paysages» (p. 586). Exemple typique de cette attitude, la lecture qu'Emma a faite de *Paul et Virginie*; la répétition du pronom «vous», datif d'intérêt, en souligne ironiquement le caractère réducteur (42) : la lectrice ne retient que ce qui peut servir de support à sa rêverie narcissique. De même lorsqu'on lui lit des passages du *Génie du Christianisme* : «... habituée aux aspects calmes, elle se tournait au contraire vers les accidentés. Elle n'aimait la mer qu'à cause de ses tempêtes, et la verdure seulement lorsqu'elle était clairsemée parmi les ruines...» (p. 586); accumulation d'idées reçues (43) dont Flaubert se moque en recourant au pluriel qui réduit le qualitatif au quantitatif et les thèmes à des procédés, — (elle... «écouta les harpes sur les lacs, tous les chants de cygnes mourants, toutes les chutes de feuilles, les vierges pures qui montent au ciel»), en introduisant un mot qui crée une dissonance significative («la voix de l'éternel *discourant* dans les vallons») (p. 587). L'exotisme grossier qui nourrit les rêves d'Emma, «maisonnette de bambous» de Virginie, italianisme dégradé des romances, orientalisme de bazar de certains keepsakes, fait l'objet du même traitement ironique; Flaubert suggère le ridicule de cet amalgame de stéréotypes en soulignant l'invraisemblance de la présence simultanée des palmiers et des sapins, des minarets tartares, des ruines romaines et des chameaux accroupis, rapprochant des mots qui créent un contraste absurde («une forêt vierge bien nettoyée»), ruinant d'un coup, par un diminutif emprunté à une langue plus prosaïque, la prétention à la majesté d'un effet de lumière («avec un grand rayon de soleil perpendiculaire *tremblotant* dans l'eau»), associant la «poésie des cygnes à la réalité quotidienne des écorchures» (p. 587). Emma est «pohétique» et non poète; «idéale» et non artiste (44).

Une vision conventionnelle et anhistorique du monde

Le recensement critique des stéréotypes dont Emma est dupe a pour but de montrer qu'elle est incapable de «croire à tout ce qui ne se manifestait point par des formes convenues» (p. 589) (45). Elle ne sait rien du monde, elle ne l'appréhende que par le truchement d'une mythologie héritée de ses lectures et qui fausse radicalement la vision qu'elle en peut avoir. Les rêveries historiques de la jeune fille confirment cet escamotage de la réalité. L'histoire s'y réduit à la nostalgie du «bon vieux temps», mythique et dé-historicisé (46), ce que suggère le vague de l'expression «elle s'éprit de choses historiques», le verbe soulignant le caractère sentimental et non intellectuel de la démarche; elle ne retient que certains détails matériels et anecdotiques, bric-à-brac rendu sensible par l'absence d'articles : (elle) «rêva bahuts, salle des gardes et ménestrels» (p. 586); ces détails constituent le cadre de la vie qu'elle s'imagine mener et qui se résume pour elle dans une attitude de langueur stéréotypée : «Elle aurait voulu vivre dans quelque vieux manoir, comme ces châtelaines au long corsage, qui, sous le trèfle des ogives, passaient leurs jours, le coude sur la pierre et le menton dans la main» (p. 587). Emma se rêve en figure de keepsake. Un ramassis d'images d'Épinal constitue la vision composite qu'elle a de l'Histoire et que Flaubert souligne ironiquement car ces faits historiques qui n'ont «aucun rapport entre eux» sont présentés comme une marchandise qui se détaille : «... *quelques* atrocités de Louis XI, *un peu* de Saint-Barthélemy...» (p. 587). Cette vision privilégie les «femmes illustres ou infortunées», non pour essayer de comprendre la signification de leurs vies en les replaçant dans leur contexte sociologique mais pour les transformer en mythes d'existence éclatante et marquée par des émotions violentes.

Le modèle aristocratique dans la mise en scène de l'amour (47)

La rêverie la plus constante d'Emma au couvent est en effet celle qui a pour thème la passion amoureuse. Toutes les influences reçues, assiettes peintes représentant l'histoire de Mlle de La Vallière, instruction religieuse, paroles des romances apprises dans la classe de musique, gravures de keepsakes prêtées par des pensionnaires fortunées, lectures, ont pour résultat l'élaboration d'une mythologie qui met l'amour au premier plan de l'existence, en fait la clef du bonheur, et qui présuppose le luxe aristocratique comme la condition indispensable de ce bonheur synonyme de passion amoureuse :

> «Elle confondait, dans son désir, les sensualités du luxe avec les joies du cœur, l'élégance des habitudes et les délicatesses du sentiment. Ne fallait-il pas à l'amour, comme aux plantes indiennes, des terrains préparés, une température particulière ? Les soupirs au clair de Lune, les longues étreintes, les larmes qui coulent sur les mains qu'on abandonne, toutes les fièvres de la chair et les langueurs de la tendresse ne se séparaient donc pas du balcon des grands châteaux qui sont pleins de loisirs, d'un boudoir à stores de soie avec un tapis bien épais, des jardinières remplies, un lit monté sur une estrade, ni du scintillement des pierres précieuses et des aiguillettes de la livrée» (p. 594).

Ce modèle proposé à Emma est celui d'une humanité idéale, socialement et par conséquent moralement supérieure. Il n'est jamais question de bourgeois, a fortiori de petits bourgeois que l'adolescente pourrait rencontrer, mais d'une aristocratie, — («messieurs bien mis» des romans, parcs, lévriers, postillons en culotte blanche, sofas des keepsakes) —, qui, prise comme code de référence et norme de valeurs, réduite à un paraître et absorbée par la mythologie bourgeoise de la richesse, ne ressortit plus, on l'a vu, à la catégorie de l'être mais à celle de l'avoir. La confusion des signes du bonheur aristocratique avec le bonheur a donc pour corollaire la conviction qu'on peut s'approprier le bonheur en en acquérant les signes (précisément parce qu'on ne les perçoit pas comme tels) : «... l'aristocratie, marginalité négociable, peut s'imiter et s'acheter, et se consommer en quelque sorte...» (48). Cette confusion du paraître et de l'être, en dernière analyse de l'avoir et de l'être, explique le sens de la dépense d'Emma. Sur elle se fonde également l'illusion de la communication (en réalité impossible) entre les êtres. Questions essentielles qu'on examinera plus loin.

Conditionnement irréversible des femmes par cette mythologie de l'amour

Le texte met l'accent sur l'élaboration de cette mythologie de l'amour car elle conditionne irréversiblement Emma; le modèle romanesque conçu au couvent constitue un système permanent de références par rapport auxquelles, ultérieurement, elle règle et évalue son existence. La phrase qui clôt le chapitre V de la première partie, résumant la désillusion du mariage, pourrait servir d'épigraphe au roman : «Emma cherchait à savoir ce que l'on entendait au juste dans la vie par les mots de *félicité*, de *passion* et d'*ivresse* qui lui avaient paru si beaux dans les livres». De même quand elle mesure sa désillusion finale, sous les murs de son ancien couvent, après l'expérience de l'adultère : «Quel calme dans ce temps-là ! Comme elle enviait les ineffables sentiments d'amour qu'elle tâchait, d'après les livres, de se figurer !» (p. 670) (49).

Ce conditionnement idéologique d'Emma n'est pas un phénomène isolé mais un fait de culture contemporaine : toutes les femmes en sont victimes puisqu'une Louise Colet, une artiste, c'est-à-dire une femme que Flaubert avait jugée «supérieure» et non «légère et niaise comme les autres femmes», dont il disait apprécier «l'intelligence virile» n'y échappe pas : «J'avais cru dès le début que je trouverais en toi moins de personnalité féminine, une conception plus universelle de la vie. Mais non ! Le cœur, le cœur ! ce pauvre cœur, ce bon cœur, ce charmant cœur avec ses éternelles grâces est toujours là, même chez les plus hautes, même chez les plus grandes...». L'amant de Louise vérifie à son propos le postulat suivant lequel les femmes vous forcent «à les tromper; elles vous rendent hypocrites malgré vous». Car leurs sentiments, leur vision du monde ne parviennent pas, même lorsqu'elles sont écrivains, à se libérer du conformisme : «... pouvais-je (...) me plier toujours et me courber à cette étroite loi du devoir et de la règle que tu posais devant chaque chose ?». Conformisme qui fait de l'amour «un tambour pour régler le pas de l'existence» (50).

Critique de la mythologie de l'amour; Emma et Don Quichotte

Flaubert, en revanche, est depuis longtemps revenu des erreurs «romantiques» de sa jeunesse. Déjà dans les *Mémoires d'un fou* et dans *Novembre*, il montrait comment les lectures d'un adolescent conditionnent cette mythologie de l'amour (51). Et l'éducation «sentimentale» de Jules (52) a précisément consisté à faire table rase de cette illusion. Mais «le romancier ne dépasse que lentement, durement, le romantique qu'il a d'abord été et qui se refuse à mourir. Ce dépassement s'accomplit dans l'œuvre romanesque et dans cette œuvre seulement» (53). Telle est la fonction de l'écriture de *Madame Bovary* pour Flaubert. Le texte ne reproduit pas en effet passivement les thèmes anesthésiants de l'idéologie dont l'héroïne est victime mais les présente de façon à produire activement les conditions d'une lecture démystificatrice; en créant des dissonances significatives : dans l'évocation des romances, la «niaiserie du style», les «imprudences de la note», s'opposent à «l'attirante fantasmagorie des réalités sentimentales» (p. 587) et en soulignent le caractère mystificateur; un procédé analogue déconsidère la passion «merveilleuse» dont Emma rêve (p. 588) : la présentation abstraite du sentiment se heurte au détail concret (plumage) mis en évidence par la notation de couleur (rose), le pluriel des «ciels poétiques» parachevant l'impression de ridicule. Flaubert détruit ainsi pour le lecteur des signes sacrés pour son héroïne.

L'attitude d'Emma est «romantique» car elle conserve l'illusion d'éprouver des désirs spontanés alors qu'ils sont en fait médiatisés. Emma ressemble à Don Quichotte qui «se précipite vers les objets que lui désigne, ou semble lui désigner, le modèle de toute chevalerie» (54). Elle désire à travers les héroïnes dont elle a l'imagination remplie; d'où la joie exultante de l'adultère : «... la légion lyrique de ces femmes adultères se mit à chanter dans sa mémoire *avec des voix de sœurs* qui la charmaient...» (55). *Madame Bovary* est un livre sur les livres et c'est l'ironie qui caractérise l'écriture du roman de même que *Don Quichotte* est lié aux récits de chevalerie selon le mode de l'ironie. Les lectures d'Emma sont moins «romantiques» qu'on ne le croit traditionnellement; à part Chateaubriand, Lamartine et W. Scott (56), il s'agit surtout de stéréotypes du XVIIIe siècle et d'infra-littérature. Divers procédés rendent sensible l'ironie de Flaubert à l'égard de ces textes : le tour restrictif qui souligne le ridicule d'une vie qu'on imagine exclusivement remplie par les aventures amoureuses, — «ce n'étaient qu'amours»... —, l'accumulation hétéroclite avec omission des articles — «amants, amantes, dames persécutées... postillons... chevaux... forêts... troubles... serments, sanglots, larmes et **baisers**, nacelles... rossignols... messieurs...» −; la répétition insistante de «tous les relais», «à toutes les pages», qui suggère l'invraisemblance de la multiplication de ces aventures; les comparaisons-clichés, dont le parallélisme schématique crée un contraste comique, − «messieurs braves comme des lions, doux comme des agneaux» −, ou dont le second terme caricature le premier parce qu'il appartient à un registre sémantique trop éloigné, − «messieurs... qui pleurent comme des urnes» −; enfin la métaphore d'un prosaïsme trivial voulu, − «Emma se graissa les mains» −, fait contraste avec le caractère romanesque des scènes évoquées et en renforce le ridicule. Le conditionnement d'Emma par ses lectures révèle la force de l'emprise idéologique dont elle est victime. On sait que les personnages masculins n'y échappent pas non plus. Le texte de Flaubert suggère cependant la vulnérabilité plus grande des femmes à cet égard au XIXe siècle : la lingère du couvent par exemple a toujours un roman dans les poches de son tablier et en «avale» de longs chapitres, des générations de pensionnaires subissent la même intoxication (57).

La religion au couvent

La nature de l'éducation religieuse qu'Emma reçoit au couvent confirme son apprentissage de la «fausseté», car elle contribue à lui faire confondre le paraître et l'être. Les images pieuses ne font qu'enrichir la fantasmagorie des keepsakes : «Au lieu de suivre la messe, elle regardait dans son livre les vignettes peintes bordées d'azur...». La religion se borne donc à inspirer à Emma des attitudes, dont l'ironie du texte des premières versions souligne le sentimentalisme douteux, − «Il lui semblait qu'il y avait du bonheur à être martyr» −, puisqu'elle «s'insurge contre les mystères de la foi» (p. 587). Cette éducation n'a donc pas d'autre résultat que de développer sa sensualité, − elle a «aimé l'église pour ses fleurs» (p. 587) −, après sa première communion elle n'a plus à attendre de la religion «aucune sensation nouvelle», enfin elle éprouve un plaisir assez trouble à rester «à genoux dans l'ombre» (du confessionnal) «sous le chuchotement du prêtre» (p. 586) (58). Quand sa mère meurt, Emma reproduit les modèles qui lui donnent l'illusion d'avoir atteint «ce rare idéal des existences pâles, où ne parviennent jamais les cœurs médiocres» (p. 587). Le contraste du bon sens prosaïque du père Rouault, − «le bonhomme la crut malade et vint la voir» −, met en valeur la convention des gestes de sa fille. Finalement l'influence de la religion renforce l'impression produite par les assiettes représentant l'histoire de Mlle de La Vallière et sert à fortifier (voire à cautionner) la mythologie de l'amour qui devient une religion de l'Amour : «Les comparaisons de fiancé, d'époux, d'amant céleste et de mariage éternel qui reviennent dans les sermons lui soulevaient au fond de l'âme des douceurs inattendues» (p. 586) (59). Toutes les femmes partagent cette religion de l'Amour; Flaubert en est assez convaincu pour écrire, le 18 février 1859, à Mlle Leroyer de Chantepie :

> ... «Ne voyez-vous pas qu'elles sont toutes amoureuses d'Adonis ? C'est l'éternel époux qu'elles demandent. Ascétiques ou libidineuses, elles rêvent l'amour, le grand amour (...). Je suis convaincu que les appétits matériels les plus furieux se formulent *insciemment* (sic) par des élans d'idéalisme, de même que les extravagances charnelles les plus immondes sont engendrées par le désir pur de l'impossible, l'aspiration éthérée de la souveraine joie».

Conséquences de l'éducation reçue :

Le dialogue piégé par la mythologie du paraître

La parole aliénante du paraître social ne se distinguant pas de la parole expressive de l'être, aucune communication authentique entre les personnes n'est possible. Tout dialogue n'est qu'une illusion. Emma ne perçoit chez les autres que ce qui, selon son système, connote ses modèles romanesques. Aussi passe-t-elle radicalement à côté de ce qu'ils sont réellement, dupée par les apparences. Quand elle a rencontré Charles, elle a pu s'imaginer qu'il représentait le mari dont elle rêvait au couvent : «dans le désert où elle vivait», n'était-il pas «le seul être avec qui elle pût échanger un mot ?» (60). Les conversations qu'elle a alors avec Charles ne sont pas fondamentalement différentes de celles qu'elle aura ensuite avec Léon et avec Rodolphe au moment où elle fait leur connaissance :

> «C'est devant lui qu'elle exhalait, en interjections et en soupirs, l'ennui que lui causait son existence. Comme *il devait avoir du goût*, elle le consulta une fois pour une garniture à mettre au bas d'une robe et elle lui demandait en déjeunant ses avis sur les feuilletons du journal» (61).

La version définitive plus elliptique, ne souligne pas moins le caractère illusoire du dialogue pris au piège du paraître social : «... elle se mit à causer du couvent, Charles de son collège, *les phrases* leur vinrent». Ces conversations donnent à Emma l'illusion d'une communauté d'idées, de sentiments qui distingue les interlocuteurs du milieu paysan et qu'elle peut donc assimiler à de l'amour :

> «... au milieu de leur société de la campagne; ils étaient tous deux l'un pour l'autre, une société plus intime, que liaient encore

plus des communautés d'éducation, si ce n'est d'instinct. Ils savaient autre chose enfin que les paysans. Ils pouvaient parler sans qu'on les comprît, s'apprécier, s'estimer plus, se mettre à part, et de là s'aimer» (62).

En mettant l'accent sur la conversation de Charles, «plate comme un trottoir de rue», sur le milieu paysan auquel elle renvoie sans cesse et lourdement, — «Il disait *les uns après les autres tous* les gens qu'il avait rencontrés, les villages où il avait été...» —, le texte montre la nécessité de la désillusion d'Emma. Les premières rédactions précisent en outre qu'elle est incapable de remettre en cause ses points de vue antérieurs, à la suite de cette désillusion :

> «Dans la pensée d'Emma, c'était son mari qui avait changé, car avant leur mariage, il n'était pas ainsi, elle trouvait à lui causer, il devinait, ils se comprenaient mieux. D'où vient que s'étaient fermés si vite les horizons où elle avait entrevu des profondeurs indéfinies ?»

La mythologie du paraître aliène au point de rendre impossible le déchiffrage du réel; faute de pouvoir être interprété selon le juste code, l'échec ne se transforme pas en expérience.

L'écriture des dialogues qui servent de préludes à la relation d'Emma avec Léon à Yonville, à leurs retrouvailles à Rouen, aux amours avec Rodolphe, permet une démystification plus radicale encore de la communication illusoire. La relation d'Emma avec Léon à Yonville commence par une conversation où elle croit déceler une communauté d'idées et de sentiments; le commentaire qui résume cette conversation est explicite :

> «C'est ainsi, l'un près de l'autre, pendant que Charles et le pharmacien devisaient, qu'ils entrèrent dans une de ces vagues conversations où le hasard des phrases vous ramène toujours au centre fixe d'une sympathie commune...» (pp. 602, 603).

Le discours idéologique que tient Léon reproduit en effet les propres stéréotypes d'Emma (références de l'adolescence, idées reçues véhiculées par les romans et les journaux féminins) (63) : «amusement» du voyage, soleils couchants, goût de la mer parce qu'elle «donne des idées d'infini», «poésie des lacs» (64), «charme des cascades», «effet gigantesque des glaciers» (p. 602), «spectacles parisiens, titres de romans, quadrilles nouveaux» (p. 603). L'illusion d'Emma est dénoncée par le procédé du montage critique : l'entretien de la jeune femme et de Léon interfère sans cesse dans la lecture avec les exposés pédants d'Homais; le premier est à la culture et à l'art ce que les seconds sont à la science. Le ridicule plus apparent des seconds accuse celui du premier plus discret mais avoué par Flaubert :

> «Je suis à faire une conversation d'un jeune homme et d'une jeune dame sur la littérature, la mer, les montagnes, la musique, tous les sujets poétiques enfin. On pourrait la prendre au sérieux et elle est d'une grande intention de grotesque. Ce sera, je crois, la première fois que l'on verra un livre qui se moque de sa jeune première et de son jeune premier...» (Lettre à L. Colet, 9 octobre 1852).

La «sympathie de goûts» du premier soir est entretenue par les lectures communes (journaux de modes, romans, poèmes) qui ont pour conséquence d'isoler Emma et Léon du reste de la société et de créer entre eux une complicité :

> ... «alors ils se parlaient à voix basse, et la conversation qu'ils avaient leur semblait plus douce, parce qu'elle n'était pas entendue... Ainsi s'établit entre eux une sorte d'association, un commerce continuel de livres et de romances...» (p. 607).

L'ironie de Flaubert, là encore, se manifeste dans l'interférence du bruit des dominos, maniés par Charles et Homais, et de la voix «traînante» de Léon déclamant des vers, dans la symétrie comique de Léon et d'Emma cultivant simultanément à leur fenêtre les plantes grasses mises à la mode par «le livre d'un romancier», groupe binaire, objets doubles connotant la monotonie itérative et la bêtise lancinante, que Flaubert, pour cette raison, signale avec un soin irritant. De la même façon la relation qui s'établit de nouveau entre Emma et Léon à Rouen est présentée d'emblée comme fondée sur l'illusion (et par conséquent vouée à l'échec). Le présent est vécu, magnifié par les prestiges des souvenirs communs; la vie qu'ils ont menée séparément est romancée en fonction d'un modèle idéal, conforme à celui sur lequel se fondait leur idylle à Yonville, chacun des deux personnages s'efforçant de nier la durée écoulée entre la séparation et les retrouvailles. Cette illusion est dénoncée par le montage critique qui consiste ici à faire alterner le discours que tiennent Emma et Léon sur leur vie fictive et le commentaire de l'auteur sur celle qu'ils ont réellement menée (p. 653).

La conversation qui, le jour des Comices, détermine les amours d'Emma et de Rodolphe reflète également la sympathie destinée à engendrer chez elle l'illusion de vivre la passion rêvée au couvent. Mais si Léon usait de stéréotypes culturels avec l'ingénuité de celui qui en est dupe, Rodolphe les manipule lucidement, dans un but déterminé de séduction : «D'intelligence perspicace, ayant d'ailleurs beaucoup fréquenté les femmes et s'y connaissant bien», il a immédiatement jaugé Emma; il l'enferme dans des indéfinis dévaluateurs et la réifie : «Et on s'ennuie ! on voudrait habiter la ville, danser la polka tous les soirs !... ça bâille après l'amour, comme une carpe après l'eau sur une table de cuisine. Après trois mots de galanterie, cela vous adorerait, j'en suis sûr» (p. 618). Le discours que Rodolphe tient à Emma est donc un modèle du genre; tous les poncifs s'y trouvent réunis : médiocrité provinciale, perte des illusions (65), solitude, sentimentalisme funèbre, quête frénétique et vaine du bonheur, espoirs déçus, rêve d'une rencontre bouleversante, suprématie et fatalité de l'amour-passion. Le commentaire de Flaubert en insistant sur la mise en scène, démystifie le discours de Rodolphe. Le procédé le plus efficace à cet égard reste pourtant celui du montage critique qui fait interférer le discours amoureux et le discours (aux deux sens du terme) de l'idéologie officielle plus lisiblement bouffon (66). L'emprise de ces deux discours sur leur destinataire apparaît aussi forte : la fascination d'Emma est équivalente à celle de la foule. Enfin la séquence Catherine Leroux, qui succède immédiatement au dénouement de la scène de séduction (p. 625), — («mollement, sans efforts, leurs doigts se confondirent») —, a une fonction démystificatrice : elle oppose en effet aux mains confondues de la jeune femme et de Rodolphe, mains du paraître aliénant, mains-signes de la passion rêvée, projection mimée des fantasmes amoureux d'Emma, celles de la servante qui signifient son travail, sa condition, c'est-à-dire l'Histoire telle qu'elle est vécue en réalité. Ainsi est donné à lire le caractère grossier de la séduction d'Emma et comme préfigurée sa désillusion. Le commentaire de l'auteur précise d'ailleurs l'effet produit sur Emma par les stéréotypes du discours amoureux, quand la séduction de Rodolphe se fait plus directe, à la rencontre suivante : «C'était la première fois qu'Emma s'entendait dire ces choses; et son orgueil, comme quelqu'un qui se délasse dans une étuve, s'étirait mollement et tout entier à la chaleur de ce langage» (p. 627).

Réalité occultée; vivre dans un univers fantasmatique

Emma, on l'a vu, est conditionnée de façon irréversible par la tiédeur, la «somnolence» du couvent, c'est-à-dire par un état caractérisé par l'abandon aux fantasmes et l'occultation de la réalité, par une conscience émoussée de l'existence et de l'identité personnelle. Dans le texte le bonheur (illusoire) d'Emma est signalé (et dénoncé) par la description de cet état dont la «*langueur*» est le leitmotiv. La séquence de la promenade au bord de l'eau, au retour de la ferme Rolet, en fournit un premier exemple typique. Le silence extérieur et la solitude des jeunes gens dans la campagne vide suggèrent l'oubli du monde extérieur, l'attention concentrée sur le vécu privilégié de la plénitude du moment présent : «C'était l'heure du dîner dans les fermes, et la jeune femme et son compagnon n'entendaient en marchant que la cadence de leurs pas sur la terre du sentier, les paroles qu'ils se disaient et le frôlement de la robe d'Emma qui bruissait tout autour d'elle». La chaleur, — «Les murs des jardins étaient chauds comme le vitrage d'une serre» —, les odeurs (chèvrefeuilles et clématites), provoquent la torpeur, l'assoupissement de la conscience caractéristique du passage de l'univers réel à l'univers fantasmatique chez Emma : «... ils sentaient une même *langueur* les envahir tous les deux; c'était comme un murmure de l'âme profond, continu...» (p. 606). La répétition des mêmes termes est significative : au couvent Emma «s'*assoupit* doucement à la *langueur* mystique qui s'exhale des parfums de l'autel...». De même évoquant la «suavité nouvelle» que les jeunes gens éprouvent, le texte précise : «l'on s'*assoupit* dans cet enivrement».

Aux Comices, provoquée par l'odeur de la pommade de Rodolphe, une «mollesse» saisit Emma et elle «entreferme» les paupières. Souvenirs du passé et de sensations passées (retours et départ définitif de Léon, vertige de la valse à la Vaubyessard), vision hallucinatoire de Léon à sa fenêtre et sensation présente, se «confondent» : «La douceur de cette sensation pénétrait ainsi ses désirs d'autrefois, et comme des grains de sable sous un coup de vent, ils tourbillonnaient dans la bouffée subtile du parfum qui se répandait sur son âme» (p. 624). Transposition physique de cet engourdissement de la conscience chez Emma, le geste qui parachève la séduction de Rodolphe : «*mollement*, sans efforts, leurs doigts se *confondirent*». Pendant la promenade dans la forêt, Emma «s'abandonne» à la cadence du mouvement «qui la *berçait* sur sa selle» (67), la succession continue des troncs de sapins alignés «l'étourdissait un peu», au moment décisif elle tâche de se dégager «mollement». L'engourdissement de la conscience est également suggéré indirectement par la vision qu'elle a du paysage; la réalité d'Yonville s'estompe : «... jamais ce pauvre village où elle vivait ne lui avait semblé si petit», elle doit faire des efforts pour reconnaître sa maison; le flou des formes mouvantes des nuages confère au tableau le caractère irréel et instable d'un paysage de rêve : «Des vapeurs s'allongeaient à l'horizon, entre le contour des collines; et d'autres, se déchirant, montaient, se perdaient... De la hauteur où ils étaient, toute la vallée paraissait un immense lac pâle, s'évaporant à l'air». De même le souvenir de la promenade provoque en elle «comme un étourdissement», où toutes les sensations, visuelles, tactiles et auditives se mêlent : «... elle voyait les arbres, les chemins, les fossés, Rodolphe, et elle sentait encore l'étreinte de ses bras, tandis que le feuillage frémissait et que les joncs sifflaient». Enfin le vécu de l'adultère est présenté comme «une béatitude qui l'engourdissait»; l'âme d'Emma «s'enfonçait en cette ivresse et s'y noyait, ratatinée, comme le duc de Clarence dans son tonneau de malvoisie» (68).

Les évanouissements d'Emma

Le texte dénonce l'illusion qui consiste à croire qu'on peut occulter la réalité de façon durable : les métaphores du froid qui le signifient sont des récurrences du roman; de même que la tiédeur connote le passage de l'univers réel à l'univers fantasmatique, le froid connote le retour inévitable à la réalité (69). C'est pourquoi, quand cette dernière s'impose sans que le recours aux fantasmes soit possible pour la masquer, son refus peut se manifester sous la forme brutale de l'évanouissement. Par l'évanouissement, c'est «le degré de présence au monde» qui est modifié, car il s'agit de «se distancier» de la réalité; ce «processus d'irréalisation» (70), est un moyen de se défendre contre l'angoisse provoquée par une situation intolérable. Emma s'évanouit une première fois quand elle apprend qu'elle a une fille car elle a vécu de façon fantasmatique l'attente d'un fils; quand le tilbury de Rodolphe passe devant sa maison, Emma s'évanouit encore, ne supportant pas l'échec du rêve qu'elle a fait d'être enlevée par son amant et la réalité du départ de ce dernier. La fièvre cérébrale qui s'ensuit a la même signification. De nouveau, après être allée au bal masqué à Rouen pour ne pas rentrer à Yonville, effrayée de découvrir dans quelle société elle se trouve, Emma ressent d'abord un étourdissement, puis elle s'évanouit. La «stupeur» qui la saisit, après l'échec de sa tentative auprès de Rodolphe quand elle est ruinée, est une variante de l'évanouissement, un autre «processus d'irréalisation».

Tentation de la mort-sommeil

Ces engourdissements, ces étourdissements, ces évanouissements, signes d'une réalité intolérable, aboutissent logiquement à l'envie de mort qu'ils n'ont cessé d'exprimer; au retour de la Vaubyessard, cette tentation apparaît déjà comme le corollaire nécessaire de l'engourdissement; la tentation du suicide précède l'évanouissement d'Emma après la lecture de la lettre de Rodolphe; dans les deux cas, même refus d'une réalité intolérable, la mort apparaît comme l'unique recours (p. 644). La mort est en effet sommeil pour Emma : «Ah ! c'est bien peu de chose, la mort ! pensait-elle; je vais m'endormir et tout sera fini !» (71). La tentation du suicide est décrite comme l'abandon à un vertige grandissant, suggérant une perte de conscience progressive, semblable à celle qui précède le sommeil :

> «Le rayon lumineux qui montait d'en bas directement tirait vers l'abîme le poids de son corps. Il lui semblait que le sol de la place oscillant s'élevait le long des murs, et que le plancher s'inclinait vers le bout... Le bleu du ciel l'envahissait... elle n'avait qu'à céder, qu'à se laisser prendre...».

Pour Emma, comme pour le héros de *Novembre* (72), la mort-sommeil est vécue comme la solution de tous les conflits, l'angoisse qu'ils engendrent est abolie pour l'éternité :

> «Elle en avait fini, songeait-elle, avec toutes les trahisons, les bassesses et les innombrables convoitises qui la torturaient. Elle ne haïssait personne maintenant; une *confusion de crépuscule* s'abattait en sa pensée, et de tous les bruits de la terre Emma n'entendait plus que l'intermittente lamentation de ce pauvre cœur, douce et indistincte, comme le dernier écho d'une symphonie qui s'éloigne...».

La construction, le rythme de la phrase, le traitement réservé aux bruits, la comparative qui entraîne la relative finale, avec sa rime féminine destinée à mettre en valeur comme un point d'orgue le verbe «s'éloigne», autant de moyens employés par le romancier pour rendre sensible la perte progressive de la conscience dans cette mort-sommeil.

Cette dernière est l'aboutissement nécessaire d'une vie où le fantasme a prévalu sur la réalité, *Novembre* le montrait déjà. Emma, prise dans un engrenage tragique, n'a pas d'autre issue. L'influence idéologique reçue au couvent la condamne à être régulièrement déçue par la confrontation de ses mythes avec ce qu'elle a cru être leur réalisation, à répéter sans cesse pourtant le même comportement sans que l'expérience ait de prise sur elle, à accumuler, on le verra, les dépenses pour se donner l'illusion d'une vie luxueuse et à rester toujours insatisfaite, le mythe restant inaccessible, à ne pas s'apercevoir, dans l'univers de plus en plus exclusivement fantasmatique dans lequel elle vit, coupée du réel, multipliant mensonges et dettes, de «l'abîme» qui s'est progressivement creusé sous elle.

TROISIEME PARTIE

Espace-prison du mariage

Les maisons d'Emma

La description des maisons d'Emma donne à lire la réalité décevante puis insupportable du mariage. Étroitesse, petitesse, inconfort humide et froid, caractérisent celle de Tostes. La pièce où l'on vit est «une *petite* salle au rez-de-chaussée», avec un poêle qui fume, une porte qui crie, des murs qui suintent et des pavés humides (p. 596); la cheminée n'a qu'un étroit chambranle; le cabinet de Charles n'est qu'«une *petite* pièce de six pas de large environ». Même étroitesse mesquine dans le jardin, «plus long que large (...) entre deux murs de bauge...» (73), évoqué préférentiellement sous son aspect hivernal de froid et d'humidité répulsive, avec sa vigne «comme un grand serpent malade sous le chaperon du mur» et ses cloportes à pattes multiples» (p. 596). «La façade de briques» de la maison est «juste à l'alignement» de ce qui n'est même pas une rue mais une route. Plusieurs détails en effet connotent l'appartenance au monde paysan, l'impossibilité d'y échapper malgré les efforts tentés pour mimer la bourgeoisie; dans l'entrée, «dans un coin à terre, une paire de houseaux encore couverts de boue sèche» (p. 585); «de vieilles ferrailles, (des) tonneaux vides, (des) instruments de culture hors service» encombrent le local qui est à la fois bûcher, cellier et garde-magasin; des odeurs intempestives de cuisine pénètrent dans le cabinet de l'officier de santé; on vit dans une «salle»; la décoration mesquine trahit le statut social de Bovary : le papier tremble «sur sa toile mal tendue», les rideaux sont de calicot, les flambeaux d'argent plaqué (p. 585), la bibliothèque de Charles en bois de sapin (74). La boîte en coquillages qui décore la commode de la chambre conjugale pourrait avoir été acquise dans quelque foire; les tomes non coupés du *Dictionnaire des sciences médicales* soulignent ironiquement le contraste entre les prétentions connotées par leur présence, prétentions exprimées explicitement dans les premières rédactions du texte — «Ne faut-il pas qu'un médecin ait une bibliothèque» —, et la médiocrité intellectuelle, l'ignorance effective de l'officier de santé; les premières rédactions précisent que «leur brochure rouge avait souffert dans les ventes successives où ils avaient passé»; objets de standing dont la fonction est de dénoter l'usure et non l'usage, comme le curé dont le plâtre s'écaille et qui finit en «mille morceaux sur les pavés de Quincampoix», à rapprocher de cette «quantité d'autres choses poussiéreuses dont il était impossible de deviner l'usage» (p. 585), entassées dans la seule grande pièce de la maison, elle-même caractérisée par le délabrement; ces détails ne sont pas innocents : ils préfigurent les objets inutilement achetés par Emma et destinés à encombrer son armoire. Selon les scénarios, Yonville plaît d'abord à Emma parce qu'elle a «un salon», «un salon de famille», selon Homais qui présente la maison comme «une des plus confortables» du village (p. 602). Mais le discours d'Homais éveille la suspicion puisqu'il vante des signes trompeurs de prospérité, la concurrence du pharmacien ayant obligé le précédent propriétaire à décamper et devant contribuer à la ruine du nouveau. Les scénarios précisent que le salon «froid, glacial» n'est jamais habité, — «fauteuils toujours couverts de leurs housses blanches — Au milieu une incommode table ronde à un pied avec un service à café qui ne sert jamais» —, et que le cabinet de Charles est celui «d'un médecin de campagne». Le texte définitif, moins explicite, n'en suggère pas moins des ressemblances (inquiétantes) avec Tostes : claustrophobie, — la «salle» où l'on vit est «une longue pièce à plafond bas» (p. 607) —, froid humide, — «Emma, dès le vestibule, sentit tomber sur ses épaules, comme un linge humide, le froid du plâtre» (p. 603) —, entassement d'objets hétéroclites, — «Au milieu de l'appartement, pêle-mêle, il y avait des tiroirs de commode, des bouteilles, des tringles, des bâtons dorés avec des matelas sur des chaises et des cuvettes sur le parquet, — les deux hommes, qui avaient apporté les meubles ayant tout laissé là, négligemment» (p. 603). Ainsi est dénoncée l'illusion d'Emma qui consiste à ne pas croire «que les choses pussent se présenter les mêmes à des places différentes» (75).

Femme à la fenêtre

Leitmotiv du texte, Emma à sa fenêtre : «Elle s'y mettait souvent : la fenêtre, en province, remplace les théâtres et la promenade» (p. 617); le jour où le Dr. Canivet doit amputer la jambe d'Hippolyte, Mme Tuvache, la femme du maire, ne bouge pas de la fenêtre, «par l'impatience où elle était de voir venir l'opérateur». Cette position-clef résume la situation des femmes, réduites à *attendre* un événement, si minime soit-il, supportant avec plus ou moins d'impatience d'être confinées à l'intérieur du foyer, comme dans cette évocation d'Emma, aux Bertaux, une des premières, «le front contre la fenêtre» (p. 579). La fenêtre ouverte peut signifier un espoir mais il se révèle toujours illusoire; quand Emma, jeune mariée, regarde Charles partir chaque matin, les gestes, les propos échangés sont comme une ébauche de communication et la promesse d'un contact avec le monde extérieur mais la fenêtre se referme de nouveau (p. 585); c'est également assise «au bord» de la fenêtre ouverte qu'Emma entend l'Angélus et qu'elle conçoit l'espoir, vite déçu, de trouver un recours dans la religion . La vitre figure plus nettement l'obstacle infranchissable : vitre derrière laquelle Emma voit quotidiennement glisser l'ombre de Léon (p. 607), fenêtres fermées derrière lesquelles se cachent, inaccessibles, les vies mystérieuses des hôtes de la Vaubyessard (p. 592), «impassible» façade du château de la Huchette qui résume l'échec et la solitude tragique d'Emma (p. 680). L'évasion que semble impliquer la fenêtre est un leurre; le comble du grotesque, c'est de faire en sorte que le spectacle perçu renvoie à la spectatrice sa propre image; Emma, apercevant Léon à sa fenêtre en train de soigner ses plantes grasses, se voit elle-même dans la même occupation; à Tostes, le monde extérieur finit par se réduire à la figure obsédante du perruquier qui reproduit l'image de l'ennui d'Emma, ce qui suggère l'étroitesse de l'univers dans lequel elle se sent enfermée.

Les cercles de la levrette

Réclusion irrémédiable : toute tentative pour en sortir se solde par un échec. Quand Emma va «jusqu'à la hêtrée de Banneville» pour ne plus avoir sous les yeux «l'éternel jardin» de Tostes, la campagne environnante répète la monotonie de ce dernier : «Elle commençait par regarder tout alentour, pour voir si rien n'avait changé depuis la dernière fois qu'elle était venue. Elle retrouvait aux mêmes places les digitales et les ravenelles...» (p. 589). Les cercles de sa levrette figurent métaphoriquement le vagabondage (limité) de la pensée d'Emma. Certes, dans l'imagination de Flaubert, les rapports de l'être et du monde s'expriment de façon privilégiée par l'image du cercle. Cette «circularité» n'aurait donc rien de spécifiquement féminin. On peut cependant objecter qu'ici la métaphore du cercle connote la réclusion irrémédiable des femmes mariées, dont Emma figure le *type* pour son créateur, dans la mesure où cette métaphore spatiale redouble l'effet produit, on le verra plus loin, par les métaphores temporelles employées dans la mise en image de l'*ennui* de ces femmes. La pensée d'Emma est donc d'abord «toute périphérique», se promenant à l'horizon, errant dans les lointains qui sont à la fois ceux du paysage extérieur où se perd le regard et ceux du paysage intérieur où s'égare la rêverie (76). A ce mouvement de diffusion succède un mouvement inverse de contraction : «Puis ses idées peu à peu se fixaient...» (p. 589), comme la petite chienne s'arrête pour mordiller les coquelicots, après avoir couru en cercles. La multiplicité diffuse se condense en une idée fixe («Pourquoi me suis-je mariée ?»); l'idée fixe, centrale, est figurée par le bout d'ivoire de l'ombrelle enfoncé dans le gazon, le paysage se réduit à un point.

La lune de miel idéale

Cet espace qui se contracte figure la pensée renvoyée à une obsession,après avoir tourné en rond. Pour qu'Emma puisse briser le cercle dans lequel elle est enfermée, il faut qu'elle imagine l'impossible, l'*ailleurs* qui se définit comme le *non-ici*, en rêvant à la lune de miel idéale, selon une géographie convenue, mythique et infantile, qui a été celle de Jules, le héros de l'*Éducation sentimentale* de 1845 et... celle du jeune Flaubert. Les irréels du passé inclus dans le discours indirect, l'imprécision géographique, montrent Emma consciente du caractère utopique de son rêve : «Pour en goûter la douceur, il eût fallu, sans doute, s'en aller vers ces pays à noms sonores où les lendemains de mariage ont de plus suaves paresses !» (p. 588). L'idée reçue selon laquelle l'Italie «doit se voir immédiatement après le mariage» sous-tend la rêverie d'Emma; d'où les clichés méditerranéens (les golfes, les citronniers, les villas et la nuit étoilée); montagnards (clochettes des chèvres, bruit sourd de la cascade), la Suisse étant souvent prévue dans le parcours. Bien que les indicatifs présents, un détail coloré («sous des stores de soie bleue») actualisent les visions imaginaires d'Emma, l'indéfini «on» traduit sa conviction de ne pouvoir être le sujet de ces actions rêvées. Le commentaire de l'auteur explique la signification des stéréotypes qui constituent les rêves de son personnage et dénonce son illusion : «Il lui semblait que certains lieux sur la terre devaient produire du bonheur, comme une plante particulière au sol et qui pousse mal tout autre part» (p. 588). Ces ailleurs où le bonheur est possible restent inaccessibles à Emma. L'illusion d'en avoir l'accès lui sera pourtant donnée, on le verra, à la Vaubyessard.

Le temps de l'ennui

A la prison du mariage, de l'ici insupportable, est associé un vécu particulier du temps, caractérisé par la monotonie, la répétition stérile, le vide angoissant. Comme l'écrit justement G. Poulet, «on se sent là, là seulement, dans le point et le moment où l'on vit...». L'ennui d'Emma se définit par cette «constriction extraordinaire de l'existence, réduite à une affreuse ponctualité, où se reproduisent toujours le même lieu et le même moment...». Le temps est un vide à l'intérieur duquel existe un seul moment toujours pareil, n'apportant rien. La monotonie de la vie à Tostes est suggérée par le spectacle des mêmes gestes répétés indéfiniment dans le temps : «Tous les jours, à la même heure, le maître d'école... ouvrait les auvents de sa maison, et le garde-champêtre passait... Soir et matin, les chevaux de la poste...» (p. 596). D'où l'obsession de la *série* nécessaire : «Elles allaient donc maintenant se suivre ainsi à la file, toujours pareilles, innombrables, et n'apportant rien !» (p. 595); la conviction que rien ne peut interrompre cette chaîne répétitive interminable : «L'avenir était un corridor noir, et qui avait au fond sa porte bien fermée...»; simultanément, cette situation sans issue étant intolérable, l'attente (contre toute vraisemblance) d'un *événement*, de quelque chose qui pourrait arriver *par hasard*, de l'extérieur; la passivité et l'inaction, caractéristiques de la condition féminine, rendant impossible l'élaboration de tout projet personnel dénotant une prise sur le monde extérieur et sa propre destinée.

Le leurre de «l'événement» : l'invitation au château

L'invitation à la Vaubyessard est un des *événements* qui brisent (provisoirement) le cercle étroit dans lequel Emma se sent enfermée; elle ne signifie pas une modification qualitative durable de la situation d'Emma; au contraire elle est éprouvée comme un épisode insolite, survenu par hasard, de l'extérieur, — «quelque chose d'extraordinaire tomba dans sa vie» (p. 589) —, et permettant l'accès à un ailleurs jusque-là interdit, ou du moins en donnant l'illusion. C'est pourquoi cet événement devient repère chronologique quand, de retour à Tostes, Emma éprouve de nouveau le temps comme un vide à l'intérieur duquel existe un seul moment, toujours pareil et n'apportant rien. G. Poulet définit justement la nature de cet événement dans la vie d'Emma lorsqu'il le compare à une pierre qui tombe dans un étang : «A partir du point où elle frappe la surface (...), des ondes partent dans toutes les directions. Les cercles s'écartent, grandissent, se multiplient... Les limites disparaissent, l'espace s'ouvre circulairement...» (mais) «émotion s'étant épuisée..., tout cercle s'efface et l'existence se retrouve figée comme auparavant». L'invitation au «château», déterminant cet élargissement circulaire de l'espace, constitue une évasion hors de la vie quotidienne qu'on sait «réduite à une affreuse ponctualité, où se reproduisent toujours le même lieu et le même moment».

L'épisode de la Vaubyessard rompt le cercle étroit de l'existence d'Emma et lui substitue une «circonférence infinie» parce que pendant une nuit, Emma vit dans le monde de l'illusion tandis que la réalité de son vécu quotidien est provisoirement mise entre parenthèses. L'«élargissement circulaire» qu'analyse G. Poulet est celui que produit chez elle le passage de la réalité à un univers fantasmatique; il dure autant que dure l'illusion; puis s'amorce, avec le retour à la réalité, un mouvement inverse de «constriction». Le commentaire de Flaubert est explicite : après le bal, Emma lutte contre le sommeil «afin de prolonger l'illusion de cette vie luxueuse qu'il lui faudrait tout à l'heure abandonner» (p. 592). La nuit a une valeur symbolique : Charles et Emma arrivent à la Vaubyessard «à la nuit tombante, comme on commençait à allumer les lampions dans le parc» et repartent le lendemain matin; la nuit introduit le temps de la fête et de l'illusion, le jour marque le retour à la réalité; d'où un certain nombre de variations sur l'opposition significative lumière (artificielle) — ombre : la description du château suggère la netteté de la vision qu'en a Emma, tandis que la «brume» estompe la réalité paysanne environnante; quand elle pénètre à l'intérieur, le jeu du clair obscur dans la salle de billard crée une atmosphère irréelle : les portraits s'animent, — (...«deux yeux vous regardaient...») —, tandis que les joueurs sont perçus comme des portraits, figés dans une attitude. Puis l'éclat lumineux domine — («... les bougies des candélabres allongeaient des flammes sur les cloches d'argent...», «... les flacons à bouchon d'or...», ... «les broches de diamants... scintillaient...», — ce que Flaubert résume d'un mot, «aux fulgurations de l'heure présente»; en jouant sur la polysémie, il suggère ainsi l'éblouissement d'Emma entièrement prise par l'illusion : «... Sa vie passée, si nette jusqu'alors, s'évanouissait tout entière, et elle doutait presque de l'avoir vécue. Elle était là; puis autour du bal, il n'y avait plus que de l'ombre, étalée sur tout le reste» (p. 592). Il faut le bruit des vitres cassées pour provoquer le retour à la conscience du monde extérieur, en même temps que les lampes pâlissent, la coïncidence dans le texte n'étant pas fortuite : la vitre cassée figure l'irruption de la réalité dans le monde du rêve, à l'*intérieur* duquel Emma se trouve protégée; la vitre en effet sépare deux mondes étrangers l'un à l'autre, qui ne communiquent pas entre eux. Quand la vision des paysans, regardant le bal du *dehors*, fait naître chez Emma celle de sa vie aux Bertaux, elle la perçoit comme appartenant à une autre, *sans continuité* avec ce qu'elle vit dans l'heure présente. En revanche quand, après le bal, Emma regagne sa chambre et contemple les fenêtres du château «longuement», elle se trouve comme les paysans au moment du bal, dans la situation de celui qui regarde du *dehors* : la vitre figure la distance infranchissable qui sépare la réalité du rêve, elle est la preuve matérialisée de l'illusion (77), elle est le leurre par excellence; l'irréel du passé — «elle aurait voulu...» précise qu'Emma, malgré son désir, ne peut «pénétrer» dans l'existence des hôtes de la

Vaubyessard.

La séquence de la valse est aussi un moyen de le montrer et de dénoncer le leurre dont Emma est victime. Le texte d'une part insiste sur l'engourdissement de la conscience, caractéristique du passage de la réalité à un univers fantasmatique, provoqué ici par la griserie de la danse : «... se balançant au rythme de l'orchestre, elle glissait en avant... les mains se donnaient, se quittaient... les mêmes yeux... revenaient se fixer sur les vôtres» (p. 591); cet engourdissement atteignant son point culminant dans le vertige de la valse avec le vicomte, à la fin du bal : ... «une torpeur la prenait... haletante, elle faillit tomber...» (p. 592). En outre, alors que *tout le monde* valse, il est précisé qu'Emma ne sait pas valser, ce qui signifie qu'elle n'appartient pas à la société que classe la pratique de cette danse depuis le Congrès de Vienne. Emma a seulement l'illusion de vivre alors tout ce dont elle a rêvé au couvent, une existence aristocratique, le château des keepsakes, avec son parc et ses cygnes, étant devenu réalité, les images d'Épinal de la rêverie historique portraits de famille, l'Italie des romances souvenir de voyage récent, les héros distingués de ses lectures dînant à ses côtés et la faisant danser, car le code de cette société lui échappe : ainsi elle «remarque (avec «étonnement», précise la version Pommier-Leleu) que plusieurs dames n'avaient pas mis leurs gants dans leur verre», elle écoute «une conversation pleine de mots qu'elle ne comprenait pas», elle ne peut identifier ce qu'elle voit dans la serre («... des plantes bizarres, hérissées de poils...») (pp. 590-592). Autant de négations qui dénoncent l'illusion d'Emma : ce monde lui reste interdit. Certains détails du texte critiquent l'attitude de la petite bourgeoise fascinée par l'ambiance luxueuse : «le beau linge»..., «elle *n'avait jamais vu* de grenades ni mangé d'ananas...». L'ironie se manifeste dans l'emploi du comparatif de supériorité : «le sucre en poudre même lui parut *plus* blanc et *plus* fin qu'ailleurs»..., ... «leurs habits mieux faits, semblaient d'un drap *plus* souple, et leurs cheveux, ... lustrés par des pommades *plus* fines...». Plus nette encore est l'ironie dans la présentation du vieux duc de Laverdière, vu par Emma *et* par Flaubert : à la fascination qu'exerce sur Emma celui qui paraît incarner l'idéal de la passion amoureuse aristocratique et qu'exprime le tour exclamatif associé à l'imparfait du discours indirect («Il avait vécu à la Cour et couché dans le lit des reines !»), s'oppose la trivialité des détails objectifs choisis par le romancier pour signifier le gâtisme du personnage, — (... «la serviette nouée dans le dos... laissant tomber de sa bouche des gouttes de sauce... en bégayant... ce vieil homme à lèvres pendantes...»). L'importance accordée aux stéréotypes, — («le teint de la richesse», «la pâleur des porcelaines», «les moires du satin», «le vernis des beaux meubles», «l'odeur *suave* des mouchoirs brodés d'un large chiffre») –, dans la description de l'élite masculine permet de dénoncer le caractère idéologique de la vision d'Emma : ces hommes appartiennent tous à la même race supérieure, l'aspect luxueux de la vie matérielle connotant la délicatesse des mœurs et des sentiments, l'oisiveté élégante signifiant l'expérience de la vie, les prouesses équestres, la virilité idéale. Le vicomte se détache pourtant de cette élite indifférenciée : il vient deux fois inviter Emma, provoque le vertige de la valse sur lequel s'achève pour elle l'épisode du bal; enfin il lui paraît présenter toutes les caractéristiques de l'amant-idéal, figure centrale de la mythologie amoureuse qu'elle a élaborée au couvent. La réapparition de ce personnage à la fin du roman (p. 675) complète l'entreprise de démystification en signifiant l'écart infranchissable des situations sociales et en renvoyant définitivement Emma à la solitude tragique de la ruine de ses illusions et de sa fortune. L'opposition-parallélisme du bal de la Vaubyessard et du bal masqué de Rouen (qui précède immédiatement l'annonce de la saisie) a la même fonction : au mirage de la vie de château se substitue la découverte d'une réalité intolérable : «Il y avait un clerc, deux carabins et un commis : quelle société pour elle ! Quant aux femmes, Emma s'aperçut vite, au timbre de leurs voix, qu'elles devaient être du dernier rang. Elle eut peur alors, recula sa chaise et baissa les yeux» (p. 673). La dégradation figurée par le second bal permet de dénoncer impitoyablement le leurre dont Emma a été victime en prenant l'invitation à la Vaubyessard pour l'incarnation des rêves de son adolescence et en croyant par conséquent possible de trouver le bonheur envié, celui des «existences tumultueuses», des «nuits masquées», et des «insolents plaisirs» (p. 597).

La rêverie compensatrice; objets supports de rêve; le porte-cigares du vicomte; le mythe de Paris

L'élargissement circulaire que l'événement du séjour à la Vaubyessard a provoqué dans la vie d'Emma ne cesse pas immédiatement au retour à Tostes. Les rêveries de la jeune femme, directement conditionnées par l'épisode fantasmatique du bal, la maintenant dans un univers de même nature, lui permettent en effet d'évoluer dans un espace imaginaire qui lui donne l'illusion de ne plus être enfermée dans le cercle étroit de son existence quotidienne. L'attente d'une nouvelle invitation, d'un autre «événement» l'année suivante, modifie qualitativement le temps vide de la monotonie inutilement répétitive qui caractérise la vie ordinaire. En revanche quand tout espoir est perdu de retourner au château, l'espace se resserre autour d'Emma, de nouveau le temps se fige; c'est ce que signifie la séquence de l'orgue de barbarie (78) : dans l'atonie désespérée de la vie réelle, la valse des petits personnages et la musique renvoient à Emma le reflet dérisoire du monde rêvé, irrémédiablement inaccessible.

Deux objets symboliques servent de supports à la rêverie de l'héroïne, affectivement et idéologiquement liés entre eux : le porte-cigares (dont le vicomte est le propriétaire présumé) et le plan de Paris (où le même personnage est supposé vivre). La fonction de la sensation est essentielle dans ce besoin d'objets supports de la rêverie. En maniant le porte-cigares, — «Elle le regardait, l'ouvrait et même flairait l'odeur de la doublure...» (p. 593) —, Emma a l'illusion d'abolir l'écart qui la sépare du monde incarné par le vicomte; le contact de l'objet permet à la mémoire d'annuler la distance entre l'événement du bal et le présent, selon un mouvement où la reviviscence devient «pure vivescence» (79).

La valeur du porte-cigares se détermine par opposition au bouquet de mariée, ce que révèle la place respective de ces deux objets dans le texte : l'un ouvre, l'autre clôt le chapitre IX, le dernier de la première partie du roman; l'un dit l'amour, l'adultère noble, l'ailleurs mythique, l'autre le mariage, l'union bourgeoise, la réalité étouffante de l'ici. La nature du contact qu'Emma a avec ces objets précise le caractère symbolique de leur antagonisme : la soie verte du premier signifie «la positivité caressante de l'ailleurs», le fil de fer du second, auquel Emma se pique les doigts, «la négativité agressive de l'ici». Le bouquet de mariée, oublié au fond d'un tiroir, n'est retrouvé que par hasard, tandis que le porte-cigares, jalousement caché par Emma, protégé des regards profanes, devient «tabernacle de valeurs», «intériorité magique». «Il épanche des parfums qui éveillent les rêves, suscite peu à peu son décor, une gravure de keepsake, et bientôt le là-bas démesuré» (80). L'examen de la fonction symbolique du porte-cigares montre quel enrichissement le séjour à la Vaubyessard apporte à l'univers fantasmatique d'Emma adolescente; il confirme aussi l'influence décisive et irréversible de l'emprise idéologique subie au couvent. Il révèle enfin comment le château et Paris sont associés dans la mythologie personnelle d'Emma définitivement convaincue que ce qui l'entoure, «campagne ennuyeuse, petits bourgeois imbéciles, médiocrité de l'existence» est «une exception dans le monde»... tandis qu'audelà (s'étend) «à perte de vue l'immense pays des félicités et des passions» (p. 594).

Paris apparaît comme la forme moderne du château. Dans les deux cas, en effet, Paris mythique et château des keepsakes, l'amour est connoté par les prestiges des classes implicitement considérées comme supérieures : ... «toutes les fièvres de la chair et les langueurs de la tendresse ne se sépararaient donc pas du balcon des grands châteaux...» (p. 594). Aux yeux d'Emma, l'humanité complète est représentée à Paris par «le monde des ambassadeurs», «la société des duchesses» et «la foule bigarrée des gens de lettres et des actrices», qui, eux aussi, mènent une existence au-dessus des autres. Les classes moyennes en sont absentes, l'ailleurs mythique ne pouvant contenir ce qui caractérise l'ici. Comme d'autres font des voyages imaginaires sur les cartes (Flaubert en particulier), Emma fait des promenades imaginaires dans Paris : le plan de la capitale sert de support à un rêve de grande vie (... des «marche-pieds de calèches, qui se déployaient à grands fracas devant le péristyle des théâtres»). Les lectures qu'Emma fait alors ont exclusivement pour fonction d'enrichir et d'entretenir ce rêve parisien : Eugène Sue ne lui fournit que des «descriptions d'ameublements», c'est-à-dire les *signes* caractéristiques de cette existence fastueuse. Comme au couvent, la manière de lire d'Emma se réduit à l'identification complaisante, à la recherche de l'évasion hors de sa vie à Tostes : elle cherche dans Balzac et George Sand «des assouvissements imaginaires pour ses convoitises personnelles» (p. 594). La lecture des journaux féminins lui donne l'illusion de partager l'existence dorée de ses modèles aristocratiques; la description révèle la fonction idéologique de cette presse, véritable manuel de la vie «chic» : «... elle dévorait... tous les comptes rendus des premières représentations, de courses et de soirées... elle savait les modes nouvelles, l'adresse des bons tailleurs, les jours de Bois ou d'Opéra» (p. 594).

Les dépenses d'Emma; la loi de la réalité économique : Lheureux

L'invitation au château confirme le conditionnement d'Emma de façon irréversible : «Elle confondait, dans son désir, les sensualités du luxe avec les joies du cœur, l'élégance des habitudes et les délicatesses du sentiment...» (p. 594). L'aristocratie, idéologisée par le regard bourgeois et saisie comme essence du paraître et mythe de richesse peut s'imiter et s'acheter, *se consommer*. L'acquisition de certains objets au retour de la Vaubyessard traduit donc chez Emma le désir accru de s'évader de son être de classe : les breloques qu'elle achète à Rouen, les deux grands vases bleus, garniture de cheminée, le nécessaire d'ivoire avec le dé en vermeil, la papeterie (qui ne sert à rien) (pp. 594, 595), purs objets de standing, indices illusoires d'intégration à une classe socialement supérieure, synonymes d'ailleurs mythique, imposés de l'extérieur à l'individu, objets-signes idéologiques; Emma est victime du Kitsch, trait distinctif de la décoration petite bourgeoise, esthétique de l'objet marchand, qui, lié à l'expansion industrielle, révèle le désir d'ascension de cette pseudo-classe (81). Ces objets ont tous pour commun dénominateur de n'avoir aucune valeur d'usage puisque leur achat est conditionné par la mythologie du paraître; objets morts, destinés à encombrer l'armoire d'Emma (p. 616), (où ils rejoindront les souvenirs du couvent), cet encombrement signifiant l'aliénation idéologique de la petite bourgeoise et sa non-appartenance inéluctable à la classe qu'elle mime.

Dès 1830 Balzac montrait (*Petites Misères de la vie conjugale*) que le mariage donne accès à la consommation, incite à un train de vie qui tend à excéder le pouvoir d'achat réel et à favoriser par conséquent la société de production. Victime, lui aussi, de l'emprise idéologique, Charles est séduit par les «élégances» de son épouse qui rehaussent son standing. Néanmoins une des contradictions de l'idéologie et de l'économie bourgeoises est d'exiger simultanément des femmes des vertus d'économie et d'intendance domestique bien conduite : qu'elles consomment, mais sans pour autant compromettre le patrimoine. Le texte de Flaubert ne se borne donc pas à dénoncer le caractère vain de la prodigalité d'Emma qui n'arrive jamais à combler l'écart entre sa situation sociale réelle et les modèles qu'elle imite; il fait aussi apparaître impitoyablement la sanction de la loi qui règle la réalité économique contemporaine, loi masquée par la mythologie trompeuse du paraître et figurée dans le roman par Lheureux. Le roman se défait dans et par l'argent : «... à force d'acheter, de ne pas payer, d'emprunter, de souscrire des billets, puis de renouveler ces billets, qui s'enflaient à chaque échéance nouvelle, elle avait fini par préparer au sieur Lheureux un capital, qu'il attendait impatiemment pour ses spéculations» (p. 673). L'échec d'Emma, tentant d'apitoyer, voire de séduire, le marchand irréductible, signifie l'impossibilité d'échapper aux lois qui régissent la société réelle :

«Elle fut lâche, elle le supplia; et même elle appuya sa jolie main blanche et longue sur les genoux du marchand» (p. 673).

Lheureux ne reconnaissant et n'admettant que les valeurs *marchandes*, l'aristocratique séduction de la main de l'héroïne reste sans efficace parce que sans signification pour lui (82). Aux conduites illusoires et dérisoires du faire-semblant (83) qui caractérisent Emma, le texte oppose l'efficacité des démarches du marchand, la nudité fonctionnelle de son «étroit cabinet», la sécheresse précise de ses registres et son énorme coffre-fort (84). Aussi le personnage apparaît-il comme le seul véritable partenaire d'Emma, comme la référence nécessaire à la réalité socio-historique, qui permet de faire table rase des fantasmes et des illusions de l'héroïne.

L'adultère, revanche du mariage

Critères de l'amant, anti-mari

La séduction qu'exerce Léon sur Emma procède d'un certain nombre de signes extérieurs, connotant les prestiges d'une classe sociale implicitement supérieure : le collet de *velours noir* de sa redingote (85), ses cheveux «plats et bien peignés», ses ongles «plus longs qu'on ne les portait à Yonville». Emma trouve Léon «charmant» dans la mesure où il ressemble au modèle romanesque de son adolescence, incarné par le vicomte de la Vaubyessard. Ce qu'elle reproche précisément à son mari, c'est l'absence de ces signes aristocratiques. L'amant figure donc l'anti-mari : la jeune femme prend conscience de son amour pour Léon le jour où les circonstances rapprochent (et opposent) dans son champ de vision l'apparence aristocratique du jeune homme et la platitude de Charles : «Il avait sa casquette enfoncée sur ses sourcils, et ses deux grosses lèvres tremblotaient...» (p. 608). Il porte un couteau dans sa poche «comme un paysan». Léon au contraire a l'élégance délicate d'une figure de keep-sake (86) : le texte dénonce le caractère idéologique de la vision d'Emma en soulignant l'attitude stéréotypée du jeune homme : «... son grand œil bleu, levé vers les nuages, parut à Emma plus limpide et plus beau que ces lacs de montagnes où le ciel se mire...».

Rodolphe possède, plus nettement encore que Léon, les signes d'appartenance à une classe socialement supérieure : n'est-il pas le propriétaire du château de la Huchette ? Le jour des Comices, il jouit de la considération accordée aux notables importants; il possède des fermes, des bois, un fusil à crosse d'argent, une horloge de Boulle, un tilbury (comme le vicomte dans sa dernière apparition à Rouen et comme Emma rêve d'en posséder un), il chasse à courre, voyage à Paris, possède des chevaux qu'il monte. Avec Emma il use des séductions vestimentaires avec autant de lucidité que des poncifs du discours amoureux. Pour la promenade à cheval, il met de «longues bottes molles (87) se disant que sans doute (elle) n'en avait jamais vu de pareilles; en effet, Emma fut charmée de sa tournure» (p. 627). Le jour des Comices, sa tenue a la même signification que le discours qu'il tient à Emma : «... une existence excentrique, les désordres du sentiment, ... un certain mépris des conventions sociales» (p. 621); le texte précisant que seul «le vulgaire» peut se laisser duper par cette apparence, critique du même coup l'attitude d'Emma séduite par cet accoutrement. Enfin Rodolphe emploie une pommade dont le parfum rappelle celui du vicomte à la Vaubyessard. Il réunit donc tous les prestiges qui peuvent donner à Emma l'illusion de vivre enfin le rêve de son adolescence : l'amour-passion dans un cadre aristocratique, l'amant de ses lectures romanesques est devenu réalité : «Elle allait donc posséder enfin ces joies de l'amour, cette fièvre du bonheur dont elle avait désespéré...» (p. 629). Alors que tout l'irrite chez son mari, «sa figure, son costume, ce qu'il ne disait pas, sa personne entière, son existence enfin», elle «s'enflamme» à l'idée de la tête de son amant, tête brune (88) et hâlée, de sa «taille à la fois si robuste et si élégante»... (pp. 637, 638).

L'adultère est en effet vécu par Emma comme une juste revanche des souffrances causées par le mariage : «... elle éprouvait une satisfaction de vengeance. N'avait-elle pas assez souffert ! Mais elle triomphait maintenant...» (p. 629). La rancœur accumulée contre le mari geôlier, obstacle au bonheur, jugé responsable de toute la «misère» de l'existence quotidienne, nourrit l'amour adultère : «La médiocrité domestique la poussait à des fantaisies luxueuses, la tendresse matrimoniale en des désirs adultères. Elle aurait voulu que Charles la battît, pour pouvoir plus justement le détester, s'en venger» (p. 611). L'échec du pied-bot, et l'aversion que cet échec inspire à l'égard d'un mari définitivement classé comme incapable, entraînent la reprise de la liaison avec Rodolphe : «Cette tendresse... chaque jour s'accroissait davantage sous la répulsion du mari...» (p. 637).

Transgression des interdits et tentation de profanation sacrilège

Bien qu'elle savoure l'amour adultère «sans remords, sans inquiétude, sans trouble» (p. 629), l'attitude d'Emma en fait n'est pas sans ambiguïté. L'adultère, péché capital contre la vertu féminine cardinale, la pudeur, est en effet vécu comme la *transgression* de la loi morale et sociale que constitue le mariage. Le texte rappelle la culpabilité de la femme adultère : «Elle avait des dégoûts de cette hypocrisie» (pp. 611, 637). La description de la chute confirme cette culpabilité : «... défaillante, tout en pleurs... se cachant la figure...» (p. 629). Le plaisir de l'adultère se fonde sur cette transgression : Emma goûte «une sorte de *volupté dépravée*» dans l'irritation provoquée par la vue de Charles (comparé à Léon) (p. 608). Après l'opération du pied-bot, elle se délecte «dans toutes les ironies *mauvaises* de l'adultère triomphant» (p. 637). Transgression également manifeste dans les «allures» scandaleuses adoptées par la maîtresse de Rodolphe :

> «Par l'effet seul de ses habitudes amoureuses, madame Bovary changea d'allures»...
>
> ... «Ses regards devinrent plus hardis, ses discours plus libres; elle eut même l'inconvenance de se promener avec M. Rodolphe une cigarette à la bouche, *comme pour narguer le monde*; enfin, ceux qui doutaient encore ne doutèrent plus quand on la vit, un jour, descendre de l'Hirondelle, la taille serrée dans un gilet, à la façon d'un homme ...» (p. 639).

La tentation de la profanation sacrilège, explicite dans les premières rédactions, exprime sous une forme extrême le désir de se venger du mari : quand Rodolphe venait dîner chez elle, «Emma le plaçait toujours à côté d'elle, leurs pieds se touchaient sous la table (89), et ainsi, sans le regarder, tout en mangeant, elle faisait des allusions à leur amour, mais si flatteuses pour lui, et si outrageantes pour l'autre, qu'il en restait parfois tout surpris et presque scandalisé...» (90). Émilie Renaud, déjà, dans l'*Éducation sentimentale* de 1845 avait, en présence de son mari, le même comportement qui choquait son amant Henry Gosselin (91). On verra plus loin ce que cette récurrence révèle des obsessions de Flaubert, concernant les différents avatars des amours triangulaires et du regard tiers, et ce que signifie cette prédilection permanente pour une image dégradée de la femme.

L'espace de l'adultère

Opposé à l'espace-prison du mariage, à la réclusion à l'intérieur du foyer conjugal, à l'espace de la maison, l'adultère figure l'évasion (au sens strict du terme), l'ouverture, l'élargissement, l'accès au monde interdit du dehors, la transgression des limites géographiques imposées aux femmes. Leurs sorties, faisant l'objet d'une stricte réglementation, sont condamnées comme des infractions dès qu'elles ne respectent plus les conditions fixées par le code qui régit la conduite féminine. Emma, acceptant le bras de Léon, pour aller voir sa fille chez la nourrice, «se compromet»; elle hésite d'abord à se promener à cheval avec Rodolphe parce que *«cela peut-être semblerait drôle»* (92). Il est significatif que cette promenade à cheval d'Emma détermine l'adultère, de même que celle d'Émilie Renaud, dans le roman de 1845, se situe entre la scène où Henry lui avoue son amour et celle où elle devient sa maîtresse : la promenade à cheval ressortit à la mythologie contemporaine de l'écuyère avec ses connotations de mœurs faciles, de morale douteuse, d'exhibitionnisme contraire à la pudeur féminine. De même les escapades matinales à la Huchette sont présentées comme des infractions au code du comportement féminin : la première est qualifiée d'«audace», Emma a peur d'être surprise, sa rencontre avec Binet la terrifie, la berge «glissante», la «crotte» des rendez-vous, qui «empâte» ses bottines, connotent le comportement délictueux de la femme adultère. Pour justifier les voyages hebdomadaires à Rouen, il lui faut ruser, avoir recours au prétexte des leçons de piano.

La promenade à cheval figure l'ouverture, l'élargissement de l'espace habituellement imparti à Emma parce qu'elle implique un départ de la maison ainsi qu'un mouvement rapide et ascendant :

«Dès qu'il sentit la terre, le cheval d'Emma prit *le galop*...» (p. 627).

«Au bas de la *côte*, Rodolphe lâcha les rênes; ils partirent ensemble d'*un seul bond*...» (p. 628). La vision qu'Emma a du paysage signifie la libération par l'éloignement : «... Jamais ce pauvre village où elle vivait ne lui avait semblé si petit»; elle doit faire des efforts pour reconnaître sa maison. «De la *hauteur* où ils étaient», elle perçoit différemment la réalité d'Yonville estompée par la brume, comme quelque chose de nouveau; le tableau, caractérisé par l'étirement longitudinal et l'élévation, suggérant une impression d'infini, a donc valeur de signe : «Des vapeurs *s'allongeaient* à l'horizon, entre le contour des collines; et d'autres, se déchirant, montaient, se perdaient... toute la vallée paraissait un *immense* lac pâle, s'évaporant à l'air».

Le rêve de départ avec Rodolphe accorde la même importance symbolique au mouvement. Emma, on le sait, demeure persuadée que le bonheur existe *ailleurs*. L'amant qui se définit par opposition au mari, représentant de l'ici intolérable, est celui qui donne accès (ou doit donner accès) à cet ailleurs mythique. L'enlèvement, rêvé à partir des schémas romanesques de l'adolescence, est la solution-miracle. La malle-poste, qui signifie le voyage, l'existence mobile et fluide (opposée au foyer conjugal prison), figure au centre de ce rêve caractérisé par le mouvement et l'espace libéré, rêve dont Flaubert souligne ironiquement l'utopie, croire que le bonheur existe ailleurs étant un leurre (93) : «Il me semble qu'au moment où je sentirai la voiture s'élancer, ce sera comme si nous montions en ballon, comme si nous partions vers les nuages...». L'importance accordée au mouvement est également évidente dans la rêverie à laquelle Emma s'abandonne quand la nuit, aux côtés de Charles endormi, elle imagine la vie qu'elle mènera avec Rodolphe. Tant que dure le voyage rêvé, les verbes sont à l'imparfait du style indirect qui équivaut à un indicatif présent et qui marque l'intensité d'une imagination pour qui «tout est donné comme réalisé» (94). Ce que vit Emma de façon fantasmatique avec une telle intensité, c'est le mouvement même du voyage, sans retour : «Au galop de quatre chevaux, elle était emportée vers un pays nouveau d'où ils ne reviendraient plus. Ils allaient, ils allaient...». Exotisme et pittoresque caractérisent les visions du voyage rêvé : ils sont ici à la mesure d'Emma; exotisme composite et facile des keepsakes, pittoresque, vulgarisé en clichés, des journaux et des romans féminins (et de leurs illustrations), véhiculant les stéréotypes d'un romantisme dégradé tels que les «nids de cigognes», les «corsets rouges», la «vapeur des fontaines», les «pyramides de fruits» et les «filets bruns».

Plus nettement encore que la vision d'Yonville pendant la promenade à cheval, celle de Rouen, qui sert de prélude aux jeudis passés à l'Hôtel de Boulogne, confirme cet élargissement de l'espace féminin, associé à l'adultère; vision fantastique d'une cité énorme, Rouen-Babylone, qui fait contraste avec la petitesse du village campagnard d'Yonville : ... «la vieille cité normande s'*étalait* à ses yeux comme une capitale *démesurée*». L'expansion de la ville, la communication fluide qui s'établit entre le moi et le monde, suggèrent le sentiment d'épanouissement, de dilatation intérieurs d'Emma : «Quelque chose de vertigineux se dégageait pour elle de ces existences amassées, et son cœur s'en gonflait abondamment... Son amour s'agrandissait devant l'espace, et s'emplissait...» (p. 663). Emma se penche par le vasistas pour «humer la brise». De même que les escapades matinales à la Huchette sont associées à la course au grand air, à une sorte de renouveau vital, — «.... elle arrivait essouflée, les joues roses, et exhalant de toute sa personne un frais parfum de sève, de verdure et de grand air... C'était comme une matinée de printemps qui entrait...» (p. 630) —, la lune de miel d'Emma et de Léon s'accompagne d'une euphorie sensorielle, d'un bonheur d'être au monde qui leur était jusque-là inconnus : «Ce n'était pas la première fois qu'ils apercevaient des arbres, du ciel bleu, du gazon, qu'ils entendaient l'eau couler et la brise soufflant dans le feuillage; mais ils n'avaient sans doute jamais admiré tout cela, comme si la nature n'existait pas auparavant, ou qu'elle n'eût commencé à être belle que depuis l'assouvissance de leurs désirs» (p. 661).

Inversement la configuration des lieux dans lesquels Emma retrouve Léon est aussi celle du lieu clos, protégé, loin du monde, propice à l'illusion. C'est d'abord la loge de théâtre, puis le fiacre, «voiture à stores tendus... plus close qu'un tombeau»; la chambre de l'auberge de la Croix-Rouge : «Les bruits de la ville arrivaient à peine jusqu'à eux; et la chambre semblait petite, tout exprès pour resserrer davantage leur solitude»; celle surtout de l'Hôtel de Boulogne, où se passe la plus grande partie de la liaison avec Léon : «... ils vivaient là, volets fermés, portes closes...». La barque couverte qu'ils prennent le soir reproduit l'intimité de la chambre : «... les bruits de la ville insensiblement s'éloignaient...». L'île enfin, «leur île», connote le désir de vivre loin du monde et d'échapper définitivement à l'emprise de la réalité : «... ils auraient voulu, comme deux Robinsons, vivre perpétuellement dans ce petit endroit...». Cette opposition, — (communication fluide avec le monde/retraite dans un lieu clos) —, dans l'évasion que constitue l'adultère, reflète l'ambivalence de l'évasion chez Flaubert lui-même, évasion qui se manifeste aussi bien dans le repli sur soi, dans le désir de vivre dans la solitude de la chambre, volets fermés, à la lumière des chandelles, que dans celui de se fondre dans la nature, dans l'extase panthéiste.

Le temps de l'adultère

Les moments de communication fluide entre le moi et le monde qui caractérisent le bonheur des amours adultères appartiennent à une durée différente de celle des jours ordinaires, une durée caractérisée, comme le dit G. Poulet, par un glissement général des choses et de l'être sentant. Dans ces moments privilégiés souvent associés à un événement sensible, l'être a l'intuition de la vie dans son expansion cosmique sans sortir de ce point qui est le point sans durée du présent, car la sensation est si parfaitement conjuguée avec la vie générale des choses, que l'une devient pour ainsi dire l'expression métaphorique de l'autre; «... Se sentir vivre, c'est sentir... battre le pouls de la durée» (95), comme dans la scène d'amour charnel dans la forêt :

«Le silence était partout; quelque chose de doux semblait sortir des arbres; elle sentait son cœur, dont les battements recommençaient, et le sang circuler dans sa chair comme un fleuve de lait. Alors, elle entendit tout au loin, au-delà du bois, sur les autres collines, un cri vague et prolongé, une voix qui se traînait, et elle l'écoutait silencieusement, se mêlant comme une musique aux dernières vibrations de ses nerfs émus» (p. 629).

Le *silence*, conjugué à une certaine douceur de l'atmosphère ambiante, a une fonction déterminante dans l'apparition de cette durée de qualité particulière :

(à l'auberge de la Croix-Rouge) : «Ils entendirent huit heures sonner aux différentes horloges du quartier Beauvoisine, qui est plein de pensionnats, d'églises et de grands hôtels abandonnés. Ils ne se parlaient plus; mais ils sentaient, en se regardant, un bruissement dans leur tête (...); ... et le passé, l'avenir, les réminiscences et les rêves, tout se trouvait confondu dans la douceur de cette extase...» (p. 654).

(lors de la promenade en barque) : «A la nuit, ils repartaient. Ils restaient au fond, tous les deux cachés par l'ombre, sans parler...» (p. 661).

A l'angoisse provoquée par l'usure stérile du temps, par le sentiment pénible du discontinu, se substitue une impression de plénitude : le moment vécu ne se réduit pas à un point mais s'épanouit en s'enrichissant de toute l'épaisseur complexe du passé, des espoirs concernant le futur, le moi se ressaisit dans l'harmonie de son unité profonde. La dernière soirée d'Emma et de Rodolphe dans le jardin d'Yonville en fournit un exemple privilégié :

«Ils ne se parlaient pas, trop perdus qu'ils étaient dans l'envahissement de leur rêverie. La tendresse des anciens jours leur revenait au cœur, abondante et silencieuse comme la rivière qui coulait, avec autant de mollesse qu'en apportait le parfum des seringas, et projetait dans leurs souvenirs des ombres plus démesurées et plus mélancoliques que celles des saules immobiles qui s'allongeaient sur l'herbe...» (p. 641).

La mythologie amoureuse de l'adultère

Les amours adultères, selon Emma, doivent se soumettre à un rituel strictement défini. Le texte détaille et démystifie méthodiquement cette mythologie féminine conditionnée par l'influence de l'idéologie contemporaine : protestations d'amour stéréotypées, multiplication des serments (d'attachement éternel) (p. 629) (96), échange de «miniatures», de poignées de cheveux, d'anneaux de mariage (en signe d'alliance éternelle), de lettres quotidiennes, cadeaux qui classent, offerts par Emma à son amant (un cachet (97), une cravache, un porte-cigares pareil à celui du vicomte, une écharpe) ... A chaque séparation, Emma pleure (comme Louise Colet); elle voudrait ne jamais quitter son amant; elle invoque la «protection» de leurs mères respectives (98), comme pour donner une caution morale à ce qui implique précisément la transgression de la morale. En opposant le cynisme prosaïque de Rodolphe, son sens des réalités, aux illusions d'Emma (indifférence croissante, absence de «ménagements», jugement sans aménité porté sur la miniature d'Emma, sur la correspondance amoureuse — «quel tas de blagues !» — (p. 642), emploi du cachet «amor nel cor» pour la lettre de rupture), le texte dévalue la sentimentalité incurable des femmes; incapables de parler d'autre chose que de leur amour par manque d'intérêt pour tout ce qui lui est étranger, inaccessibles au raisonnement (masculin), elles sont «compromettantes et embêtantes» selon les scénarios, «tyranniques», «trop envahissantes», «jalouses», rêvant d'être tout pour l'homme aimé parce qu'il est tout pour elles, avouant qu'elles en sont entièrement dépendantes (p. 639), attendant d'être «sauvées» par lui. En prêtant à Emma le même comportement face à Léon, suivi du même échec, en montrant son acharnement à continuer à se mentir à elle-même, en dénonçant l'auto-mystification que constituent lettres qu'elle adresse à son amant (99), le texte reprend et approfondit la critique de la mythologie amoureuse féminine déjà formulée dans l'*Éducation sentimentale* de 1845. Le primat du «cœur» révèle en définitive l'égoïsme, la cruauté et la sottise des femmes : Flaubert rejoint Proudhon (100). L'écriture romanesque conduit à son terme le projet de critique démystificatrice, d'une part grâce à la séquence du théâtre de

Rouen, d'autre part en dénonçant ce que la religion représente pour Emma.

Fonction de la séquence du théâtre de Rouen

Le spectacle au théâtre de Rouen sert de prélude aux amours avec Léon dans la mesure où, vécu lui-même de façon fantasmatique par Emma il favorise le passage dans l'univers fantasmatique du second adultère; ainsi est radicalement dénoncée l'aliénation idéologique irréversible de l'héroïne, incapable de transformer en expérience utile pour le futur la déception consécutive à la rupture de Rodolphe et condamnée à répéter un comportement identique dans sa liaison avec Léon. L'accès au théâtre, signe d'appartenance à une classe sociale supérieure et d'assistance habituelle à une cérémonie mondaine et urbaine, constitue un des rêves d'Emma, imaginant la vie idéale de la femme mariée. La conformité à ce modèle aristocratique, non l'attente d'un plaisir esthétique, provoque l'émotion de la petite bourgeoise d'Yonville : «Un battement de cœur la prit dès le vestibule (101). Elle sourit involontairement de vanité, en voyant la foule qui se précipitait à droite par l'autre corridor, tandis qu'elle montait l'escalier des *premières*...» (p. 649). Les sensations, tactiles et olfactives, qui caractérisent chez Emma l'entrée dans un univers fantasmatique, sont également notées : plaisir de pousser de son doigt les larges portes tapissées, odeur poussiéreuse des couloirs qu'elle «aspire de toute sa poitrine». Le texte des premières rédactions commentait davantage l'illusion qu'éprouve Emma d'être une femme distinguée en s'installant dans sa loge : «... quand l'ouvreuse, prenant les billets, lui eut apporté son tabouret, elle s'assit dans sa loge, s'y installa, défit son châle, prit son lorgnon, avec une aisance de marquise, de femme à châteaux, et comme si elle eût eu dans la rue son équipage et, derrière elle, un valet galonné portant sur le bras une peau d'hermine». La description de la version définitive fait voir cette illusion dans le raccourci saisissant du geste symbolique : «... elle se cambra la taille avec une désinvolture de duchesse...» Le spectacle lui-même la replonge dans l'univers fantasmatique de son adolescence : «Elle se retrouvait dans ses lectures de jeunesse, en plein Walter Scott». Comme l'épisode de la Vaubyessard, celui de la sortie au théâtre, également traversé par Emma dans un état second, n'est fantasmatique à ce point que dans la mesure où il paraît se décalquer des livres et incarner la mythologie de la jeune femme prise au piège du théâtre, lieu par excellence de l'illusion (102). La façon de suivre le spectacle est identique à sa manière de lire : elle recherche l'identification complaisante, l'émotion nerveuse, provoquées par la reconnaissance du modèle romanesque, la passion rêvée au couvent et enrichie du souvenir de la liaison avec Rodolphe : «Elle reconnaissait tous les enivrements et les angoisses dont elle avait manqué mourir. La voix de la chanteuse ne lui semblait être que le retentissement de sa conscience, et cette illusion qui la charmait quelque chose même de sa vie...» (p. 650). Le spectacle devient double, à la fois extérieur et intérieur car les souvenirs d'Emma interfèrent avec ce qu'elle voit sur la scène, jusqu'au moment où, toutes velléités d'esprit critique abolies, elle imagine la vie «retentissante, extraordinaire, splendide» qu'«elle aurait pu mener cependant, si le hasard l'avait voulu» (103) avec un homme comme Lagardy. Flaubert ne met pas seulement en valeur les stéréotypes de ce rêve en montrant leur caractère parfois contradictoire : partager la gloire, voyager de capitale en capitale, et broder «elle-même» les costumes de l'artiste; présentant Lagardy avant d'évoquer le rêve d'Emma, il démystifie le contenu de ce rêve; il souligne en effet l'importance du mythe dans la séduction exercée par le ténor : «On disait qu'une princesse polonaise l'écoutant un soir chanter sur la place de Biarritz, où il radoubait des chaloupes, en était devenue amoureuse. Elle s'était ruinée à cause de lui. Il l'avait plantée là pour d'autres femmes...». Forme parallèle et inversée de celui de l'actrice, ce mythe signifie qu'un homme célèbre est d'autant plus séduisant qu'il suscite la compétition féminine; son ridicule de roman feuilleton est dénoncé par le commentaire de l'auteur qui insiste sur la valeur commerciale de cette réputation sentimentale et qui se résume dans le choc produit par la formule : «... cette admirable nature de charlatan, où il y avait du coiffeur et du toréador». Cette réalité cabotine fait contraste avec la vision hallucinatoire d'Emma (...«une folie la saisit : il la regardait, c'est sûr...») (p. 651), et démystifie son illusion d'avoir enfin rencontré la passion rêvée et son envie d'être enlevée par cet amant idéal.

Amour et religion chez Emma

L'influence des années de couvent sur Emma trouve sa confirmation définitive quand on examine l'aspiration religieuse qui reparaît trois fois au cours de sa vie. Tout d'abord quand elle désespère de trouver un allègement à son existence, son amour pour Léon ne servant qu'à lui rendre plus insupportable la réalité du mariage. Une atmosphère particulière détermine cette aspiration religieuse : le son de l'Angélus dans la tiédeur d'un soir de printemps. Par une de ces associations dont la vie fantasmatique d'Emma offre de nombreux exemples, ces sensations présentes suscitent le souvenir de sensations passées, le parfum des fleurs et de l'encens au couvent. La nostalgie qu'éprouve la jeune femme («Elle aurait voulu, comme autrefois, être encore confondue dans la longue ligne des voiles blancs...») (p. 611), révèle le sens de son aspiration religieuse : elle recherche inconsciemment l'assoupissement de la conscience qu'elle a connu au couvent, l'amollissement qu'elle ressent le révèle : «Un *attendrissement* la saisit; elle se sentit *molle* et tout abandonnée, comme un *duvet* d'oiseau qui tournoie dans la tempête; et ce fut *sans en avoir conscience* qu'elle s'achemina vers l'église...»; elle désire confusément trouver le moyen de diminuer, voire d'anéantir «son degré de présence au monde», selon l'expression sartrienne, «disposée à n'importe quelle dévotion, pourvu qu'elle y absorbât son âme et que l'existence entière y disparût». L'aspiration religieuse d'Emma (104) est encore un «processus d'irréalisation». Le prosaïsme vulgaire de Bournisien lui fait échec.

L'aspiration religieuse d'Emma reparaît au moment de sa convalescence. Elle est motivée par le souvenir de la communion qu'elle a reçue, se croyant agonisante, et par le désir de maintenir intacte la sensation qu'elle a alors éprouvée : «Emma sentait quelque chose de fort passant sur elle, qui la débarrassait de ses douleurs, de toute perception, de tout sentiment» (p. 646). La communion est aussi pour Emma l'occasion d'éprouver la mort comme une autre vie, celle qu'elle a toujours inconsciemment recherchée en vivant dans un univers fantasmatique et dont l'existence menée au couvent lui a fourni le modèle, une vie où toute conscience est abolie : «Sa chair allégée ne pesait plus, une autre vie commençait; il lui sembla que son être, montant vers Dieu, allait s'anéantir dans cet amour comme un encens allumé qui se dissipe en vapeur» (105). La «vision splendide» dont Emma garde le souvenir associe les stéréotypes des images pieuses de première communion à une aspiration fondamentale chez elle : être «sauvée», être emportée par un être idéal qui lui ferait connaître un bonheur inconnu de ce monde. «Il existait donc à la place du bonheur des félicités plus grandes, un autre amour au-dessus de tous les amours, sans intermittence ni fin, et qui s'accroîtrait éternellement !» (p. 647). L'expression des sentiments religieux d'Emma le confirme : «Quand elle se mettait à genoux sur son prie-dieu gothique, elle adressait au Seigneur les mêmes paroles de suavité qu'elle murmurait jadis à son amant». Cette seconde manifestation de l'aspiration religieuse de l'héroïne aboutit au même échec que la première : «... aucune délectation ne descendait des cieux, et elle se relevait, les membres fatigués, avec le sentiment vague d'une immense duperie». Emma en est réduite à l'illusion dérisoire du faire-semblant : s'imaginer en La Vallière repentie et jouer les dames d'œuvres. La scène enfin où elle reçoit les sacrements reproduit la joie éprouvée lors de la précédente communion : elle ... «parut saisie de joie à voir tout à coup l'étole violette, sans doute retrouvant au milieu d'un apaisement extraordinaire la volupté perdue de ses premiers élancements mystiques, avec des visions de béatitude éternelle qui commençaient» (p. 684). Cette scène confirme également la signification des deux premières manifestations de l'aspiration religieuse d'Emma : «... elle allongea le cou comme quelqu'un qui a soif, et, collant ses lèvres sur le corps de l'Homme-Dieu, elle y déposa de toute sa force expirante le plus grand baiser d'amour qu'elle eût jamais donné». Mais Flaubert accentue l'échec des deux premières tentatives. La religion, pas plus que l'amour, ne peut constituer un recours. A la «vision splendide» de la précédente communion fait place la vision hallucinée de «la face hideuse» de l'Aveugle «qui se dressait dans les ténèbres éternelles comme un épouvantement» (p. 684). Emma meurt désespérée, son rire fait écho à celui de Yuk (*Smarh*, 1839), signifiant le triomphe du grotesque, seul éternel. La réalité, qu'elle s'est, tout au long de son existence, efforcée d'escamoter, s'impose irrémédiablement cette fois à l'héroïne : avec ces deux derniers vers qu'elle trouvait «obscènes», selon les scénarios, la chanson de l'Aveugle achève de démystifier la «*volupté*», la «*félicité*», la «*béatitude*» qu'Emma a cru trouver dans la religion.

QUATRIEME PARTIE

Prestiges de la femme adultère

Dans son réquisitoire, le procureur impérial Pinard a reproché à Flaubert la couleur générale «lascive» de son œuvre; la beauté d'Emma est «une beauté de provocation»; le roman est immoral parce qu'il «glorifie l'adultère» et en montre «la poésie». Cette affirmation, dont les conclusions sont discutables et qui se fonde, on le verra, sur une analyse sommaire, n'est cependant pas sans intérêt puisqu'elle appelle l'attention sur la fascination exercée par la femme adultère. Comme celle de Mazza et d'Émilie Renaud, la beauté d'Emma ne s'épanouit que dans et par l'adultère :

> «Jamais Madame Bovary ne fut aussi belle qu'à cette époque; elle avait cette indéfinissable beauté qui résulte de la joie, de l'enthousiasme, du succès, et qui n'est que l'harmonie du tempérament avec les circonstances. Ses convoitises, ses chagrins, l'expérience du plaisir et ses illusions toujours jeunes, comme font aux fleurs le fumier, la pluie, les vents et le soleil, l'avaient par gradation développée, et elle s'épanouissait enfin dans la plénitude de sa nature» (p. 640).

Le personnage d'Emma bénéficie de l'intérêt que son créateur a manifesté pour Louise Pradier, l'un des modèles qui ont pu l'inspirer et à propos de laquelle il a noté dans ses carnets : «La poésie de la femme adultère n'est vraie que parce qu'elle-même est dans la liberté, au sein de la fatalité» (106). Aboutissement des ébauches que constituent Mazza et Émilie, ce personnage signifie le caractère durable de la fascination du romancier par le mythe de la femme adultère.

Le corps d'Emma

On a noté, avec raison, la focalisation du roman sur le personnage d'Emma et dans le personnage sur son corps dont la présence est une constante du texte. La contemplation de la femme aimée peut aller jusqu'à abolir le sentiment de l'écoulement du temps et de la finitude. La fin des visites de Charles aux Bertaux en fournit un premier exemple, avec l'introduction du silence et la notation d'une certaine qualité de la lumière. Le temps s'est arrêté. Il s'agit d'un moment musical, intense : «On s'était dit adieu, on ne parlait plus». Le silence signifie le ravissement de Charles, absorbé dans la contemplation d'Emma. Comme le peintre impressionniste fixe sur la toile l'éclat momentané et provisoire d'un éclairage particulier, Flaubert fixe des sensations fugitives en jouant sur tous les modes tactiles de la présence matérielle :

> «... le grand air l'entourait, levant pêle-mêle les petits cheveux follets de sa nuque,... l'écorce des arbres suintait... la neige se fondait... l'ombrelle de soie gorge de pigeon que traversait le soleil, éclairait de reflets mobiles la peau blanche de sa figure. Elle souriait... à la chaleur tiède, et on entendait les gouttes d'eau, une à une, tomber sur la moire tendue...» (p. 580).

Le silence émerveillé de Charles, sa fascination immobile font de cet instant un moment d'extase, hors du temps (107). Pendant la veillée mortuaire d'Emma, Charles, qui revient sans cesse près de ce corps, oublie un moment la réalité de sa mort. L'illusion de Charles est suggérée par la description d'une atmosphère que le jeu de la lumière rend irréelle : «frissonnement» des moires de satin de la robe, dont la blancheur de «clair de lune» se mêle aux tourbillons de la «vapeur bleuâtre» des plantes aromatiques, vapeur qui se confond elle-même avec le brouillard qui entre par la fenêtre, scintillement des étoiles enfin qui reproduit à une échelle plus vaste les reflets changeants de la robe; la fascination de Charles contemplant le corps de sa femme pour la dernière fois aboutit à la vision fantastique d'Emma emplissant l'univers et se confondant avec lui. La série de scènes que voit ensuite Charles s'achève par le souvenir d'une double sensation : le parfum de la chevelure d'Emma emplissant la chambre nuptiale, parfum que fait ressurgir celui des herbes aromatiques de la chambre mortuaire, et le bruit produit par le contact de la robe de noces, — («... sa robe lui frissonnait dans les bras avec un bruit d'étincelles»...) —, sensation auditive dont la description de la robe sur le lit mortuaire est la correspondance, la transposition visuelle. Rodolphe enfin, obsédé par l'image de la femme désirée (et encore inaccessible), éprouve, au milieu de la foule et du bruit du festin des Comices, le sentiment d'être seul, loin de tout. Le silence se fait en lui à mesure que le vacarme extérieur s'amplifie. Le souvenir d'Emma transfigure les objets qui entourent Rodolphe : son image se dilate et se multiplie, emplit le monde extérieur.

Moment de plénitude où, au temps quotidien se substitue la durée étale d'une jouissance renouvelée à l'infini.

Autre façon de signifier la présence du corps d'Emma : exprimer l'attirance et le plaisir qu'il suscite chez un spectateur masculin. Dès sa première visite aux Bertaux, Charles, cherchant sa cravache, sent «sa poitrine effleurer le dos de la jeune fille»; le lendemain du mariage, on l'aperçoit, «de loin... qui lui passait le bras sous la taille et continuait à marcher à demi penché sur elle, en lui chiffonnant avec sa tête la guimpe de son corsage» (p. 584); à Tostes, il revient exprès chez lui pour la baiser dans le dos; à la Vaubyessard il vient l'embrasser sur l'épaule; de la même façon Léon à Rouen, à la fin de la visite à l'auberge de la Croix-Rouge la baise «longuement à la nuque» (p. 655). Lors de leur première rencontre, le corps d'Emma est vu par Rodolphe, à la fois masqué et révélé par sa robe : «... le gonflement de l'étoffe se crevait de place en place, selon les inflexions de son corsage...». La suite le confirme : «... il revoyait Emma dans la salle, habillée comme il l'avait vue, et il la déshabillait» (p. 618). Dans la forêt, il lui entoure la taille de son bras (108); le jour suivant, ils sont assis «l'un contre l'autre, sur un lit de feuilles sèches»; quand elle va surprendre Rodolphe à la Huchette, il «l'attire à lui» et la «presse sur son cœur» (p. 630).

Le plaisir d'Emma

Pourtant si l'on a accusé Madame Bovary d'être une œuvre immorale, c'est sans doute plus encore parce que le texte ne dissimule pas l'existence de la sexualité féminine et le plaisir que leur corps donne aux femmes : il permet en effet d'établir un parallélisme, une équivalence entre la «nouvelle puberté» que l'amour d'Emma fait connaître à Charles et celle que l'adultère avec Rodolphe provoque chez Emma (109); après sa nuit de noces, Charles «semblait un autre homme» (p. 584); de la même façon, après l'adultère consécutif à la promenade dans la forêt, Emma est «transfigurée» (p. 629) : l'amour de Rodolphe révèle ses sens qui, jusque-là, n'étaient pas «encore nés» (110). La sujétion d'Emma à son amant permet de mesurer l'importance du plaisir qu'il lui a fait découvrir. Les termes employés en signifient l'intensité : «volupté», «béatitude», «ivresse» (p. 639). La liaison avec Léon se prolonge uniquement parce qu'elle répond à un besoin du corps, parce qu'elle est devenue «une habitude de la chair» (111).

Le texte donne également à lire le rapport qui existe entre la sexualité et la sensualité des femmes et l'influence réciproque de l'une sur l'autre. Le goût précoce d'Emma pour les parfums est connu, ces parfums

qui, dans les mythes masculins concernant la féminité au XIXe siècle, figurent un danger pour les adolescentes parce qu'ils «hâtent la crise des sens», selon Michelet. Plus révélateur encore cependant est l'accent mis dans le roman sur la gourmandise féminine. Les évocations de l'héroïne, aux temps forts du récit, souvent associées à la nourriture, signifient sa manière d'être au monde et connotent son plaisir (112). Aux Bertaux, pendant la visite qui détermine Charles à la demander en mariage, elle lui propose de «prendre un verre de liqueur avec elle» :

> (elle) ... «le porta à sa bouche, comme il était presque vide, elle se renversait pour boire; et, la tête en arrière, les lèvres avancées, le cou tendu, elle riait de ne rien sentir, tandis que le bout de sa langue, passant entre ses dents fines, léchait à petits coups le fond du verre» (p. 581).

La sensualité provocante du comportement d'Emma est une manière de suggérer «l'irritation» que lui cause la présence de Charles. A la Vaubyessard, la découverte d'un luxe alimentaire inconnu équivaut au vertige de la valse :

> «On verse du vin de Champagne à la glace. Emma frissonna de toute sa peau en sentant ce froid dans sa bouche. Elle n'avait jamais vu de grenades ni mangé d'ananas...» (p. 591).
> «Elle mangeait alors une glace au marasquin, qu'elle tenait de la main gauche dans une coquille de vermeil, et fermait à demi les yeux, la cuiller entre les dents» (p. 592) (113).

A Rouen, les plaisirs de l'amour sont inséparables de ceux de la gourmandise : dès le matin, Emma et Léon se font apporter des sirops à la glace, dans leur chambre de l'Hôtel de Boulogne; dans «leur» île, ils mangent de la friture d'éperlans, de la crème et des cerises» (p. 661) (114). En mettant l'accent sur la gourmandise d'Emma, en montrant comment toute sa peau, ses nerfs participent à son oralité, le texte signifie le plaisir que son corps donne à une femme, et le caractère autonome de ce plaisir; ce qui constitue un scandale pour l'opinion victorienne contemporaine : une femme n'est pas faite pour jouir, sinon elle est capable de tous les débordements, la gourmandise étant immanquablement associée à la luxure et à la dépense ruineuse. La description de Rosanette soupant au Café Anglais le confirmera (*Éducation sentimentale*, 1869).

Une dernière façon de suggérer la sexualité féminine (épanouie dans l'adultère), le plaisir que le corps d'une femme offre à son amant *et* à elle-même, est de décrire les objets qui connotent l'intimité érotique et qui sont comme des prolongements du corps féminin. D'où l'accent mis dans le texte sur les soins qu'Emma donne exclusivement à son corps, — «elle se limait les ongles avec un soin de ciseleur, (...) il n'y avait jamais assez de *cold-cream* sur sa peau, ni de patchouli dans ses mouchoirs» —, sur les bijoux dont elle se pare, — «Elle se chargeait de bracelets, de bagues, de colliers» —, sur le raffinement qu'elle exige pour l'entretien de sa lingerie (p. 638), «disposant son appartement et sa personne comme une courtisane qui attend un prince». Comme dans l'*Éducation sentimentale* de 1845, la chambre, close, douillette (avec ses tentures, son tapis qui feutrent les bruits, isolent et protègent), signifie l'intimité érotique; le lit la résume, le lit qui n'a cessé, depuis *Novembre*, de provoquer l'imagination du romancier et dont il écrivait à Louise Colet qu'il serait beau d'écrire l'histoire : «Le lit était un grand lit d'*acajou* en forme de nacelle...» (p. 663).

Les femmes et leur sexualité

Victimes des interdits victoriens de l'idéologie contemporaine, les femmes sont les premières à occulter, voire à nier leur sexualité :

> «Elles ne sont pas franches avec elles-mêmes; elles ne s'avouent pas leurs sens; elles prennent leur cul pour leur cœur et croient que la lune est faite pour éclairer leur boudoir... Le cynisme, qui est l'ironie du vice, leur manque; ou, quand elles l'ont, c'est une affectation...» (115).

Cette répression de la sexualité féminine explique la peur qui a obsédé Louise Colet de susciter le «dédain» de son amant «après la possession», d'être l'objet de son mépris. Aussi le discours sentimental qu'elle n'a cessé de tenir face à Flaubert a-t-il pour fonction de masquer la réalité des sens au profit de l'exaltation de «l'âme». Emma reproduit cette attitude caractéristique des femmes à l'égard de leur propre corps, selon le romancier, et qui est pour lui mensonge à l'égard de soi-même. Les tout premiers scénarios le signifient sans équivoque :

> «Un second amant 33 ans — homme d'expérience — (...) lui remue vigoureusement le tempérament (...) sensuel il la démoralise en lui faisant voir un peu la vie telle qu'elle est».

L'écriture romanesque dans la version définitive permet une dénonciation plus radicale encore. Selon le procédé du montage critique, souvent employé dans le roman, dans l'évocation du moment qui précède la «chute» d'Emma, en opposant le discours tenu par Rodolphe, discours respectueux, épuré, de l'amour platonique à la réalité de ses gestes signifiant la détermination de séduire Emma physiquement, le texte provoque un effet de contraste démystificateur. La peur d'Emma face à Rodolphe est notée plusieurs fois : elle signifie son incapacité à s'avouer à elle-même les raisons de sa propre «faiblesse» devant cet homme qui la «subjugue» charnellement tandis que son sentimentalisme, à elle, n'a sur lui aucune prise et l'infériorise. L'amour de Rodolphe qui se résume dans le plaisir physique exprime la réalité qu'Emma a été conditionnée à refuser et que sa mythologie amoureuse a pour fonction de masquer. De même le texte souligne ironiquement les illusions d'Emma qui se croit vertueuse à Yonville alors que la timidité de Léon ne lui fait pas courir de grands dangers (116). En définitive le roman fournit l'explication de ce mensonge des femmes, ne s'avouant pas leurs sens à elles-mêmes, puisqu'il le donne à lire comme la conséquence logique des contraintes imposées à leur corps et de l'aliénation idéologique dont elles sont victimes. En exprimant la gynophobie masculine, comme on va le voir, le texte inscrit l'attitude des femmes dans un plus vaste courant de méfiance à l'égard du corps féminin, caractéristique de l'idéologie bourgeoise du Second Empire, comme de l'idéologie victorienne du XIXe siècle anglais correspondant. L'écriture romanesque révèle donc une fois de plus le conditionnement culturel des femmes et permet la remise en cause du mythe de la «nature» féminine, avec une acuité critique beaucoup plus efficace (parce que plus complète) (117) que les réflexions moralistes limitées ou même réductrices de la correspondance du romancier.

Le danger féminin

Le pouvoir de séduction des femmes, pouvoir dévorateur, constitue un danger pour le sujet masculin. Les natures les plus positives ne peuvent leur résister. Face à Emma, Rodolphe (pp. 640, 679), le notaire Guillaumin perdent la tête. Charles n'est qu'un jouet entre les mains de sa femme qui finit par le corrompre (et le consumer) «par delà le tombeau» (p. 690). Léon, complètement soumis à sa maîtresse, tente vainement de «se révolter contre l'absorption chaque jour plus grande de sa personnalité » : «... au craquement de ses bottines (118), il se sentait lâche, comme les ivrognes à la vue des liqueurs fortes» (p. 670). La répétition de la référence au serpent, dans les descriptions d'Emma, connote la peur de ce pouvoir féminin démoniaque :

> «... on eût dit qu'un artiste habile en corruption avait disposé sur sa nuque la torsade de ses cheveux : ils s'enroulaient en une masse lourde...» (p. 649).
> «Elle se déshabillait brutalement, arrachant le lacet mince de son corset, qui sifflait autour de ses hanches comme une couleuvre qui glisse» (p. 670) (119).

La fonction (capitale comme souvent) du conditionnel passé, — («on eût dit»...) —, de la comparaison, — («comme une couleuvre»...) —, est de suggérer sans affirmer : le travail d'élaboration littéraire masque/dévoile ce qui est idéologique. «Créature pernicieuse», «sirène», «monstre», qui habite fantastiquement «les profondeurs de l'amour», la femme peut aller jusqu'à faire commettre des crimes. Ruinée, Emma suggère à Léon de voler à son étude :

> «Une hardiesse *infernale* s'échappait de ses prunelles enflammées, et les paupières se rapprochaient d'une façon lascive et encourageante; — si bien que le jeune homme se sentit faiblir sous la muette volonté de cette femme qui lui conseillait un crime. Alors il eut peur...» (p. 695).

On peut donc considérer comme un signe de ce danger féminin le fait que le récit associe l'entrée de Léon dans la cathédrale de Rouen et le rappel du bas-relief représentant «la *Marianne dansant*», c'est-à-dire Salomé dansant devant Hérode.

L'obsession flaubertienne de la faiblesse, de la fusion qui accompagne le désir amoureux et l'exprime, signifie celle de la perte d'une identité péniblement conquise et sans cesse menacée. La femme menace l'intégrité masculine car l'amour «dévore» (120), détruit. Dans le contexte de la société bourgeoise du règne de Louis-Philippe et du Second Empire, où s'enrichir, accroître le «capital», constitue la valeur unique, fondatrice du pouvoir masculin, le danger des femmes est essentiellement figuré par la menace qu'elles font peser d'entamer, voire de détruire les fortunes. En témoigne le mythe de Louise Pradier qui a inspiré le personnage d'Emma Bovary; Flaubert, dès 1847, disait en effet de l'épouse du sculpteur : «cette femme-là me semble le type de la femme avec tous ses instincts, un orchestre de sentiments femelles»; et Hugo, dans son *Journal*, résume les composantes de ce mythe élaboré par les contemporains : «M. Pradier, l'excellent statuaire, a un talent merveilleux et une femme *coquette*. Son talent l'enrichit, sa femme le *ruine*. La femme fait encore plus de besogne que le talent, d'où suit que le pauvre grand sculpteur marche à l'hôpital». Le texte montre méthodiquement l'escalade de la dépense d'Emma, enregistre les comptes toujours grossis de Lheureux et présente la ruine de Charles comme un processus inéluctable :

> «Cependant, à force d'acheter, de ne pas payer, d'emprunter, de souscrire des billets, puis de renouveler ces billets, qui s'enflaient à chaque échéance nouvelle, elle avait fini par préparer au sieur Lheureux un capital, qu'il attendait impatiemment pour ses spéculations» (p. 673) (121).

L'argent, objet-signe, est par les dépenses, le signe de la *dévoration*, de la consommation énergétique, de la consumation par la femme : c'est en cela qu'elle est infernale. Le dernier chapitre dénonce la «débâcle» de Charles Bovary et conclut sur la prolétarisation de Berthe devenue orpheline, gagnant sa vie dans une filature de coton. La «peur de la mangearde» qui hante les familles bourgeoises est l'expression caricaturale d'une peur fondamentale; l'amour des femmes n'est jamais désintéressé, elles agissent par cupidité : «Ah ! voilà le but de votre visite, le fond des amours de femme — quel nigaud je fais. Merci de la leçon». Si la version définitive adoucit la brutalité de ce commentaire trop explicite, — (— «Ah ! pensa Rodolphe, qui devint très pâle tout à coup, c'est pour cela qu'elle est venue !» (p. 679) —, le sens n'en est pas moins le même.

Le motif de la prostituée

En reproduisant un thème récurrent des œuvres de jeunesse, la prédilection pour une image dégradée de la femme, comme en témoignent les jugements de valeur répétés, condamnant Emma, le roman de 1857 signifie la permanence de cette obsession dans l'imaginaire flaubertien. Les scénarios comme la version définitive donnent à lire la déchéance d'Emma : «rage de la dépense», appétits dépravés» (122) recours de plus en plus fréquent au mensonge au point d'en faire une manière d'être, excès de plus en plus grands de la sexualité, — «l'irritation du vice croissant» —, vols réitérés au détriment de Charles, en sont les signes. La connotation de la prostitution, indiquée à plusieurs reprises dans les scénarios (123), est confirmée dans les dernières scènes avec Binet, Lheureux, Guillaumin et Rodolphe. La description du comportement d'Emma (qu'on sait aux abois) met l'accent sur la volonté de séduire son interlocuteur, — «Elle continuait d'une manière tendre, suppliante. Elle se rapprocha, son sein haletait...» (p. 678), «... et même elle appuya sa jolie main blanche et longue sur les genoux du marchand...» (p. 673) —, ce que précise dans le premier cas le commentaire des commères aux aguets, — «Est-ce qu'elle lui fait des avances ?» —, dans le second, celui de Lheureux lui-même, — «On dirait que vous voulez me séduire». La mise en scène des entrevues avec le notaire et avec Rodolphe est plus explicite encore. Le parallélisme des situations permet de dénoncer les illusions et la pose d'Emma, drapée dans une attitude mélodramatique d'indignation vertueuse (et croyant à son rôle), d'achever l'image de sa dégradation. Le commentaire de l'auteur, confronté au monologue intérieur de l'héroïne, est sans équivoque :

> «... d'ailleurs, s'il hésitait à lui rendre ce service, elle saurait
> bien l'y contraindre en rappelant d'un seul clin d'œil leur amour

perdu. Elle partit donc vers la Huchette, sans s'apercevoir qu'elle courait s'offrir à ce qui l'avait tantôt si fort exaspérée, ni se douter le moins du monde de cette prostitution» (p. 678).

Dernière manifestation de la prédilection de Flaubert pour la «femme infâme», l'«amour malsain» de Charles après la mort d'Emma, amour «excité par la jalousie, par la possession des autres, quelque chose comme un amour d'actrice», selon un «mot de la mère Bovary», précisent les scénarios (p. 127). La version définitive, supérieure, montre la puissance érotique du *fantasme* de l'adultère féminin, le texte précisant que Charles croit encore à des amours platoniques, — «Tous les hommes à coup sûr, l'avaient convoitée. Elle lui en parut plus belle; et il en conçut un désir permanent, furieux...» —, et l'incapacité de supporter la *réalité* de cet adultère : «Toutes les lettres de Léon (...). Il dévora jusqu'à la dernière (...). Le portrait de Rodolphe lui sauta en plein visage (...). On s'étonna de son découragement...» (p. 691).

La mauvaise mère

Emma, mauvaise mère, semble vouée à une condamnation sans appel. Le mythe Louise-Pradier (*Mémoires de Madame Ludovica*, témoignage de M. Du Camp) (124) tend à valoriser l'amour maternel, «instinctif» chez les femmes dont il figure la vertu cardinale selon le code culturel contemporain, comme une sorte de recours en grâce. Chez Emma au contraire cet amour n'est qu'une pose de plus que dénonce l'intervention de l'auteur :

«Elle retira Berthe de nourrice. Félicité l'amenait quand il venait des visites, et madame Bovary la déshabillait afin de faire voir ses membres. Elle déclarait adorer les enfants; c'était sa consolation, sa joie, sa folie, et elle accompagnait ses caresses d'expansions lyriques, qui, à d'autres qu'à des Yonvillais, eussent rappelé la Sachette de *Notre-Dame de Paris* (p. 610) (125).

Léon, dupe de cette comédie, figure un avatar parodique du Fou des *Mémoires* de 1838. La description, dès le chapitre suivant, du comportement d'Emma avec sa fille, en l'absence de tout public, achève de démystifier son théâtre. Emma adultère, privée des signes rédempteurs de la maternité, incarne toutes les séductions et corollairement tous les dangers de la féminité authentique selon Flaubert et les hommes de son temps : en transgressant la morale conjugale fondatrice de l'ordre social, la femme retrouve le pouvoir érotique (dont l'épouse est dépourvue) mais, simultanément, déchaînant des forces «naturelles», incontrôlables et mauvaises, elle ne peut manquer d'effrayer; la peur et la fascination qu'elle provoque sont donc indissociables. Cette ambiguïté de l'opinion contemporaine, le texte romanesque la donne à lire car il la reprend à son compte. L'étude des conduites fétichistes et de leur fonction fournit le complément indispensable de l'analyse de cette peur engendrée par la séduction toute-puissante du corps féminin.

Conduites fétichistes (126)

La reproduction, dans *Madame Bovary*, des conduites fétichistes déjà présentes dans les œuvres de jeunesse, signifie que la peur de la femme chez Flaubert s'enracine dans des zones profondes de son inconscient, l'écriture de l'artiste pouvant seule révéler ce qui fait l'objet d'un constant refoulement. Les besoins de la vraisemblance romanesque en effet ne suffisent pas à expliquer la permanence de ce fétichisme dans l'œuvre de 1857. Deux faits en revanche plaident en faveur de l'interprétation suivant laquelle la création met en jeu et dévoile les obsessions latentes du romancier. Quand il le décrit après la mort d'Emma, l'ironie de Flaubert, constante auparavant à l'égard de Charles, s'estompe; dans le grotesque triste, c'est la tristesse qui l'emporte; Charles qui meurt en tenant «dans ses mains une longue mèche de cheveux noirs» ne fait pas l'objet du même traitement littéraire que le «nouveau» affublé de la fameuse casquette. Justin est le personnage, contre lequel Flaubert exerce le moins son ironie, que le ridicule épargne et qui mérite l'épithète de poétique. L'éblouissement que provoque en lui la vision de la chevelure d'Emma dénouée transforme sa pauvre existence (127); il considère «avidement toutes ces affaires de femme étalées autour de lui : les jupons de basin...». L'objet partiel (chevelure, pièce de lingerie, chaussure), substitut du corps féminin, qui est ainsi mis à distance, parce que morcelé (et non saisi dans son inquiétante globalité), qu'on s'approprie en le fragmentant (ce qui annule l'angoisse de sa différence), favorise la fuite devant les réalités de la chair, l'abandon aux fantasmes et l'essor du mythe. A fortiori lorsque la mort sacralise l'objet-fétiche. Le passage qui signifie le mieux le corps dématérialisé et consécutivement la fin des fascinations physiques est celui où Justin brosse les chaussures d'Emma (p. 638). Au caractère prosaïque de cette besogne − (*faire ses bottines*) −, le texte associe la vision impressionniste de la poussière métamorphosée par un rayon de soleil, à la vulgarité de la «crotte des rendez-vous», il oppose la délicatesse du mouvement − «monter doucement» −, le pâteux se mue en impalpable lumineux. Justin devient le desservant d'une sorte de culte et semble s'absorber dans l'extase d'une contemplation infinie. Dans cette adoration muette de Justin pour Emma, Flaubert a vraisemblablement transposé le souvenir de la passion qu'il a éprouvée, à l'âge de quinze ans, pour Élisa Schlésinger et celui des rêves que cette passion lui a inspirés (128). La découverte bouleversante de l'amour par un adolescent est une question qui lui tient suffisamment à cœur pour qu'il adresse à Louise Colet la prière suivante :

> «Si jamais vient à t'aimer un pauvre enfant qui te trouve belle, un enfant comme je l'étais, timide, doux, tremblant, qui ait peur de toi, et qui te cherche, qui t'évite, et qui te poursuive, sois bonne pour lui, ne le repousse pas, donne-lui seulement ta main à baiser. Il en mourra d'ivresse. Perds ton mouchoir, il le prendra et il couchera avec, il se roulera dessus en pleurant».

Justin vit un mythe et rêve l'amour : pour lui Emma est «la femme idéale», sa mort lui donne «le sentiment d'un attentat à quelque chose de sacré, une religion tuée», selon les premières versions. Dans le roman, l'amour de Justin est le seul qui ne se dégrade pas parce qu'il reste étranger à l'expérience du corps, c'est-à-dire selon Flaubert au dégoût de la chair. Justin échappe à «la pourriture» ambiante et le mythe demeure intact : il surgit de la réalité triviale et de la mort elle-même.

La tentation du sadisme

Dans les œuvres de jeunesse de Flaubert, l'amour est rêve d'amour ou/et fantasme de violence. Le roman de 1857 révèle les mêmes obsessions fondamentales, en identifiant la féminité et le mal, en signifiant le dégoût de la chair (129), la violence de la frénésie destructrice des autres et de soi-même, et en multipliant les connotations du sadisme. L'amour équivaut à la guerre entre les sexes (130). Rodolphe domine Emma et lui fait peur, à son tour Emma domine Léon et finit par l'effrayer. A l'instar de Jules, s'entretenant de Lucinde avec Bernardi, Charles éprouve une jouissance masochiste à contempler la figure de Rodolphe «qu'elle avait aimée» (p. 692). «Tout plaisir a son dégoût», le désir insatisfait entretient l'«irréalisable envie d'une volupté plus haute». La vie est synonyme d'«insuffisance», la «pourriture» s'empare de tout ce sur quoi on s'appuie (p. 670). Emma tente vainement de compenser ses désillusions successives par la surenchère de la dépense sexuelle, par la recherche de sensations de plus en plus fortes qui puissent émousser la conscience d'exister : «... Elle aurait voulu ne plus vivre ou continuellement dormir» (p. 272); «amour si violent (précisent les scénarios) qu'il tourne au sadisme – plaisir du supplice». Le plaisir s'assimile à la mort, connotée par la description d'Emma dans ses rendez-vous de Rouen : «... elle faisait d'un seul geste *tomber* ensemble tous ses vêtements : – et *pâle*, sans parler, *sérieuse*, elle s'*abattait* contre sa poitrine, avec un long frisson». Le bal masqué figure le paroxysme de ce déchaînement autodestructeur : «Elle sauta toute la nuit, au son furieux des trombones» (p. 672). Entre deux rendez-vous, elle vit enfermée dans sa chambre «*engourdie*», à peine vêtue (...) faisant fumer des pastilles du sérail» et lit «jusqu'au matin des livres extravagants où il y avait des tableaux orgiaques avec des situations sanglantes» (p. 672). Dans le montage du texte, certains détails ne sont pas gratuits mais peuvent être considérés comme des signes d'un sadisme latent : l'indication répétée du sang associé à la vision d'Emma; à sa première apparition aux Bertaux, elle «suce» le sang de ses doigts quand elle se pique en cousant (p. 579) (131); Berthe, repoussée par sa mère, se «coupe» la joue en tombant, «le sang sortit» (p. 613); alors que Justin s'est évanoui en tenant la cuvette de la saignée, Emma la prend et déclare ensuite ignorer ce genre de malaise (p. 618). Enfin les images de la *Tour de Nesle* (p. 673) ornent la chambre de l'auberge de la Croix-Rouge où Emma reçoit Léon après leurs retrouvailles au théâtre de Rouen. *Madame Bovary* montre ce que *Salammbô* confirmera : «le sadisme est inséparable du noyau même de l'inspiration de Flaubert» (132). La petite bourgeoise d'Yonville et la princesse carthaginoise sont deux avatars d'une image féminine fascinante et destructrice qui hante leur créateur.

CONCLUSION

Par rapport aux autres formes de discours tenus sur la femme, le texte romanesque a un statut privilégié : grâce à la complexité de la mise en scène et en images d'une destinée féminine, grâce à la richesse du système de signes qu'il constitue, *Madame Bovary*, sans remettre en cause une vision bourgeoise du monde, en dévoile néanmoins les présupposés. Le roman de 1857 donne à lire la situation socio-économique des femmes sous la Monarchie de Juillet et le Second Empire, idéologiquement, imaginairement aliénées par leur éducation, exclues de la vie publique, de la production économique et des pouvoirs de décision, réduites au rôle traditionnel d'épouses et de mères, confinées dans leur foyer, condamnées par «destin» à la monotonie répétitive d'une existence calquée sur le rythme cyclique des saisons, dénuée de projets dénotant une prise quelconque, une possibilité d'action sur le monde, figée dans l'attente d'un impossible «événement». Le roman révèle le dysfonctionnement de l'institution du mariage, marché de dupes, prison pour les femmes, le pouvoir prépondérant de l'argent, de l'avoir; le démontage critique est favorisé par le choix d'une classe sociale, mieux d'une frange de classe sociale plus vulnérable à l'emprise de l'idéologie dominante, petite bourgeoisie paysanne qui mime la bourgeoisie sans en avoir la fortune et la culture. Dans cet univers de la «possession», l'incommunicabilité est la règle; le rapport entre les sexes synonyme de guerre; l'amour, valeur vitale, fondatrice de l'être, signe de reconnaissance de l'Autre, absent ou perdu dans le monde des objets possédés ou à posséder; les mères, gardiennes des mœurs, du patrimoine familial et de l'ordre social, conditionnées elles-mêmes par l'idéologie dominante et conditionnant leurs enfants à leur tour; société du mal-être, voire du non-être, ce que signifie de façon privilégiée le personnage féminin, condamné au rêve du voyage, du pays sans retour et aux conduites d'illusion, irréversiblement influencé par la mythologie mystificatrice du paraître social. En montrant l'héroïne victime des livres, de l'éducation qu'elle a reçue au couvent, le roman conduit le lecteur à remettre en cause le mythe d'une «nature» féminine : Emma est ce qu'on l'a faite. Comme il l'écrivait à Louise Colet en janvier 1854, l'écriture de son livre «aiguise» bien «la faculté critique» de Flaubert puisqu'elle a pour résultat la démystification, partielle il est vrai, de mythes qui signifient et véhiculent l'idéologie contemporaine concernant la femme.

Le créateur d'Emma demeure cependant marqué par l'influence de cette idéologie. Il suffit pour s'en persuader de considérer comment le romancier traite les éléments autobiographiques qu'il délègue insidieusement à son personnage féminin : traitement qui est à la fois catharsis et alibi. Car bien qu'il écrive à Louise Colet, — «Rien de ce livre n'est tiré de moi» —, Emma achève la création d'un type qui s'ébauche tout au long des œuvres de jeunesse, fondées précisément sur l'autobiographie (*Mémoires d'un fou, Novembre, Éducation sentimentale* de 1845), type caractérisé par l'impuissance à accepter la vie telle qu'elle est, par la tendance à chercher «le parfum des orangers sous les pommiers»; Baudelaire a justement discerné en elle toutes les qualités du «poète hystérique» à la poursuite de «l'idéal» (133). Ce personnage *féminin*, toutefois ne constitue qu'une image *dégradée* de ce que fut Flaubert. Alors que Jules, dans le roman de 1845, est capable, à l'instar de l'écrivain, de découvrir, au terme de son «éducation», que le bonheur est une illusion dont la perte enrichit et de chercher son salut dans l'Art, Emma, condamnée à répéter les mêmes erreurs, incapable de transformer ses «désillusions» en expérience, reste incurable et meurt désespérée. En lui attribuant ce qu'il juge «naturellement» *dégradant* pour lui-même, le «pohétique» de son adolescence, ses propres lectures synonymes de consommation sentimentale, Flaubert fait en sorte qu'Emma absorbe, fixe les rêves qu'il a partagés et dont il se libère par le ridicule, satisfaisant ainsi à la fois les besoins de sa création et ceux de sa misogynie, son besoin chronique de romantisme et sa volupté critique. Jules apprend que les palmiers ne poussent pas à New-York et renonce à l'exotisme de ses premières années; Emma demeure fidèle aux conventions et aux mythes d'une géographie infantile du bonheur. Chez elle, l'extase panthéiste que le romancier a connue se dévalue en nervosisme, l'appréhension cosmique s'exténue en réaction féminine épidermique, comme dans la séquence de la promenade en forêt avec Rodolphe; de même le plaisir qu'elle éprouve au théâtre, réduit à une émotion des nerfs, n'offre qu'une réplique dérisoirement caricaturale de celui que le jeune Flaubert confessait. En conférant à son héroïne la généralité du type, l'écrivain recrée *la Femme* et rend par conséquent lisible son propre conditionnement idéologique; *Madame Bovary* signifie ce qui constitue un leitmotiv de la correspondance adressée à Louise Colet : le primat du «cœur» chez la femme prouve son infériorité, le propre de l'intelligence étant d'être virile.

Les ambiguïtés du roman de 1857 n'expriment pas seulement l'ambivalence de l'opinion masculine contemporaine à l'égard de la femme adultère, détentrice d'un pouvoir érotique qu'a perdu l'épouse, mais condamnée pour avoir compromis, par son pouvoir an-archique, l'ordre social en retournant à la Nature et au Démon. Le texte romanesque, porteur de tendances contradictoires et producteur de significations opposées, pose autant de questions qu'il apporte de réponses en signifiant les contradictions inhérentes à une société qui n'est pas en mesure de les résoudre; contradictions réfractées dans le personnage d'une femme que la même société condamne à être ce reflet complaisant et misérable. Ainsi l'adultère est à la fois présenté comme le seul moyen pour une femme mariée d'affirmer sa liberté au XIXe siècle et comme la faute par excellence : elle sera libre mais elle sera condamnée moralement; on feindra d'oublier que c'est la même société qui lui confère cette liberté parodique et qui fait son procès. Le texte signifie que l'érotisme féminin, incompatible avec le mariage, s'épanouit dans l'adultère mais il condamne l'héroïne en insistant sur les interdits qu'elle transgresse, sur sa volonté sacrilège, et en multipliant les jugements de valeur à son sujet. Affirmant l'importance de la sexualité d'une femme, il reconnaît qu'elle a droit à une certaine autonomie mais il limite cette autonomie au plaisir physique : l'adultère figure pour Emma une nouvelle naissance, mais une naissance à une vie exclusivement sensuelle, à une vie seconde d'objet, puisque la conscience de la jeune femme, «ratatinée», se noie dans l'ivresse du plaisir physique, «comme le Duc de Clarence dans son tonneau de malvoisie»; dans l'adultère, Emma *est*, mais elle n'est que son corps, elle aime n'être que son corps, elle s'objective elle-même en corps; à travers ses personnages masculins, Flaubert traite son héroïne en objet, non en sujet. Aux prestiges du corps d'Emma, objet d'une constante focalisation du texte, s'oppose la peur victorienne provoquée par le pouvoir de séduction qu'exerce ce corps infernal, pouvoir dévorant qui menace l'intégrité du sujet masculin en le ruinant dans tous les sens du terme. En somme le texte dément l'objectivité que professe le romancier : il crée Emma pour la condamner et il agence les faits romanesques de manière à rendre cette condamnation inéluctable pour le lecteur.

Le choix d'un personnage féminin mettant en jeu les zones les plus profondes du propre moi de l'écrivain, le texte dévoile des obsessions sadiques déjà lisibles dans les œuvres de jeunesse : prédilection pour une image dégradée de la féminité, érotisme masculin indissociable par conséquent du mépris que justifie la femme infâme, dont la séduction est immanquablement connotée par la prostitution, sans même la volupté du péché chrétien, justificateur de la dégradation, comme chez Baudelaire. L'élaboration même du texte révèle ce besoin de mépris de l'Autre : le fameux travail du «style» a pour but de métaphoriser, c'est-à-dire de littérariser la crudité phallique des premières versions; ces données initiales sont, semble-t-il, indispensables à Flaubert, comme inscrites dans la possession du corps féminin, objet à exploiter, dans une relation où préexiste le besoin de mépriser l'Autre. Comme les œuvres de jeunesse, *Madame Bovary* donne à lire l'importance du regard tiers, la figure triangulaire du désir : voyeurisme sado-masochiste de Charles fasciné par son rival, puissance érotique du fantasme de l'adultère féminin («amour d'actrice» de Charles pour Emma morte), tel que le diffusent la littérature, le feuilleton, le théâtre et parfois la peinture du Second Empire; la volupté, indissociable de la férocité et de la violence déchaînée, est connotée par la mort : moyen de rendre tragique l'aventure, de surprendre le lecteur par l'émotion que provoque ce tragique, de faciliter l'illusion du vrai grâce à la sanction de la mort.

Dans le roman de 1857, comme dans les œuvres antérieures, coexistent deux tendances fondamentales; l'amour est rêve — mythification de l'amour (Justin, Léon à Yonville), quand le corps féminin est à distance, fétichisé par exemple, quand l'expérience, c'est-à-dire le dégoût de la chair, n'a pas compromis l'Idéal; comme le laisse entendre le paroxysme atteint par Emma dans la liaison avec Léon à Rouen, l'amour est aussi synonyme de frénésie criminelle et d'orgie destructrice de soi et des autres, c'est-à-dire des sujets masculins; et si ces derniers en sont terrifiés, la femme, elle, aime cette orgie et cette destruction criminelles, elle s'en fait l'instrument, la Salomé. En quoi consiste pourtant l'originalité et la force du roman de 1857 ? Dans le fait d'avoir réuni dans un personnage féminin unique tant d'éléments complexes et contradictoires, d'avoir fait de ce personnage le lieu d'ambiguïtés telles que les condamnations misogynes du texte n'empêchent pas que soit signifiée la légitimité de la révolte d'une femme qui revendique le droit d'exister en cherchant à avoir du plaisir d'une manière condamnée par la société. Même Baudelaire l'a senti : Emma se débat, elle est «héroïque», à sa manière. Tout se passe comme si l'écriture avait dépassé et trahi l'idéologie, comme si Emma paraissait, somme toute, plus a-morale qu'immorale, comme si elle déchirait le livre qui prétendait l'enfermer. Dans aucune des œuvres postérieures Flaubert n'ira aussi loin dans la compréhension de la féminité : en ce sens *Madame Bovary* constitue la performance ultime de la modernité du romancier.

CHAPITRE III

DU SANG, DE LA VOLUPTÉ ET DE LA MORT :

«SALAMMBO» OU LE PROCES DE LA FEMME FATALE

«La femme orientale est une machine, et rien de plus; (...). Fumer, aller au bain, se peindre les paupières et boire du café, tel est le cercle d'occupations où tourne son existence. Quant à la jouissance physique, elle-même doit être fort légère puisqu'on leur coupe de bonne heure ce fameux bouton, siège d'icelle. Et c'est là ce qui la rend, cette femme, si poétique à un certain point de vue, c'est qu'elle rentre absolument dans la nature.

J'ai vu des danseuses dont le corps se balançait avec la régularité ou la furie insensible d'un palmier. Cet œil si plein de profondeurs, et où il y a des épaisseurs de teintes comme à la mer, n'exprime rien que le calme, le calme et le vide, comme le désert...

A quoi tient donc la majesté de leurs formes, d'où résulte-t-elle ? De l'absence peut-être de toute passion.»

(Lettre à Louise Colet, 27 mars 1853)

INTRODUCTION

Un roman où «tout se tient»

En entreprenant *Salammbô* Flaubert ne s'est pas préoccupé de ressusciter la Carthage de l'Histoire, de faire œuvre d'archéologue, mais d'écrire un roman, c'est-à-dire une œuvre dont la «couleur» soit «une», où tout se «tienne». Le «milieu» (1) change mais la méthode reste la même : le romancier continue à affirmer la *nécessité* de la cohérence interne de l'œuvre, non le besoin de référence externe à l'Histoire. Dans le texte de 1862, comme dans celui de 1857, tous les signes sont marqués, tous les détails signifiants. L'œuvre achevée constitue, pour reprendre la formule de Benveniste, un système où tout signifie en fonction de l'ensemble; considération première à ne jamais perdre de vue quand on se propose d'interpréter le sens du texte de *Salammbô*.

L'Orient de Flaubert et de Delacroix

Le sujet choisi par Flaubert est un mythe grâce auquel il exorcise le temps et l'Histoire; ce «sujet splendide» qui lui permet de «vivre loin du monde moderne dont il a plein le dos» (2), dans cet Orient fabuleux qui n'a cessé de nourrir ses rêves et ses écrits de jeunesse, avant d'inspirer la première version de la *Tentation de Saint-Antoine* en 1849 (3), et dont le souvenir l'obsède depuis le grand voyage de 1849-1851 effectué en compagnie de Maxime Du Camp (4). Comme P. Borel, T. Gautier et E. Delacroix, Flaubert a le goût d'un Orient luxurieux et sanglant, d'un monde antique plein de vices énormes et de crimes magnifiques, c'est-à-dire d'une *image* de l'Orient construite par la littérature et par la peinture. Il se transporte en imagination hors du temps et de l'espace actuels car il croit voir dans ce qui est exotique, passé et lointain, son climat idéal. Or «idéal exotique et idéal érotique vont de pair (...) selon Mario Praz : l'exotisme est d'ordinaire la projection fantastique d'un besoin sexuel. C'est très évident dans le cas d'un Gautier ou d'un Flaubert, qui se transportent en rêve dans un climat d'antiquité barbare et orientale, où peuvent s'assouvir tous les désirs les plus effrénés et prendre corps les plus cruelles fantaisies». L'Orient devient ainsi pour Flaubert le lieu et l'occasion d'un transfert de fantasmes. «On n'est pas du tout libre d'écrire telle ou telle chose», confesse le romancier à Mme Roger des Genettes. «On ne choisit pas son sujet (...). Le secret des chefs-d'œuvre est là, dans la concordance du sujet et du tempérament de l'auteur». L'auteur du *Massacre de Scio*, du *Sardanapale*, fait de la peinture «cannibale» comme son confrère en littérature fait du style «cannibale». N'ont-ils pas l'un comme l'autre «un vieux fond tout noir à contenter» ? (5). Le commentaire du poète des *Phares* sur l'œuvre de Delacroix dans *l'Art Romantique* pourrait s'appliquer au roman carthaginois de Flaubert :

> «La moralité de ses œuvres, si toutefois il est permis de parler dé moralité en peinture, porte aussi un caractère molochiste visible. Tout dans son œuvre n'est que désolation, massacres, incendies; tout porte témoignage contre l'éternelle et incorrigible barbarie de l'homme. Les villes incendiées et fumantes, les victimes égorgées, les femmes violées, les enfants eux-mêmes jetés sous les pieds des chevaux ou sous le poignard des mères délirantes; toute cette œuvre, dis-je, ressemble à un hymne terrible composé en l'honneur de la fatalité et de l'irrémédiable douleur» (6).

Avec *Salammbô*, Flaubert se prépare en effet à «écrire des horreurs» (7); dans sa bataille d'éléphants, il «tue les hommes comme les mouches» et «verse le sang à flots». «Le bourgeois aura le tempérament robuste s'il avale tout ce que (le romancier) lui verse de sang, de tripes, de lèpre, de bêtes féroces»... dans ce livre «d'un dessin farouche et extravagant», dont «la grillade des moutards», l'extermination finale des mercenaires, constituent des sommets (8). En définitive, «il ne ressort de ce livre qu'un immense dédain pour l'humanité et il faut très peu la chérir pour l'avoir écrit». Le personnage de Salammbô, la mythologie féminine qu'il met en œuvre, s'inscrivent dans ce contexte de négations et ne prennent sens que par rapport à lui.

La vipère du Nil

Parmi les mythes orientaux qui ont fasciné le jeune Flaubert, celui de Cléopâtre, «la femme belle et terrible», la femme à beauté voratrice et à l'animalité qui tue, «la vipère du Nil» (*Éducation sentimentale*, 1845), occupe une place privilégiée : «Oh ! que je donnerais volontiers toutes les femmes de la terre pour avoir la momie de Cléopâtre !» écrit-il dans *Par les Champs et par les grèves* (1847). Cléopâtre apparaît comme une des premières incarnations romantiques du type de la femme *fatale*; un passage de la *Vie des hommes illustres* de Plutarque (86,2) a donné naissance au mythe : «Elle avait de telles passions qu'elle se prostitua souvent et une telle beauté que beaucoup payèrent de leur mort une nuit avec elle». Comme celui de Marguerite de Bourgogne, autre figure féminine qui a fasciné le jeune Flaubert, le mythe de Cléopâtre signifie le goût de l'algolagnie qui est un des traits caractéristiques de l'imaginaire romantique. Dans *Une Nuit de Cléopâtre* (1845) Théophile Gautier, dont le jeune Flaubert fut précisément un lecteur passionné, oppose la mesquinerie des fêtes modernes aux «effrayantes somptuosités» de l'orgie antique et orientale, «cette large et puissante débauche qui ne craint pas de mêler le sang et le vin, ces deux pourpres...» (ch. VI). Ce texte, qui réunit tous les attributs de la femme *fatale* (9), constitue un modèle du genre dont Salammbô, Salomé — Hérodiade seront les avatars : le jeune Meïamoun, très beau chasseur de lions, s'éprend de Cléopâtre parce qu'elle est inaccessible; inférieur par sa condition à celle dont le charme irrésistible réduit à néant sa force physique, l'amoureux garde une attitude passive; «reine sidérale», Cléopâtre est en proie à l'ennui; la possession de son corps est une fin en soi, après quoi la vie n'a rien d'autre à offrir. La femme *fatale* combine ainsi la puissance maléfique de Dalila face à Samson et celle de la mante religieuse qui dévore son mâle. L'érotisme, inséparable du sang et de la mort, ressortit au sadisme. Le sacrifice du héros masculin, victime de ce cannibalisme sexuel, signifie la peur engendrée par le pouvoir destructeur de la séduction féminine et confirme le rapport fondamental entre misogynie et gynophobie.

Salammbô, à l'enseigne du divin Marquis

Quand Flaubert professe, à l'intention d'E. Feydeau «soyons féroces (...) Versons de l'eau-de-vie sur ce siècle d'eau sucrée. Noyons le bourgeois dans un grog à XI mille degrés et que la gueule lui en brûle» (deuxième quinzaine de juin 1861), il reste certes fidèle à un programme précocement conçu :

> «Je dissèque sans cesse, cela m'amuse et quand enfin j'ai découvert la corruption dans quelque chose qu'on croit pur, et la gangrène aux beaux endroits, je lève la tête et je ris»... (lettre à E. Chevalier, 26 déc. 1838).

> «Si jamais je prends une part active au monde ce sera comme penseur et comme démoralisateur. Je ne ferai que dire la vérité mais elle sera horrible, cruelle et nue...» (au même, 24 fév. 1839).

La lecture des œuvres de jeunesse, de *Madame Bovary*, faisait apparaître le sadisme comme un élément du noyau de l'inspiration flaubertienne; le choix d'un sujet oriental le révèle comme le fondement même de cette inspiration (10). Sainte-Beuve ne s'y est pas trompé, lui qui discerne dans les descriptions de *Salammbô* «une pointe d'imagination sadique» et note l'acharnement du romancier à «peindre des horreurs». Dans sa réponse au critique, Flaubert n'a précisément aucun argument à invoquer pour sa défense : il s'avoue «un peu blessé» et exprime son inquiétude, une telle accusation pouvant l'envoyer de nouveau «sur les bancs de la correctionnelle pour outrages aux mœurs». Il n'est pas non plus indifférent de noter que Sade constitue une des lectures favorites de Flaubert, dans les années où il écrit *Salammbô*, comme l'atteste la correspondance qui multiplie références, citations et allusions à l'œuvre sadienne. Ce fait n'a pas échappé aux Goncourt :

> «*Dimanche, novembre 1858*. Flaubert, une intelligence hantée par de Sade, auquel il revient comme à un mystère et à une turpitude qui l'affriolent...
>
> *29 janvier 1860*. Causerie sur de Sade auquel revient toujours, comme fasciné, l'esprit de Flaubert : «c'est le dernier mot du catholicisme», dit-il (11).

La permanence enfin des obsessions sadiques dans les trois versions de *Saint-Antoine* prouve de façon irréfutable le rapport fondamental entre l'Orient et le sadisme dans l'imaginaire flaubertien.

Le sadisme dans *La Tentation de Saint-Antoine*

Les visions du Saint, à qui «il (...) vient aux entrailles des fantaisies monstrueuses», qui «plonge dans les idées de meurtre et de sang», présentent de nombreuses analogies avec l'orgie sadienne. En témoignent :

— Le déchaînement de violence criminelle du Martichoras, «lion de couleur cinabre» :

> «Je cours après les hommes, je les saisis aux reins, je bats leur tête contre les rochers jusqu'à ce que la cervelle en saute... (...). Je les déchire avec mes ongles, je les étouffe avec ma queue, je les dévore avec mes dents...».

— L'extrémisme des Nicolaïtes :

> «(...) pour nous débarrasser des cupidités de la chair, nous la plongeons dans les délices qui l'épuisent.
> Accablez-la, foulez-la, abreuvez le désir, gorgez l'appétit,

assouvissez la fantaisie; que le bruit des tambourins fasse saigner vos oreilles, que la fumée des viandes vous soulève le cœur de dégoût, et que le rassasiement de la femme vous donne envie de mourir».

— Le «délire sacrilège de meurtre, de luxure», des Carpocratiens qui «comme un ouragan bouleverse les âges, les sexes, les esclaves et les maîtres (...) les mâles s'accouplent, les vierges crient sous des déchirures sanglantes (...) nous crachons sur le pain, nous montons sur l'autel et nous nous encensons avec des encensoirs d'église» (12).

— Le vertige de destruction d'autrui et de soi-même des Donatistes Circoncellions, convaincus du caractère maudit de la chair; sacrifices d'enfants pratiqués par les Montanistes; plaisir de la fustigation pour Antoine :

«J'ai besoin de battre, ça m'assouvit de me faire souffrir (...) Quels supplices ! quelles délices ! je n'en peux plus, mon être se fond de plaisir, je meurs !».

La femme dans l'univers sadique de *La Tentation*

L'image que le texte de *La Tentation* présente de la femme est spécifique du sadisme, image dégradée qui manifeste une prédilection pour la femme infâme et séduisante parce qu'infâme. Ennoia-Hélène, portant sur le visage des traces de morsures, sur les bras celles de coups, prostituée au monde entier, figure le type de la victime, pâle, souffrante et marquée (13). L'amour est fascination de ce qui fait souffrir, comme le montre Maximilla quand elle évoque sa rencontre avec Montanus :

«Alors il se mit à me regarder en face dans les yeux et à me parler. Cela me tourmentait, et pourtant cela me délectait aussi; il m'épouvantait, mais je l'adorais, j'aurais voulu fuir, il fallait que je restasse toujours; sa colère me glaçait d'épouvante jusqu'à la moelle, puis il avait tout à coup, parfois, au contraire, je ne sais quel voluptueux langage mêlé de brises et de parfums, qui me berçait doucement avec des enivrements et des excitations...».

L'érotisme se fonde sur la torture pratiquée sur le corps féminin, selon Montanus :

«... appelez-moi pour vous coucher sur les chevalets, montrez-moi les ampoules roses faites par les orties dont vous fouettez vos corps, et quand le sang coulera, j'arriverai pour le sucer avec ma bouche».

La vierge est violée «avec plaisir» par les cynocéphales hurleurs et Antoine croit reconnaître Ammonaria, l'«enfant» qu'il aimait chastement avant de quitter la maison maternelle, dans la «femme nue, attachée contre une colonne» (...) «au milieu du portique, en plein soleil», fouettée par des soldats. Selon la dialectique propre au sadisme la victime assume à son tour le rôle du bourreau; à l'instar de Montanus la femme se fait vampire :

> ... «elle confessa qu'elle était un vampire qui rassasiait d'amour les beaux jeunes hommes afin de pouvoir se nourrir de leur chair...».

Selon la psychologie des profondeurs, cette prédilection pour la femme infâme se fonde sur une image de la mère dégradée par suite du traumatisme de la «scène primitive». *La Tentation* de 1849 confirme cette interprétation. Dès les premières pages le texte propose en effet au lecteur un signe patent de l'ambivalence constitutive dont l'inconscient flaubertien dote la figure maternelle. La Vierge Marie, contemplée par Antoine, s'anime et devient Vénus, l'image pieuse se transforme en image érotique : «... la mère tient quelque chose de la putain — nous comprenons maintenant pourquoi Flaubert a laissé tomber cette scène, quelles importantes inhibitions internes s'opposaient à une prise de conscience...» commente Theodor Reik. Le délire d'Antoine révèle de façon manifeste ce que la création romanesque ultérieure déguisera sous le masque de la psychologie des personnages (14).

La Reine de Saba

Parmi les figures féminines de *La Tentation*, celle de la Reine de Saba occupe une place privilégiée. Le traitement que l'écrivain fait subir au texte biblique révèle les fantasmes féminins que le mythe oriental suscite en lui. A la brièveté elliptique du texte biblique (15) s'opposent la mise en scène détaillée, somptueuse, colorée et barbare du cortège de la reine, la description attentive, complaisante de son costume; ce «mundus muliebris», cher à Baudelaire, qui préfigure celui de *Salammbô* et celui des figures féminines de Gustave Moreau, est caractérisée par un luxe dont les temps modernes ont à jamais perdu le faste : «Sur «un éléphant blanc caparaçonné d'un filet d'or» (...) «il y a une femme si splendidement vêtue qu'elle envoie des rayons tout autour d'elle...» (16). L'évocation de cette «idole», en «robe de brocart d'or», parée d'une profusion de perles, de diamants, de bagues, de plumes de colibris, fardée, sophistiquée, antinaturelle, donne à lire la fascination fétichiste du romancier. Couturin ne signifie pas autre chose quand il s'adresse aux dames dans le Cinquième tableau du *Château des Cœurs* (1863) :

«C'est l'Art seul, déesses, qui fournit tous vos charmes (...)
l'on est amoureux de la robe et non de la femme, de la bottine et
non du pied; et si vous ne possédiez pas la soie, la dentelle et le
velours, le patchouli et le chevreau, des pierres qui brillent et des
couleurs pour vous peindre, les sauvages même ne voudraient pas
de vous, puisqu'ils ont des épouses tatouées !» (17).

Il s'agit de contempler la femme, c'est-à-dire de la maintenir à distance
par le regard : «Je ne me sers pas de femmes. (...) je les use par le regard»,
écrit Flaubert à A. Le Poittevin le 13 mai 1845. Aussi le regard morcèle-t-il
le corps féminin, se fixant sur la taille serrée «dans un corsage étroit re-
haussé d'applications de couleur... représentant les douze signes du Zodia-
que»; sur le «petit bras rond, orné au poignet d'un bracelet d'ébène»;
sur les mains «chargées de bagues à chaque phalange» et qui «se terminent par des ongles si fins, si longs, que le bout de ses doigts ressemble
presque à des aiguilles»; sur la chaussure — «Elle est montée sur des patins
à talon haut, dont l'un est noir et semé d'étoiles d'argent, avec un croissant de lune sur le coup-de-pied, tandis que l'autre, tout blanc, est semé
de gouttelettes d'or avec un soleil au milieu»; sur la coiffure enfin — «Une
chaîne d'or plate, lui passant sous le menton, monte le long des joues et
s'entrecroise sur le front pour s'enrouler en spirales tout autour de sa chevelure, qui est rassemblée en cône sur le sommet de sa tête et poudrée de
poudre bleue, puis descend, repasse sur les épaules, et vient se rattacher
sur sa poitrine à un petit scorpion d'acier naturel, qui allonge sa langue
entre les deux seins». Les artifices du costume, de la «toilette», occultent
et exorcisent la «nature» qui effraye chez la femme. Parer l'idole est un
moyen de nier la réalité dangereuse de son corps dont le contact menace
l'intégrité du sujet masculin, sous la forme obsédante chez Flaubert de la
liquéfaction ou de la dévoration. Sphinx inquiétant et fascinant par le
mystère de ses énigmes, douée d'une infernale séduction, la Reine de
Saba figure la femme funeste, porteuse de mort, qui hante l'imaginaire
flaubertien. Tout se passe comme si la lecture du texte biblique n'avait
pour fonction que de libérer les fantasmes personnels de l'écrivain : son
interprétation de l'histoire de Judith le confirmera.

Le voyage en Orient (1849-1851) et la légende de Kuchuk-Hanem

Le voyage en Orient de Flaubert (1849-1851), loin de remettre en
cause son mythe de la femme orientale, a eu plutôt pour résultat de le
confirmer et de le consolider par les prétendues certitudes de l'expérience.
Le récit de la rencontre avec l'almée Kuchuk-Hanem (18) montre que la
réalité n'a été perçue et vécue qu'à travers les modèles culturels qui lui

font écran. Avant de l'écrire et pour pouvoir l'écrire, le voyageur vit le mythe de la visite (obligée) à «une courtisane fort célèbre». Le «mouton familier tout tacheté de henné jaune, avec une muselière de velours noir sur le nez, et qui la suivait comme un chien», attribut de la «confidente» de l'almée, cautionne assez sûrement l'exotisme fabuleux de l'aventure pour provoquer la jubilation de Flaubert : «C'était très farce»; il a trouvé ce qu'il attendait. Dans le texte du *Voyage*, la première vision de Kuchuk-Hanem devient une «apparition» hors du temps, grâce à l'ellipse du verbe, à l'impressionnisme de l'évocation propre à fixer, à éterniser une sensation fugitive :

> «Sur l'escalier, en face de nous, la lumière l'entourant et se détachant sur le fond bleu du ciel, une femme debout, en pantalons roses, n'ayant autour du torse qu'une gaze d'un violet foncé».

Suit la description complaisamment minutieuse des détails typiques du physique de l'almée, — (yeux «noirs et démesurés...») —, et surtout de sa «toilette» : coiffure, «... un tarbouch large, garni au sommet d'un disque bombé, en or, au milieu duquel était une petite pierre verte imitant l'émeraude...»; bijoux, «... pour bracelet, deux tringlettes d'or tordues ensemble et tournées l'une autour de l'autre...», «triple collier en gros grains d'or creux», «boucles d'oreille...»; parfums, ... «sa gorge dure sentait frais, quelque chose comme une odeur de térébenthine sucrée; elle a commencé par nous parfumer les mains avec de l'eau de rose». Aussi le bon Bouilhet, complice gagné par la contagion du mythe, dispose-t-il de tous les éléments qui lui permettent de le reprendre à son compte en écrivant *Kutchiuk-Hanem, Souvenir* (19); bien que la courtisane soit retournée au Caire, Flaubert affirme, à l'intention de son ami : «N'importe, pour moi, elle restera toujours à Esneh, *comme je l'y ai vue et comme ta pièce le dit*»; il a «des *remords*, un regret aigre» de ne pas avoir satisfait son envie fétichiste d'acheter la «grande écharpe terminée par des glands d'or dont (l'almée) s'entourait la taille en dansant» : «Nous l'eussions coupée en deux, tu en eusses pris la moitié» (20). Car le contact de cet objet permettrait à Flaubert d'abolir le temps et de retrouver intact le pas de danse de Kuchuk qui est pour lui une «chose merveilleuse» *parce qu'il l'a vu «sur des vieux vases grecs»*. Pour son visiteur, l'almée d'Esneh n'est pas une personne; elle n'existe que par la légende, celle qui consacre l'érotisme conventionnel des voyages contemporains en Égypte, et celle que l'écrivain élabore à son tour «en contemplant dormir cette belle créature» :

> ...«je pensais à mes nuits de bordel à Paris, à un tas de vieux souvenirs... et à celle-là, à sa danse, à sa voix *qui chantait des chansons sans signification ni mots distinguables pour moi*...»

...«J'ai passé la nuit dans des *intensités rêveuses infinies.*
C'est pour cela que j'étais resté».

Le texte du *Voyage en Orient* accentue la dimension légendaire de l'épisode consacré à l'almée d'Égypte : «J'ai pensé à Judith et à Holopherne
couchés ensemble»...; à cette Judith dont Flaubert avoue, dès 1845,
avoir rêvé la «belle histoire»... «dans des temps plus audacieux» et qu'il
décrit, en 1851 à Naples, «égorgeant» Holopherne «comme un poulet»,
dans un tableau «très féroce et d'une vérité canaille» d'A. Gentileschi,
de l'école du Caravage. En modifiant profondément le sens du texte
sacré (21), l'écrivain révèle sa peur obsessionnelle de la castration : la
femme séduit pour détruire, son corps est promesse de mort; le mythe
de Judith se confond finalement avec celui de Cléopâtre «Harmonie de
choses disparates» (22), la légende de Kuchuk-Hanem confirme (s'il en
était encore besoin !) que le sadisme est un élément du noyau de l'inspiration de Flaubert et signifie pour lui «la poésie complète», «la grande
synthèse», comme il l'explique à Louise Colet dans la lettre du 27 mars
1853 :

> «Tu me dis que les punaises de Kuchiouk-Hânem (23) te la
> dégradent; c'est là, moi, ce qui m'enchantait. Leur odeur nauséa-
> bonde se mêlait au parfum de sa peau ruisselante de santal. Je veux
> qu'il y ait une amertume à tout, un éternel coup de sifflet au milieu
> de nos triomphes et que la désolation même soit dans l'enthou-
> siasme (...). Tous les appétits de l'imagination et de la pensée y sont
> assouvis à la fois».

*
* *

En affirmant que «la femme orientale est une machine», en réduisant son existence à quelques gestes mécaniques de poupée, en lui refusant toute vie intérieure puisqu'il ne lui accorde même pas le mystère et
le charme, stéréotypes traditionnels de la femme occidentale, Flaubert
transforme en *nature* ce qui est en fait produit par un code culturel qu'il
ne peut ni ne veut comprendre et par une pratique prostitutionnelle que
les amateurs de voyage en Orient ont rendue banale. Le prestige de ce
mythe de *la femme orientale* chez le romancier confirme la peur que lui
inspirent les femmes :

> «Tu seras (...) tout étonné (écrit-il le 4 juillet 1860 à E. Fey-
> deau qui voyage en Afrique) d'aimer les femmes d'une autre ma-
> nière; leur ton d'égalité te choquera. Tu regretteras ces amours

silencieux (sic) où les âmes seules se parlent, ces tendresses sans paroles, ces passivités de bête où se dilate l'orgueil viril. Don Juan a beau être gentil, le grand Turc me fait envie».

Modèle idéal de consommation sans risque où la misogynie-gynophobie de Flaubert trouve son compte, à l'opposé de l'inquiétude de la quête donjuanesque. La correspondance des années contemporaines à la rédaction de *Salammbô* atteste un malaise analogue, voire une misogynie accrue :

«On ne saurait trop se dépêtrer de l'élément maîtresse (...) Tant que l'homme vivra, il aura de la femme plein le dos».

(à L. Bouilhet, 1er sept. 1856).

«... Ce sont les plus *durs* et les plus cruels des êtres...».

«... Femme qu'y a-t-il de commun entre vous et moi ?» est un mot qui me semble plus beau que tous les mots vantés dans les Histoires. C'est le cri de la pensée pure, la protestation du cerveau contre la matrice».

(à E. Feydeau, 11 janvier 1859).

«Quant à l'amour, je n'ai jamais trouvé dans ce suprême bonheur que troubles, orages et désespoirs ! La femme me semble une chose impossible. Et plus je l'étudie, et moins je la comprends. Je m'en suis toujours écarté le plus que j'ai pu. C'est un abîme qui attire et qui me fait peur !».

(à Mlle Leroyer de Chantepie, 18 déc. 1859)

Il importe maintenant de voir comment la lecture du texte romanesque permet de préciser le sens de cette condamnation portée contre la femme, condamnation dont la conjonction du mythe de Salomé avec celui de Cléopâtre et de Judith, dans l'esprit du créateur de la petite princesse carthaginoise, constitue, sous le déguisement mythique, le premier signe, le mythe lui-même étant à la fois signe, révélation et dissimulation, transfert.

PREMIERE PARTIE

LA CONDITION FÉMININE DANS *SALAMMBO*

Servantes, serviles; victimes; bêtes de plaisir et de somme

Les femmes ont logiquement et spatialement un rôle secondaire dans un roman consacré aux luttes et à la politique de Carthage. D'où leur importance réduite dans le texte : la nourrice mise à part, Salammbô, solitaire, orpheline de mère, émerge d'une masse féminine indifférenciée. Cette présence allusive, générique en quelque sorte des femmes, disséminée et récurrente dans *Salammbô*, est toutefois indispensable à la production du sens de l'œuvre car tout ce qui est ainsi signifié tend à corroborer l'idéologie et les mythes que le personnage de Salammbô donne à lire. La connotation de la soumission, de la dépendance, de l'aliénation des femmes est une constante du texte. L'épisode du sacrifice des enfants en constitue un des signes les plus directement lisibles; étrangères au pouvoir de décision qui reste l'apanage des Anciens, elles n'ont pas le droit de protester contre ce qui est assez scandaleux pour ne pas être nommé; seule la souffrance leur est permise, surtout silencieuse, c'est-à-dire résignée; le cri synonyme de révolte contre l'intolérable est prohibé, on n'admet que sa fonction de décharge nerveuse propre à faciliter l'acceptation et la soumission :

« ... Alors les Anciens décrétèrent le sacrifice par une périphrase traditionnelle, parce qu'il y a des choses plus gênantes à dire qu'à exécuter.

La décision, presque immédiatement, fut connue dans Carthage; des lamentations retentirent. Partout on entendait les femmes crier; leurs époux les consolaient ou les invectivaient en leur faisant des remontrances».

Corollaire de leur statut de servantes, la servilité des femmes, leur soumission manifestée à tout ce qui incarne la supériorité du pouvoir :

quand arrivent à Sicca la «grande litière pourpre» d'Hannon et le cortège des cavaliers «ayant une armure en écailles d'or depuis les talons jusqu'aux épaules», ... «les femmes se précipitaient vers les gardes de la Légion et leur baisaient les pieds». La notation de la lâcheté des femmes devant la puissance militaire est un moyen de signifier leur soumission au pouvoir, leur faiblesse et leur infériorité congénitales : la colère du maître les met en fuite; le choix qu'elles font du suicide dans une situation désespérée témoigne de leur incapacité et de leur renoncement à lutter : «Alors le désespoir fut si profond, que beaucoup de gens, *des femmes surtout*, se précipitèrent, la tête en bas, du haut de l'Acropole».

La femme est la proie, la victime désignée dans l'univers de violence masculine et sadique qui caractérise la guerre et qui mêle indissolublement la volupté à la mort. Une séquence du siège de Carthage reproduit la tonalité des *Massacres de Scio* et donne à lire l'érotisme du meurtre :

> «Les femmes penchées sur les créneaux hurlaient. On les tirait par leurs voiles, et la blancheur de leurs flancs, tout à coup découverts, brillait entre les bras des nègres y enfonçant des poignards».

Le viol est le complément nécessaire du sac, de l'incendie et de la dévastation des pays conquis. Mathô avoue : «J'en ai possédé au milieu des assauts, sous les plafonds qui croulaient et quand la catapulte vibrait encore !». Hannon, dévastant la campagne, brûlant «les ruines des ruines», suppliciant les enfants et les infirmes rencontrés, donne «à ses soldats les femmes à violer avant leur égorgement; les plus belles étaient jetées dans sa litière, car son atroce maladie l'enflammait de désirs impétueux». Quant aux femmes qui accompagnent l'armée des Mercenaires, on les «fatiguait d'amour tant qu'elles étaient jeunes», on les «accablait de coups lorsqu'elles étaient vieilles» et elles «mouraient dans les déroutes au bord des chemins, parmi les bagages, avec les bêtes de somme abandonnées» (24). Conséquence et signe de ce statut des femmes, l'homosexualité guerrière; l'amitié vraie, synonyme de tendresse et de générosité réciproques, demeure l'apanage exclusif des compagnons d'armes :

> «La communauté de leur existence avait établi entre ces hommes des amitiés profondes. Le camp, pour la plupart, remplaçait la patrie; vivant sans famille, ils reportaient sur un compagnon leur besoin de tendresse, et l'on s'endormait côte à côte, sous le même manteau, à la clarté des étoiles. Puis, dans ce vagabondage perpétuel à travers toutes sortes de pays, de meurtres et d'aventures, il s'était formé d'étranges amours, — unions obscènes aussi sérieuses que des mariages, où le plus fort défendait le plus jeune au milieu des batailles, l'aidait à franchir les précipices, épongeait sur son front

la sueur des fièvres, volait pour lui de la nourriture; et l'autre, enfant ramassé au bord d'une route, puis devenu Mercenaire, payait ce dévouement par mille soins délicats et des complaisances d'épouse».

Statut des filles dans une société mâle et guerrière

«La naissance des filles passait pour une calamité dans les religions du soleil». La comparaison du statut socio-familial du jeune Hannibal et de celui de Salammbô est éloquente. Survenue «après la mort de plusieurs enfants mâles», la fille signifie pour son père «un espoir trahi» alors que le garçon, incarnant celui de voir se perpétuer et s'accroître l'œuvre et la puissance paternelles, assure symboliquement la survie du père : «c'était un prolongement de sa force, une continuation indéfinie de sa personne qu'il entrevoyait». Aussi Hamilcar met-il tout en œuvre pour sauver son fils du sacrifice consacré à Moloch. L'éducation donnée au fils révèle donc le primat de la virilité, c'est-à-dire qu'elle privilégie la force physique, le courage indomptable, l'intrépidité, la maîtrise des bêtes farouches, le mépris des terreurs habituelles au commun des mortels, le sens intransigeant de l'indépendance; autant de vertus traditionnellement attribuées aux plus grands capitaines. Le texte multiplie les signes annonciateurs du destin héroïque d'Hannibal, comme le récit du combat avec l'aigle par exemple, qui semble démarquer les travaux d'Héraklès enfant. Il est également précisé que le jeune Hannibal partage incognito la vie militaire de son père quand s'achève la campagne destinée à écraser les Barbares.

Un pion sur l'échiquier politique paternel

Salammbô en revanche est entièrement soumise à la toute-puissance paternelle. La séquence de l'accueil du suffète présente sans ambiguïté le rapport de la fille et du père comme celui d'une «servante» et d'un «maître» : «Cet homme, qui faisait trembler les légions et qu'elle connaissait à peine, l'effrayait comme un dieu». Les responsabilités qui lui sont confiées se réduisent à celles d'une intendante : en l'absence d'Hamilcar elle organise le festin des Mercenaires; quand la guerre, emplissant les provinces, oblige Iddibal à ramener Hannibal à Carthage, elle doit cacher l'enfant dans ses appartements. Son sort dépend de l'ambition de son père : «Il la réservait pour quelque alliance pouvant servir sa politique». D'où l'importance accordée à la virginité de Salammbô, dont la chaînette d'or entravant les chevilles est un signe récurrent dans le texte (25), et l'émotion d'Hamilcar quand ses ennemis politiques accusent la jeune fille d'avoir pris un amant parmi les Mercenaires. Car cette accu-

sation est celle d'une subversion scandaleuse de l'ordre socio-politique :
le Grand Conseil n'a-t-il pas jugé «injurieuse» l'exigence des Barbares
demandant «en mariage, pour leurs chefs, des vierges choisies dans les
grandes familles ?» Salammbô est donc coupable d'avoir compromis le
pouvoir de son père en fournissant à ses rivaux carthaginois le moyen de
le mettre en situation d'infériorité. C'est pourquoi le suffète se résout
sur-le-champ à nier le fait; le texte, à trois reprises, signifie sa crainte de
savoir la vérité. Du primat de la politique sur l'éthique dans le comportement du suffète avec sa fille, les fiançailles de cette dernière avec Narr'
Havas apportent une preuve complémentaire : la reprise du Zaïmph,
avec tout ce qu'elle implique de puissance reconquise pour les Carthaginois, coïncidant avec le ralliement du chef des Numides, le suffète décide
brusquement de lui «donner» sa fille «en récompense des services qu'il
(lui) a rendus»; les «fiançailles indissolubles» qui unissent alors Salammbô
et Narr'Havas signifient l'alliance «indissoluble» d'Hamilcar et du Numide.
Or le général carthaginois prend sa décision au moment où il vient de
constater la rupture de la chaînette. Désormais Salammbô constituera
l'enjeu de la fidélité du chef des Numides : «... en reculant jusqu'à la fin
de la guerre cette récompense»... (le mariage), Hamilcar «... espérait
entretenir son dévouement». Pion sur l'échiquier des ambitions politiques
de son père, Salammbô n'est qu'un moyen dont il use pour faire pression
sur Narr'Havas. Aussi la célébration de leur mariage est-elle en fait celle
de la victoire d'Hamilcar sur les Barbares, c'est-à-dire de l'affirmation de
la toute-puissance qu'il a retrouvée à Carthage; la hiérarchie marquée dans
l'organisation de l'espace de la cérémonie le signifie :

> «Sur la terrasse du temple de Khamon, de gigantesques orfè-
> vreries chargeaient trois longues tables où allaient s'asseoir les
> Prêtres, les Anciens et les Riches, et il y en avait une quatrième
> *plus haute, pour Hamilcar*, pour Narr'Havas et pour elle».

Le repos du guerrier

La possession de Salammbô consacre la réussite des projets ambitieux du jeune Numide :

> «Narr'Havas, *enivré d'orgueil*, passa son bras gauche sous la
> taille de Salammbô, en signe de possession, et de la droite, prenant
> une patère d'or, il but au génie de Carthage».

N'est-il pas dit, dès le chapitre premier, que «son père le (faisait) vivre
chez les Barca, selon la coutume des rois qui envoyaient leurs enfants
dans les grandes familles *pour préparer des alliances ?*» Allié des Barbares
tant qu'ils ont semblé devoir compromettre la puissance carthaginoise, il

les a abandonnés dès que la victoire n'a plus penché en leur faveur; ayant alors, pour soutenir cette guerre, «épuisé ses forêts», c'est-à-dire toutes ses ressources en éléphants, au point que «la force militaire de son royaume ne s'en releva pas», il a «trop d'intérêt à devenir le fils d'Hamilcar» qui fera la loi à Carthage s'il délivre la République sans le secours d'Hannon. «Si Hamilcar et le roi des Numides triomphaient seuls des Mercenaires, il serait impossible de leur résister». Le présent de Salammbô, l'envoi de la couronne de sel gemme, avant la dernière bataille contre les Barbares, a pour but «d'exciter le courage de Narr'Havas» qu'elle sait «sous sa dépendance» et attendant «impatiemment les noces» : «Alors ses angoisses disparurent et il ne songea plus qu'au bonheur de posséder une femme si belle...».

Une première scène dans le roman donne à lire ce statut de la femme, proie du guerrier. Le regard que Narr'Havas porte sur Salammbô, quand elle lui apparaît pour la première fois au cours du festin offert aux Mercenaires, équivaut à une prise de possession :

> «Aucun ne la regardait comme un jeune chef numide placé aux tables des capitaines (...) assis sur les talons, la barbe baissée vers les hampes de ses javelots, il la considérait en écartant les narines comme un léopard qui est accroupi dans les bambous».

Le rapprochement de certains signes du texte n'est pas fortuit et précise la nature du regard et le statut de l'objet regardé; à la chaînette d'or qui connote, on l'a vu, la virginité de la jeune fille, comme au manteau de pourpre qui rappelle sa situation sociale, répondent les attributs de la virilité guerrière de Narr'Havas : «Sa ceinture était si hérissée de dards...» En outre Salammbô apparaît comme une proie d'autant plus convoitable qu'elle concentre sur elle le regard fasciné de l'ensemble des Barbares et qu'elle devient l'enjeu d'une compétition entre Narr'Havas et Mâtho : la convoitise est attisée par la rivalité et la femme n'est qu'un moyen de montrer qu'on est le plus fort (26).

Une seconde scène, la visite que Narr'Havas rend à Salammbô, après la défaite des Barbares au défilé de la Hache, constitue une idylle propre à figurer le repos du guerrer :

> «Il (Hamilcar) avait envoyé Narr'Havas à Carthage porter la nouvelle de la victoire; et le roi des Numides, fier de ses succès, se présenta chez Salammbô.»

A l'univers de la guerre caractérisé par la violence agressive, le mouvement tumultueux, les corps à corps, les cris et le bruit, s'oppose un monde préservé de paix, d'intimité calme, de silencieuse solitude :

«Elle le reçut dans ses jardins... (...). Les clameurs de la ville, au loin, se perdaient dans le murmure des flots. Le ciel était tout bleu; pas une voile n'apparaissait sur la mer».

Harmonie d'une atmosphère et d'un tableau qui allient les grâces et la douceur du jardin d'Eden à celles du *Cantique des Cantiques* : immobilité cérémonieuse des personnages, équilibre de leurs gestes mesurés; luxuriance d'une nature redevenue sauvage, présence multiple des oiseaux, — «Les colombes, sur les palmiers autour d'eux, roucoulaient doucement...» —, apparition des gazelles... La beauté de la fiancée est d'autant mieux suggérée qu'elle apparaît voilée : «Son visage était couvert d'une écharpe blanche qui, lui passant sur la bouche et sur le front, ne laissait voir que les yeux; mais ses lèvres brillaient dans la transparence du tissu comme les pierreries de ses doigts...». La description gomme la virilité de Narr'Havas et met l'accent sur sa grâce : «Il avait une robe de lin, où des fleurs étaient peintes... Ce jeune homme à voix douce et à taille féminine captivait ses yeux par la grâce de sa personne et lui semblait être comme une sœur aînée que les Baals envoyaient, pour la protéger». La scène culmine dans la suspension finale :

«Le soir tombait, des senteurs de baume s'exhalaient. Pendant longtemps ils se regardèrent en silence, et les yeux de Salammbô, au fond de ses longues draperies, avaient l'air de deux étoiles dans l'ouverture d'un nuage» (27).

Parée comme une idole

Le texte romanesque tend à réduire la féminité au «mundus muliebris», comme le signifient la répétition de la métonymie des «voiles», l'importance accordée aux bijoux, à la chevelure (28), aux parfums :

«Des femmes dormaient en dehors des cellules, tendues sur des nattes. Leurs corps, tout gras d'onguents, exhalaient une odeur d'épices et de cassolettes éteintes; elles étaient si couvertes de tatouages, de colliers, d'anneaux, de vermillon et d'antimoine, qu'on les eût prises, sans le mouvement de leur poitrine, pour des idoles ainsi couchées par terre».

La présence féminine est éclat d'anneaux, d'agrafes, de colliers, de franges et de bracelets qui «resplendissent» (...) «sur la confusion de (...) vêtements blancs, jaunes et bleus»; «murmure d'étoffes légères», «claquement de sandales», prétexte à délicate épure impressionniste, dont les finales muettes féminines composent la transposition musicale :

«Le vent soulevait leurs voiles, et les minces tiges des papyrus se balançaient doucement (...). Les grenadiers en fleurs se bombaient sur l'azur du ciel, et à travers les branches, la mer apparaissait avec une île au loin, à demi perdue dans la brume».

La définition baudelairienne de *La Femme* résume la féminité dans le roman carthaginois de Flaubert :

> ... «La femme est sans doute une lumière, un regard, une invitation au bonheur, une parole quelquefois; mais elle est surtout une harmonie générale, non seulement dans son allure et le mouvement de ses membres, mais aussi dans les mousselines, les gazes, les vastes et chatoyantes nuées d'étoffes dont elle s'enveloppe, et qui sont comme les attributs et le piédestal de sa divinité; dans le métal et le minéral qui serpentent autour de ses bras et de son cou, et qui ajoutent leurs étincelles au feu de ses regards, ou qui jasent doucement à ses oreilles...» (*Art Romantique*, ch. X).

Le mystère de la prêtresse

Quand il décrit sa petite princesse carthaginoise, le romancier imite le poète qui n'oserait, «dans la peinture du plaisir causé par l'apparition d'une beauté, séparer la femme de son costume»; ce costume qui, précisément, dans quatre épisodes d'intérêt dramatique intense, a pour effet de proposer au regard masculin le spectacle d'une idole : quand Salammbô apparaît pour la première fois aux mercenaires (ch. I), quand elle accueille Hamilcar (ch. VII), quand elle se prépare à aller séduire Mâtho pour reprendre le Zaïmph (ch. X et XI), et dans l'apothéose finale de la cérémonie nuptiale (ch. XV). Les artifices et la magnificence éclatante de la parure qui multiplie les bijoux, — («tresses de perles attachées à ses tempes», «assemblage de pierres lumineuses» sur sa poitrine, «bras garnis de diamants») —, la haute coiffure, — (Sa chevelure, poudrée d'un sable violet, et réunie en forme de tour selon la mode des vierges chananéennes, la faisait paraître plus grande») —, favorisant la ressemblance avec la déesse (29), tendent à faire oublier la nature, c'est-à-dire la réalité vertigineuse du corps féminin, comme dans la présentation de la Reine de Saba de *La Tentation* de 1849. Le manteau très long, «à queue traînante» (ch. X), «comme une large vague qui la suivait» (ch. I), les sandales à «talons très hauts», le fard enfin concourent au même effet : «Le vermillon de ses lèvres faisait paraître ses dents plus blanches, et l'antimoine de ses paupières ses yeux plus longs» (ch. VII). Le *maquillage* n'a-t-il pas «pour but et pour résultat (...) de créer une unité abstraite» et par conséquent de rapprocher «immédiatement l'être humain de la statue, c'est-à-dire d'un être divin et supérieur», d'ajouter «à un beau visage féminin *la passion mystérieuse de la prêtresse»* (30) ? Pour gommer le corps fémi-nin, il faut une addition, un afflux quantitatif de signes-masques. Le cor-porel disparaît aspiré par les signes, les couleurs artificielles, les vête-ments, les gestes ordonnés et rituels. La féminité se réduit à une théâ-tralité religieuse, lente, hiératique.

En outre Salammbô apparaît le plus souvent dans des lieux haut situés (la plus haute terrasse du palais au chapitre I), elle descend deux fois l'escalier des galères, escortée de «deux longues théories de prêtres» (ch. I), de «toutes ses femmes» (ch. VII), de tous les collèges religieux et de tous les dignitaires carthaginois (ch. XV); le mouvement lent de sa marche («réglée» par la chaînette au chapitre I), obéit à des rites consa-crés. Ainsi est conjuré le danger du corps sinueux, reptilien de la séduc-trice, de la femme-abîme. Dans la cérémonie finale, on l'aperçoit «sur une litière que surplombait un dais de pourpre» et elle traverse (lentement) la terrasse du temple de Khamon pour s'asseoir au fond «sur une espèce de trône taillé dans une carapace de tortue». Dans cette architecture qui se peuple «de statues humaines, immobiles comme des statues de pierre», Salammbô se fige en Tanit, la description privilégiant ce qui connote l'anti-nature, raideur hiératique, reflet métallique et minéral :

> «Des chevilles aux hanches, elle était prise dans un réseau de mailles étroites (...) qui luisaient comme la nacre (...) les coudes au corps, les genoux serrés (...) elle restait toute droite, dans une atti-tude hiératique...».

> «... Ayant ainsi le peuple à ses pieds, le firmament sur sa tête, et autour d'elle l'immensité de la mer, le golfe, les monta-gnes et les perspectives des provinces, Salammbô resplendissante *se confondait avec Tanit* et semblait le génie même de Carthage, son âme corporifiée».

Salammbô devient la métonymie de Carthage comme Carthage est une métonymie voulue, consciente de l'Orient.

Comme celle de la Reine de Saba dans *La Tentation* de 1849, la conception de Salammbô trahit les obsessions fétichistes de Flaubert. Idole superbe à contempler, la femme est maintenue à distance par le re-gard et enrichie, enveloppée de signes; elle devient assemblage de signes. Pour le romancier, comme pour Baudelaire, la «parure», objet de culture (masculine) a pour fonction d'occulter la «nature» de la femme dont la différence constitue un danger pour l'intégrité du sujet masculin. La défi-nir comme «une harmonie générale», dire qu'elle «rentre absolument dans la nature», revient à reconnaître que ce danger a été conjuré : l'altérité féminine se fond dans la composition d'un univers qui reste irréductiblement masculin; le «mundus muliebris», dont le symbolisme minéral, métallique est révélateur, assure le triomphe du «cerveau» sur la «matrice». Au mystère naturel du corps féminin se substitue le mystère artificiel de la «prêtresse», c'est-à-dire le mystère rassurant d'une poupée dont le cœur et la tête sont vides. Réduite à sa «toilette», la femme orientale «n'existe pas». C'est pourquoi elle est si «poétique», c'est-à-dire propice aux rêves masculins.

Hystérie et religion

Par trois fois le texte fait du cri «strident», proche de l'aboiement, du sifflement ou du hurlement, l'attribut spécifique des femmes : pour accueillir les Mercenaires, les prêtresses de Tanit à Sicca font éclater «un cri strident», ... «précipité, furieux, continu, sorte d'aboiement»; à Carthage «les hurlements aigus des femmes emplissaient les maisons»; les femmes de Salammbô poussent «ensemble un cri bizarre, pareil au hurlement d'une louve, (...) si furieux et si strident qu'il semblait faire, du haut en bas, vibrer comme une lyre le grand escalier d'ébène...». Autant de références à l'animalité et à la barbarie, bref à l'élémentaire et à la pré-civilisation. Salammbô, chantant «les anciennes batailles contre Rome» en présence des mercenaires et s'enflammant «à la lueur des épées nues», «*criait* les bras ouverts»; quand elle se tait, elle reste «quelques minutes les paupières closes à *savourer* l'agitation de tous ces hommes». Le rapprochement n'est pas gratuit : le cri est donné comme un signe privilégié de l'hystérie «congénitale» de la femme. Flaubert partage les opinions, sinon les préjugés de son époque, singulièrement de la médecine contemporaine : *tota mulier in utero*. N'écrit-il pas à Mlle Leroyer de Chantepie le 18 février 1859 :

«... On va se mettre (...) à disséquer les croyances comme des organismes...

Moi, dans ces derniers temps, je suis revenu incidemment à ces études psycho-médicales qui m'avaient tant charmé il y a dix ans lorsque j'écrivais mon *Saint-Antoine*. A propos de ma *Salammbô*, je me suis occupé d'hystérie et d'aliénation mentale» (31).

Certes, à l'instar de *Madame Bovary* et plus tard de *L'Éducation sentimentale* (1869), le texte de *Salammbô* décrit l'hystérie comme la conséquence de l'aliénation et de la contrainte sociales dont les femmes sont victimes. Quand tout autre discours est interdit, le cri et l'évanouissement, «processus d'irréalisation», sont les seules issues possibles. L'hystérie est langage du corps dans les situations assez contraignantes et aliénantes pour anéantir jusqu'à la notion même de sujet; ainsi Salammbô, devant son père, après la perte du Zaïmph :

> «Bien qu'elle voulût s'accuser, elle n'osait ouvrir les lèvres; et cependant elle étouffait du besoin de se plaindre et d'être consolée (...).
>
> Peu à peu, en haletant, Salammbô s'enfonçait la tête dans les épaules, écrasée par ce regard trop lourd. Il était sûr maintenant qu'elle avait failli dans l'étreinte d'un Barbare; il frémissait, il leva ses deux poings. Elle poussa un cri et tomba entre ses femmes, qui s'empressèrent autour d'elle» (32).

Il n'empêche que le romancier dévalorise la religion de la prêtresse de Tanit en la réduisant à un comportement hystérique. Salammbô n'a pas d'âme, elle a seulement un corps malade qui «se liquéfie» ou se «consume» et dont l'immobilité «extatique» alterne avec l'errance sans but. Elle éclate en sanglots ou demeure prostrée, «pâle comme une morte, insensible, froide» (33). Ce sont à peu près les termes qu'employait déjà Flaubert pour mettre en scène les crises de *nerfs* d'Emma Bovary et celles de la Guérine évoquées par Félicité.

Comme celui de la Reine de Saba, ce corps défaillant, prompt à tomber en faiblesse, est un corps «saturé de parfums». Pour guérir Salammbô, Schahabarim «faisait arroser son appartement avec des lotions de verveine et d'adiante (...) elle dormait la tête sur un sachet d'aromates...». *Madame Bovary* déjà donnait à lire le danger que présentent pour la «nature» féminine ces parfums qui «hâtent la crise des sens», comme dit Michelet. Flaubert pense toutefois que la femme orientale est vouée à subir davantage encore cette influence pernicieuse. Il l'affirme à Sainte-Beuve (23-24 déc. 1862) :

> «A propos des parfums de Salammbô, vous m'attribuez plus d'imagination que je n'en ai. Sentez donc, humez dans la Bible Judith et Esther ! On les pénétrait, on les empoisonnait de parfums littéralement. C'est ce que j'ai eu soin de dire, au commencement, dès qu'il a été question de la maladie de Salammbô».

Exorcisme olfactif : les parfums ont une fonction analogue à celle des bijoux, métaux, minéraux, qui parent l'idole; matière subtile, ils spiritualisent la chair en la désexualisant et en l'embaumant dans une immortalité ou une mortalité factice.

Vierge et mystique

En établissant un parallèle entre un «corps saturé de parfums» et une «âme pleine de prières» (34), le texte tend à réduire la ferveur mystique de la jeune fille à une explication de type organique : le roman fait écho aux tendances de la «science» contemporaine. Salammbô est une malade, «une maniaque, une espèce de Sainte Thérèse» qui «demeure clouée par l'idée fixe» (35). «Énervée» par les jeûnes et par l'odeur des aromates (ch. X, p. 755), Salammbô, soumise à l'influence de la lune, a la pâleur de celles que Baudelaire appellerait «volontiers des femmes d'intimité. On dirait qu'elles portent dans les yeux un secret douloureux, impossible à enfouir dans les profondeurs de la dissimulation. Leur pâleur est comme une révélation des batailles intérieures...». Le «mal» de Salammbô est le résultat de l'ignorance dans laquelle on l'a maintenue, selon la volonté d'Hamilcar : elle ne connaît rien de la «Tanit populaire», des «simulacres obscènes» :

> «Mais la Rabbet jalouse se vengeait de cette *virginité* soustraite à ses sacrifices, et elle tourmentait Salammbô d'obsessions d'autant plus fortes qu'elles étaient vagues, épandues dans cette croyance et avivées par elle».

Dès 1850 le romancier était convaincu de l'unité du désir sensuel et de l'amour mystique (36); la lettre du 18 février 1859 à Mlle Leroyer de Chantepie répète le même credo :

> «C'est une triste histoire que celle de cette jeune fille, votre parente, devenue folle par suite d'idées religieuses, mais c'est une *histoire commune*. Il faut avoir le tempérament robuste pour monter sur les cimes du mysticisme sans y perdre la tête. Et puis, il y a dans tout cela (*chez les femmes surtout*) des questions de tempérament qui compliquent la douleur. Ne voyez-vous pas qu'*elles sont toutes amoureuses d'Adonis* ? C'est l'éternel époux qu'elles demandent. Ascétiques ou libidineuses, elles rêvent l'amour, le grand amour; et pour les guérir (momentanément du moins) ce n'est pas une idée qu'il leur faut, mais un fait, un homme, un enfant, un amant».

Sous une forme dégradée, adaptée au personnage, la nourrice Taanach propose la même explication du «mal» de Salammbô : «... ton chagrin s'en ira dans les bras d'un homme» (ch. III). Le roman carthaginois multiplie les *signes* de cette confusion entre les aspirations mystiques de la vierge et les besoins de sa sensualité. C'est en effet ce que donnent à entendre les confidences de Salammbô à sa nourrice :

> «Quelquefois, Taanach, il s'exhale du fond de mon être comme de chaudes bouffées, plus lourdes que les vapeurs d'un volcan. Des voix m'appellent, un globe de feu roule et monte dans ma poitrine, il m'étouffe, je vais mourir; et puis, quelque chose de suave, coulant de mon front jusqu'à mes pieds, passe dans ma

chair... c'est une caresse qui m'enveloppe, et je me sens écrasée comme si un dieu s'étendait sur moi...».

La curiosité de la jeune fille concernant «les choses de la Déesse» que Schahabarim lui cache n'est pas moins révélatrice :

«Il lui avait confié le secret des origines pour la distraire par des perspectives plus hautes; mais le désir de la vierge se ralluma sous ces dernières paroles, et Schahabarim, cédant à moitié, reprit :
— Elle inspire et gouverne les amours des hommes.
— Les amours des hommes ! répéta Salammbô rêvant».

Le Zaïmph enfin est une métonymie de la virginité : signifiant la curiosité sacrilège de Salammbô, — «on en meurt» selon l'affirmation de Schahabarim (ch. III), affirmation qui annonce la dernière phrase du roman —, le Zaïmph connote la virginité menacée et perdue de la fille d'Hamilcar; le sacrilège de Mâtho s'emparant du voile sacré (pour que Salammbô puisse le «regarder») (ch. V), sert de prélude et de prétexte à celui qu'il commet en pénétrant dans la chambre de la jeune fille; complémentairement, la perte de la virginité de cette dernière est le prix de la reprise du Zaïmph; fétichisé par Mâtho, le voile est donné comme le substitut du corps de la femme aimée :

... «il lui semblait (...) que le vêtement de la Déesse dépendait de Salammbô, et qu'une partie de son âme y flottait plus subtile qu'une haleine; et il le palpait, le humait, s'y plongeait le visage, et le baisait en sanglotant. Il s'en recouvrait les épaules pour se faire illusion et se croire auprès d'elle...» (ch. VI).

Dans la scène sous la tente de Mâtho, la présence du Zaïmph est deux fois rapprochée du bris de la chaînette d'or; enfin la contemplation du voile sacré signifiant une déception, ce n'est pas une expérience d'ordre mystique mais d'ordre sexuel qui creuse un «abîme» entre le présent et le passé de la fille d'Hamilcar (ch. XI). Le mystique devient la métaphore du sexuel. Jeu significativement réducteur. L'évocation de la guérison de Salammbô en apporte la preuve décisive :

«Les angoisses dont elle souffrait autrefois l'avaient abandonnée. Une tranquillité singulière l'occupait. Ses regards, moins errants, brillaient d'une flamme limpide.
(...)
La fille d'Hamilcar ne prolongeait plus ses jeûnes avec tant de ferveur. Elle passait des journées au haut de sa terrasse, les deux coudes contre la balustrade, s'amusant à regarder devant elle...» (ch. XIII).

Naguère espace-signe de l'élévation de Salammbô, de sa retraite solitaire et ascétique, de son aspiration inquiète au divin, la terrasse devient celui de la curiosité profane et amusée du monde quotidien (carthaginois et barbare); le regard, inversé du haut vers le bas, l'attitude du corps, – («les coudes contre la balustrade», appuyés sur la réalité immédiatement perceptible) –, donnent à lire la métamorphose de la jeune femme : le désir de connaître la déesse s'est évanoui; en revanche «elle aurait voulu, malgré sa haine, revoir Mâtho». La guérison de la fille d'Hamilcar rappelle celle de la Guérine, délivrée de son «brouillard» après le mariage. La mise en scène romanesque ne dévalue pas moins les aspirations mystiques de Salammbô que celles d'Emma Bovary en les réduisant à un besoin de la chair, de cette chair dont l'œuvre de Flaubert signifie à maintes reprises le dégoût. La condamnation du romancier rejoint celle de Baudelaire, dans *Mon cœur mis à nu* :

«La femme ne sait pas séparer l'âme du corps. Elle est simpliste comme les animaux. – Un satirique dirait que c'est parce qu'elle n'a que le corps».

DEUXIEME PARTIE

LA FEMME FATALE

Le danger féminin

La femme constitue le danger majeur puisqu'elle est capable d'anéantir les valeurs mâles par excellence, courage et activité guerrière. La femme est menace de castration pour le sujet masculin. Ainsi les Carthaginoises «en pleurs» qui se jettent «contre la poitrine» des soldats quand ils s'arment (ch. VIII, p. 742). Les femmes «embarrassent» l'armée des Barbares (ch. VI, p. 724). C'est pourquoi Mâtho, quand il la réorganise, commande «de les chasser toutes, impitoyablement» (ch. IX, p. 748). Tanit, figure emblématique de la féminité, a pour fonction de signifier le danger féminin dont l'apparition des prêtres, escortant Salammbô au chapitre I, eunuques, pâles, imberbes et terrorisés, est le premier signe textuel. Schahabarim accuse «secrètement la Rabbet de l'infortune de sa vie : N'était-ce pas pour elle qu'autrefois le grand pontife, s'avançant dans le tumulte des cymbales, lui avait pris sous une patère d'eau bouillante sa virilité future ?» (ch. X, p. 753). Les descriptions du paysage féminin de Sicca, caractérisé par la liquidité, la tiédeur, la mollesse des courbes — (certaines montagnes «ressemblaient à des poitrines de femmes tendant leurs seins gonflés») (ch. II, p. 703) —, donnent à lire l'effet amollissant, énervant de la «Vénus carthaginoise, dominatrice de la contrée» et qui «semblait l'emplir de son âme» : ... «les barbares sentaient peser par-dessus leurs fatigues un accablement qui était plein de délices» (ibid., p. 703). Mâtho est victime du même «accablement» quand il a pénétré dans le temple de Tanit : «Tous ces symboles de fécondation, ces parfums, ces rayonnements, ces haleines l'accablaient». Le texte précise, rapprochement porteur de sens, que Salammbô «se confond» alors pour lui avec la déesse elle-même. Comme les œuvres de jeunesse et Madame Bovary, le roman de 1862 signifie la peur flaubertienne de la liquéfaction consécutive au désir sexuel : c'est l'intégrité même de la personnalité masculine que menace la féminité. Le chapitre final, intitulé précisément *Mâtho* et consacré au supplice du héros, en apporte la confirmation ultime : le long martyre du colosse, désarmé et vaincu, a lieu justement alors que «le principe femelle dominait, confondait tout» (ch. XV).

La passion de Mâtho : une maladie mortelle

Le visage «éclaboussé» de sang, attribué à Mâtho dès sa première apparition, annonce le destin tragique du personnage. Le texte le présente d'emblée comme la victime d'une passion insurmontable et fatale :

> «... La malédiction de Moloch pèse sur moi. Je l'ai senti à ses yeux...» (ch. I)...» C'est une colère des Dieux ! la fille d'Hamilcar me poursuit ! J'en ai peur...» (ch. II).

Un regard a suffi pour engendrer ce mal, dont il voudrait mais ne peut guérir (*ibid.*), et dont les signes sont la pâleur (ch. I), la mélancolie (ch. II), l'immobilité (ch. II, ch. VI), «une invincible torpeur» semblable à celle de «ceux qui ont pris autrefois quelque breuvage dont ils doivent mourir» (ch. II). La pensée de Salammbô «obsède» Mâtho : «c'était un besoin de la revoir âcre, furieux, permanent» (ch. VI). Frappé de paralysie, le héros ne peut que gémir et déplorer sa faiblesse devant la toute puissance de la femme qui le tient enchaîné, laisser entendre une plainte qui privilégie les images de l'investissement et de la possession au sens où l'entendrait un aliéniste :

> «Je suis sans doute la victime de quelque holocauste qu'elle aura promis aux Dieux ?... Elle me tient attaché par une chaîne que l'on n'aperçoit pas. Si je marche, c'est qu'elle avance; quand je m'arrête, elle se repose ! Ses yeux me brûlent, j'entends sa voix. Elle m'environne, elle me pénètre. Il me semble qu'elle est devenue mon âme !».

L'amour est supplice, la femme bourreau de celui qui l'aime; la reprise du chant de Salammbô par Mâtho, «râlant comme un taureau blessé» en constitue un signe clair : «Il poursuivait dans la forêt le monstre femelle dont la queue ondulait sur les feuilles mortes comme un ruisseau d'argent». Ce chant met en effet l'accent sur le caractère agressif, maléfique et destructeur du pouvoir de la femme assimilée à un monstre. Pour exprimer le danger qu'elle incarne et la peur qu'elle inspire, la référence à l'animalité ne suffit plus. Il faut encore avoir recours à la somptuosité barbare de métaphores empruntées à une tératologie reptilienne.

La femme et le serpent

Un ensemble de signes textuels, qui se font écho et se complètent, montre que le mythe de la Vipère du Nil figure un fantasme fondamental du créateur de Salammbô. Ainsi le chapitre I «rapproche» un détail, caractéristique du costume de la jeune fille, — («Il y avait sur sa poitrine un assemblage de pierres lumineuses, imitant par leur bigarrure *les écailles d'une murène*») —, et dont la description du chapitre XV fournit l'analogie, — («Des chevilles aux hanches, elle était prise dans un réseau de mailles étroites imitant *les écailles* d'un poisson et qui luisaient comme de *la nacre*») —, de la chanson qui a fasciné Mâtho :

«... et il arriva dans une prairie où des femmes, *à croupe de dragon*, se tenaient autour d'un grand feu, dressées sur la pointe de leur queue. La lune, couleur de sang, resplendissait dans un cercle pâle et leurs langues écarlates, fendues comme des harpons de pêcheurs, s'allongeaient en se recourbant jusqu'au bord de la flamme».

Dans la scène *Sous la tente*, les deux bouts de la chaînette brisée frappent la toile «comme deux vipères rebondissantes». Le sens de ces associations, de ces rapprochements, de ces comparaisons de la femme au serpent (et à ses homologues aussi inquiétants que sont murène et dragon) est confirmé par l'évocation de Salammbô fuyant sur une galère, suivie de son serpent noir qui «courra dans le sillage de (son) navire sur l'écume des flots» (ch. I); et surtout par la scène fameuse de la danse de la jeune fille (ch. X *Le serpent*) qui, selon l'expression du romancier, «s'enlace» au génie de sa famille avant de se rendre dans le camp de Mâtho. Se justifiant auprès de Sainte-Beuve, Flaubert ne peut nier le caractère érotique du tableau (37) : corps féminin complètement dénudé, animé par le «balancement» de la danse, fascination de la femme par le serpent, son miroir et son reflet — («... elle approcha cette petite gueule triangulaire jusqu'au bord de ses dents, et en fermant à demi les yeux, elle se renversait sous les rayons de la lune») —, union symbolique (38). L'étude comparée de ce texte avec celui de la séquence des *Ophites* (39) dans *La Tentation* de 1849, qui s'accompagne d'un commentaire explicite sur le sens du mythe d'Eve selon Flaubert, permet de préciser la nature de l'angoisse dont cet érotisme est chargé: la femme et le serpent ont conclu une alliance dont l'homme est l'exclu et la victime; alliance que les deux textes, celui de 1862, comme celui de 1849, donnent à lire; la femme tire sa toute-puissance de la séduction de son corps infernal : quand, sous sa tente, Mâtho s'absorbe dans la contemplation de Salammbô «une curiosité *indomptable*» l'entraîne :

«... comme un enfant qui porte la main sur un fruit inconnu, tout en tremblant, du bout de son doigt, il la toucha légèrement sur le haut de sa poitrine; la chair un peu froide céda avec une résistance élastique.

Ce contact, à peine sensible pourtant, *ébranla Mâtho jusqu'au fond de lui-même. Un soulèvement de tout son être le précipitait vers elle*. Il aurait voulu l'envelopper, l'absorber, la boire. Sa poitrine haletait, il claquait des dents...».

Comme souvent chez Flaubert l'envie «d'absorber», de dévorer l'autre, signifie que celui qui éprouve cette envie est lui-même «absorbé», dévoré. La femme est effrayante car elle est porteuse de mort : elle séduit et elle tue, elle séduit pour tuer; Eve-Salomé rejoint Judith. Quand elle regarde, «immobile, la tête basse», Mâtho endormi «tel qu'un homme ivre», la vue d'un poignard au chevet du lit enflamme Salammbô d'«une envie sanguinaire» (ch. XI). Métaphore de cette épouvante provoquée par la féminité qui, sous les attraits tout-puissants de la tentation, dissimule une menace de mort, le contact répulsif du grand Python noir qui «surprend» Mâtho et Spendius dans le temple de Tanit : ...«puis il leur sembla qu'une grosse corde mouillée, *froide et visqueuse*, glissait entre leurs jambes...»

Samson vaincu par Dalila

Le texte signifie d'autant plus clairement la toute-puissance de la séduction féminine qu'il met davantage l'accent sur la force herculéenne de Mâtho, sur sa beauté et sa taille exceptionnelle, et qu'il le présente simultanément complètement asservi, subjugué par la petite princesse carthaginoise : «C'est donc là, songeait-elle, cet homme formidable qui fait trembler Carthage !» (40). Samson est vaincu par Dalila. Le Zaïmph a pour Mâtho la fonction de la chevelure chez Samson. La possession de ce voile sacré, «fortune de Carthage» (ch. V), fait du Lybien «le premier de l'armée» : l'ambitieux Narr'Havas le lui signifie en lui proposant immédiatement son alliance (ch. VI). Enveloppé du Zaïmph, le héros, au sens littéraire et mythologique du terme, devient intouchable et invulnérable : «Il semblait un dieu sidéral tout environné du firmament». La vision de Mâtho, traversant toute la plaine de Carthage avec, au-dessus de sa tête, «le plus haut possible», le voile qui, tendu par le vent, resplendit au soleil, figure une apothéose.

Or Salammbô se rend dans la tente de Mâtho pour «prendre» le Zaïmph : elle le déclare nettement dès le début de l'entrevue et son comportement au cours de la scène signifie sa détermination. C'est dire qu'elle séduit Mâtho «pour le vaincre». La fille d'Hamilcar cumule la traîtrise de Judith et celle de Dalila. L'évocation de la jeune femme, «déployant» le

Zaïmph reconquis dans la tente de son père, point de mire des deux armées ennemies, constitue la contrepartie de l'apothéose de Mâtho dans la plaine de Carthage :

> «La tente de cuir, relevée dans les coins, laissait voir le tour entier de la montagne couverte de soldats, et comme elle se trouvait au centre, de tous les côtés on apercevait Salammbô. Une clameur intense éclata, un long cri de triomphe et d'espoir (...). Tous les Barbares savaient maintenant qu'elle avait repris le Zaïmph; de loin ils la voyaient, ils croyaient la voir; et d'autres cris, mais de rage et de vengeance, retentissaient (...) les cinq armées, s'étageant sur la montagne trépignaient et hurlaient ainsi tout autour de Salammbô» (ch. XI).

La rapidité elliptique du récit, l'effet de couperet produit par la première phrase du chapitre suivant (ch. XII) expriment l'accélération des événements provoquée par l'intervention décisive de Salammbô :

> «Douze heures après, il ne restait plus des mercenaires qu'un tas de blessés, de morts et d'agonisants.
>
> Hamilcar, sorti brusquement du fond de la gorge, était redescendu par la pente occidentale qui regarde Hippo-Zaryte, et, l'espace étant plus large en cet endroit, il avait eu soin d'y attirer les Barbares. Narr'Havas les avait enveloppés avec ses chevaux; le suffète, pendant ce temps-là, les refoulait, les écrasait; puis ils étaient vaincus d'avance par la perte du Zaïmph; ceux mêmes qui ne s'en souçiaient avaient senti une angoisse et comme un affaiblissement».

Le parallélisme entre la traversée victorieuse de Carthage par Mâtho, sous la protection du Zaïmph (ch. V) et sa réplique inversée, la longue marche suppliciée du héros vaincu (ch. XV), parallélisme inscrit dans le texte même, achève la démonstration; les prêtres peuvent «féliciter» Salammbô : la mort de Mâtho est «son œuvre» (ch. XV). Mais après la «trahison» de celle qui l'a séduit, le schalischim n'ébranle pas les colonnes du temple et sa mort ne le venge pas de ses ennemis. Le texte met donc l'accent sur la situation tragique de ce *martyr* de l'amour, que «la joie emporte» encore à l'idée de revoir celle qui a provoqué l'écrasement des Mercenaires et qui, alors que tous ses compagnons ont péri, continue à opposer aux Carthaginois une résistance aussi héroïque que désespérée :

> «... il était complètement nu, — plus livide que les morts (...), — et son épée tournoyait si rapidement, qu'elle faisait une *auréole* autour de lui».

Valorisant ainsi la figure de la victime, le texte aggrave l'accusation portée contre le bourreau.

Une femme unique, inaccessible, interdite

Tout se passe comme si la possession de Salammbô constituait pour Mâtho une fin en soi et que la vie n'ait rien à lui offrir au-delà. Car cette femme selon lui «n'a rien d'une autre fille des hommes», avec «ses grands yeux sous ses grands sourcils, comme des soleils sous les arcs de triomphe» :

> «Quand elle a paru, tous les flambeaux ont pâli (...) on sentait derrière elle comme l'odeur d'un temple et quelque chose s'échappait de tout son être qui était plus suave que le vin et plus terrible que la mort...» (ch. II).

L'hyperbole de la lumière, les comparaisons sacralisantes, suggèrent le caractère unique, surhumain, de la princesse «lointaine et tout inaccessible». La beauté est effet de déréalisation, par le biais du lumineux, de l'impalpable, de l'éthéré; effet de réduction onirique. La position que les personnages occupent respectivement dans l'espace, les effets de perspective, obtenus par la focalisation choisie par le romancier −, (J. Rousset l'a bien montré) −, contribuent à montrer Salammbô hors de l'atteinte de Mâtho. Elle lui apparaît pour la première fois sur «la plus haute terrasse» du palais d'Hamilcar (chap. I) qui, lui-même, domine Carthage. Cette terrasse, où disparaît la jeune fille à l'issue de la scène du festin (ch. I), forme un diptyque avec celle du temple de Khamon «*au pied*» de laquelle Mâtho agonisant regarde une dernière fois Salammbô (ch. XV). Ainsi l'organisation de l'espace donne à lire le rapport dominant-dominé qui caractérise la relation des deux personnages. La symbolique de l'escalier des galères, descendu en grande pompe par Salammbô avec son cortège de prêtres ou de «femmes», vainement gravi par Mâtho (ch. I) à la poursuite de la fille d'Hamilcar, le confirme : «Depuis lors il montait continuellement cet escalier...». En outre le premier chapitre s'achève sur une (belle) image de fuite, qu'accélère la perspective de l'éloignement, − («Un point d'or tournait sur la route d'Utique») −, et que renforce la métonymie finale, mise en valeur, parce que détachée du paragraphe précédent :

> «Un grand voile bleu, par-derrière flottait au vent» (ch. I).

C'est tout ce qui subsiste de la femme qui a fasciné Mâtho, quelques instants auparavant.

Comme les pratiques fétichistes qui signifient le caractère inaccessible de la femme aimée, le recours à la rêverie, destinée à compenser un manque intolérable, porte la marque de l'échec et renvoie finalement à la conscience douloureuse de l'impossible :

> ... «il se voyait (...) dans la chambre au lit de pourpre, serrant la vierge entre ses bras, couvrant sa figure de baisers, passant ses mains sur ses grands cheveux noirs; et *cette imagination qu'il savait irréalisable le suppliciait*».

La femme reste définitivement hors de portée: La scène où Mâtho contemple Salammbô endormie (41) le donne à entendre. Car le regard du Barbare est à la fois prise de possession et constat de l'impossibilité de cette possession puisqu'il suppose une distance entre l'objet regardé et le sujet regardant; prise de possession de la chambre, c'est-à-dire de l'espace typique de l'intimité féminine, du «mundus muliebris», avec ses connotations érotiques et fétichistes, avant d'être prise de possession du corps féminin, la description révélant le point de vue, c'est-à-dire ici le désir de celui qui le contemple, singulièrement grâce à l'emploi, en tête de paragraphe, du pronom personnel *Elle*, de résonance affective et unique :

> «Elle dormait la joue dans une main et l'autre bras déplié. Les anneaux de sa chevelure se répandaient autour d'elle si abondamment qu'elle paraissait couchée sur des plumes noires, et sa large tunique blanche se courbait en molles draperies, jusqu'à ses pieds, suivant les inflexions de sa taille. On apercevait un peu ses yeux, sous ses paupières entre-closes. Les courtines, perpendiculairement tendues, l'enveloppaient d'une atmosphère bleuâtre, et le mouvement de sa respiration, en se communiquant aux cordes, semblait la balancer dans l'air. Un long moustique bourdonnait».

La flambée de la moustiquaire figure l'événement qui rompt l'illusion et la suspension du temps; suspension rendue sensible par l'emploi des imparfaits duratifs et surtout par la trouvaille de l'hypallage final mettant l'accent, en tête de phrase, sur un adjectif épithète qui se rapporte plus au bruit monotone, a-temporel en quelque sorte, qu'à l'insecte qui le produit.

Femme inaccessible, parce qu'interdite. Mâtho cherche vainement à pénétrer dans cette Carthage qui «enferme» Salammbô et qui «est défendue (...) d'abord par un fossé, ensuite par un rempart de gazon, et enfin par un mur, haut de trente coudées; en pierre de taille et à double étage». Plus directement encore la porte rouge à croix noire figure cette interdiction : elle «se referme» sur Salammbô le soir du festin; Mâtho qui poursuit la jeune fille «heurte la porte de tout son corps» (ch. I); quand il campe sous les murs de Carthage et que ses yeux se portent «à chaque instant» sur le palais d'Hamilcar, la porte rouge à croix noire est «constamment fermée» (ch. IV). Elle s'ouvre pourtant, sur une simple poussée (ch. V), devant Mâtho porteur du Zaïmph : le sacrilège est la condition de l'accès à Salammbô; ce «sacrilège», le texte en attribue la conscience à Mâtho lui-même puisqu'il a «supplié Tanit de ne point le (lui) permettre» :

> «De pareils attentats étaient une chose extraordinaire. L'insuffisance des moyens pour les prévenir témoignait assez qu'on les jugeait impossibles. La terreur, plus que les murailles, défendait les sanctuaires. Mâtho, à chaque pas, s'attendait à mourir» (ch. V).

Salammbô maudit Mâtho sacrilège et attire sur lui tous les malheurs.

Ce sacrilège qui signifie que la femme est interdite et qui provoque son «horreur», c'est pour l'amour de cette femme qu'il a été commis :

> «J'ai été le chercher pour toi dans les profondeurs du sanctuaire !...
>
> T'en souviens-tu ? disait Mâtho. La nuit, tu apparaissais dans mes songes; mais je ne devinais pas l'ordre muet de tes yeux ! (...) Si j'avais compris, je serais accouru; j'aurais abandonné l'armée (...) Pour t'obéir, je descendrais, par la caverne d'Hadrumète, dans le royaume des Ombres...».

La femme est fatale car elle entraîne celui qu'elle a séduit à commettre les plus «exécrables forfaits» (ch. V).

TROISIEME PARTIE

LE CORPS TORTURÉ DE MATHO OU LA RELATION SADIQUE

La guerre des sexes

L'amour est inséparable de la haine. Mâtho l'avoue à Spendius : «A l'idée de l'étreindre dans mes bras, une fureur de joie m'emporte, et cependant je la hais (...) je voudrais la battre !» (ch. II). Inséparable de la peur; c'est pourquoi la possession du Zaïmph «transfigure» Mâtho :

> «Mais si j'allais chez elle ? *Je n'ai plus peur de sa beauté.* Que pourrait-elle faire contre moi ? Me voilà plus qu'un homme, maintenant. Je traverserais les flammes, je marcherais dans la mer ! Un élan m'emporte ! Salammbô ! Salammbô ! Je suis ton maître !» (ch. V).

Inséparable de l'envie de meurtre :

> «J'y retourne ! (...) Je la ramènerai !» affirme Mâtho à Spendius; «Et s'ils se présentent je les écrase comme des vipères ! Je la ferai mourir, Spendius !». Il répéta : «Oui ! je la tuerai ! tu verras, je la tuerai !» (ch. VI).

Cette haine, cette peur, cette envie de meurtre sont autant de signes de la rage impuissante qui anime celui qui aime et se sent dominé. L'amour est rapport de (deux) forces qui s'affrontent sans merci. «Guerre et amour, dans ce roman étrangement homogène, se conduisent de la même manière, à grande distance; on se combat comme on s'aime, dans la séparation» (J. Rousset); l'enjeu est «une victoire ou une extermination complète» (ch. XII). Mâtho, victime, se transforme en bourreau de celle qui l'a dominé, quand il la domine à son tour :

> — «T'en retourner à Carthage ! Ah ! tu venais pour prendre le Zaïmph, *pour me vaincre,* puis disparaître ! Non ! non, tu m'appartiens ! et personne à présent ne t'arrachera d'ici ! Oh ! je n'ai pas oublié l'insolence de tes grands yeux tranquilles et *comme tu m'écrasais avec la hauteur de ta beauté ! A mon tour, maintenant !*

Appelle, si tu veux, ton père et son armée, les Anciens, les Riches et ton exécrable peuple, tout entier ! Je suis le maître de trois cent mille soldats ! J'irai en chercher dans la Lusitanie, dans les Gaules et au fond du désert, et je renverserai ta ville, je brûlerai tous ses temples; les trirèmes vogueront sur des vagues de sang ! (...). N'essaye pas de t'enfuir, je te tue !».

Confondu par Salammbô avec Moloch, le dieu qui «se délecte» dans les plus horribles souffrances, Mâtho «se leva d'un bond; un orgueil colossal lui gonflait le cœur; il se trouvait haussé à la taille d'un Dieu». Parenté profonde de la guerre et de l'amour : la bataille quand elle a lieu, c'est-à-dire quand les deux armées cessent pour une fois de se considérer de loin, (comme Mâtho et Salammbô), est un engagement charnel; le texte présente la bataille du Macar (ch. VIII) comme une énorme étreinte, un corps à corps de deux masses qui s'abandonnent à la volupté de tuer (42). Aussi Mâtho peut-il, au cours de la seule confidence directe qu'il adresse à Salammbô, faire de la bataille un substitut de l'érotisme : «Oh ! si tu savais, au milieu de la guerre, comme je pense à toi !... tu n'es pas là ! et alors je me replonge dans la bataille !» (ch. XI).

La volupté de la terreur et de la haine

En précisant la nature de la relation de Salammbô avec le grand-prêtre, Schahabarim, le romancier prépare et explique ce que la jeune fille éprouve pour Mâtho. Dominée, terrorisée, «écrasée» par sa parole, «elle se révoltait intérieurement contre cette domination; elle sentait pour le prêtre tout à la fois de la *terreur*, de la jalousie, de la *haine* et une espèce d'*amour*, en reconnaissance de la *singulière volupté* qu'elle trouvait près de lui». Salammbô «a peur de Moloch, peur de Mâtho. Cet homme à taille de géant, et qui était maître du Zaïmph, dominait la Rabbetna autant que le Baal et lui apparaissait entouré des mêmes fulgurations». Persuadée que Mâtho veut la faire mourir, elle le «hait» car il est le Barbare, «plus exécré que la peste et que la guerre romaine», qui provoque la terreur, dévastant les villes et incendiant les campagnes. L'«horreur» qu'elle éprouve pour celui qui a commis un sacrilège en dérobant le Zaïmph n'est pas toutefois sans ambiguïté. Elle se laisse «ébahir» par sa force, une «lassitude l'accable», elle est «envahie par une mollesse où elle (perd) toute conscience d'elle-même» (43) : autant de signes, dans le vocabulaire flaubertien, du désir amoureux d'une femme : «elle sentait bien qu'une fatalité l'entourait, qu'elle touchait à un moment suprême, irrévocable...». La volupté naît de la haine et de la peur :

— «Moloch, tu me brûles !» et les baisers du soldat, plus dévorateurs que des flammes, la parcouraient; elle était comme enlevée dans un ouragan, prise dans la force du soleil» (44).

Fascination aussi durable qu'irréversible; attendant son fiancé Narr'Havas, Salammbô «aurait voulu, malgré sa haine, revoir Mâtho», dont la «violence» la «tenait encore éblouie»; quand elle se résout à recevoir enfin le roi des Numides, elle ne «résiste» pas «au désir de savoir» ce que devient Mâtho et encourage Narr'Havas à tuer le Barbare de ses propres mains (ch. XIV) :

> «Le souvenir de Mâtho la gênait d'une façon intolérable; il lui semblait que la mort de cet homme débarrasserait sa pensée, comme pour se guérir de la blessure des vipères, on les écrase sur la plaie» (ch. XIV).

L'acharnement sadique (45) de Salammbô contre Mâtho signifie qu'elle a horreur du *trouble* qu'il provoque en elle, horreur d'être asservie par ce trouble : n'est-il pas comparé à la blessure des vipères ? Comme si l'image du serpent s'imposait au romancier chaque fois qu'il s'agit d'évoquer le malaise engendré par le trouble de la chair. Seule la mort de Mâtho, dans ces conditions, pourrait délivrer Salammbô. La haine du chef des Barbares pour la princesse carthaginoise, la peur et l'envie de meurtre qu'elle suscite en lui, ne signifient pas moins l'horreur d'être aliéné par l'Autre, par le corps de l'Autre : «Le sadisme naît d'une inquiétude en face de l'Autre» (Sartre).

Le corps torturé de Mâtho

Le texte propose un certain nombre de signes annonciateurs du martyre final de Mâtho. Au chapitre I, souriant, désarmé, il est blessé par Narr'Havas; la responsabilité de cette *blessure* incombe en fait à Salammbô puisqu'elle a provoqué la colère du Numide en invitant Mâtho à boire. De nouveau en présence de la jeune fille qui le maudit, il pousse un cri «comme à la *blessure* d'une épée». Au moment de l'écrasement final des Mercenaires, il reste seul «complètement nu», encerclé par la masse des Carthaginois armés de piques (ch. XIV). Sa capture, – Narr'Havas l'enveloppe «avec un de ces larges filets à prendre les bêtes farouches» –, n'est pas sans évoquer les jeux du cirque (46) : mais l'adversaire du rétiaire n'étant pas ici un gladiateur armé de pied en cap, le pathétique de la victime s'accroît.

La longue marche suppliciée de Mâtho (ch. XV) ne prend sens que dans son opposition avec la scène où la protection du Zaïmph lui assurait une retraite victorieuse malgré les malédictions de Salammbô (ch. V) : ici le corps nu est exposé à tous les sévices d'une foule hystérique que la crainte de Tanit ne contient plus. La déontologie du supplice ne laisse aucun doute sur l'intention sadique :

> «... les Anciens décidèrent qu'il irait de sa prison à la place de Khamon, sans aucune escorte, les bras attachés dans le dos; et il était défendu de le frapper au cœur, pour le faire vivre plus long-temps, de lui crever les yeux, *afin qu'il pût voir jusqu'au bout sa torture...*».

Car le sadisme consiste à contraindre la liberté d'un être «à s'identifier librement à la chair torturée»; «le corps de la victime défiguré et hale-tant est l'image même de la liberté brisée et anéantie» (Sartre). Quand Mâtho sort de sa prison, le regard de Salammbô, qui oriente celui de la foule, perçoit un *corps* :

> «Le corps de cette victime était pour eux une chose particu-lière et décorée d'une splendeur presque religieuse. Ils se penchaient pour le voir, les femmes surtout».

Par un procédé qui lui est familier, celui du «récit latéral» (J. Rousset), récit qui permet de dire en biaisant, par la bande, le romancier donne à entendre les connotations érotiques de la relation ambiguë du bourreau (ici Salammbô) avec sa victime :

> «Elles brûlaient de contempler celui qui avait fait mourir leurs enfants et leurs époux; et du fond de leur âme, malgré elles, surgissait une infâme curiosité, — le désir de le connaître complè-tement, envie mêlée de remords et qui se tournait en un surcroît d'exécration».

Quand ce corps, qui n'a plus, *«sauf les yeux, d'apparence humaine»*, parvient au pied de la terrasse où elle se tient, le regard de Salammbô rencontre celui de sa victime : ... «ces effroyables prunelles la contem-plaient et la conscience lui surgit de tout ce qu'il avait souffert pour elle». Le sadique découvre son erreur lorsque sa victime le regarde, c'est-à-dire lorsqu'il éprouve l'aliénation absolue de son être dans la liberté de l'Autre. Le corps pantelant de la victime «est là» et «pour rien». C'est pourquoi le sadisme, au moment même où son but est atteint, cède la place au désir (Sartre) :

> «Bien qu'il agonisât, elle le revoyait dans sa tente, à genoux, lui entourant la taille de ses bras, balbutiant des paroles douces; elle avait soif de les sentir encore, de les entendre; elle ne voulait pas qu'il mourût !».

Les noces de sang

Formant un diptyque, la fête initiale et la fête finale, qui se déroulent dans un même décor de multitude et d'orgie sanglante, sont l'une et l'autre nuptiales; «noces» de Mâtho selon le Gaulois, au chapitre premier, «mariage de Salammbô» au dernier, avec le roi des Numides; mais «le vrai mariage de Salammbô, c'est celui qui se consomme à ce moment-là, dans leur mort simultanée» (J. Rousset). Le texte l'annonce métaphoriquement grâce à la description de l'envol des colombes de Carthage, description qui suit immédiatement la décision de Salammbô de se rendre auprès de Mâtho :

> «Une couleur de sang occupait l'horizon. Elles semblaient descendre vers les flots peu à peu; puis elles disparurent comme englouties et tombant d'elles-mêmes dans la gueule du soleil. Salammbô qui les regardait s'éloigner, baissa la tête...» (ch. X).

Son dialogue avec Taanach, en signifiant sa crainte de ne pas assister au retour des colombes, fait écho à celui qu'elle vient d'avoir avec Schahabarim et répète la certitude qu'elle a de mourir en se rendant auprès de Mâtho.

Prostitution et regard tiers

Le roman carthaginois confirme la prédilection de Flaubert pour une image dégradée de la femme. La féminité dont Tanit est le principe apparaît indissociable de la prostitution : les courtisanes sacrées avec le bruit de leurs tambourins (ch. I; ch. II; ch. V; ch. IX), leurs danses qui les font se tordre «comme des vipères» (ch. XV), le rappellent périodiquement; quand «le principe femelle» domine au dernier chapitre, on prévoit «pendant la nuit une grande prostitution». Les femmes du camp des Mercenaires ont été «vendues par des matelots», «volées à des caravanes», «prises dans le sac des villes» (ch. IV); Giscon promet aux Baléares «toute une caravane de vierges» (ch. IV); Spendius, fils d'une prostituée campanienne et enrichi par la vente des femmes (ch. II), regardant les prêtresses endormies dans le temple de Tanit, calcule «quelle somme d'argent il aurait autrefois gagnée» à les vendre (ch. V).

La fonction de Schahabarim, envoyant Salammbô réclamer le Zaïmph à Mâtho, est celle d'un entremetteur :

> — «Mais s'il refuse ? reprit-elle ?
> Le prêtre la considéra fixement, et avec un sourire qu'elle n'avait jamais vu» (ch. X).

Le texte, qui a précisé qu'il en veut «surtout» à la jeune fille «de la trouver si pure», signifie bien qu'il veut la dégrader : «Tu seras humble (...) et soumise à son désir». L'imagination de Schahabarim n'est pas «libertine» comme l'estime Sainte-Beuve, mais sadique. Convaincu de la prééminence du «principe mâle exterminateur« et futur prêtre renégat au service de Moloch, éprouvant «une sorte de *joie* en la voyant *souffrir*» (ch. III), il se montre «dur pour elle», ne lui épargne ni les pénitences ni les paroles amères et semble «prendre de la *joie* à la désoler par les révélations d'une doctrine *impitoyable*». Le personnage de Giscon, dont la fonction dans le chapitre XI *Sous la tente* confirme et complète celle de Schahabarim, maudit Salammbô pour son «ignominie» : «Je t'ai entendue râler d'amour comme une *prostituée*».

La réaction de Giscon, comme celle de Schahabarim qui, ayant «tout deviné», déverse «ses imprécations» sur Mâtho (ch. XIII), permet d'affirmer que l'obsession flaubertienne du regard tiers, déjà lisible dans les œuvres de jeunesse et dans *Madame Bovary*, n'est pas étrangère non plus à la conception de *Salammbô*. Les signes du voyeurisme caractérisent la séquence consacrée à Giscon. Bien que le texte précise qu'«il avait écouté du dehors», dans la même phrase il est dit qu'il a «*tout entendu*», après s'être fait aider par ses compagnons pour sortir de la fosse quand il a reconnu une Carthaginoise. Ce sont ses yeux que Salammbô distingue en premier lieu quand il lui apparaît, et il l'accuse d'avoir «étalé (sa) honte jusque sous les yeux de (son) père». La scène peut donc se lire comme un avatar du triangle œdipien, fondamental dans l'imaginaire flaubertien, le couple habituel fils/mère étant ici remplacé par le couple père/fille, la dégradation de la femme figurant toujours le résultat. La jalousie de Schahabarim à l'égard de Mâtho constitue une reprise et un enrichissement de ce thème car elle signifie la volonté de faire de la jeune fille sa propriété personnelle : «il deversait (...) des ironies sur ce Barbare qui prétendait *posséder* des choses saintes». Deux signes de cette jalousie de propriétaire dépossédé : un regard, pareil à une blessure au cœur, à l'adresse de Mâtho, qui préfigure le geste symbolique final :

«D'un seul coup, il fendit la poitrine de Mâtho, puis en arracha le cœur...».

CONCLUSION

La fascination que le mythe de la femme orientale exerce sur Flaubert, la manière dont il le traite quand il conçoit le personnage de Salammbô, la place restreinte qu'il accorde à ce dernier dans l'espace textuel, signifient un progrès de la misogynie et de la gynophobie dans son œuvre romanesque. Le roman de 1862 peut se lire comme le procès de la femme fatale. La passion que la fille d'Hamilcar inspire au chef des Barbares ressemble à un poison contre lequel n'existe aucun antidote; l'amour est un supplice perpétuel et le héros, martyr, paie de sa propre mort la possession de cette Cléopâtre. La Femme et le serpent entretiennent une inquiétante complicité, métaphore de l'attrait infernal exercé par le corps féminin. A l'instar de Dalila et de Judith, Salammbô séduit pour tromper et pour tuer. Le corps supplicié de Mâtho figure les peurs et les obsessions de son créateur.

«Et toujours j'ai trouvé la poitrine de bois», disait Don Juan (47). Les amours du Barbare et de la princesse carthaginoise, muettes ou réduites à un dialogue de sourds, à des échanges de regards étrangers, ne comportent même pas l'illusion d'une communication entre les deux sexes. La femme fatale est unique, la quête de Don Juan devenue non-sens. Le texte présente d'emblée la passion comme une malédiction que rien ne saurait conjurer. La victime, définitivement enchaînée, hait, redoute et désire tuer la séductrice toute-puissante, capable de provoquer un trouble si intolérable de la chair. Horreur de l'Autre et de soi, mais horreur fascinée... Par son masochisme, qui se définit comme l'aspect passif du sadisme, Mâtho rejoint Saint-Antoine. La parenté profonde de l'amour et de la guerre, conçue comme un engagement charnel, une étreinte énorme, d'une guerre sans merci qui investit l'espace textuel, laisse entendre que la satisfaction du désir amoureux constitue une menace grave pour l'intégrité et pour l'identité du sujet masculin. Les noces promises à Mâtho dès l'ouverture du roman sont des noces de sang.

La contrainte des tabous contemporains a empêché Sainte-Beuve d'exploiter la justesse de son intuition. Tout se passe comme si «l'imagination sadique» dont il avait su discerner «une pointe» avait soudain effrayé le critique au point d'inhiber son pouvoir d'analyse. Son jugement sur l'amour invraisemblable du «Goliath africain», ses regrets quand il constate que Flaubert n'a pas «purgé» son œuvre «de tout soupçon d'érotisme et de combinaison trop maligne de ce genre», signifient que la dette du personnage à l'égard de son créateur lui est complètement passée inaperçue (48). A nous au contraire, qui n'avons pas à juger le héros en fonction de la norme culturelle d'une époque, mais qui tentons plutôt de saisir ce que les textes donnent à lire du rapport complexe que le romancier entretient avec les personnages qu'il crée, la conception de Mâtho, de ses amours avec Salammbô, semble plutôt avoir fourni à Flaubert une occasion privilégiée de donner à des fantasmes qui lui étaient familiers, sinon conscients, une expression moins censurée (49). Figer la femme en idole, la situer sur des hauteurs inaccessibles, réduire la féminité à la «parure» brillante d'une poupée dont la tête et le cœur sont vides, privilégier la contemplation fétichiste du «mundus muliebris» (50), substituer le mystère artificiel de la prêtresse au mystère naturel de la femme, figurent autant de moyens de la maintenir à distance. Or cette mise à distance par le regard, qui est une constante dans l'œuvre flaubertienne, des *Mémoires d'un fou*, à *Madame Bovary* et qui deviendra une perspective privilégiée dans l'*Éducation sentimentale* de 1869 se trouve associée dans *Salammbô* à d'autres signes qui contribuent à produire le sens de l'œuvre : la femme est interdite, il est sacrilège d'y toucher; l'érotisme connoté par la prostitution, la jalousie et le voyeurisme, se fonde sur une image dégradée de la femme; la volupté se nourrit de souffrance et de mépris (de l'Autre et de soi), la violence auto-destructrice de l'orgie trahit la haine de la chair et l'ampleur du malaise que la présence du corps féminin engendre chez Flaubert. La conjonction de ces thèmes dans la composition de *Salammbô* signifie que sadisme et idéalisation de la femme ont la même origine dans l'inconscient flaubertien, à savoir l'ambivalence constitutive dont il dote la figure maternelle et dont Marie-Vénus, image liminaire de la *Tentation* de 1849, constitue l'archétype.

Le mythe (51) de la passivité (52), de la femme orientale, esclave dépourvue d'existence propre parce qu'entièrement soumise au pouvoir masculin, constitue un fantasme favori de Flaubert car il est propre à conjurer la peur qu'inspire la toute-puissance de la séduction féminine. Emma pense peu et mal, Salammbô ne pense pas du tout; la première a des initiatives, «est agitée de passions multiples», la seconde est «une maniaque» qui «demeure clouée par l'idée fixe». Le corps d'Emma, gourmand et sensuel, s'épanouit dans le plaisir, celui de Salammbô s'exténue en pratiques ascétiques, signe d'une conception doublement misogyne : le mysticisme se réduit à la morbidité car Salammbô, trop bornée pour suivre Schahabarim dans sa méditation sur le mystère des origines, n'est qu'«*une espèce de* Sainte Thérèse»; ce corps, perpétuellement entravé, emprisonné dans un costume qui signifie la totale aliénation de la femme (53), ne reconnaît son désir que devant le corps supplicié et agonisant de Mâtho : ... «et la *conscience* lui surgit de tout ce qu'il avait souffert pour elle...». Quand une société réduit le statut de la femme à celui d'un objet tour à tour sacralisé et dévalué (54), la seule conscience à laquelle la victime de ce système socio-culturel puisse accéder est celle du bourreau. Emma, révoltée, est «héroïque» à sa manière (Baudelaire), dans une bourgeoisie provinciale et louis-philipparde; la petite princesse carthaginoise meurt «pour avoir touché au manteau de Tanit», c'est-à-dire écrasée par la Loi, dans une société barbare, élémentaire, patriarcale et guerrière que Flaubert a inventée pour porter sa femme orientale. L'Orient inventé permet au romancier de projeter géographiquement, de déplacer métaphoriquement et d'amplifier l'écart, c'est-à-dire la corrélation entre la femme sacrée, hypostasiée, et la femme prostituée, séductrice et destructrice.

Eugène et sa petite

Il fait son droit

CHAPITRE IV

LA MADONE ET LA LORETTE

La fréquentation de ces deux femmes faisait dans sa vie comme deux musiques : l'une folâtre, emportée, divertissante, l'autre grave et presque religieuse; et, vibrant à la fois, elles augmentaient toujours, et peu à peu se mêlaient; — car, si Mme Arnoux venait à l'effleurer du doigt seulement, l'image de l'autre, tout de suite, se présentait à son désir, parce qu'il avait, de ce côté-là, une chance moins lointaine; — et dans la compagnie de Rosanette, quand il lui arrivait d'avoir le cœur ému, il se rappelait immédiatement son grand amour.

Éducation sentimentale
(Deuxième partie, chap. II)

INTRODUCTION

«Me voilà maintenant attelé depuis un mois à un roman de mœurs modernes qui se passera à Paris. Je veux faire l'histoire morale des hommes de ma génération; «sentimentale» serait plus vrai. C'est un livre d'amour, de passion; mais de passion telle qu'elle peut exister maintenant, c'est-à-dire inactive». (A Mlle Leroyer de Chantepie, 6 octobre 1864).

Cette «histoire d'un jeune homme» (1), de son «éducation sentimentale», est donnée comme exemplaire : la destinée individuelle de Frédéric Moreau a valeur de type et constitue un témoignage et un bilan pour toute une génération de jeunes bourgeois qui a eu vingt ans aux environs de 1840 (2). Il va de soi que les personnages féminins occupent une place privilégiée dans la mise en scène et en images de cette «éducation sentimentale» et qu'ils jouent un rôle déterminant dans la production du sens de l'œuvre. Toutefois puisqu'il s'agit de l'histoire d'un apprentissage, du bilan d'une expérience qu'un jeune homme fait des femmes sous la Monarchie de Juillet et pendant la Révolution de 1848, l'écriture romanesque privilégie ce point de vue masculin et l'impose comme focalisation du récit. Le texte donne donc à lire, à travers les mythes contradictoires et complémentaires que l'écrivain élabore, à travers ceux qu'il prête à son, à ses héros masculins, à travers ceux qu'incarnent les différents personnages féminins, les mythes non moins contradictoires et complémentaires dont a vécu une société écartelée entre d'inconciliables contradictions idéologiques concernant la féminité. Comme *Madame Bovary*, le roman de 1869 montre que l'argent joue un rôle fondamental dans cette société où la fortune masculine conditionne la possession des femmes, épouses ou maîtresses, et où l'indépendance économique de ces dernières, réduites légalement à l'état de mineures, figure une impossible gageure. Cet état de fait socio-économique implique pour l'étudiant sans revenus, pour le jeune bourgeois qui n'est pas encore «arrivé», des contraintes, voire des frustrations sexuelles (3); il détermine la conception du mariage, le statut du corps féminin, la nature et la qualité de l'espace imparti aux femmes dans l'architecture et l'urbanisme contemporains, les vocations opposées et complémentaires qui leur sont attribuées : mère de famille, gardienne du foyer, du patrimoine et des valeurs propres à assurer l'ordre social; maîtresse dispendieuse, dispensatrice de plaisir et d'amusement.

Aussi Flaubert ne conçoit-il pas «l'éducation sentimentale» de son «jeune homme» sans mettre l'accent, dès les premières ébauches du roman, sur ce *couple* antinomique fondamental :

> ... «s'il y a parallélisme entre les deux femmes l'honnête et l'impure (...) l'intérêt sera porté sur le jeune homme – (ce serait alors une espèce d'Éducation sentimentale ?) (...)
>
> ... tout le livre (...) ne serait que cela. La Bourgeoise et la Lorette (avec tous les personnages secondaires de chacun de ces deux mondes et comme lien le mari et l'amant trempant dans (...) les deux sociétés» (4).

Cette opposition-complémentarité de la Madone et de la Lorette sur laquelle se fondent la structure et le sens du roman rend compte de la réalité de la vie bourgeoise contemporaine. Le culte de la femme-mère, le mythe de la virginité, l'idéalisation romantique de la femme-ange ont fait de la prostitution une nécessité sociale (5). L'érotisme est devenu une spécialité par suite de la densification des sentiments familiaux, de l'assujettissement et de la réduction de la sexualité à la procréation dans la conjugalité et l'intimité bourgeoises. L'éducation sentimentale d'un jeune homme de cette classe ne saurait se concevoir sans cette dualité. Aussi le romancier dans ses ébauches met-il justement l'accent sur l'importance du personnage masculin qui aide à cette éducation du héros en l'introduisant dans ces deux sociétés parallèles de la femme honnête et de la femme impure : Jacques Arnoux, mari de la première et amant de la seconde. La fréquentation des femmes vénales et les conduites adoptées à leur égard constituent donc de la part des bourgeois une protestation contre la culture somatique de leur classe (6). Freud le confirme en montrant dans ses *Contributions à la psychologie de l'amour* la complémentarité des deux pôles érotiques de l'homme victorien : idéalisation et dégradation (7). Aussi bien le roman de 1869 multiplie-t-il les signes de ces contradictions inhérentes à la vie du bourgeois contemporain : Arnoux «trop bon père de famille pour vivre tout seul», ruine les siens, «perdu» par «le cotillon»; Regimbart qui admire les femmes vertueuses, moralise les ouvrières de son épouse et se pose en défenseur de l'ordre socio-familial, «possède quelque part une chambre où il reçoit des petites filles».

Le texte romanesque toutefois n'a pas seulement valeur de témoignage et de document sur l'époque contemporaine de son écriture. Il donne à lire aussi bien les fantasmes et les désirs que les peurs du romancier au sujet de la féminité. En écrivant *L'Éducation sentimentale* de 1869 n'a-t-il pas puisé dans son propre fonds comme l'atteste cette note des Carnets — «Me Sch. — Mr Sch. moi» — et eu recours précisément à une expérience personnelle, précocement déterminante, qui avait déjà inspiré l'œuvre de jeunesse autobiographique, *Les Mémoires d'un fou* ? Le roman de 1869 a donc une importance capitale pour qui s'avise d'étudier les mythes féminins qui hantent l'imaginaire flaubertien car il donne à lire la confirmation et par conséquent la permanence d'éléments caractéristiques, de schémas typiques et fondamentaux déjà perceptibles dans les œuvres antérieures et il préfigure la profession de foi célibataire de *Bouvard et Pécuchet*.

PREMIERE PARTIE

LES FEMMES DE L'ÉTUDIANT

La démystification du modèle balzacien

«L'art, la science, l'amour (...) dépendaient exclusivement de la capitale»... Le jeune provincial rêve de Paris comme du seul lieu où il vaille la peine de vivre : synonyme pour lui de cette réussite sociale que cautionne la possession des femmes de rang ou de... tarif élevé. Ce mythe parisien a nourri les imaginations de Frédéric Moreau et de son ami Deslauriers au collège de Sens :

> «... ils reviendraient à Paris (...) et comme délassement à leurs travaux, ils auraient des amours de princesses, dans des boudoirs de satin, ou de fulgurantes orgies avec des courtisanes illustres» (Ière partie, ch. 2).

L'emploi parodique des clichés et des adjectifs signifie la distance critique de l'écrivain à l'égard d'un mythe dont toute sa génération a été victime. Ses commentaires sur Deslauriers conseillant à Frédéric «des choses classiques» (8), c'est-à-dire de jouer les Rastignac auprès du banquier et de Mme Dambreuse, en s'arrangeant pour «plaire» à cet «homme à millions» et en devenant l'amant de sa femme, ont la même portée ironique :

> «N'ayant jamais vu le monde qu'à travers la fièvre de ses convoitises, il se l'imaginait comme une création artificielle, fonctionnant en vertu de lois mathématiques. Un dîner en ville, la rencontre d'un homme en place, le sourire d'une jolie femme pouvaient, par une série d'actions se déduisant les unes des autres, avoir de gigantesques résultats (...). Il croyait aux courtisanes conseillant les diplomates, aux riches mariages obtenus par les intrigues...» (Ière partie, ch. 5).

«Parisienne, ô reine...» (9)

Le romancier ne juge pas moins Frédéric conditionné (et dupé) par le mythe de la Parisienne, femme du monde, qui détient le monopole de l'élégance, du goût et des bonnes manières; après avoir présenté la femme du banquier comme *«la jolie Mme Dambreuse que citaient les journaux de mode»*, Flaubert escamote la femme au profit de la description des signes de son statut social, en les faisant percevoir par le regard du jeune provincial fraîchement «débarqué» à Paris :

«Un coupé bleu, attelé d'un cheval noir, stationnait devant le perron. La portière s'ouvrit, une dame y monta...

(...) Il n'apercevait que son dos, couvert d'une mante violette. Cependant il plongeait dans l'intérieur de la voiture, tendue de reps bleu, avec des passementeries et des effilés de soie. Les vêtements de la dame l'emplissaient; il s'échappait de cette petite boîte capitonnée un parfum d'iris, et comme une vague senteur d'élégances féminines» (10).

De même la description de Mme Dambreuse au théâtre, toujours à travers le regard de Frédéric, se réduit à des détails de *mode*, concernant la coiffure — «les cheveux blonds tirebouchonnés à l'anglaise» —, et le costume — «une robe à corsage plat, et un large éventail de dentelle noire» —; de cette femme «ni grande, ni petite, ni laide, ni jolie», qu'on ne peut donc identifier et reconnaître à des traits individuels, à des caractéristiques qui lui soient particulières, Frédéric ne perçoit que ce qui est signe d'élégance de bon ton, c'est-à-dire d'appartenance au «monde». Le commentaire du romancier sur l'ingénuité de Frédéric, trop ignorant du code mondain pour pouvoir en interpréter correctement les signes, amène le lecteur à considérer «l'aménité spirituelle» du visage de Mme Dambreuse comme le masque obligé de la mondaine dans l'exercice de son rôle :

«Frédéric, habitué aux grimaces des bourgeoises provinciales, n'avait vu chez aucune femme une pareille aisance de manières, cette simplicité, qui est un raffinement, et où les naïfs aperçoivent l'expression d'une sympathie instantanée».

Ainsi, par ces effets de montage et de distanciation critiques, dont *Madame Bovary* offrait déjà maints exemples, la mise en scène des deux apparitions de Mme Dambreuse dans la première partie du roman a une double fonction : annoncer le mythe que ce personnage féminin continuera à incarner ultérieurement pour Frédéric Moreau et préparer sa radicale remise en cause dans la troisième et dernière partie.

Les visites chez la Turque

Le caractère précaire de la situation socio-économique de l'étudiant conditionne la nature de son rapport avec les femmes. Puisqu'il n'a pas encore de «position», il ne saurait songer au mariage. Son train de vie ne lui interdit pas moins d'avoir pour maîtresses les femmes du monde ou les courtisanes de luxe dont il rêve : il ne peut que les contempler de loin, avec envie, «nonchalamment assises» dans leurs calèches, quand elles passent sur les Champs-Élysées. L'étudiant est donc condamné à l'amour vénal des maisons de prostitution et à celui d'aventures sans lendemain. La première partie du roman, qui met précisément en scène une société de jeunes gens (Frédéric, Deslauriers, Cisy, Hussonnet, Martinon, Sénécal...), donne à lire cette condition sexuelle de l'étudiant. L'évocation de la maison de la Turque (11), accompagnée du commentaire pécuniaire de Deslauriers, — «... la pénurie est mère de la sagesse» —, dès la fin du chapitre 2, en constitue le signe le plus clair et le plus important dans le texte.

Cette maison, dont une seconde mention est faite, ce qui n'est pas moins significatif, à l'heure du bilan final de cette «éducation sentimentale», au dernier chapitre du roman, comme pour encadrer toute la destinée de Frédéric et de Deslauriers, figure pour le collégien le lieu de l'initiation à la virilité et de l'exercice de cette dernière. La situation de ce «lieu de perdition» dans l'espace urbain, discrète, à l'écart, «au bord de l'eau, derrière le rempart», révèle l'ambivalence et l'hypocrisie de la société contemporaine à l'égard de la prostitution, condamnant publiquement une institution que son idéologie a rendue nécessaire et qu'elle tolère donc secrètement : la morale officielle ne réduit-elle pas la sexualité à la procréation et n'assimile-t-elle pas le plaisir sexuel au péché comme le donne à entendre *Une bonne famille*, «lithographie célèbre» représentant la famille royale «occupée à des tâches édifiantes», avec, «dans le fond, un lit à deux compartiments» ? Objet de la réprobation générale, la maison de la Turque n'est jamais nommée mais «désignée par des périphrases»; rien ne la signale à l'attention publique sinon «un bocal de poissons rouges et un pot de réséda sur une fenêtre», code rudimentaire à l'usage d'initiés; les pensionnaires ne sortent pas de la maison et apparaissent seulement derrière les fenêtres fermées. Ainsi la société contrôle et circonscrit la pratique du «vice» en l'isolant dans un lieu spécifique.

C'est aussi bien le désigner comme celui même du plaisir et le doter de tous les prestiges de l'interdit :

«Ce lieu de perdition projetait dans tout l'arrondissement un éclat fantastique (...) et c'était, bien entendu, l'obsession secrète de tous les adolescents».

Ainsi le texte de 1869, grâce au recul critique que le romancier prend à l'égard de sa propre expérience et de ses personnages, résume le sens des aveux lyriques du héros de *Novembre* sur la fascination que le lieu interdit a exercée sur son imagination (12) et sur les causes de cette fascination. Les notations concernant le costume qui exhibe le corps féminin, celles qui concernent le fard, la parure exotique et la voix, signifiant ce corps comme objet sensuel moyen de plaisir, suffisent pour suggérer la possibilité offerte de transgresser les tabous de la morale bourgeoise contemporaine :

«Des demoiselles, en camisole blanche, avec du fard aux pommettes et de longues boucles d'oreilles, frappaient aux carreaux quand on passait, et, le soir, sur le pas de la porte, chantonnaient doucement d'une voix rauque» (13).

Le texte souligne, non sans ironie, comment le mythe de la femme orientale, synonyme de voluptés suprêmes, provoquant les fantasmes des Nogentais, influence la transformation de la tenancière en figure mythique :

«On appelait ainsi une femme qui se nommait de son vrai nom Zoraïde Turc; et beaucoup de personnes la croyaient une musulmane, une Turque, ce qui ajoutait à la *poésie* de son établissement».

La visite chez la Turque peut donc être entendue comme la métaphore de la condition (pour ne pas dire de la misère) sexuelle du jeune bourgeois. Quelques brèves séquences, dans les pages consacrées à la vie parisienne de l'étudiant, confirment ce rapport inévitable entre sexualité étudiante et amour vénal; la séquence où Deslauriers, conseillant Frédéric sur la manière de finir la nuit, après le bal de l'Alhambra, évalue la dépense; celle où Cisy, le lendemain du même bal vient trouver Frédéric : «... avec beaucoup de périphrases, il exposa le but de sa visite : se fiant à la discrétion de son ami, il venait pour qu'il l'assistât dans une démarche, après laquelle il se regarderait définitivement comme un homme...». Parce qu'il a été «élevé sous les yeux d'une grand'mère dévote», c'est-à-dire «hors des collèges» (14), son initiation, retardée, reste à faire. Le texte met ironiquement l'accent sur cette inexpérience insolite en évoquant les fantasmes phobiques qui en sont la conséquence : «s'imaginant qu'il y avait toujours chez ces femmes-là un homme caché dans l'armoire avec un pistolet, et qui en sort pour vous faire souscrire des lettres de change».

Le bal de l'Alhambra

A Paris, comme en province, la maison de prostitution constitue donc le lieu spécifique où l'étudiant a la possibilité de remédier à ses frustrations sexuelles. Dans la capitale toutefois le bal public lui offre un autre recours, comme l'atteste le conseil de Deslauriers quand il constate que Frédéric souffre «des nerfs» :

> «Veux-tu que je t'en fasse connaître, des femmes ? Tu n'as qu'à venir à l'Alhambra (15) (...) On s'y amuse à ce qu'il paraît».

Il est significatif que le texte présente d'abord le public masculin de ce bal — (étudiants, commis en nouveautés, collégiens, vieux célibataires et étrangers séjournant à Paris) — et le donne à voir composé d'individus en mal de solitude, c'est-à-dire, malgré leurs origines et leurs âges différents, animés d'un semblable besoin : trouver (ou retrouver) une femme (16). La description définit l'Alhambra comme un lieu de plaisir, à savoir comme un lieu figurant l'ailleurs rêvé, la compensation des manques de la vie quotidienne, d'où l'importance du «luxe» de l'établissement, de sa situation dans l'espace parisien («au haut des Champs-Élysées»), de l'exotisme composite de la décoration, avec une dominante orientale (17) et la promesse de plaisir qu'elle connote : appellation même du lieu, «galeries moresques» et jardin propice à l'illusion car le spectacle des arbres en fleurs, ébéniers et lilas, s'y anime du mouvement coloré des robes féminines.

On «s'amuse» à l'Alhambra : verbe révélateur qui revient sous la plume du romancier chaque fois qu'il évoque des situations présentant ses personnages en réaction contre la répression sexuelle imposée par la morale bourgeoise officielle : ainsi on ne «s'amuse» pas moins, on le verra plus loin, au bal donné par Rosanette dans la deuxième partie du roman (18). Le bal exhibe, par le costume qu'il implique, par le mouvement, le corps féminin; il permet de toucher ce corps, ce que le code culturel contemporain interdit quand il s'agit des femmes «honnêtes» :

> «On était tassé, on s'amusait; les brides dénouées des chapeaux effleuraient les cravates, les bottes s'enfonçaient sous les jupons, tout cela sautait en cadence; Deslauriers pressait contre lui la petite femme...».

Par le biais des costumes, le texte donne à voir le rapprochement des corps, la libération, sans retenue, de la sensualité par la danse : le bal sert de prélude à la possession; le but recherché et avoué n'est-il pas de finir la nuit avec la femme trouvée au bal, comme le rappelle Arnoux à Frédéric ?

Les femmes «honnêtes» ne fréquentent pas les bals publics (19). Aucune de celles qui sont venues à l'Alhambra n'est exempt du soupçon de galanterie et de vénalité :

«Des lorettes, des grisettes et des filles étaient venues là, es-
pérant trouver un protecteur, un amoureux, une pièce d'or...».

Le bal public est indissociable de l'amour vénal, connoté ici par la mise
en scène du tête-à-tête d'Arnoux avec la Vatnaz, dont le texte laisse
entendre le statut d'intermédiaire, sinon d'entremetteuse auprès du marchand de tableaux, par l'apparition de Martinon en compagnie d'«une
femme d'une cinquantaine d'années, laide, magnifiquement vêtue, et
d'un rang social problématique».

La grisette (20)

Le statut de la grisette, la séquence du bal de l'Alhambra le rappelle,
diffère de celui de la lorette. La grisette est plus galante que vénale :
maîtresse d'un étudiant comme Deslauriers ou d'un bohême comme
Hussonnet, elle trouve moins en lui un protecteur qu'un «amoureux».
Ouvrière généralement dans une maison de couture, comme Clémence
Daviou, «brodeuse en or pour équipements militaires», qui apparaît la
première fois portant «un petit carton», elle gagne sa vie — (mal, trop
mal pour pouvoir envisager mariage et maternité) —, et n'obtient de son
amant que de menus cadeaux : sorties chez Pinson ou Barillot, bal public... Les amours de l'étudiant avec la grisette constituent la seule relation
que puisse avoir un jeune bourgeois avec une femme «du peuple»; relation
provisoire et précaire, conséquence de la situation économique respective
des deux partis que résume l'image de la mansarde :

«Dans la lucarne d'un grenier, entre des capucines et des pois
de senteur, une jeune femme se montra, nu-tête, en corset, et appuyant ses deux bras contre le bord de la gouttière».

Pis-aller pour l'étudiant, en attendant que l'installation de ce dernier
dans le monde lui permette l'accès aux femmes des classes supérieures,
la grisette, sauf si elle se mue en lorette, comme Rosanette qui fut «con-
fectionneuse en lingerie», voit ses amours bourgeoises se terminer avec
la vie d'étudiant de son amant. Le tabou de la virginité, réservé aux jeunes
filles de la bourgeoisie promises au mariage, avec ses corollaires, pureté,
innocence, pudeur..., ne concerne pas la grisette. Aussi son corps n'est-il
pas soumis aux mêmes contraintes et interdits. La «gaieté», l'«insouciance», attributs traditionnels de la grisette depuis Gavarni, Musset et
Murger, ne signifient pas seulement sa jeunesse mais connotent le plaisir
qu'elle prend en compagnie de son amant : plaisir sensuel de la gourmandise, de la danse... La présence de la grisette, propre à remplir une
partie des fonctions de la servante qu'il ne peut s'offrir, peut assurer à
l'étudiant séparé de sa famille un substitut du confort domestique : pen-

dant que Martinon, «dans une pension bourgeoise de la rue Saint-Jacques», bûche sa procédure, sa maîtresse «en face de lui» reprise des chaussettes, c'est-à-dire les chaussettes de l'étudiant...

Le texte de l'*Éducation* n'accorde qu'une place réduite à la grisette : croquis à la manière de Gavarni, pour suggérer la vision fugitive, gracieuse (et stéréotypée) de la jeune femme encadrée par la lucarne fleurie du grenier, notations brèves concernant les «grands yeux bleus» et la silhouette de Clémence, «svelte comme un roseau». A ce point de vue esthétique se limite l'intérêt (passager) du romancier. En revanche la «dureté» de Deslauriers à l'égard de sa maîtresse, signifie le mépris du jeune bourgeois pour la petite ouvrière : «... il la tenait à distance, se laissait caresser comme un pacha, et l'appelait «fille du peuple» par manière de rire». Deslauriers, victime comme Frédéric du mythe de «la femme du monde», ne peut associer féminité et pauvreté. Le dénuement de la mansarde figure un espace incompatible avec l'idée même de «mundus muliebris». Une femme en «robe d'indienne», «en bonnet» et en «tartan», dont les mains signifient la nécessité du travail (dans son acception la plus basse), un prosaïsme plutôt sordide pour ne pas dire sale (21), ne saurait figurer la «maîtresse» rêvée au cours des années de collège : «Frédéric n'aurait pas voulu d'un tel amour». Ces préjugés étaient déjà ceux du héros de *Novembre* :

> «Et les grisettes, me direz-vous : Eh bien, non ! il ne pouvait se résigner à monter dans une mansarde, pour embrasser une bouche qui vient de déjeuner avec du fromage, et prendre une main qui a des engelures».

De l'œuvre autobiographique de jeunesse au roman de la maturité, les mêmes a priori subsistent. De plus, mettant en scène les amours du clerc et de la grisette, c'est-à-dire montrant le mépris foncier du «révolutionnaire» pour la fille «du peuple», le texte ne peut-il pas être lu comme un témoignage des contradictions qui caractérisent ceux qui firent ou tentèrent de faire la Révolution de 1848 et d'une misogynie dont Proudhon est devenu le symbole aux yeux de la postérité ?

DEUXIEME PARTIE

UNE SOCIÉTÉ DE LA FAMILLE

Le culte de la mère

Vouée à la conjugalité et à la maternité, la femme «honnête» suscite une admiration unanime et sans réserves quand, renonçant à toute existence personnelle, elle se consacre et se sacrifie au bonheur de ses enfants, comme Renée de l'Estorade dans les *Mémoires de deux jeunes mariées* (22), ou Henriette de Mortsauf, l'héroïne du *Lys dans la vallée*. Le texte de l'*Éducation sentimentale* témoigne de plusieurs façons de ce culte dont la société bourgeoise du XIXe siècle a entouré la figure de la Mère. Cette métamorphose d'Eve en Marie, conséquence de l'importance accordée à la famille, fondement de la société et garantie de sa conservation, conditionne la définition du rôle de la mère, de ses devoirs et de ses responsabilités.

Gardienne du foyer

Maternité et intimité domestique sont indissociables. Au service de sa famille, consacrant le plus clair de son temps, de son énergie et de son activité à ses enfants, la (bonne) mère a pour espace spécifique la maison : elle «règne» sur le foyer et n'entretient avec le monde extérieur que des rapports limités, par l'intermédiaire de son mari, et réglementés selon un code minutieux qui distingue le privé de l'officiel, l'intimité familière des obligations fixées par les conventions mondaines. Ainsi Mme Arnoux ne sort pas de chez elle pour le plaisir de se promener, mais pour faire des courses, régler des affaires; c'est dire qu'elle reste, même à l'extérieur de sa maison, l'intendante préoccupée des intérêts de sa famille; sa visite chez Frédéric, présentée comme exceptionnelle, a pour mobile une requête à transmettre au banquier Dambreuse. Qu'il s'agisse des jeudis de la rue de Choiseul ou du «beau dîner» que Mme Moreau donne «de temps à autre», à Nogent, des réceptions de cette dernière «trois fois par semaine», ces prestations officielles ressortissent aux obligations convenues de la maîtresse de maison; l'intimité du foyer n'en est pas moins strictement préservée : quand la cuisinière annonce que le potage de Frédéric est servi, les invités de sa mère se retirent «par *discrétion*»; les hommes que Mme Arnoux reçoit à ses dîners ne lui faisant pas de visites, Frédéric renonce aux siennes «par *discrétion*». Enfreindre les limites qu'impose le respect de l'intimité familiale est synonyme de parasitisme et les complaisances dont il faut payer cette familiarité condamnées :

> «Alors commença pour Frédéric une existence *misérable*. Il fut le *parasite* de la maison.
>
> Si quelqu'un était indisposé, il venait trois fois par jour savoir de ses nouvelles, allait chez l'accordeur de piano, inventait mille prévenances; et il endurait d'un air content les bouderies de Mlle Marthe et les caresses du jeune Eugène, qui lui passait toujours ses mains sales sur la figure».

L'évocation de Marie Arnoux rue Paradis-Poissonnière, assise entre la cheminée et la fenêtre, entourée de ses deux enfants, symbolise la fonction de la mère, gardienne du foyer :

> «Elle se tenait dans la même attitude que le premier jour, et cousait une chemise d'enfant. Le petit garçon, à ses pieds, jouait avec une ménagerie de bois; Marthe, un peu plus loin, écrivait...
>
> ... La chambre avait un aspect tranquille»...

A l'occasion de la première visite de Frédéric rue Paradis-Poissonnière, les brouillons de l'*Éducation sentimentale* (23) comportent cette indication : «atmosphère très maternelle». Le texte décrit en effet Mme Arnoux s'occupant elle-même de son petit garçon, malgré l'existence de deux bonnes, nourrissant sa famille comme dans la scène du petit déjeuner, après la catastrophe financière d'Arnoux consécutive à l'affaire du kaolin, ou surveillant l'éducation et l'instruction de ses enfants :

> «Presque toujours il trouvait Mme Arnoux montrant à lire à son bambin, ou derrière la chaise de Marthe qui faisait des gammes sur son piano».

La structure du roman impose progressivement le personnage de Mme Arnoux comme une figure fondamentalement maternelle : à partir du début de la deuxième partie du roman, la maîtresse de maison qu'elle était dans la première, s'efface au profit exclusif de la mère; le dépit de Frédéric, quand il retrouve l'objet de sa «passion» rue Paradis-Poissonnière, le connote : «Quelle bourgeoise !» (chap. 2), tandis que le dernier chapitre se clôt sur la description du dévouement et du sacrifice de cette mère qui renonce au rendez-vous amoureux de la rue Tronchet pour soigner elle-même le petit Eugène atteint du croup.

Civilisatrice du genre humain

Nourrice, éducatrice, institutrice, infirmière, Mme Arnoux figure la mère parfaite qui voue sa vie au service de ses enfants. Aussi l'idylle d'Auteuil signifie-t-elle un loisir insolite dans l'emploi du temps de cette femme dont l'existence se confond avec la fonction maternelle :

> «L'humeur de sa fille l'avait forcée de la mettre au couvent. Son gamin passait l'après-midi dans une école (...) Aucun fâcheux ne pouvait les surprendre...» (IIe partie, chap. 6).

En revanche la fonction paternelle d'Arnoux, constamment appelé au dehors par ses affaires ou ses amours, se réduit à quelques démonstrations bruyantes d'affection et à la participation épisodique aux jeux de son fils (24). La vertu cardinale de cette mère qui porte le poids quasi total de l'éducation de ses enfants est donc la bonté : «... il y avait dans la profondeur de ses prunelles une bonté infinie...». Elle est celle qui donne sans cesse et sans compter, avec une inépuisable générosité : ... «ses petites mains semblaient faites pour épandre des aumônes, pour essuyer des pleurs, et sa voix, un peu sourde naturellement, avait des intonations caressantes et comme des légèretés de brise...». Le bilan final de Frédéric dans l'avant-dernier chapitre du roman, lors de son ultime rencontre avec l'héroïne, «vers la fin de mars 1867», achève d'imposer au lecteur les attributs spécifiques de cette figure maternelle :

> «... C'était Mme Arnoux telle que vous étiez, avec ses deux enfants, tendre, sérieuse, belle à éblouir, et *si bonne ! Cette image-là effaçait toutes les autres*».

La vocation éducative de la femme conditionne les qualités intellectuelles qu'on exige d'elle. Elle doit être assez intelligente et cultivée pour tenir son rôle d'«institutrice naturelle, nécessaire et providentielle de ses enfants» (25) : l'esprit de Mme Arnoux «charmait par des mots simples et pénétrants». Le «sérieux» ne manque pas de cautionner cette culture qui tend d'abord à des fins pédagogiques, non à la recherche de l'épanouissement et du plaisir personnels d'une femme. Car la mère enseigne avant tout la morale. A l'inverse d'Emma Bovary, lectrice de mauvais romans et mauvaise mère, Mme Arnoux ne s'exaltait point pour la littérature :

> «les livres d'Histoire l'intéressaient (...) elle plaignait les désastres de la passion, mais était révoltée par les turpitudes des

hypocrites; et cette droiture d'esprit se rapportait si bien à la beauté régulière de son visage qu'elle semblait en dépendre...».

Vertu et renoncements de la mater dolorosa; le corps de la mère

La «vertu» de la mère est donc fondamentale. Malgré la mésentente grave du ménage et tous les torts de son mari, Mme Arnoux n'envisage pas une séparation : «... pour l'amour de ses enfants, jamais elle n'en viendrait à une telle extrémité...». Elle accepte d'être condamnée à la souffrance, d'être vouée à la solitude morale et affective quand, ses enfants élevés, elle se retrouve aux côtés d'un mari vieilli et «presque toujours malade». Aussi la bonne mère résiste-t-elle à la tentation de l'adultère. Mme Arnoux, que le texte décrit «debout, sur le seuil de sa chambre, avec ses deux enfants à ses côtés», reste «sourde» aux déclarations de Frédéric car elle estime qu'«on ne (...) trouve jamais le bonheur dans le mensonge, les inquiétudes et le remords» et que les «joies sublimes» de la passion constituent une «expérience trop coûteuse». Bien qu'elle s'exprime sous la forme de «maximes bourgeoises», comme le souligne ironiquement le héros, la vertu de Mme Arnoux se fonde sur une conception religieuse du devoir maternel, sur un idéal de la maternité qui, conformément au modèle marial, privilégie la chasteté et l'abstinence.

Témoignant de l'influence de l'idéologie contemporaine, l'ensemble du texte romanesque tend à promouvoir cette image de la maternité qui établit une dichotomie entre le corps féminin qui procrée et celui qui jouit : Mme Moreau qui s'est «sacrifiée» pour son fils et qui est «la personne du pays la plus respectée à Nogent», s'est retrouvée veuve «pendant sa grossesse»; au rebours Mme Éléonore, dont une phrase suffit à connoter la moralité douteuse, — «On la vit se pavaner avec de grandes boucles d'oreilles» (semblables à celles des pensionnaires de la Turque !) —, néglige complètement ses devoirs maternels et abandonne sa fille Louise aux soins de la servante Catherine; la mondaine Mme Dambreuse qui a des amants, n'a pas d'enfants et joue, par intérêt, la comédie de la sollicitude maternelle auprès de la «nièce» de son mari; Rosanette ne conserve pas longtemps son bébé qu'elle a abandonné à une nourrice, loin de son domicile (26); le dernier chapitre du roman évoque la silhouette de la «lorette vieillie» (27), veuve d'un monsieur Oudry, «très grosse, énorme...», «tenant par la main un petit garçon qu'elle a adopté». Tout se passe décidément comme si l'amour maternel excluait la possibilité d'autres amours.

Le désir, a fortiori le plaisir amoureux illégitime d'une mère, sont en effet coupables et sources de scandale. La maladie dont le petit Eugène a failli mourir figure pour Mme Arnoux «un avertissement de la Providence» :

«Mais le Seigneur, dans sa miséricorde, n'avait pas voulu la punir tout à fait ! quelle expiation, plus tard si elle persévérait dans cet amour ! sans doute, on insulterait son fils à cause d'elle; et Mme Arnoux l'aperçut jeune homme, blessé dans une rencontre, rapporté sur un brancard, mourant. D'un bond, elle se précipita sur la petite chaise; et de toutes ses forces, lançant son âme dans les hauteurs, elle offrit à Dieu, comme un holocauste, le sacrifice de sa première passion, de sa seule faiblesse».

Il s'ensuit un statut spécifique du corps de la mère. Corps contraint par les impératifs de la pudeur, c'est-à-dire soigneusement dissimulé par un costume «correct» : surprise à sa toilette par Frédéric, Mme Arnoux «jeta un cri, et disparut»; le compliment du jeune homme sur sa tenue précédente lui paraît «sans doute grossier» car elle rougit. Corps emprisonné par la décence du maintien : «Tous (les) gestes (de Mme Arnoux) étaient d'une majesté tranquille»; tout ce qui n'est pas conforme à cette règle ressortit à une «coquetterie» condamnable et la «douceur» même n'est qu'un avatar de cette décence exigée de la mère. Corps préservé, pour ne pas dire intouchable, les contacts physiques avec les individus de l'autre sexe faisant l'objet d'une codification stricte, comme le signifient les conventions subtiles de la poignée de main, du «baiser sur le front» autorisé seulement aux «vieux» amis; après un dîner rue de Choiseul, la tête de Mme Arnoux peut «toucher» celle du «bonhomme Meinsius», octogénaire, tandis qu'elle «rougit» et s'indigne quand Deslauriers, se présentant chez elle pour la première fois et pour «affaires», dépasse les limites permises.

Le rire de Mme Arnoux

Ce corps contraint n'est toutefois pas insensible, comme en témoigne la rougeur de Mme Arnoux, la «torpeur vague» qui la prend sous le regard trop direct de Deslauriers (28). Ainsi le texte romanesque, selon une dialectique propre à l'écriture de Flaubert, ne propose pas seulement au lecteur les signes d'une figure maternelle idéale mais enregistre également les réactions qui, figurant la difficulté, voire l'échec du contrôle de soi, apportent un démenti à la sérénité, au calme, à la «majesté tranquille» qui est censée la caractériser. Le roman met en scène ce que le commentaire de l'auteur résume en une formule abstraite de moraliste : «Mme Arnoux se retenait pour ne pas éclater»; le fait qu'elle applique à plusieurs reprises «un mouchoir sur ses lèvres», qu'elle «morde ses lèvres», ses larmes, son tremblement nerveux, sa pâleur, comme sa rougeur, ses «nerfs», ses «suffocations», son «espèce de syncope», trahissent une émotion, un désordre trop violents pour être contrôlés; ce qui conduit le lecteur à s'interroger sur le bien-fondé de ce contrôle lui-même et à remettre en cause le modèle culturel de «sérénité» auquel la mère doit se conformer. Car l'hystérie, langage «involontaire» du corps, le seul que laisse subsister une répression trop violente pour que la révolte soit possible, est signe de l'aliénation du sujet, réduit à tolérer l'intolérable, et révèle du même coup de quel prix ce sujet paie ses renoncements (29). Le rire de Mme Arnoux, «rire aigu, désespérant, atroce», «déchirant», deux fois dans le texte de l'*Éducation*, fait écho au rire «atroce, frénétique, désespéré» d'Emma moribonde : quand Deslauriers, qui figure précisément dans cette scène un double, un substitut de Frédéric, lui déclare qu'il l'aime et quand l'intrusion de Rosanette, interrompant brutalement la première étreinte des deux amants, anéantit tout espoir de bonheur pour eux. Ce rire dans les deux romans a la même signification, à cela près qu'Emma meurt désespérée, la réalité — (qu'elle s'est tout au long de son existence, et du roman, efforcée d'escamoter) — s'imposant alors irrémédiablement à elle, tandis que Mme Arnoux *doit vivre* avec la conscience désespérée du bonheur «irrévocablement impossible». En ce sens la conception de ce personnage dénote une vision plus tragique de la destinée féminine et une misogynie plus profondément insidieuse car le romancier condamne Mme Arnoux à la solitude, à la souffrance, aux rêveries compensatrices, aux souvenirs et aux regrets; en mettant en scène l'«adieu» de son héroïne, son renoncement à sa vie de «femme», en faisant d'elle une «sainte», il l'abandonne en fait à sa vieillesse. Qui plus est, le texte ici donne à lire, après la séquence de la vente aux enchères, une sorte d'acharnement sur cette figure maternelle, en réalité sur ce corps (symboliquement) maternel : le geste final de l'héroïne, geste qui conclut l'entrevue, parachève l'histoire de la «grande passion» de Frédéric et constitue une touche ultime au portrait de Mme Arnoux, ne relève-t-il pas plus, en dernière analyse, du grotesque triste que du sublime ? Le don de cette «longue mèche» de cheveux *blancs* qu'elle coupe «*brutalement*, à la racine», ne peut-il pas se lire comme la transposition, sur le mode d'une dérision assez féroce, à y regarder de près, de ce que le fétichisme de Charles Bovary, mort en tenant «dans ses mains une longue mèche de cheveux noirs», avait de sobrement pathétique ? Aussi la dernière vision de Mme Arnoux participe-t-elle de la fin «en queue de rat» que Flaubert a ménagée à son roman : la «poésie» tant vantée, de ce personnage féminin n'est pas sans ambiguïté...

Conservatrice de l'ordre socio-politique

La mère, qui reste sourde aux revendications romantiques du droit individuel au bonheur et se soumet à la loi du mariage et de la maternité, bien que cette loi transforme sa vie en *destin* (30), figure le meilleur pilier de l'ordre socio-politique. Cette fonction de la mère, que donne à lire la mise en scène de la destinée de Mme Arnoux, est confirmée par la présentation de Mme Moreau, dans les chapitres précisément qui ouvrent et ferment la première partie du roman, signe de l'importance du rôle maternel dans l'apprentissage de la vie sociale, d'autant plus que l'ironie, souvent manifeste du romancier à l'égard de Mme Moreau, engendre une mise en scène plus directement critique de ce conservatisme maternel. Ce dernier se fonde sur un respect traditionnel de la propriété et de l'argent, comme l'attestent les démarches réitérées de Mme Moreau pour assurer à son fils l'héritage de l'oncle Barthélemy, ses tractations avec le père Roque qu'elle a «écouté» (...) «par horreur des hypothèques et pour conserver des apparences utiles à l'avenir de son fils», les conseils qu'elle donne à Frédéric sur son établissement avant et après l'héritage. Le conformisme politique de cette mère qui, désireuse de préparer des «protections» à son fils, n'aime pas «à entendre blâmer le gouvernement, par une sorte de prudence anticipée», va de pair avec son conformisme religieux et moral. La religion de Mme Moreau consiste à «assister aux offices le dimanche» et à recevoir Monseigneur dans ses tournées épiscopales. Quand le texte la présente comme l'arbitre à Nogent de «ce qui se fait», le rapprochement d'éléments hétérogènes produit un effet d'ironie et de distanciation critiques : «On la consultait sur le choix des domestiques, l'éducation des jeunes filles, l'art des confitures»... La «religion des convenances» commande toute l'existence de Mme Moreau ; elle conditionne son aversion pour Deslauriers : «Il mangea extraordinairement, il refusa d'assister le dimanche aux offices, il tenait des discours républicains ; enfin, elle crut savoir qu'il avait conduit son fils dans des lieux déshonnêtes. On surveilla leurs relations...» ; elle ne fréquente pas le père Roque tant qu'il vit «en concubinage avec sa bonne». La nouvelle de la liaison de Frédéric avec Rosanette, — «il entretenait une créature» —, provoque son «indignation» : «Elle voyait son fils tourbillonnant vers le fond d'un gouffre vague, était blessée dans sa religion des convenances et en éprouvait comme un déshonneur personnel»... ; tandis qu'elle confirmera «avec orgueil» l'annonce du mariage de Frédéric avec Mme Dambreuse.

Le mariage

Une Affaire

Quand elle expose ses opinions sur l'établissement de son fils, Mme Moreau résume les idées reçues sur le mariage et rappelle son statut dans la société contemporaine : une *affaire* qui doit satisfaire l'*intérêt* des deux partis, un *contrat* où chacun trouve son compte. Aussi la question du mariage ne se pose-t-elle qu'à ceux qui possèdent déjà une certaine fortune : leur pauvreté voue l'artiste Pellerin et le commis Dussardier au célibat. Un jeune homme sans capital ne saurait trouver un «*bon* parti», des «partis *avantageux*». Car le but recherché dans le mariage est l'enrichissement, c'est-à-dire une promotion sociale. Quand les revenus de Frédéric se trouvent diminués, il doit ou «restreindre sa dépense, ou prendre un état, ou faire un beau mariage»; d'où sa tentation d'épouser Louise : la fortune du père Roque est «considérable» et la nature des services qu'il a rendus au banquier Dambreuse lui assure la protection pratiquement inconditionnelle de cet homme puissant. Un mariage avec Mme Dambreuse permettrait à Frédéric de mener «la grande vie». Les réactions du héros, quand elle le lui propose, sont révélatrices : «Cette richesse l'étourdissait»; en revanche il éprouve «une déception» quand il apprend que le banquier a en réalité légué sa fortune à Cécile. L'arrivisme de Martinon le pousse à courtiser cette laide et insignifiante jeune fille car il la soupçonne «d'être la fille naturelle de M. Dambreuse; et il eût été, probablement, très fort de demander sa main, à tout hasard...». Son entêtement à épouser Cécile, même quand on lui affirme qu'elle n'a aucune «espérance» ni dot lui vaut une place de receveur et... l'héritage de la fortune du banquier à la mort de ce dernier. «Le coup de génie» de Martinon consiste à jouer le désintéressement pour mieux servir ses intérêts, à faire de son mariage l'atout majeur de sa carrière : aussi est-il devenu sénateur à la fin du roman...

Dans ce marché du mariage, il arrive que d'autres prestiges monnayables entrent en compte et compensent les inégalités des fortunes. Ainsi «le nom», «l'honorabilité» de la famille Moreau ont déterminé le père Roque, «fils d'un ancien domestique» à donner Louise en mariage à Frédéric : «Il voulait que sa fille fût comtesse»; «si la couronne comtale ne venait pas, il s'en consolerait sur autre chose; car Frédéric pouvait parvenir à la députation...». Son poste de préfet permettra à Deslauriers d'obtenir la main de Louise. Pour les femmes qui n'ont ni état ni «position» propres à compenser les insuffisances de la dot, la beauté, la jeunesse, la grâce et le savoir-faire de la maîtresse de maison constituent autant de valeurs marchandes. «La jolie Mme Dambreuse» qui était «tout simplement une demoiselle Boutron, la fille d'un préfet», avec «une fortune médiocre», assume des fonctions mondaines, — (de décoration, représentation, réception et diplomatie, grâce à son «salon») —, indispensables à la carrière politique et à la réussite sociale de son mari. La beauté de Mme Arnoux a déterminé son mariage :

> «Ses parents étaient de petits bourgeois de Chartres. Un jour, Arnoux, dessinant au bord de la rivière (il se croyait peintre dans ce temps-là), l'avait aperçue comme elle sortait de l'église et demandée en mariage; à cause de sa fortune, on n'avait pas hésité...).

Toutes proportions gardées, Mme Arnoux, dans la première partie du roman, joue auprès de son mari un rôle mondain analogue à celui de Mme Dambreuse auprès du sien. Les brouillons l'indiquaient de façon explicite :

> «Beauté célèbre elle rehaussait son mari, par le luxe de sa personne, faisait la décence de ses réceptions, en était le charme, la grâce, la poésie...».
>
> «L'attrait et la crainte de ne plus voir Madame empêchaient souvent les violences qu'on était tenté de dire à Monsieur...» (31).

De ce statut du mariage il ressort que la relation entre les sexes n'existe pas sans la médiation de l'argent (32); la considération de l'intérêt des familles l'emporte sur celle du bonheur des jeunes filles; les femmes font de toute façon les frais de cette affaire puisqu'elles sont dans la dépendance de leur mari et dans l'obligation d'adapter leur propre vie aux exigences et aux besoins de ce dernier. Aussi le bonheur, incompatible avec le mariage, est-il recherché dans l'adultère. Mme Dambreuse trompe son vieux mari avec de jeunes amants; Louise, épouse du préfet Deslauriers, s'enfuit «un beau jour avec un chanteur» (33);... «les chagrins, les inquiétudes, les humiliatons, tout ce qu'(elle) endure comme épouse et comme mère» (...) sa «solitude», entraînent Mme Arnoux à ne plus lutter contre son amour pour Frédéric. Ainsi le texte de L'Éducation sentimentale équivaut à un constat de faillite et à la condamnation du mariage.

L'éducation des filles à marier

Le fondement matrimonial de la société bourgeoise au XIXe siècle détermine la conception de l'éducation des filles auxquelles on ne reconnaît pas d'autre vocation que le mariage. Mettant en scène l'enfance et l'adolescence de Louise, le texte romanesque autorise une critique de cette éducation féminine dans la mesure où, montrant les lacunes et les imperfections de celle qu'a reçue la fille du père Roque, il signifie simultanément que ces lacunes et ces imperfections ont eu des conséquences positives : développer l'esprit de décision, d'initiative, la liberté d'action et de jugement, l'esprit critique de la jeune fille.

Dès la première présentation du personnage (Ière partie, chap. 5 et 6), le texte multiplie les signes d'une éducation négligée, si l'on se réfère à la norme qu'ont pour fonction de rappeler les indications consacrées à l'éducation de Marthe et de Cécile, élèves d'une pension, objets de la surveillance d'une mère ou d'une institutrice. La petite fille de M. Roque, «toute seule» (c'est-à-dire sans surveillance) dans son jardin, a de la «grâce» mais comme peut en avoir une «jeune bête sauvage»; les *taches* de confiture» qui «*maculaient* son jupon blanc», connotent, avec un effet de redondance, l'ignorance du soin, cette qualité féminine dont l'apprentissage est, selon les critères bourgeois, considéré comme essentiel, car devant favoriser celui de la pureté des mœurs; l'indiscrétion de son regard, – (La présence d'un inconnu l'étonnait, sans doute, car elle s'était brusquement arrêtée, avec son arrosoir à la main, en dardant sur lui ses prunelles, d'un vert-bleu limpide») –, son manque de «réserve» signifient qu'on ne lui apprend pas à «bien se tenir». La description de Louise dans la chambre de Frédéric le confirme :

> «... elle ouvrit tous les flacons d'odeur et se pommada les cheveux abondamment, puis, *sans la moindre gêne*, elle se coucha sur le lit, où elle restait tout de son long éveillée.
> – Je m'imagine que je suis ta femme, disait-elle» (34).

Le texte souligne ce que la conduite ingénue de la fillette a d'inconvenant, en encadrant cette séquence de deux remarques qui figurent le rappel du convenable : la visite de Louise a lieu «un jour que Mme Moreau était sortie»; le lendemain (Frédéric) «l'aperçut tout en larmes. Elle avoua «qu'elle pleurait ses péchés», et, comme il cherchait à les connaître, elle répondit *en baissant les yeux* : – Ne m'interroge pas davantage !». Louise n'est pas «sage», elle a «de véritables colères» : sa mère ne se montre sévère que «par bon ton», la servante Catherine lui donne «invariablement raison», le père Roque, pris comme arbitre entre les deux femmes, ne veut pas qu'on «tourmente» sa fille.

La conséquence de cette liberté laissée à Louise est qu'elle n'est pas victime de ce «corset moral» que Flaubert redoutait si fort quand il se préoccupait de l'éducation de sa propre nièce (35). Le regard «indiscret» de Louise est le signe d'une curiosité que nulle contrainte n'entrave : elle «contemple» du même œil un voisin inconnu et «les cétoines s'abattant sur les rosiers» de son jardin. Dans son salon, Mme Dambreuse a beau jeu de railler la jeune fille qui «considère» Frédéric «franchement, la bouche ouverte»; il n'empêche que la petite Nogentaise n'est pas dupe des prestiges du monde; elle discerne les «airs de hauteur» des femmes invitées à cette soirée (à l'exception de Mme Arnoux), et elle juge ce dîner «abominable». Louise ignore tout de l'élégance et du bon goût :

> «Elle avait dans ses cheveux rouges, à son chignon, une aiguille terminée par une boule de verre imitant l'émeraude; et elle portait, malgré son deuil (...), des pantoufles en paille garnies de satin rose, curiosité vulgaire, achetées sans doute dans quelque foire»

La toilette de la jeune fille au dîner Dambreuse n'est pas moins catastrophique :

> «Elle avait cru coquet de s'habiller tout en vert, couleur qui jurait grossièrement avec le ton de ses cheveux rouges. Sa boucle de ceinture était trop haute, sa collerette l'engonçait; ce peu d'élégance avait contribué sans doute au froid abord de Frédéric...»

Mais c'est le regard de Frédéric, conditionné par la mythologie de la «Parisienne», qui compare et oppose la jeune provinciale à celle qui incarne le modèle idéologique :

> «... Mlle Roque lui semblait une petite personne assez ridicule. Quelle différence avec une femme comme Mme Dambreuse !»

Le mauvais goût de Louise apparaît donc finalement comme une tare mineure : le texte ne met-il pas en outre l'accent sur la naïveté qui le caractérise et l'explique : «Sortie de son milieu, en peu de temps (Louise) ferait une compagne charmante».

Le romancier dote en effet cette «paysanne», «presque une sauvage», de qualités qui, elles, ne se définissent pas en fonction des modes du moment. Une intelligence capable de «charmer» Frédéric et de lui donner envie de s'improviser le précepteur de Louise, en lui faisant partager ses goûts littéraires, alors qu'elle n'a que douze ans. Cette intelligence est mise en scène dans les dialogues où Louise oppose aux faux-fuyants de Frédéric la logique d'un raisonnement impeccable, où elle dénonce avec lucidité la «bêtise» des «convenances» dont les filles à marier sont victimes :

> «Alors elle lui conta l'aridité de son existence, n'ayant personne à voir, pas le moindre plaisir, la moindre distraction ! Elle désirait monter à cheval.
>
> — Le vicaire prétend que c'est inconvenant pour une jeune fille (...) Autrefois, on me laissait faire tout ce que je voulais; à présent, rien !» (36).

Le lieu spécifique de Louise est son jardin ensoleillé au bord de l'eau, avec l'île en face — (première apparition du personnage; «retrouvailles» avec Frédéric)—, sorte de paradis préservé de l'enfance, d'espace naturel à l'écart et à l'abri de la civilisation contemporaine, où la culture a renoncé à entraver le libre jaillissement des arbres et des plantes. Cette localisation du personnage est mise en relation avec sa «bonté», constante du texte. Petite fille, elle console Frédéric «par de gentilles paroles» quand elle le voit «plus triste qu'à l'ordinaire»; il rêve de voir «ce bon petit être» s'épanouir «aux splendeurs de l'Art et de la Nature»; quand il retourne à Nogent après avoir rompu avec Mme Dambreuse, c'est encore la bonté de Louise qu'il privilégie dans son souvenir. Louise est encore «naturelle» par sa franchise, sa «bravoure de sentiment». Comme celui de Justin, l'adolescent amoureux d'Emma, son amour n'est dégradé ni par le mensonge ni par le dégoût de la chair, il a «la pureté d'une religion» :

> «Il avait été son camarade, son frère, son maître, avait amusé son esprit, fait battre son cœur et versé involontairement jusqu'au fond d'elle-même une ivresse latente et continue. Puis il l'avait quittée en pleine crise tragique, sa mère à peine morte, les deux désespoirs se confondant. L'absence l'avait idéalisé dans son souvenir, et elle se livrait ingénument au bonheur de le voir».

La localisation du jardin connote enfin la liberté laissée au corps de la petite fille que le texte décrit animé d'un libre mouvement, au gré des désirs de l'enfant. Cette liberté annonce la sensualité de la jeune fille; comme celui d'Emma, le corps de Louise existe :

> «Louise murmura qu'elle enviait l'existence des poissons.
> — ça doit être si doux de se rouler là-dedans, à son aise, de se sentir caressé partout. Et elle frémissait, avec des mouvements d'une câlinerie sensuelle».

La liberté physique de l'enfant annonce également l'audace de la jeune fille qui propose la première le mariage à Frédéric, qui entreprend un voyage à Paris pour le revoir, qui n'hésite pas à faire une escapade nocturne pour le rejoindre et qui, (mal) mariée, s'enfuira avec un chanteur.

L'attitude du romancier à l'égard de son personnage n'est pas toutefois sans ambiguïté. Flaubert ne dote Louise de cette intrépidité, de cette liberté que pour la condamner en dernier ressort. Le commentaire désapprobateur de la servante Catherine, les «polissonneries» de la patrouille nocturne signifient que le comportement de Louise est coupable : le texte ne précise-t-il pas qu'elle «se glissa dans l'escalier comme une couleuvre» ?. Cette connotation du danger figuré par le corps fémi-

nin, ainsi que du scandale constitué par l'affirmation de son désir amoureux, est confirmée par la fin que le romancier a réservée à son personnage : Louise, s'enfuyant avec un chanteur, est mise au même niveau
qu'Emma rêvant de se faire enlever par Lagardy. L'intelligence de Louise
ne lui sert à rien, sinon à souffrir, et ne l'empêche pas de confondre,
comme toutes les femmes selon Flaubert, amour et bonheur et de faire de
cette illusion le but de son existence. Pour avoir cru vivre un avatar du
mythe de Paul et Virginie, Louise ne parvient pas à voir Frédéric tel qu'il
est. Elle ne fait pas exception à la règle de la sentimentalité féminine
incurable. Le mot magique «je t'aime» lui ôte instantanément toute
perspicacité : il suffit que Frédéric le prononce pour que les doutes de
Louise s'évanouissent. Ainsi la sympathie de Flaubert ne dépasse pas les
limites de la pitié pour celle qu'il présente comme une victime. La création de ce personnage féminin qu'il sacrifie malgré sa «bonté» et à qui il
n'accorde en définitive que des grâces semi-animales de l'adolescence,
révèle les progrès de sa misogynie. Ce n'est pas non plus avec la bonne
petite sauvageonne que Frédéric vivra son idylle amoureuse au sein de
«la nature éternelle» dans la forêt de Fontainebleau, mais avec la lorette.
On verra plus loin ce que ce choix, mis en relation dans le texte avec la
peur de la virginité (37), donne à lire des obsessions durables et des constantes de l'imaginaire flaubertien.

Le scandale des marginales

Si le roman montre le dysfonctionnement du mariage bourgeois,
il n'en signifie pas moins qu'il n'existe pas d'autre vocation pour les
femmes de cette classe sociale car il n'épargne guère celles qui tentent de
gagner leur vie en travaillant. Le texte romanesque en effet ne se fait pas
seulement l'écho de la gageure impossible que figure, dans la réalité de la
société contemporaine, cette entreprise d'autonomie économique; il
prend parti contre le travail féminin, il dénonce comme une anomalie
scandaleuse l'abandon par une femme de sa place «naturelle», l'espace
clos du foyer, domaine des activités domestiques et maternelles et son
accès au monde extérieur, champ d'action réservé au sexe masculin; cela
par le truchement du personnage de la Vatnaz, «femme artiste» de mœurs
douteuses et de morale suspecte (38), dont les différents portraits constituent autant de charges, par le biais de la mise en scène dont ce personnage fait l'objet dans le roman, par celui d'insinuations disséminées dans
le texte et de rapprochements dégradants. Ainsi quand Pellerin résume ce
qu'il croit savoir de la vie de la Vatnaz, le texte met l'accent sur l'activité
besogneuse de cette dernière qui, loin d'accéder au statut de femme de
lettres, n'arrive pas à placer sa copie : «... d'abord institutrice en province;

maintenant elle donnait des leçons et tâchait d'écrire dans les petites feuilles...». L'admiration de Regimbart, dont l'incompétence et le manque de pertinence en matière de critique littéraire sont simultanément notés, fournit un moyen de tourner en ridicule les productions de la «femme artiste» : ... «ses opinions n'étaient point transcendantes. Il comparerait le style de M. Marrast à celui de Voltaire et Mlle Vatnaz à Mme de Staël, à cause d'une ode sur la Pologne, «où il y avait du cœur». Enfin, Regimbart assommait tout le monde...». La présentation du second ouvrage commis par la Vatnaz, *La Guirlande des jeunes personnes*, «recueil de littérature et de morale», n'est pas moins ironique par le jeu de rapprochements contrastés et démystificateurs. La première requête que la Vatnaz présente à Hussonnet, qualifié dérisoirement pour la circonstance d'«homme de lettres», «revoir (son livre) sous le point de vue du style», n'est en effet que le prétexte de la seconde, «faire mousser» son amant Delmar «dans une des feuilles» où Hussonnet a accès et «même lui confier plus tard un rôle».

Quand la Vatnaz se targue d'être une «femme supérieure» (39), cette supériorité se réduit à la connaissance de l'orthographe (on n'écrit pas catégorie avec th). Lorsqu'elle affirme qu'elle n'est pas une «fille», qu'elle ne se «vend» pas, qu'elle n'appartient pas «au même monde» que Rosanette et qu'elle fait preuve d'«une jolie complaisance» en acceptant de la voir, elle ne fait qu'exprimer son dépit d'être trahie par Delmar : selon un stéréotype contemporain, déjà repris dans les œuvres de jeunesse, la vieille fille (laide, fanée, avec de grands pieds) ne peut rien contre la jeunesse et la beauté de sa rivale. Simultanément cette comparaison avec la lorette connote le statut social ambigu de la femme artiste; le texte précise en effet à plusieurs reprises que la Vatnaz, ne parvenant pas à vivre de sa plume et de ses leçons doit recourir à des expédients comme «présider une table d'hôte» et se livrer à des activités qui ne sont pas sans rapport avec la prostitution : elle a «sous-loué des appartements, fait le trafic des dentelles dans le monde des femmes légères, — où ses relations lui permirent d'obliger beaucoup de personnes, Arnoux entre autres». Il est significatif que la mise en scène romanesque privilégie parmi les activités de la Vatnaz celles qui rappellent la fonction d'entremetteuse traditionnellement attribuée au type littéraire de la marchande à la toilette. Elle apparaît à Frédéric pour la première fois au théâtre du Palais-Royal, en compagnie d'Arnoux et de Rosanette :

> ... «Elle causait familièrement avec Arnoux et lui donnait des coups d'éventail sur les doigts. Puis une jeune fille blonde, les paupières un peu rouges comme si elle venait de pleurer, s'assit entre eux. Arnoux resta dès lors à demi penché sur son épaule, en

lui tenant des discours qu'elle écoutait sans répondre...».

La description du comportement de la Vatnaz est une façon de suggérer de façon allusive les services rendus à Arnoux. La notation concernant le costume des deux femmes signifie leur statut social ambigu alors que celui de Mme Dambreuse au théâtre de la Porte Saint-Martin constitue un signe aisé à interpréter pour le spectateur : «Frédéric s'ingéniait à découvrir la condition de ces femmes, modestement habillées de robes sombres, à cols plats rabattus». La seconde apparition de la Vatnaz, à l'*Art industriel* est associée à un entretien secret avec le marchand de tableaux : «Frédéric n'entendait pas leurs paroles; ils chuchotaient.» Le dialogue met en évidence deux répliques de la Vatnaz concernant une «affaire» faite «depuis six mois» et le «bonheur» d'Arnoux. Le texte n'a pas besoin de préciser que ce que la Vatnaz «attend toujours», c'est le prix de sa commission. Les confidences de Rosanette à Frédéric, pendant leur séjour à Fontaine-bleau, confirment ce rôle d'intermédiaire que la vieille fille a joué; les brouillons précisent crûment «maquerelle d'Arnoux». C'est encore la Vatnaz qui prévient Arnoux au moment de la fête organisée à Saint-Cloud, par une lettre qu'elle conjure Frédéric de «remettre sans témoins» et dans laquelle le jeune homme soupçonne «quelque histoire de femme». Quand Frédéric rend visite à la Maréchale, l'arrivée de la Vatnaz, com-missionnaire de la lorette, figure la démarche d'une marchande à la toi-lette. Comme la visite de la femme artiste succède à celle d'«une vieille dame habillée en noir» que Rosanette souhaite d'abord «flanquer de-hors», qu'elle ne reçoit qu'en privé et qu'elle quitte «les pommettes rouges», ce rapprochement constitue un signe du statut ambigu de la marchande à la toilette/entremetteuse.

Vieille fille protégeant un jeune «artiste», qu'elle a «recueilli», «nourri», «habillé», et qu'elle prétend aimer «comme une mère», la Vatnaz figure un avatar (très) dégradé de la Cousine Bette. Éprise d'un cabotin vulgaire, par jalousie, elle ne recule devant aucune «infamie», poussant Frédéric à intervenir auprès d'Arnoux pour qu'il «surprenne» Rosanette et Delmar; elle veut que la lorette «crève à l'hôpital» et, lan-çant des poursuites contre elle, révèle des «abîmes de noirceur» qui «effrayèrent» Dussardier, personnage dont les attributs constants dans le roman sont l'honnêteté et la bonté. Ce comportement haineux de la Vatnaz, que le texte associe à la rivalité amoureuse (et met ainsi en paral-lèle avec la vengeance de Mme Dambreuse faisant vendre le mobilier de Mme Arnoux) ne signifie pas seulement l'impossibilité de l'amitié des femmes entre elles; il sous-entend encore que la «nature» féminine est fondamentalement mauvaise : dominées par leur sensualité, les femmes ne respectent rien. Car le texte multiplie les signes de la sensualité de la Vatnaz : elle «avait dans la taille des ondulations de panthère»; rendant visite à Frédéric, «amicalement, elle lui prit le menton. Il tressaillit au contact de ses longues mains, tout à la fois maigres et douces». La vieille fille amoureuse considère les jeunes gens comme des proies : ce que signifient la description du personnage au Bal de l'Alhambra, contemplant Delmar «fixement, les narines ouvertes, les cils rapprochés, et comme perdue dans une joie sérieuse», le commentaire critique du romancier sur la liaison de la Vatnaz et de Dussardier :

> «... elle avait été saisie de respect, et bientôt d'amour, pour ce garçon, si loyal, si doux, si héroïque et si fort ! Une pareille bonne fortune à son âge était inespérée. *Elle se jeta dessus avec un appétit d'ogresse*».

Le vol commis par la Vatnaz quand elle travaillait dans une maison de commerce achève la condamnation du personnage. Les «économies» qui font d'elle un parti trop riche pour Dussardier sont ainsi celles d'une voleuse et d'une entremetteuse. Il n'est pas moins significatif que le romancier ait fait de Dussardier le témoin de ce vol et confié à ce personnage, dont on connaît le statut de brave homme incorruptible, la responsabilité du jugement lapidaire porté sur la Vatnaz : «Oh ! Ce n'est pas grand'chose». Le roman de 1869 ne se borne pas à reproduire les préjugés qui ont déjà donné naissance au personnage d'Aglaé dans *L'Éducation sentimentale* de 1845; il aggrave le procès des célibataires dont le travail à l'extérieur est synonyme de mœurs suspectes (40), comme le connote la «crotte à leurs jupons» avec laquelle «elles rentrent le soir chez elles». Le détail des «gestes brusques» de la Vatnaz n'est pas gratuit : il laisse entendre qu'en s'aventurant dans des sphères réservées aux hommes, la femme finit par mimer leur comportement et par perdre sa féminité. A subir solitaires «les bourrasques de l'existence», les célibataires ne peuvent que «s'aigrir», condamnées à rêver «un amour, une famille, un foyer, la fortune, tout ce qui leur manque». Aglaé toutefois finissait par épouser «un médecin d'un village des environs de Paris»; le romancier n'a pas accordé ce matrimonial happy end à la Vatnaz : elle pleure de voir s'effondrer son rêve — «avoir à deux un magasin de confection» — le «brave» Dussardier refusant le mariage que la vieille fille lui propose. Flaubert d'ailleurs ne nie pas avoir fait une charge en créant ce personnage féminin puisqu'il a avoué à Alfred Darcel dans une lettre du 14 décembre 1869 : «En fait de bas-bleu (41), j'ai connu la fleur du panier et *qui ne ressemblait nullement à la Vatnaz*»... Cette charge consciente a un sens : ne permet-elle pas aussi à Flaubert de ridiculiser les ambitions politiques et les revendications des féministes de 1848 ?

Les femmes et la politique

La Révolution : pas de femmes dans la rue

Dans le tableau que *L'Éducation sentimentale* propose de la Révolution de 1848, seuls les hommes descendent dans la rue et agissent. L'évocation du ménage Arnoux, quand éclatent les premiers troubles, est révélatrice : le faïencier rejoint ses camarades de la garde nationale au premier appel tandis que sa femme, rivée au chevet du petit Eugène gravement malade, demeure sourde à toutes les sollicitations du monde extérieur. L'allusion aux victimes de la fusillade du boulevard des Capucines ne précise pas la présence parmi elles d'une jeune femme, contrairement à ce qu'affirme la Comtesse d'Agoult dans son *Histoire de la Révolution de 1848* (42). En revanche la lâcheté et l'égoïsme des femmes, qui les rendent incapables de faire preuve de sens civique et d'un quelconque dévouement pour la cause publique, sont notés à plusieurs reprises. Face au désordre causé dans sa maison par les événements politiques, Rosanette «crève de peur»; au bruit de la fusillade du boulevard des Capucines, «cramponnée» au bras de Frédéric, elle «claquait des dents», «incapable de faire vingt pas de plus» dans la rue. Après la répression de juin par Cavaignac, c'est encore un personnage féminin qui est chargé d'exprimer les terreurs ridicules de la réaction bourgeoise, Mme de Larsillois, épouse d'un préfet de Louis-Philippe, arrivant au dîner offert par les Dambreuse (pour fêter précisément le rétablissement de l'ordre !) : «Elle tremblait extrêmement, car elle avait entendu, tout à l'heure, sur un orgue, une polka qui était un signal entre les insurgés» (43). Refusant de (se) «fourrer dans une bagarre pareille», Rosanette essaie par tous les moyens de retenir Frédéric à Fontainebleau quand il décide d'aller secourir Dussardier blessé pendant les journées de juin : ...«Comme si on manquait d'infirmiers dans les hôpitaux ! Et puis, qu'est-ce que ça le regardait encore celui-là ? Chacun pour soi !» Le dialogue de la lorette et de Frédéric reprend, en appuyant l'accent mis sur la mesquinerie et l'égoïsme féminins, celui de la portière et de son mari dont l'amant de la Maréchale a été témoin au début des événements (Troisième partie, chap. I). Les femmes ne font pas seulement preuve de lâcheté et d'égoïsme, elles tentent encore de faire partager cette lâcheté et cet égoïsme à leur mari ou à leur amant. Leur préoccupation exclusive, le maintien de la paix et de l'ordre à tout prix, conditionne leur conservatisme socio-politique, leur respect de la Propriété et leur soumission aux «idées régnantes». Rosanette condamne la République qui l'oblige à «raccommoder (ses) hardes» : «... Dans un pays, comme dans une maison, il faut un maître; autrement, chacun fait danser l'anse du panier...»; et elle accuse «tous les républicains» d'avoir des dettes, d'être des ivrognes et ... des maris brutaux.

Quand l'agitation révolutionnaire trouble la rue, le romancier ne prête pas d'autre intervention aux femmes que celle de panser les blessures — (après la prise des Tuileries, «de petites bourgeoises du quartier» apportent «des bouillons, du linge» aux blessés) —, de faire de la charpie ou de pleurer les morts. Mettant en scène sa vieille fille au chevet de Dussardier blessé pendant les journées de juin 48, Flaubert ne l'appelle plus La Vatnaz mais Mlle Vatnaz, comme si d'assumer ce rôle de «consolatrice du genre humain», traditionnellement dévolu aux femmes, revalorisait le personnage. Bien que le texte précise qu'elle agit «par intérêt», il n'en signifie pas moins qu'elle mime ce qui est «naturel» aux femmes, sollicitude, pitié et dévouement maternels; la mise en scène ne met-elle pas en valeur les qualités de Mlle Vatnaz garde-malade ?

«Elle préparait avec intelligence tout ce qu'il fallait pour les pansements, l'aidait à boire, épiait ses moindres désirs, allait et venait, plus légère qu'une mouche, et le contemplait avec des yeux tendres».

Ainsi, pendant la Révolution, la place de la femme n'est pas dans la rue mais au foyer. La plupart des contemporains de Flaubert ont partagé cette conviction. Il suffit pour s'en convaincre de constater les précautions réitérées d'Eugénie Niboyet et de ses collaboratrices dans la *Voix des Femmes*. Ces militantes qui ont voulu faire de leur journal, «socialiste et politique», «l'organe des intérêts de toutes», «la première et seule tribune sérieuse qui soit ouverte aux femmes», qui ont réclamé l'égalité des droits civiques et de l'éducation pour les deux sexes, ont toutefois prudemment précisé, quand elles ont défini la «participation des femmes au mouvement social» que leur place était au foyer et non dans la rue (44).

Car l'opinion contemporaine confond inévitablement la femme qui descend dans la rue pour participer à l'émeute avec la fille publique. N'est-ce pas ce que dit Flaubert quand il décrit le sac des Tuileries, au début de la troisième partie de son roman, en empruntant des clichés à la mythologie que la Révolution de 1789 a inspirés ? Mêler les femmes à «la canaille», leur faire partager sa joie «frénétique», son besoin irrépressible de «s'amuser», — (avec les connotations ambiguës que ce mot comporte, on l'a vu, dans le vocabulaire flaubertien) —, les présenter en compagnie des galériens qui (enfoncent) «leurs bras dans la couche des princesses et (se roulent) dessus par consolation de ne pouvoir les violer», imaginer que «des rubans de la Légion d'Honneur firent des ceintures aux prostituées», c'est associer l'action révolutionnaire à une image de la féminité systématiquement dégradée; c'est gommer l'Histoire au profit de la Morale en mettant l'accent sur la transgression sacrilège des interdits, comme si la Révolution n'était aux yeux du romancier qu'un moyen privilégié de mettre à jour la nature fondamentalement mauvaise de l'être humain en général, de la femme en particulier; c'est finalement faire du lieu révolutionnaire le triomphe de l'*obscène*. La description, dans la séquence du sac des Tuileries, se structure de manière à aboutir à une «apothéose», qui se détache, mise en valeur dans un court paragraphe final :

> «Dans l'antichambre, debout sur un tas de vêtements, se tenait une fille publique, une statue de la liberté, — immobile, les yeux grands ouverts, effrayante».

Autant dire que les prostituées viennent naturellement à la Révolution et que la Révolution se symbolise elle-même par la prostituée. Flaubert n'a pas inventé ce détail de son tableau qui figure déjà dans l'*Histoire de la Révolution de 1848* de Daniel Stern (Comtesse d'Agoult). La confrontation des deux textes révèle toutefois des différences capitales, dans la tonalité du contexte et dans la signification de l'ensemble de l'épisode. Là où le romancier privilégie l'obscène, l'historien voit «une saturnale indescriptible», c'est-à-dire qu'il n'écarte pas l'idée de justice de cette «vengeance» populaire et qu'il introduit, par ce biais, la critique de l'institution qui vient d'être renversée. Il note que le vandalisme est le fait d'une minorité :

> «... les autres, en beaucoup plus grand nombre, prennent *avec une verve inoffensive le plaisir plus raffiné de la satire en action*. Comédiens improvisés, ils imitent, avec une gravité du plus haut comique, les solennités des réceptions officielles...» (45).

Ainsi les femmes «se composent avec un certain goût burlesque des parures extravagantes» :

> «L'une d'elles, une pique à la main, le bonnet rouge sur la tête, se place dans le grand vestibule et y demeure, pendant plusieurs heures, immobile, les lèvres closes, l'œil fixe, dans l'attitude d'une statue de la Liberté : c'est une fille de joie. On défile devant elle avec toutes les marques d'un profond respect. Triste image des justices capricieuses du sort : la prostituée est le signe vivant de la dégradation du pauvre et de la corruption du riche. Insultée par lui dans les temps prétendus réguliers, elle a droit à son heure de triomphe dans toutes nos saturnales révolutionnaires. La Maillard travestie en *déesse Raison*, c'est l'ironique symbole de l'honneur populaire

outragé, abruti, qui se réveille en sursaut dans l'ivresse et se venge».

Aucun écho de ce commentaire critique dans le texte de Flaubert : à la vision de la «fille publique», qui n'est qu'«effrayante», le romancier fait succéder celles des «vainqueurs déguenillés», d'un incendie synonyme de vandalisme généralisé et de «l'horrible godaille» de la «populace». Cette proximité dans la composition romanesque ne signifie-t-elle pas la condamnation sans appel de celles qui osent se mêler à l'agitation révolutionnaire ?

La parole des femmes

La mise en scène romanesque vise tout autant à déconsidérer la parole que certaines femmes tentèrent de faire entendre en 1848. Le personnage de la Vatnaz ne constitue-t-il pas une caricature conçue selon les ridicules stéréotypés des «femmes socialistes», tels qu'on les trouve dans les planches publiées par Daumier dans *Le Charivari* d'avril à juin 1949 (46) ? La vieille fille se livre à «une propagande socialiste effrénée», «se croyant une mission», elle a «la rage de pérorer, de catéchiser»; elle professe un cours sur la *Désubalternisation de la femme*, le néologisme heptasyllabique, foncièrement dévaluateur du titre, en italique, déconsidérant le contenu par un effet d'ironie. La seule interlocutrice que la mise en scène romanesque prête à la Vatnaz est Rosanette; les deux femmes ne discutent pas ensemble (47), elles «se chamaillent», la Vatnaz «gesticule beaucoup». Du coup l'indignation de cette dernière, provoquée par «les polissonneries d'Hussonnet au Club des femmes», et notée à l'ouverture de la scène avec Rosanette, n'apparaît guère fondée. La structure du texte comporte donc une stratégie critique et misogyne qui trouve son complément et son achèvement dans le dénouement de la même scène. Il apparaît en effet que l'objet des dissensions des deux femmes est «quelque chose de plus capital et de plus intime que le socialisme», la rivalité amoureuse à propos de Delmar, que signifie ici le «vol» du petit mouton d'or par la Vatnaz. Le texte donne ainsi à lire l'incapacité foncière des femmes à fonder une quelconque association puisqu'elles sont toujours prêtes à se faire une guerre sans pitié dès qu'elles sont amoureuses du même homme. L'amour est le seul et vrai mobile de leur conduite, non la politique. La prise de parole publique est un scandale, une exhibition contraire au maintien féminin décent. D'ailleurs la Vatnaz n'est assidue au Club de Delmar que pour applaudir... le profil du cabotin. En figurant par une allusion aux «polissonneries» d'Hussonnet les incidents survenus au début de juin 1848 au *Club des Femmes*, et en prêtant à Rosanette l'intention de prendre des habits d'homme pour aller «leur dire leur fait, à toutes, et les fouetter», le romancier reprend à son compte la misogynie partisane des contemporains d'E. Niboyet (48). La présentation du *raout* de la Vatnaz fait l'objet du même traitement ironique. Les auditrices, non différenciées, muettes et vêtues de costumes sordides, ne sont réunies que pour admirer Delmar «sérieux comme un pontife», déclamant «une poésie humanitaire sur la prostitution» (p. 139) : «Un rang de femmes occupait la muraille, vêtues généralement de couleurs sombres, sans col de chemises ni manchettes». Son comportement haineux contre Rosanette, son âpreté mesquine — (elle demande les intérêts de la dette) —, sa jalousie à l'égard des femmes présentes, rendent grotesques les prétentions humanitaires de l'organisatrice du «raout» (49).

Signe complémentaire de l'incompétence des femmes en matière d'intérêt public et politique, et du retour à l'ordre qui définit les rôles de chacun des deux sexes dans la société, la mise en scène du comportement de celles qui assistent au dîner Dambreuse après juin 1848, uniquement préoccupées de leurs amours et des rivalités que ces amours établissent entre elles. La politique ne les concerne pas, comme le rappelle la remarque de la maîtresse de maison à Cisy. La seule fonction qu'on leur concède donc dans ce domaine est de tenir un salon, où se réunissent des hommes politiques, c'est-à-dire d'orner de leur présence le lieu d'une parole qui leur reste interdite; au mieux pourront-elles répéter les opinions des hommes au pouvoir, comme en témoigne le conformisme politique de Mme Dambreuse, égérie de son amant Frédéric :

... «comme autrefois, elle recevait beaucoup de monde. Depuis l'insuccès électoral de Frédéric, elle ambitionnait pour eux deux une légation en Allemagne; aussi la première chose à faire était de se soumettre aux idées régnantes».

Le parallélisme, établi entre le salon de Mme Dambreuse, «succursale intime de la rue de Poitiers», et le «salon» de Rosanette, confirme le rôle que les femmes doivent y tenir : Frédéric «retrouvait chez son ancienne maîtresse les mêmes propos débités par les mêmes hommes !»

«Les salons des filles (c'est de ce temps-là que date leur importance) étaient un terrain neutre où les réactionnaires de bords différents se rencontraient».

La satire du féminisme

La satire du féminisme se fonde sur la même référence à ce que l'idéologie bourgeoise contemporaine considère comme normal pour une femme : être épouse et mère au foyer. Flaubert ridiculise d'emblée le

féminisme de la Vatnaz en le réduisant à la rancœur d'une vieille fille ai-
grie. C'est parce que «tout» lui «*manque*», «un amour, une famille, un
foyer, la fortune», qu'elle a, «comme beaucoup d'autres (...) salué dans
la Révolution l'avènement de la vengeance». Comme tous les autres personnages féminins du roman, Mme Dambreuse, Cécile, Louise et ... Rosanette, La Vatnaz ne rêve qu'au mariage : la perspective de «s'établir»
avec Dussardier lui fait abandonner «la littérature, le socialisme, les doc-
trines consolantes et les utopies généreuses, le cours qu'elle professait sur
la *Désubalternisation de la femme*, Delmar lui-même...».

En présentant les thèses défendues par la Vatnaz, Flaubert caricature de plusieurs façons les idées des féministes de 1848. Il a beau jeu
d'écrire ensuite à Alfred Darcel (14 décembre 1869) :

> «Quant aux idées socialistes de la Vatnaz, je vous jure (et je
> peux vous le prouver, textes en main), qu'il n'y a *aucune* exagéra-
> tion. Tout cela a été imprimé en 1848».

Cette objectivité n'est qu'apparente car le romancier n'établit aucune distinction entre les différentes tendances et manifestations du féminisme;
cette confusion a pour résultat de les déconsidérer toutes sans exception.
La Vatnaz, affirmant que la femme doit avoir «sa place dans l'État»,
comme les Gauloises, les Anglo-Saxonnes et les épouses des Hurons, reprend une argumentation de la *Voix des Femmes* en faveur de l'égalité
politique des deux sexes (50); comme Flora Tristan, dont le message est
entendu par les féministes de 1848 (51), elle déclare que «l'affranchissement du prolétaire n'est possible que par l'affranchissement de la femme».
Flaubert dénature toutefois le sens de ces revendications en les isolant de
leur contexte idéologique et en les associant à une présentation caricaturale du programme des Vésuviennes qu'il résume et interprète de manière
à produire des effets grotesques :

> «... chaque française serait tenue d'épouser un Français ou
> d'adopter un vieillard. Il fallait que les nourrices et les accoucheuses
> fussent des fonctionnaires salariées par l'État; qu'il y eût un jury
> pour examiner les œuvres *des femmes*, des éditeurs spéciaux *pour les
> femmes*, une école polytechnique *pour les femmes*, une garde natio-
> nale *pour les femmes, tout pour les femmes* !» (52).

Le romancier en arrive même à substituer aux idées des Vésuviennes les
mythes qu'a engendrés le scandale de ces femmes descendues dans la rue
en abandonnant le costume de leur sexe : «Et, puisque le Gouvernement
méconnaissait leurs droits, elles devaient vaincre la force par la force. Dix
mille citoyennes, avec de bons fusils, pouvaient faire trembler l'Hôtel de

Ville !» (53). A l'instar de ses contemporains, Flaubert ridiculise par la caricature ce qui fait peur : on ne pardonne pas aux Vésuviennes, «dénigrées» précisément par Hussonnet, le bohême prêt à se muer en homme d'ordre, de s'être mêlées à l'«agitation» des rues et d'avoir menacé l'ordre public (54); aussi la légende leur a-t-elle traditionnellement accolé l'épithète de «mœurs douteuses». Or les lorettes, dont les mœurs sont assurément plus douteuses encore, n'ont jamais soulevé un tel tollé ni été aussi systématiquement tournées en dérision. Mais la lorette ne descend pas dans la rue, elle s'y exhibe, elle ne menace pas l'ordre bourgeois, elle le garantit.

TROISIEME PARTIE

LA LORETTE

Définition

Statut et fonction

«Une lorette est plus *amusante* que la Vénus de Milo !» s'écrie Hussonnet, définissant, en 1842 selon la chronologie du roman (Ière partie, chap. V), le dernier type féminin à la mode. C'est en effet entre 1841 et 1843 qu'ont été exécutées et qu'ont paru, souvent dans *Le Chari-vari* les 79 pièces que Gavarni lui a consacrées (56). «Gavarni a créé la Lorette. Elle existait bien un peu avant lui, mais il l'a complétée» affirme Baudelaire (57). Flaubert considérait comme particulièrement représentative de ces années-là l'œuvre de celui dont Gautier a dit qu'il a été un véritable «historien» des mœurs de son temps (58), et qui a défini, d'un jeu de mot devenu célèbre, le statut et la fonction de la lorette :

> «Les lorettes, Moi j'aime ça : c'est gentil comme tout, ça ne fait de mal à personne ?... Quoi ! des petites femmes qui... — *qui gagnent à être connues»* (59).

La lorette vend (cher) au bourgeois un plaisir qu'on juge incompatible avec les vertus exigées de l'épouse mère de famille. A l'une la gaieté, les mœurs faciles, la vie où l'on «s'amuse», la prodigalité folle, le désordre joyeux et improvisé de la fête, les amants-protecteurs multiples (60); à l'autre le sérieux, la pudeur, la pureté, les devoirs conjugaux et maternels, l'ordre et l'économie, la monotonie répétitive des besognes domestiques, la fidélité irréprochable au mari. La fonction de la lorette est de compenser les frustrations d'une sexualité que le mariage réduit à la procréation : la morale répressive de la société bourgeoise contemporaine, société fondée sur une valeur unique, l'argent, c'est-à-dire une société où tout s'achète (61), produit nécessairement la lorette comme un complément obligé de la «femme honnête». Une lithographie fameuse de Gavarni, parue le 29 janvier 1843 dans *Le Charivari*, signifie cet antagonisme (et cette complémentarité) entre l'idéologie vertueuse de la vie de famille et la lorette, «femme de plaisir» :

> «QU'EST-CE QUE TU LIS LA ? – «Le Mérite des femmes» – T'es malade ?» (62).

Il s'ensuit une conception stéréotypée du personnage de la lorette, un statut particulier de son corps, en opposition à celui du corps de l'épouse – mère de famille – femme «honnête»; ce statut du corps de la lorette est signifié par la place et le rôle que le romancier lui ménage dans l'espace urbain, par la mise en scène et en images de ses activités et de son comportement chez elle, par l'organisation même des appartements qu'elle occupe successivement.

L'argent de la lorette

Le vieux monsieur et le Prince russe (63)

La structure de l'*Éducation sentimentale* est un des moyens mis en œuvre pour signifier ce statut de la lorette, femme entretenue. Dans la première partie, la vision de la jeune fille encore anonyme (parce que débutante), aux côtés d'Arnoux, son premier protecteur, et de la Vatnaz, l'entremetteuse, dans la loge du théâtre du Palais-Royal, annonce la carrière de la lorette que la composition de la deuxième partie donne à lire : cette dernière est en effet encadrée par l'installation du père Oudry chez Rosanette dans la séquence du bal (chapitre I), et par la protection du prince Tzernoukoff (chapitre VI), qui consacre la réussite de la lorette. Dans le chapitre I c'est de nouveau Arnoux qui introduit Frédéric chez la Maréchale à l'occasion du bal; parallèlement, au chapitre VI, la Vatnaz annonce la nouvelle fortune de cette dernière :

> «Elle était, maintenant, *avec* un homme très riche, un Russe...» (en italique dans le texte).

Dans l'espace du bal, une figure centrale, celle du père Oudry, dont le portrait, opposé à la première apparition du personnage (Ière partie, chap. V), signifie la métamorphose :

> «Entre deux quadrilles, Rosanette se dirigea vers la cheminée, où était installé, dans un fauteuil un petit vieillard replet, en habit marron à boutons d'or. Malgré ses joues flétries qui tombaient sur sa haute cravate blanche, ses cheveux encore blonds, et frisés naturellement comme les poils d'un caniche, lui donnaient quelque chose de *folâtre*».

Plusieurs indications de mise en scène désignent le père Oudry comme le nouveau protecteur de la lorette : la rectification d'Arnoux, «tenant (...) à passer pour n'être pas, ou n'être plus l'amant de Rosanette»; les apartés de cette dernière et du père Oudry, la vivacité de la réplique de la Maréchale lors du deuxième aparté, — («Eh bien, oui, c'est convenu ! laissez-moi tranquille») (64) —; son geste pour empêcher l'accès de sa chambre à la Sphinx — («... comme l'autre la suivait, elle lui ferma la porte au nez, vivement») —, geste suivi dans le texte de la remarque du Turc : «... on n'avait pas vu sortir M. Oudry...». Reprise ironique de la position centrale du vieillard au bal masqué, la vision symbolique, le lendemain, «*au milieu*, sur la table» de la salle à manger de Rosanette, d'un «chapeau d'homme, un vieux feutre bossué, gras, immonde (...). Montrant impudemment sa coiffe décousue, il semblait dire : «Je m'en moque après tout ! Je suis le maître !» (IIème partie, chap. II).

La mangearde

Il est significatif que Frédéric n'ait accès au monde des lorettes que lorsqu'il est lui-même devenu rentier. Pour «jouir» de ce «milieu fait pour plaire», pour étancher la «soif» qui lui est venue «des femmes, du luxe et de tout ce que comporte l'existence parisienne», il faut qu'il ait fait un bel héritage. Il n'est pas moins significatif que la séquence du bal masqué donne à lire la peur-fascination qu'exerce la mangearde, la dangereuse séductrice qui cause la ruine et le malheur des familles bourgeoises (65). La présentation grotesque d'un veuf, déguisé en «Pierrot à profil de bouc», père de trois garçons qu'il «laisse sans culotte...», le commentaire concernant le «malaise» de Frédéric quand il songe à Mme Arnoux, — «... il lui semblait participer à quelque chose d'hostile se tramant contre elle» —, disent cette peur dont les éperons d'*or* de la Maréchale figurent le signe le plus clair : à chaque tour de valse, ils manquent «d'attraper» Frédéric; après le bal, il rêve qu'«il (est) attelé près d'Arnoux, au timon d'un fiacre, et que la Maréchale, à califourchon sur lui, (l'éventre) avec ses éperons d'*or*».

Bien que Rosanette soit présentée comme «une bonne fille» qui n'est pas «cupide», elle coûte cher néanmoins à tous les hommes qui deviennent ses amants et elle fait du tarif de la femme entretenue le critère du bonheur. L'éphémère triomphe de Cisy est payé par un bracelet «orné de trois opales» (66). Frédéric, qui s'est vu préférer «un homme riche» par la lorette, projette de jouer à la Bourse le prix de sa ferme «puisqu'il fallait de l'argent pour posséder ces femmes-là». Protégée par le père Oudry, Rosanette n'en reçoit pas moins d'Arnoux quelques cadeaux dont le fameux cachemire (67); elle proteste de son amour pour le faïencier, mais cet amour n'est pas gratuit. Arnoux paie quand il a «des inquiétudes»; il paie davantage encore quand il s'imagine qu'elle a congédié le père Oudry «pour lui seul» : ... «et il donnait toujours, elle l'ensorcelait, elle abusait de lui, sans pitié».

Ne peut-on voir enfin dans le «coffret de vieil ivoire dégorgeant de sequins d'or», spectacle destiné à fasciner Rosanette quand Pellerin la rêve en Vénitienne, et... figuré par «une douzaine de gros sous», un rappel ironique de ce motif de la mangearde ? D'autant que le peintre commente :

> «Imaginez-vous que ces choses-là sont des richesses, des présents splendides».

Prodigalité du caprice et désordre du gaspillage

Capricieuse, prodigue et désordonnée, Rosanette dépense autant qu'elle reçoit. Son comportement se fonde sur le principe du plaisir immédiat et de la pure consumation :

> «Incapable de résister à une envie, elle s'engouait d'un bibelot qu'elle avait vu, n'en dormait pas, courait l'acheter, le troquait contre un autre, et *gâchait* les étoffes, *perdait* ses bijoux, *gaspillait* l'argent, aurait vendu sa chemise pour une loge d'avant-scène» (68).

Delmar est un de ces caprices auxquels Rosanette ne sait résister et qui coûtent cher aux autres «entreteneurs» de la lorette. Car il est moins l'amant de cœur (qui ne paie pas) que celui que les Goncourt appellent «le loret» (qui est payé) : «Il n'apporte rien au pique-nique de l'amour, il vit de la desserte» (69).

Le gâchis, caractéristique de la lorette, défi permanent contre les vertus bourgeoises d'ordre, d'économie et de thésaurisation, est connoté par la description de l'appartement à la fin du bal masqué :

> ...«des rubans, des fleurs et des perles jonchaient le parquet; des taches de punch et de sirop poissaient les consoles; les tentures étaient salies, les costumes fripés, poudreux...».

Le coulage et la mauvaise tenue des domestiques sont les corollaires du gâchis. Quand Rosanette demande son livre de comptes à Delphine au retour du marché, l'addition est fausse. Frédéric est «révolté» par les «façons» de la lorette envers sa bonne, — «dont les gages étaient sans cesse arriérés, et qui même lui prêtait de l'argent. Les jours qu'elles réglaient leurs comptes, elles se chamaillaient comme deux poissardes, puis on se réconciliait en s'embrassant» (70). Dettes (71) et menace de saisie sont donc inhérentes à la vie de la lorette. Rosanette doit «rendre» au tapissier les meubles de la chambre et du grand salon de la rue Drouot; Me Athanase Gautherot, l'huissier qui vient la saisir parce qu'elle n'a pas soldé les quatre mille francs dus à la Vatnaz, a «eu affaire à toutes ces dames». La crainte de mourir à l'hôpital, évoquée par Rosanette, n'est pas simple figure de style : c'est en mentant à son rôle, en se convertissant en une bourgeoise Mme Oudry, qu'elle assure la sécurité de ses vieux jours.

Le corps de la lorette

Vénal

Le texte romanesque signifie de plusieurs façons la vénalité du corps de la lorette. Par de simples répliques placées dans la bouche de l'intéressée elle-même : quand Frédéric, à l'issue de la première visite qu'il lui rend, tente de «la baiser sur le col», elle dit «froidement» : «Oh ! faites ! ça ne coûte rien !»; protégée par le Prince russe, elle s'exclame :

> «Oh ! moi, on m'aime toujours !
> — Reste à savoir de quelle manière».

Le costume «oriental», — «veste de satin rose, avec un pantalon de cachemire blanc, un collier de piastres, et une calotte rouge entourée d'une branche de jasmin» —, dans lequel le prince «l'aime», signifie qu'elle n'est pour lui qu'un bibelot de plus parmi la «collection de curiosités» acquises à grands frais pour orner la maison de la rue Drouot. Au cours du dîner de garçons offert par Cisy, le dialogue évoque Rosanette comme «une bonne affaire» et rappelle qu'«elle est à vendre». Ce vocabulaire, qui fait du corps de la lorette une valeur marchande, est repris par l'huissier Gautherot : Son compliment prétendu galant assimile la jeune femme aux «jolies choses» de son appartement. Ce corps n'a-t-il pas été pour Arnoux une monnaie d'échange, le père Oudry, devenu grâce au faïencier l'amant de la Maréchale, le cautionnant auprès du banquier Dambreuse (72) ? Aussi bien Rosanette a-t-elle toujours complété l'entretien insuffisant d'Arnoux (73) en prenant des amants passagers, Jumilly, Flacourt, le petit Allard, Bertinaux, Saint-Valéry, le baron de Comaing, Cisy... De même quand elle a besoin d'argent et qu'elle ne veut pas en demander à Frédéric qui se borne à «subvenir aux frais du ménage», ce dernier croit «voir des dos masculins disparaître entre les portes»; le texte précise en outre : «Rosanette sortait souvent sans vouloir dire où elle allait».

Les confidences de Rosanette à Fontainebleau attribuent à sa propre mère qui «vendait tout pour boire» la responsabilité de cette vénalité :

... «un monsieur était venu, un homme gras, figure couleur de buis, des façons de dévot, habillé de noir. Sa mère et lui eurent ensemble une conversation; si bien que trois jours après...

... «on m'avait dit que je serais heureuse, que je recevrais un beau cadeau» (74).

Ainsi, le roman fait de la prostitution le complément obligé d'une misère due, non à des salaires insuffisants, mais à l'ivrognerie, attribut traditionnel du peuple au XIXe siècle. Le père, canut à la Croix-Rousse, «avait beau s'exténuer», la mère buvait tout. Tout se passe comme si les renseignements fournis par Jules Duplan (75), l'ami lyonnais de Flaubert, ne servaient qu'à mettre en scène les stéréotypes contemporains de l'immoralité du peuple : avec les Goncourt (76) la mère de la lorette n'est que maquerelle, avec Flaubert elle est de surcroît ivrogne. L'histoire de Rosanette confirme ce qu'annonçait celle de la Bordelaise : le seul moyen de promotion sociale dont dispose l'ouvrière est la prostitution... Nous examinerons aussi ultérieurement comment cette récurrence du motif maternité-prostitution ressortit à l'ambivalence constitutive dont l'inconscient flaubertien dote la figure maternelle.

Exhibé

Vénal, le corps de la lorette est donc un corps connu, qu'il est licite, voire de bon ton, de détailler intimement dans un dîner de garçons :

«Que devient-elle cette brave Rose ?» (demande le baron de Comaing à Cisy). «A-t-elle toujours d'aussi jolies jambes ?»

Et, selon la logique du système mercantile, un corps exhibé, signifié comme vénal. C'est pourquoi l'opposition entre *la robe sombre* que porte Rosanette, lors de sa première apparition au théâtre du Palais-Royal, et son costume de dragon, le soir du bal masqué, — habit *vert, culotte* de tricot, éperons d'*or* —, n'est pas gratuite. Comme celui de ses invitées, le costume de Rosanette, grâce aux couleurs vives et brillantes, attire le regard sur le corps féminin; la culotte, mieux que la robe, en accuse les formes et le révèle comme objet érotique. Avec son «large *pantalon* de soie ponceau, collant sur la croupe et serré à la taille», Mlle Loulou, «la reine, l'étoile» du bal, évoque une silhouette à la manière de Gavarni, comme dans «Veux-tu te sauver, sauvage ?» (*Le Carnaval à Paris*) ou dans «Il lui sera beaucoup pardonné parce qu'elle a beaucoup dansé» (*D'après nature*). La marcheuse à l'Opéra, «en femme sauvage», n'a par-dessus son maillot qu'un pagne de cuir, une peau de léopard couvre le flanc gauche de la Bacchante, la Polonaise balance son jupon de gaze sur ses bas de soie gris perle, la Suissesse, «blanche comme du lait, potelée comme une caille», est en manches de chemise et corset rouge... La chevelure, – celle de la marcheuse à l'Opéra «qui lui descendait jusqu'aux jarrets», celle de Rosanette au petit matin, – «ses cheveux tombèrent autour d'elle comme une toison, ne laissant voir de tout son vêtement que sa culotte, ce qui produisit un *effet* à la fois comique et gentil» –, le fard, maquillage de Rosanette, de la Sphinx, les parfums, «les molles senteurs de femmes, qui circulaient comme un immense baiser épandu», la poudre d'iris que la perruque de la Maréchale «envoyait autour d'elle», participent à cette exhibition et à cette érotisation du corps féminin. Animé, montré par le mouvement de la danse, ce dernier devient promesse de plaisir pour le spectateur masculin; le vertige de la valse, substitut, on le sait de la possession dans l'imaginaire du siècle dernier, se communique à celui qui regarde les valseuses. Le bal chez la lorette figure pour lui une sorte de harem forain, parodie du harem oriental dont le mythe hante l'imagination du romancier :

> ... «ce mouvement giratoire, de plus en plus vif et régulier, vertigineux, communiquant à sa pensée une sorte d'ivresse, y faisait surgir d'autres images, tandis que toutes passaient dans le même éblouissement, et chacune avec une excitation particulière selon le genre de sa beauté. La Polonaise, qui s'abandonnait d'une façon langoureuse, lui inspirait l'envie de la tenir contre son cœur, en filant tous les deux dans un traîneau (...) la Bacchante penchant en arrière sa tête brune, le faisait rêver à des caresses dévoratrices, dans les bois de lauriers-roses (...) La Débardeuse (...) semblait recéler dans la souplesse de ses membres et le sérieux de son visage tous les raffinements de l'amour moderne...».

Aussi le rêve de Frédéric, à l'issue du bal costumé, est-il vision de corps féminins s'offrant et provoquant sa convoitise :

> «... dans l'hallucination du premier sommeil, il voyait passer et repasser continuellement les épaules de la Poissarde, les reins de la Débardeuse, les mollets de la Polonaise, la chevelure de la Sauvagesse...»

La lorette n'a pas d'«âme»

Tout se passe comme si le romancier, à l'instar de ses contemporains, réduisait l'identité de la lorette à ce corps vénal, et fascinant parce que vénal. Le personnage est réduit à une apparence, une extériorité, un spectacle. La lorette se donne à voir telle que son public masculin la conçoit et la rêve et ne se regarde elle-même que pour vérifier la conformité de son image à la demande d'une clientèle potentielle. C'est ce que signifie dans le texte la récurrence de Rosanette à son miroir, qu'elle soit «longue à disposer autour de son menton les deux rubans de sa capote», ou qu'elle s'arrête devant les glaces du château de Fontainebleau «pour lisser ses bandeaux». Aussi bien la jeune femme est-elle encore décrite, contemplée par Frédéric à la Pâtisserie Anglaise, semblable «sous sa capote de soie verte», à une rose épanouie entre ses feuilles», ou bien dans une auberge, près de la Seine, à Fontainebleau, avec «son petit nez fin et blanc», «sa jolie figure ovale».

Il faut que la lorette disparaisse au profit de la mère, et d'une mère qui vient de perdre son enfant, pour que Flaubert accorde des états d'âme à Rosanette. S'il a voulu qu'elle figure un mystère pour Frédéric, il résume ce mystère dans une carrière amoureuse riche en péripéties et en parte-naires masculins, après une brève allusion à un suicide manqué. Ainsi le texte réduit la psychologie de la lorette au stéréotype du mensonge qu'il présente comme un mode habituel, spécifique et nécessaire de fonctionne-ment.

Outre le mensonge, le romancier reproduit les attributs contempo-rains stéréotypés du personnage de la lorette, accentuant la caricature grâce à des qualifications dévaluatrices : ignorance («de sauvage»), mauvais goût («irrémédiable»), paresse («incompréhensible»), vulgarité et sottise. Dans la seule lettre que Rosanette adresse à Frédéric, «l'écriture (est) si abominable» qu'il a failli céder à l'envie de «rejeter tout le paquet» (77). A Fontainebleau, «son mutisme prouvait clairement qu'elle ne savait rien, ne comprenait pas...». Elle ne donne pas «un coup d'œil au paysage qu'on découvre du plateau». Sa conversation est émaillée de mots bêtes; avec la nourrice de son enfant, elle débite, «pendant des heures, d'assom-mantes niaiseries». Son attachement pour le cabotin Delmar ne signifie-t-il pas aussi sa stupidité ? Après son échec au *Club de l'Intelligence*, Frédéric qui, après «tant de laideurs et d'emphase», pense trouver «un délasse-ment» dans «la gentille personne» de Rosanette, est accueilli... par une avalanche de sottises» et n'a plus qu'à s'en aller : «L'ineptie de cette fille, se dévoilant tout à coup dans un langage populacier, le dégoûtait». Aussi ces tares de la lorette finissent-elles par être insupportables au jeune homme :

«Ses paroles, sa voix, son sourire, tout vint à lui déplaire, ses regards surtout, *cet œil de femme éternellement limpide et inepte*».

Généralisation significatrice : le créateur de Rosanette étend à la «nature féminine» la condamnation que les Goncourt ont portée contre les lo-rettes : «Toutes n'ont ni esprit, ni gorge, ni cœur, ni tempérament». Le

dégoût de Frédéric fait écho à celui qu'éprouvait Henry, un des protagonistes de *L'Éducation sentimentale* de 1845, à l'égard de sa maîtresse
Émilie Renaud, à l'issue de leur séjour en Amérique. Ainsi ce procès de la
lorette semble participer en définitive d'un procès plus général que Flaubert intente au sexe féminin.

Tout se passe donc comme si on ne demandait pas à la lorette autre
chose que de proposer au regard masculin un spectacle propre à le séduire,
à provoquer ses fantasmes et à entretenir ses illusions. Quand Rosanette
ne comprend rien à Fontainebleau, Frédéric «l'excuse» car son air sérieux
la rend «plus jolie». Femme-objet, elle fait partie intégrante du paysage
qui charme Frédéric, elle n'est qu'un élément de l'ensemble qu'ordonne
et compose la vision masculine :

> «Le bras sous la taille, il l'écoutait parler pendant que les
> oiseaux gazouillaient, *observait du même coup d'œil* les raisins
> noirs de sa capote et les baies de genévriers, les draperies de son
> voile, les volutes des nuages; et, quand il se penchait vers elle, la
> fraîcheur de sa peau se mêlait au grand parfum des bois».

> «Il lui découvrait enfin une beauté toute nouvelle, qui n'était
> peut-être que le reflet des choses ambiantes, à moins que leurs vir-
> tualités secrètes ne l'eussent fait s'épanouir» (78).

Stéréotypes du portrait physique

Le portrait de la lorette, femme-spectacle, se réduit à quelques
stéréotypes que Flaubert, après Gavarni et Gautier, reprend à son compte.
Ces stéréotypes figurent autant de signes constitutifs de la féminité telle
que la définit l'idéologie bourgeoise (masculine) contemporaine quand
elle l'assimile à la jouissance et au plaisir sexuels. Ainsi la jeunesse est
donnée comme la qualité première et indispensable de la lorette. Une
confidence de Rosanette à Fontainebleau le rappelle : «Un jour elle s'ou-
blia à dire son âge : vingt-neuf ans, elle devenait vieille». Rosanette n'a
donc qu'une vingtaine d'années quand Frédéric l'aperçoit pour la première fois dans la loge du théâtre du Palais-Royal, aux côtés d'Arnoux.
Le texte oppose la jeunesse de ce personnage féminin à «l'âge mûr» de
Mme Arnoux et de Mme Dambreuse. Les épithètes attribuées à Rosanette
(petit, fin, joli, mignon) la particularisent moins qu'elles ne la désignent
comme figure féminine érotisée (et anti-maternelle), comme un objet propre à susciter l'appétit du consommateur. Aussi bien le regard de Frédéric
est-il focalisé sur la mine de la lorette, «cette rose épanouie entre ses
feuilles» et dont sa peau «bouffie», maculée de taches jaunes, quand elle
est enceinte, figure l'antithèse. La taille «mince», métonymie du corps
féminin désirable, présentée par Deslauriers, dans le bilan du dernier

chapitre, comme l'attribut spécifique de la lorette, est opposée à la «taille épaisse» de Mme Arnoux, de même que l'embourgeoisement de Rosanette en Veuve Oudry, son statut de mère de famille, sont associés à une «taille énorme». Enfin la description des mains de la lorette, contemplées par Frédéric, ne donne pas à voir la femme qui travaille mais celle qui dispense le plaisir, dans deux séquences significatives; celle du bal masqué où Rosanette «accommode» un verre de sirop pour le père Oudry, son nouveau protecteur, et celle du dîner en tête-à-tête dans l'auberge de Fontainebleau : «ses deux mains découpaient, versaient à boire, s'avançaient sur la nappe». Dans la mise en scène romanesque de la lorette, l'évocation des plaisirs de la table a valeur de synecdoque : elle donne à entendre d'autres plaisirs dont la censure contemporaine n'autorisait pas la peinture.

La *toilette* de Rosanette a pour fonction de mettre son corps en valeur et de le signifier comme objet érotique et vénal. La capote encadre le visage, la robe accentue la finesse de la taille, la bottine épouse la forme du pied comme un gant, lequel dissimule la main pour en mieux révéler la grâce. Telle est la toilette de Rosanette à la vente aux enchères : «... en gilet de satin blanc à boutons de perles, avec une robe à falbalas, étroitement gantée, l'air vainqueur». La nature du tissu, satin, soie, dentelles, velours... connote la sensualité du toucher : ainsi dans le cabinet particulier du Café Anglais, le «pétillement» de la robe de soie de Rosanette «enflammait» Frédéric. La société industrielle et marchande contemporaine qui fait de la toilette le signe constitutif de la féminité confond la promesse du plaisir sensuel avec l'exhibition d'un luxe vestimentaire codifié. Objet à vendre et à consommer, la lorette doit être une consommatrice de luxe. C'est ce que signifie la description du costume de Rosanette quand elle se rend aux courses avec Frédéric, en privilégiant les détails qui dénotent une mode dispendieuse : la garniture de dentelle noire du chapeau de paille nacrée, le burnous, l'ombrelle de satin lilas, le bracelet d'or. Autant de clichés de la lorette telle que la représente la production lithographique à la fin de la Monarchie de Juillet. Aussi bien ce standing de la femme entretenue, signe de son prix sur le marché figure-t-il un de ses moyens les plus puissants de séduction dans une société mercantile fondée sur la compétition masculine.

La lorette dans l'espace urbain

Femme-spectacle, ville-spectacle

Parce qu'«elle se voyait au milieu du Grand Salon, à la place d'honneur, avec une foule devant elle, (...) les journaux en parleraient, ce qui «la lancerait» tout à coup», Rosanette accepte de «se faire peindre» par Pellerin, «vue de face, les seins découverts, les cheveux dénoués...». Sur le marché de l'amour, la célébrité, fondée sur le scandale d'un portrait qui la représente «dans un costume un peu léger», constitue la meilleure réclame pour la lorette. Cette importance de l'exhibition dans le système prostitutionnel, ce primat du visuel dans la sollicitation sexuelle, sont la conséquence d'une mutation profonde du cadre urbain qui, amorcée sous la Monarchie de Juillet, a pris sa plus grande extension sous le Second Empire; mutation à mettre en relation avec un processus d'haussmannisation avant Haussmann, en rapport avec l'essor du capitalisme industriel et de la spéculation immobilière, dont le texte de l'*Éducation sentimentale* fournit précisément de nombreux signes.

> «Aux espaces clos de l'urbanisme Restauration, succèdent les grandes percées, les larges artères bordées de vastes trottoirs. La création, au centre des grandes villes, d'un quartier des affaires où s'installent les banques, les sièges sociaux des sociétés anonymes et les grands magasins suscite la multiplication des cafés et des restaurants à la mode» (79).

L'éclairage au gaz, la mutation des structures commerciales, le déferlement de la foule, modifient sensiblement l'ambiance de la rue. Les expositions se multiplient à Paris dans cette seconde moitié du XIXe siècle qu'a illustrée «la fête impériale»; les vitrines des grands magasins sont elles-mêmes des expositions. Paris devient «la ville des nourritures offertes» (80). L'exhibition de la prostituée participe de l'exhibition générale. La femme vénale fait partie intégrante du spectacle que «la ville extravertie» propose au regard fasciné de Frédéric Moreau étudiant. Elle est objet parmi les objets à vendre, objets-signes du plaisir érotique :

> «Les prostituées qu'il rencontrait aux feux du gaz (...) Il regardait, le long des boutiques, les cachemires, les dentelles et les pendeloques de pierreries (...). A l'éventaire des marchandes, les fleurs s'épanouissaient (...) dans la montre des cordonniers, les petites pantoufles de satin à bordure de cygne...» (Ière partie, chap. V).

Aussi toutes les séductions de l'existence parisienne se résument-elles dans le *Boulevard* pour Frédéric Moreau, comme pour Flaubert lui-même, si l'on en juge par sa correspondance.

Les courses du Champ-de-Mars

Le Prince Tzernoukoff devient le (riche) protecteur de Rosanette parce qu'«il l'a vue» aux courses du Champ-de-Mars. A la fin de la Monarchie de Juillet, les courses sont en effet, dans l'espace urbain, un lieu privilégié pour l'exhibition des lorettes, dont le voisinage «scandalise» les femmes du monde :

> «Il y avait aussi des illustrations de bals publics, des comédiennes de boulevard»...

Le champ de courses, lieu du spectacle de la compétition hippique, est aussi celui du spectacle de la compétition des lorettes; compétition de la vénalité, non de la beauté, comme le signifie l'étalage du luxe ou la notoriété du scandale :

> ... «Ce n'étaient pas les plus belles qui recevaient le plus d'hommages. La vieille Georgine Aubert, celle qu'un vaudevilliste appelait le Louis XI de la prostitution, horriblement maquillée, et poussant de temps à autre une espèce de rire pareil à un grognement, restait tout étendue dans sa longue calèche, sous une palatine de martre comme en plein hiver. Mme de Remoussot, mise à la mode par son procès, trônait sur le siège d'un break en compagnie d'Américains; et Thérèse Bachelu, avec son air de vierge gothique, emplissait de ses douze falbalas l'intérieur d'un escargot qui avait, à la place du tablier, une jardinière pleine de roses».

Autant dire que la lorette affiche son prix pour être prisée et qu'elle s'affiche comme «impure» pour mieux se vendre; tel est le sens de la provocation de Rosanette interpellant «les femmes honnêtes, l'épouse de (son) protecteur», son verre de champagne à la main. Le «*charme*» de la lorette ne réside-t-il pas, comme l'indique le romancier dans ses brouillons dans «*le fard, la prostitution, le gaspillage, les désirs des hommes ? Tout cela l'embellit, étend son sexe, en fait une femme plus femme que les autres*».

Le regard masculin qui ordonne toute la scène et motive cette compétition des lorettes entre elles ne reconnaît pas à ces dernières un statut supérieur à celui des chevaux. Le pari de Cisy a pour enjeu Rosanette : coucher le soir même avec la lorette figure une sorte d'épreuve, imposée par ses aînés au candidat à la vie chic, qu'ils le féliciteront d'avoir subie avec succès. Etre vu aux côtés de Rosanette, objet de plaisir luxueux convoité par d'autres amateurs, «pose» celui qu'on croit son amant : n'est-ce pas le signe qu'il appartient au monde tout-puissant de la richesse ? La lorette déroule un code. On la reconnaît, on se reconnaît par elle. Elle devient un instrument et un signe de vanité mondaine :

> «Des gentlemen la reconnurent, lui envoyèrent des saluts. Elle y répondait en disant leurs noms à Frédéric. C'étaient tous

comtes, vicomtes, ducs et marquis; et il se rengorgeait, car tous les yeux exprimaient un certain respect pour sa bonne fortune».

Inversement l'éloge public du «succès» remporté par Cisy le soir des courses fait éprouver à Frédéric «comme la sensation d'un coup de fouet». N'est-ce pas dire l'humiliation de celui qui s'est vu préférer un homme plus riche par la lorette et qui se l'entend rappeler publiquement ? La mise en scène des lorettes s'exhibant au Champ-de-Mars, quand les courses sont un «divertissement encore nouveau», réservé à un public «plus spécial», «d'aspect moins vulgaire», confirme en dernière analyse ce que signifie un personnage comme le capitaliste Dambreuse : le fonctionnement de la société française à la veille de la Révolution de 1848, où le pouvoir est aux mains d'une minorité, détentrice des plus grosses fortunes, et qui, en définitive, organise le spectacle dont la lorette est une figure essentielle.

Le Café Anglais

La «femme honnête», qui offre à dîner chez elle, ne fréquente pas les restaurants à la mode, Maison d'Or, Café Anglais... La lorette au contraire, qui «soupe parce que c'est son état», comme disent les Goncourt, y fait figure d'habituée (81). Au Café Anglais (82), Frédéric retrouve Rosanette «dans l'escalier, causant avec un monsieur (...) au milieu du corridor, un deuxième seigneur l'arrêta». Quand Arnoux, pour donner à son épouse «une preuve d'affection», — «pour se faire illusion à lui-même et la traiter en amant», selon les brouillons —, veut dîner «seul, avec elle, dans un cabinet particulier à la Maison d'Or, Mme Arnoux ne comprend rien à ce mouvement de cœur, s'offensant même *d'être traitée en lorette*». Le souper dans un cabinet particulier révèle en effet le rapport fondamental de l'oralité et de la sexualité dans le statut du corps de la lorette; il signifie la complémentarité des plaisirs de la gourmandise et de l'érotisme dans l'imaginaire collectif contemporain. Dans le récit romanesque la mise en scène du souper est moyen de suggérer, de signifier de façon allusive et détournée, la jouissance sexuelle dont la censure, à cette époque-là, interdit l'expression. C'est dans un cabinet de restaurateur que le Tartuffe lyonnais séduit Rosanette. Parce qu'elle a projeté d'aller au Café Anglais avec lui, après les courses, Frédéric espère bien passer la nuit avec elle.

La description de l'ameublement, de l'atmosphère luxueuse du cabinet particulier, a pour fonction de signifier le plaisir et l'intimité érotiques. Pièces maîtresses en effet de cet ameublement, le divan, rouge au Café Anglais, «seul siège» du cabinet lyonnais, «cédant (...) avec mollesse»; la glace, au-dessus du divan, au «plafond». Dans le cabinet lyonnais, «les tentures des murailles en soie bleue faisaient ressembler tout l'apparte-ment à une alcôve». «Un magnolia posé au bord du balcon» embaume le cabinet du Café Anglais; «un candélabre de vermeil» éclaire celui de Lyon et «la bouche du calorifère dans le tapis (...) envoyait une haleine chaude». Au luxe du cadre répond celui des mets rares, exotiques, recher-chés. Cette gastronomie du plaisir, dispendieuse, festive, proposant aux sens des surprises et des raffinements inconnus de la cuisine bourgeoise, figure ce que l'amour de la lorette est à la conjugalité. La table du cabinet de Lyon est «couverte d'un tas de choses» que Rosanette, fille de canuts, «ne connaissait pas». La carte du Café Anglais est un modèle de cette gas-tronomie raffinée, réservée à un petit nombre de privilégiés : les huîtres, dont «on raffole» alors, «surtout au restaurant» (83); le turbot, sans lequel il n'est pas de «somptuosités culinaires», le tournedos, — (si le bœuf est considéré d'un bout du siècle à l'autre comme «le roi des viandes», le filet gagne en faveur sous la Monarchie de Juillet) —, les écrevisses dont on sait que le marché n'est pas très abondant comme celui de tous les crustacés, la truffe enfin, «sacrum sacrorum» des gastronomes selon Alexandre Dumas, et avec «l'instinct» de laquelle la lorette «est née...», selon les Goncourt. La salade d'ananas que choisit Rosanette, la grenade dans laquelle «elle mordait» font partie des raretés exotiques. Qu'on se rappelle Emma au bal de la Vaubyessard : «Elle n'avait jamais vu de grenades ni mangé d'ananas».

En mangeant la lorette exhibe son corps, elle signifie la jouissance sensuelle que lui donne la satisfaction de sa gourmandise : elle provoque ainsi le désir de celui qui la regarde. Le texte romanesque propose plu-sieurs signes de la sensualité gourmande de Rosanette. Après la première séance de pose chez Pellerin, elle déclare qu'elle a faim et «avale» deux tartes à la crème à la Pâtisserie Anglaise : «Le sucre en poudre faisait des moustaches au coin de sa bouche». Alors qu'elle est «désespérée» par une marche difficile dans la forêt de Fontainebleau, elle retrouve sa bonne humeur en buvant une bouteille de limonade. La description de la jeune femme aux courses du Champ-de-Mars, «mangeant avec une gloutonnerie affectée une tranche de foie gras», prépare plus directement celle de son attitude au Café Anglais, d'un érotisme provocant pour Frédéric :

«Elle mordait dans une grenade, le coude posé sur la table;
les bougies du candélabre devant elle tremblaient au vent; cette
lumière blanche pénétrait sa peau de tons nacrés, mettait du rose à
ses paupières, faisait briller les globes de ses yeux; la rougeur du fruit
se confondait avec le pourpre de ses lèvres, ses narines minces bat-

taient; et toute sa personne avait quelque chose d'insolent, d'ivre et de noyé qui exaspérait Frédéric, et pourtant lui jetait au cœur des désirs fous».

La maison de la lorette

Le cadre de la fête

On «soupe» aussi chez la lorette, comme le montre la séquence du bal masqué, la fête nocturne associant le plaisir de la table à celui de la danse. Le protecteur invite des amis à dîner chez sa maîtresse. Quand Frédéric rend visite à la Maréchale rue Drouot, «la porte de la salle à manger, entrebâillée, laissait apercevoir des bouteilles vides sur les buffets, des serviettes au dos des chaises (...). On avait sans doute festoyé la nuit dernière». La salle à manger est donc une pièce importante de la maison : le luxe de la table, l'éclat des lumières rappellent ceux du cabinet du restaurateur :

> «Un lustre de cuivre à quarante bougies éclairait la salle (...); et cette lumière crue, tombant d'aplomb, rendait plus blanc encore, parmi les hors-d'œuvre et les fruits, un gigantesque turbot occupant le milieu de la nappe, bordée par des assiettes pleines de potage à la bisque...».

Cet éclat des lumières, associé à une décoration florale dispendieuse dans le salon, signifie la prodigalité festive, la consumation, caractéristique du plaisir éphémère :

> «De hautes lampes, dont les globes dépolis ressemblaient à des boules de neige, dominaient des corbeilles de fleurs, posées sur des consoles, dans les coins...».

Cadre de la fête nocturne, la maison de la lorette oppose à la pénombre, aux lumières tamisées de la veillée familiale, à la paix et au silence de la nuit bourgeoise, la profusion de ses lumières, le «vacarme de (sa) joie», son agitation colorée et la débauche de ses excès. Quand Arnoux et Frédéric arrivent rue de Laval, la maison (de Rosanette) «au second étage» est «illuminée» par des lanternes de couleur et ils entendent le bruit des violons «dès le bas de l'escalier». A son entrée dans le salon, Frédéric «fut d'abord ébloui par les lumières»... «Tout s'agitait dans une sorte de pulvérulence lumineuse», ... «il y eut des applaudissements...», et, pendant le dîner «un tumulte de paroles»; se retrouvant ultérieurement dans la salle à manger déserte, Frédéric se rappelle «le tapage de l'autre nuit».

De la volupté et de la vénalité

La maison de la lorette, avec sa serre et sa volière rue de Laval, sa galerie, rue Drouot, «où des bâtons de couleur d'or soutenaient un espalier de roses», multiplie les signes de l'appel au plaisir. «Tout y était fait pour la volupté», résument les brouillons. Quand Frédéric pénètre pour la première fois chez Rosanette, son regard, englobant d'une manière significative la perspective salon — boudoir — chambre à coucher, ne perçoit-il pas d'emblée le lit de la lorette, «un lit à colonnes torses, ayant une glace de Venise à son chevet» ? Sensualité tactile et intimité érotique connotent la description du boudoir (84), «capitonné de soie bleu pâle» (...) avec, «dans un renfoncement de la muraille une manière de tente tapissée de soie rose, avec de la mousseline blanche par-dessus». Pièce maîtresse de l'ameublement du boudoir comme de celui du cabinet particulier du restaurateur, le divan, «turc» rue de Laval, formé de «trois matelas de pourpre» rue Drouot, divan si souvent représenté dans les lithographies de Gavarni comme l'attribut spécifique de la lorette. Il est également significatif que la description de la chambre à coucher précise la vision du lit aperçu par Frédéric dès son entrée dans la maison :

> «Des meubles noirs à marquetterie de cuivre garnissaient la chambre à coucher, où se dressait, sur une estrade couverte d'une peau de cygne, le grand lit à baldaquin et à plumes d'autruche».

«Chambre à coucher plus sérieuse», «cabinet de travail», commentent les brouillons (85); l'emploi de matériaux et de couleurs contrastés, (bois noir — marquetterie de cuivre — peau de cygne et plumes d'autruche), relève d'une décoration galante fondée sur le clinquant et la provocation. De toutes les pièces de la maison, le cabinet de toilette, avec son «vaste divan élastique», son encombrement de fioles, brosses, peignes, bâtons de cosmétique, boîtes à poudre, son atmosphère chaude et parfumée, — (... «le feu se mirait dans une haute psyché; (...) des senteurs de pâte d'amandes et de benjoin s'exhalaient») —, est celle qui signifie le plus explicitement le statut du corps de la lorette et qui le désigne le plus clairement comme objet érotique :

> «On voyait, tout de suite, que c'était l'endroit de la maison le plus hanté, et comme son vrai centre moral».

Le bruit enfin des portes qui s'ouvrent et se referment si souvent dans la maison de Rosanette, escamotant des dos masculins, rappelle la complexité de ses relations masculines : l'appartement de la lorette est toujours «à double sortie» disent les Goncourt et sa bonne «semble avoir été élevée dans une comédie de Beaumarchais. Elle fait se côtoyer les visites sans se cogner. Elle improvise des oubliettes...».

Le rire de Rosanette

La place que Flaubert a assignée au bal costumé chez Rosanette, l'importance qu'il a accordée à cet épisode dans la composition de son roman, (les deux tiers du premier chapitre de la deuxième partie), signifient le rôle tenu par la lorette auprès de la société masculine contemporaine. Invitant Frédéric à l'accompagner chez la Maréchale, Arnoux précise : «ce sera *drôle*» et Mme Arnoux, qui n'est pas dupe des arguments de «sérieux» invoqués par son mari pour justifier cette sortie nocturne, salue son départ d'un «va, va, mon ami. Amuse-toi !». Les attributs du personnage entrant chez Rosanette, panier de victuailles sur la tête, déguisement de marmiton, disent alors son passage de la vie diurne, quotidienne, bourgeoise, consacrée au travail, à l'univers de la fête, de la bombance nocturnes, de la surprise, du plaisir ludique et irresponsable. Arnoux ne présente-t-il pas lui-même cette sortie comme une distraction indispensable à un industriel accablé de travail et n'annonce-t-il pas, à la fin du bal masqué, son intention de retourner sur-le-champ à sa fabrique de Creil ? Le texte montre Mme Arnoux incapable d'apporter cet «amusement» à son mari : quand Arnoux, pour lui donner une preuve d'affection, a envie de dîner seul avec elle dans un cabinet particulier de la Maison d'Or, il apparaît qu'il s'*ennuie* vite et qu'il finit par aller «se *distraire*» chez la Maréchale. Aller chez la lorette, c'est faire comme si provisoirement n'existaient plus la répression et les interdits de la morale bourgeoise contemporaine. Loin de remettre en cause cette dernière, Arnoux est en effet le premier à la défendre :

> «... l'Enfant de chœur, homme facétieux, en faisant un grand signe de croix, commença le *Benedicite*.
> Les dames furent scandalisées (...) Arnoux non plus «n'aimait pas ça», trouvant qu'on devait respecter la religion».

La fonction de la lorette est donc de compenser les manques provoqués par une morale répressive; c'est dire que l'existence de la lorette rend cette morale supportable et en assure la permanence. A cet égard, le personnage d'Arnoux est exemplaire, lui qui équilibre sa vie entre les deux pôles complémentaires de la conjugalité et de l'amour vénal, qui estime de son devoir d'aller embrasser sa femme au sortir du bal masqué chez sa maîtresse.

Le souper chez la lorette, avec ses excès alimentaires, que souligne ironiquement l'indigestion de l'Ange, son champagne qui coule à flots, figure donc la fête par excellence. Argument a contrario : le contraste produit par la soirée chez les Dambreuse, décrite au chapitre suivant et à laquelle l'économie du texte accorde précisément une importance moindre; soirée figée par la raideur du protocole, par le poids de la contrainte mondaine et de l'ennui :

> «Les quadrilles étaient peu nombreux, et les danseurs, à la manière nonchalante dont ils traînaient leurs escarpins, semblaient s'acquitter d'un devoir...».

On ne «s'amuse» donc que chez la lorette : *le rire, la gaieté* de Rosanette, leitmotive du texte romanesque, symbolisent la tonalité de l'univers que composent ses jeux, ses caprices, ses impertinences, ses enfantillages. Sa maison est présentée comme le lieu spécifique de l'amusement. Qu'elle flâne dans la ville avec Frédéric, aux premiers jours de la Révolution de 1848, quand rien n'est *«amusant* comme l'aspect de Paris»*, qu'elle jardine sur sa terrasse, s'occupe de ses serins ou de ses poissons rouges, tout est pour Rosanette occasion de divertissement. C'est pourquoi elle apparaît comme la partenaire idéale pour Frédéric pendant le séjour à Fontainebleau, qui signifie une fuite loin du monde et de ses difficultés, comme une quête du paradis perdu de l'enfance, dans un univers où l'on peut «s'amuser de tout».

L'intimité féminine

Si la compagnie de Rosanette est «bonheur» pour Frédéric à Fontainebleau, c'est aussi parce qu'il a alors l'illusion d'être le possesseur exclusif d'un corps féminin qui lui est toujours apparu d'autant plus désirable qu'il a été l'objet de désirs masculins multiples : «Pour la première fois de sa vie, Frédéric a une femme à lui», commentent les brouillons. La séquence romanesque consacrée à l'idylle de Fontainebleau signifie de plusieurs façons l'importance du plaisir des corps; en présentant d'emblée l'hôtel où «logèrent» les voyageurs comme un lieu propre à préserver leur intimité par son calme, sa solitude et son confort, en mettant l'accent sur la figure mythique de Diane de Poitiers, maîtresse d'Henri II, figure autour de laquelle s'ordonne la rêverie de Frédéric visitant le château et prenant l'Histoire comme prétexte à ses fantasmes voluptueux, en évoquant le bien-être éprouvé simultanément par les deux protagonistes «dans leur vieux landau» qui figure un avatar du lit. Aussi Rosanette peut-elle devenir la Femme pour Frédéric. Ce sacre de la prostituée, alors confondue avec la Nature et l'organique, est une conséquence logique de la morale contemporaine et de la mauvaise foi que cette morale implique.

L'érotisme apparaît donc comme une composante essentielle de «l'amusement» que le bourgeois contemporain recherche auprès de la lorette. Érotisme d'un corps et d'un visage qui, libérés des contraintes que la pudeur, le bon ton, la «décence» imposent à ceux des «femmes honnêtes», s'offrent sans équivoque comme promesse de plaisir. C'est ce que signifie le contraste produit par les attitudes provocantes de Mlle Loulou, de Rosanette au bal costumé, et la passivité immobile des invitées qui remplissent le boudoir de la maîtresse de maison, au cours de la soirée offerte par les Dambreuse. Mlle Loulou a une «mine insolente», Rosanette «un air moitié suppliant, moitié gouailleur». En revanche, de la masse indifférenciée des femmes, à demi-nues dans leur toilette de bal, qui remplissent le boudoir de Mme Dambreuse, aucune physionomie individuelle n'émerge, provoquant l'intérêt et le désir du spectateur. Et si ce rassemblement de femmes demi-nues qui fait songer à un intérieur de harem, provoque dans l'esprit de Frédéric «une comparaison plus grossière», la lorette l'emporte sur les femmes du monde. Selon les brouillons, plus explicites comme toujours :

> «L'idée de Rosanette l'empêchait de s'enflammer se disant demain à la même heure j'aurai autant que ça, mieux que ça».

Car la robe de bal dénude exceptionnellement le corps de la «femme honnête» tandis que le déshabillé est présenté comme le costume ordinaire de la lorette quand elle est chez elle. Quand Frédéric lui rend visite après le bal masqué, elle paraît, «enveloppée dans une sorte de peignoir en mousseline blanche garnie de dentelles, pieds nus dans des babouches». Une autre fois, «ses deux bras ronds sortaient de sa chemise qui n'avait pas de manches; et, de temps à autre, il sentait, à travers la batiste, les fermes contours de son corps». Rue Drouot, «se plaignant d'étouffer de chaleur, la Maréchale défit sa veste; et, sans autre vêtement autour des reins que sa chemise de soie...». Autant de parures qui ne cachent le corps féminin que pour mieux le révéler. Ce déshabillé de la lorette participe donc à toute une stratégie de la provocation érotique qui met aussi bien en jeu le regard, les mimiques que les attitudes. En fréquentant Rosanette, Frédéric découvre un plaisir d'autant plus fascinant qu'il se fonde sur la transgression de la sacro-sainte pudeur féminine, celui de l'intimité d'un corps de femme qui s'exhibe comme une permanente tentation :

> «Sans y prendre garde, elle s'habillait devant lui, tirait avec lenteur ses bas de soie, puis se lavait à grande eau le visage, en se renversant la taille comme une naïade qui frissonne; et le rire de ses dents blanches, les étincelles de ses yeux, sa beauté, sa gaieté éblouissaient Frédéric, et lui fouettaient les nerfs».

Le croquis, représentant Arnoux «commodément assis dans une bergère, auprès du feu, (humant) sa tasse de thé, en tenant la Maréchale sur ses genoux», résume symboliquement l'«amusement» qu'il recherche le soir chez la lorette.

Quand la lorette ment à son rôle

En revanche quand Rosanette, voulant faire une fin et rêvant d'épouser son amant, «ment à son rôle» et devient «sérieuse», montrant «même,
avant de se coucher (...) toujours un peu de mélancolie, comme il y a des
cyprès à la porte d'un cabaret», elle «*exaspère*» Frédéric (86). Alors
seule la jalousie, motivée par le rappel de la vénalité de la lorette, peut
encore provoquer le désir du jeune homme :

> «Il s'irrita des cadeaux qu'elle avait reçus, qu'elle recevait;
> — et, à mesure que le fond même de sa personne l'agaçait davan-
> tage, un goût des sens âpre et bestial l'entraînait vers elle, illusions
> d'une minute qui se résolvaient en haine».

Frédéric est «excédé» de Rosanette quand la lorette s'efface au profit
de la «bourgeoise déclassée», rêvant mariage et faisant preuve d'«une
douceur désespérante». Cette évolution du personnage dans la troisième
partie du roman confirme ce que donne à lire la deuxième partie : le
personnage de la lorette n'a de sens que dans un rapport d'opposition-
complémentarité avec celui de Mme Arnoux, épouse, mère, Madone,
comme on le verra plus loin. Dans la deuxième partie de *L'Éducation
sentimentale*, s'ébauche toutefois un autre parallélisme entre la femme
du monde et celle du demi-monde, parallélisme sur lequel se fonde la
structure de la troisième partie et qui sert à démystifier la grande dame :
Rosanette, transformée par sa maternité en un «pauvre être qui aimait
et souffrait dans toute la franchise de sa nature», mater dolorosa pathétique après la mort de son petit garçon, met en valeur la sécheresse, l'égoïsme impitoyable, la cupidité intéressée de Mme Dambreuse, «femme sans
cœur» et «lorette manquée» (87).

Dans *L'Éducation sentimentale*, le thème de la lorette apparaît
bien comme la dévaluation du grand thème romantique de la prostituée.
Elle devient «la créature», objet dans un monde d'objets, possédant
elle-même des objets mais possédée elle-même comme objet; pièce maîtresse de la vie bourgeoise aisée ou riche, y compris conjugale; rouage
social et signe social; objet de vanité *et* de mépris; fétiche dans le fétichisme général de l'argent qui fétichise tout objet. Flaubert la décrit
donc comme les autres objets, sans aucune intériorité, sauf, jusqu'à un
certain point, très limité, quand elle devient mère. Le romancier prétend à l'objectivité, comme Gavarni et comme les Goncourt, mais il
transforme son personnage en objet en le faisant toujours voir par le regard des autres. Le discours romanesque, conditionné par l'idéologie contemporaine, tend à son tour à conforter cette dernière.

QUATRIEME PARTIE

LA LORETTE MANQUÉE
OU LA FEMME DU MONDE DÉMYSTIFIÉE

Les (faux) prestiges du «monde»

L'ironie que Flaubert manifestait dans la première partie du roman à l'égard du jeune provincial conditionné par le mythe de la Parisienne femme du monde, assure une fonction démystificatrice analogue dans la deuxième et la troisième parties. L'écriture romanesque a pour fonction de dénoncer la naïveté de Frédéric Moreau, aveuglé par la maison prestigieuse, la comédie mondaine et le «bon ton» de Mme Dambreuse, persistant à fonder son idéal de vie sur le leurre d'un modèle faussement aristocratique, à prendre, comme Emma Bovary, les signes de la noblesse pour la noblesse elle-même, les apparences pour la réalité. Ainsi après avoir commenté l'empressement que met le nouveau rentier à découvrir «cette chose vague, miroitante et indéfinissable qu'on appelle le *monde*», après avoir décrit l'effet produit par la noblesse de l'hôtel Dambreuse sur le visiteur, — ... «tout le mobilier, qui était de style Empire, avait quelque chose d'important et de diplomatique. Frédéric souriait de plaisir, malgré lui» —, le romancier enregistre une première dissonance significative : ... «la misère des propos se trouvait comme renforcée par le luxe des choses ambiantes; mais ce qu'on disait était moins stupide que la manière de causer, sans but, sans suite et sans animation». De même les réserves formulées dans le commentaire du romancier à l'issue de cette première visite de Frédéric chez Mme Dambreuse annoncent la désillusion ultérieure du personnage et l'anéantissement final de son rêve d'amours aristocratiques dans la troisième partie de l'*Éducation sentimentale* :

> «Il était content. Néanmoins, il huma dans la rue une large bouffée d'air; et, par besoin d'un milieu moins artificiel, Frédéric se ressouvint qu'il devait une visite à la Maréchale».

Le texte romanesque ne met jamais en scène les plaisirs mondains de Frédéric Moreau sans signifier simultanément qu'ils se fondent sur une illusion, sur du néant : quand, à l'occasion du dîner chez les Dambreuse, après les journées de juin 1848, il éprouve «un plaisir de vanité immense», et se sent «dans son vrai milieu, presque dans son domaine», il s'attribue un succès qui n'est qu'un effet du dépit de Mme Dambreuse, «trahie» par Martinon; il est «fier» de connaître... les personnages «médiocres» qui fréquentent l'hôtel Dambreuse et le rappel de leur «exécrable langage», de leurs «petitesses», de leurs «rancunes» et de leur «mauvaise foi», rend grotesque la «gradation de joies» qu'il ressent, quand il est devenu familier de la maison, «à passer successivement par la grande porte, par la cour, par l'antichambre, par les deux salons». Le «charme», la «grâce particulière» de la grande dame étant indissociables de son cadre de vie, la démystification des prestiges de l'hôtel Dambreuse contribue à celle de Mme Dambreuse elle-même.

Une maîtresse qui le «poserait»

Comme la première, la deuxième et la troisième parties de l'*Éducation sentimentale* montrent Frédéric victime du mythe balzacien de la femme du monde dont la possession assure «la considération bourgeoise» : «Ce serait crânement beau d'avoir une pareille maîtresse !». Et Deslauriers qui a précisément conseillé à son ami (Ière partie, chap. I), de se conduire en émule de Rastignac, ne manque pas de le complimenter d'avoir fait la conquête de Mme Dambreuse (IIIe partie, chap. III). Ce qui, chez cette dernière, séduit Frédéric, ce sont les signes de son appartenance au «monde», que le texte romanesque oppose, d'une manière significative, dans deux paragraphes consécutifs, à la vulgarité et au langage trivial de Rosanette :

> «Celle-là, au moins, l'amusait ! Elle savait les intrigues du monde, les mutations d'ambassadeurs, le personnel des couturières; et s'il lui échappait des lieux communs, c'était dans une formule tellement convenue, que sa phrase pouvait passer pour une déférence ou pour une ironie. Il fallait la voir au milieu de vingt personnes qui causaient, n'en oubliant aucune, amenant les réponses qu'elle voulait, évitant les périlleuses ! Des choses très simples, racontées par elle, semblaient des confidences; le moindre de ses sourires faisait rêver; son charme enfin, comme l'exquise odeur qu'elle portait ordinairement, était complexe et indéfinissable. Frédéric, dans sa compagnie, éprouvait chaque fois le plaisir d'une découverte».

Frédéric «convoite» Mme Dambreuse «comme une chose anormale et difficile, parce qu'elle était noble, parce qu'elle était riche, parce qu'elle était dévote...» Devenu son amant, il lui semble «qu'il était (...) un autre homme, que la température embaumante des serres chaudes l'entourait, qu'il entrait définitivement dans le monde supérieur des adultères patriciens et des hautes intrigues». Le bonheur de Frédéric est surtout vanité mondaine puisque «la plus exquise» des «douceurs» qu'il goûte alors est «de contempler Mme Dambreuse, *entre plusieurs personnes*, dans son salon (...) tous les respects pour sa vertu le délectaient comme un hommage retournant vers lui». L'univers amoureux masculin reste celui de la possession et des signes. La démarche de Frédéric n'est ni celle de Don Juan ou Valmont ni celle des Rastignac balzaciens : il veut être *vu* possédant Mme Dambreuse qui, elle-même, focalise le beau monde. L'évocation des retours dans la voiture de la femme du banquier, après les sorties mondaines, signifie encore cette illusion d'avoir accédé à une humanité supérieure :

«... la pluie fouettait les vasistas; les passants tels que des ombres, s'agitaient dans la boue; et, serrés l'un contre l'autre, ils apercevaient tout cela confusément, avec un dédain tranquille».

Les portraits de Mme Dambreuse font du «bon ton», du «délicat», de «l'exquis», les attributs spécifiques du personnage : délicatesse des gestes, finesse des cheveux, décence et discrétion du costume («robe de moire grise à corsage montant», comme celui d'«une puritaine»; «robe mauve garnie de dentelles» (...) «et sans un seul bijou», le soir du bal; robe blanche du dîner de juillet 1848...). Toutefois la description caricaturale des attitudes de la mondaine dans son salon, (IIe partie, chap. II), confirme ce que l'évocation de son comportement, au théâtre précisément (Ière partie, ch. V), donnait à lire :

«... dès qu'on parlait d'un malade, elle fronçait les sourcils douloureusement, et prenait un air joyeux s'il était question de bals ou de soirées...».

La «grâce», le «bon ton» de la grande dame sont pure comédie; ce qui jette un discrédit sur tout le comportement ultérieur du personnage et prépare la découverte, sous l'apparence brillante, d'une réalité qui l'est moins.

La maîtresse de Martinon

Flaubert dissémine dans le texte des signes de la liaison de Mme Dambreuse et de Martinon que seul l'aveuglement de Frédéric n'interprète pas : notations d'attitudes pendant la soirée chez les Dambreuse, fragment de dialogue entre le banquier et son épouse, remarque de Martinon lui-même, apparition de ce dernier en compagnie du couple aux courses du Champ-de-Mars, sa fréquentation assidue de l'hôtel Dambreuse... Or Martinon, dans le même chapitre V de la première partie, a été présenté comme un arriviste, — («En sept ans de collège, il n'avait pas mérité de pensum, et, à l'École de Droit, il savait plaire aux professeurs») —, que son père vient de présenter au banquier Dambreuse, et montré, à la sortie du bal de l'Alhambra, en compagnie d'«une femme d'une cinquantaine d'années, laide, magnifiquement vêtue, et d'un rang social problématique». Dans ces deux séquences, les commentaires de Deslauriers, dont on sait le statut de théoricien en matière de réussite sociale, ont pour fonction de souligner le rapport entre l'arrivisme de Martinon et ses relations féminines amoureuses :

> « — Y avait-il beaucoup de truffes ? demanda Deslauriers; et as-tu pris la taille de son épouse, entre deux portes, *sicut decet* ?»
>
> ... «Ce gaillard-là, dit Deslauriers, est moins simple qu'on ne suppose...».

Le rapprochement ainsi établi entre la compagne de Martinon, à la sortie de l'Alhambra, et Mme Dambreuse dégrade cette dernière.

Concourent au même effet dégradant les analogies, que la composition du texte romanesque propose au lecteur, entre la femme du banquier et la Vatnaz, protégeant toutes deux de jeunes amants arrivistes : ainsi la scène de la jalousie de la Vatnaz, placée, dans le chapitre II de la deuxième partie, presque immédiatement après l'évocation de Martinon et de Mme Dambreuse au bal et au dîner, annonce la jalousie impitoyable de cette dernière à l'égard de Cécile quand Martinon la demande en mariage. Les deux femmes emploient le même qualificatif — «misérable !» — pour stigmatiser la trahison de leur amant; les «abîmes de noirceur» révélés par la jalousie de la Vatnaz à l'égard de Rosanette «effrayent» Dussardier comme Frédéric est «scandalisé» par le «débordement de haine» de Mme Dambreuse à l'égard de sa rivale; la Vatnaz s'acharne à poursuivre Rosanette, Mme Dambreuse fait vendre aux enchères le mobilier de Mme Arnoux et, dans cette compétition de méchanceté et d'absence de scrupules, la femme du monde va plus loin encore que la femme artiste; c'est ce que donne à lire la mise en scène de son comportement le jour de la vente, contrastant de façon significative avec l'émotion de Frédéric, au bord de l'évanouissement :

> «Mme Dambreuse lui offrit son flacon; elle se divertissait beaucoup, disait-elle...».

... «Le crieur avait ouvert un piano, – son piano ! (...) ... Mme Dambreuse, d'un ton folâtre, se moquait du sabot».

Son obstination à acheter le coffret d'argent, obstination qui provoque la rupture de son amant, – («Frédéric sentit un grand froid lui traverser le cœur») –, a valeur de symbole. En lui prêtant ce geste qui résume l'égoïsme sec du personnage, Flaubert achève une condamnation qu'a préparée la mise en scène de Mme Dambreuse découvrant sa «ruine».

Les coffres-forts béants

Après avoir «plongé» le coffret dans son manchon, Mme Dambreuse se jette dans sa voiture «comme un *voleur* qui s'échappe». Cette comparaison du *vol* ordonne de même toute la description du bureau qu'elle a bouleversé, comme auraient pu le faire des cambrioleurs, pour tenter de retrouver le testament «où son mari lui donnait toute sa fortune». Scène capitale parce que directement révélatrice, rien ne faisant écran à la violence des actes, au vocabulaire cru de l'intérêt. Cette scène complète et précise le sens produit par le contraste entre la comédie du deuil jouée publiquement et l'insensibilité, la froideur cynique de la comédienne dès qu'elle se retrouve dans les coulisses, après la mort du banquier. Le discours qu'elle tient alors ne signifie qu'une chose : ses efforts constants pour que Cécile, la «bâtarde» de son mari, soit déshéritée. Tout se passe comme si le romancier mettait tout son art à rendre parfaite cette démystification de la grande dame; agencement du dialogue : « –Ça en valait la peine, n'est-ce pas ? (...) c'était mon bien que je défendais» –; choix de détails signifiants rappelant ironiquement la comédie du deuil, – (la robe noire qui «s'étalait» au milieu du lit, «tranchant sur le couvre-pied rose», l'invitation formulée à l'adresse de Frédéric, au moment où il adapte au contraire son comportement aux circonstances du deuil, – «Fume si tu veux ! Tu es chez moi !»); le contraste entre l'«odeur indéfinissable, émanation des choses délicates qui (...) emplissaient» la chambre, et la brutalité du discours tenu par Mme Dambreuse.

L'argent seul anime donc en elle des sentiments qui ne sont pas feints; il est son unique raison d'être. La perte du testament la laisse «anéantie» :

«Une mère en deuil n'est pas plus lamentable près d'un berceau vide que ne l'était Mme Dambreuse devant les coffres-forts béants».

La comparaison qui n'est pas gratuite, puisque le même chapitre met en scène la douleur de Rosanette, à la mort de son petit garçon, signifie que les rôles sont échangés : la cupidité, attribut traditionnel de la lorette, devient le fait de la grande dame. Ce n'est pas un hasard si la troisième partie du roman rapproche ces deux figures féminines dans des rapports de similitude ou de contraste, dont Mme Dambreuse fait les frais. Alors qu'il en veut à la lorette de «sa trop longue résistance», Frédéric est «surpris de la facilité de sa victoire» sur la grande dame. L'histoire sentimentale de cette dernière figure un mystère plus inquiétant que celle de la lorette :

> «... il avait découvert dans son cabinet de toilette la miniature d'un monsieur à longues moustaches : était-ce le même sur lequel on lui avait conté autrefois une vague histoire de suicide ? Mais il n'existait aucun moyen d'en savoir davantage ! A quoi bon, du reste ? (...) Et puis il craignait peut-être d'en trop apprendre».

«Le cœur des femmes» du monde est aussi «vide» que celui des femmes du demi-monde, l'égoïsme des premières vaut celui des secondes, les unes et les autres mentent; dans les deux cas, dialogue et entente sont un leurre :

> «... tout à coup des abîmes se découvraient entre eux, à propos de choses insignifiantes, l'appréciation d'une personne, d'une œuvre d'art».

A la gaieté de la lorette, «bonne fille», s'oppose la dureté hautaine de la grande dame, son «esprit de domination» qui la pousse à contrôler toutes les actions de son amant. C'est pour le maintenir dans sa dépendance qu'elle «comble» Frédéric d'«adulations et de caresses» et parce qu'elle a décidé d'avoir «un grand amour». Elle n'aime pas, elle exerce un pouvoir, ce qui est conforme à sa situation sociale. Rosanette aime (à sa manière), elle «ensorcelle» ses amants; Mme Dambreuse les tyrannise. Au corps fascinant de la première, s'oppose le corps décevant de la seconde :

> «Leurs rendez-vous se multiplièrent. Un soir même, elle se présenta tout à coup en grande toilette de bal (...) elle lui déplut (...). Son corsage ouvert découvrait trop sa poitrine maigre.
>
> Il reconnut alors ce qu'il s'était caché, la désillusion de ses sens...».

Sens de la charge

En faisant de Mme Dambreuse une lorette manquée qui, privée d'un héritage à la mort de son mari, échoue là où Rosanette, veuve Oudry, a réussi, Flaubert dégrade systématiquement jusqu'au grotesque le modèle balzacien de Foedora, la «femme sans cœur». On sait que le romancier voyait dans cette confusion des rôles entre la femme du monde et celle du demi-monde, – (jouant à son tour les grandes dames quand les mêmes hommes fréquentent simultanément le salon de l'une et de l'autre) –, un témoignage de cette «fausseté» du Second Empire qui aurait engendré la catastrophe de 1870 (88). Ne peut-on plutôt interpréter cette charge, dont le personnage de Mme Dambreuse est victime, après celle dont a été victime la femme-artiste, alors que la vraie lorette, à tout prendre, est relativement moins maltraitée par le romancier, comme la confirmation d'une méfiance fondamentale à l'égard de la féminité (89) ? Si la jouissance n'est possible en effet qu'avec la lorette, n'est-ce pas parce que la vénalité a pour fonction d'annuler la femme, l'Autre dangereux, menaçant l'intégrité du sujet masculin ? L'argent serait ainsi le moyen de conjurer le danger que représente le corps féminin, et la fascination du corps vénal, le signe le plus clair de la gynophobie.

La lecture critique de la «grande passion» de Frédéric Moreau, l'examen du culte qu'il a voué à Mme Arnoux, l'analyse des causes de ce culte, ne remettent pas en cause ces conclusions; au contraire ils en apportent confirmation et justification. Ce qui apparaît à première vue contradictoire est en fait complémentaire, et dans la perspctive de l'idéologie qui a caractérisé une société, idéologie dont l'œuvre romanesque se fait l'écho, et dans le schéma archétypal selon lequel s'organise l'imaginaire flaubertien. Il n'apparaît pas moins capital pour la production du sens final de l'œuvre que certains signes du texte estompent aussi le caractère tranché des contradictions et opèrent une sorte de contamination. Comme si l'écriture romanesque avait pour fonction de multiplier les masques destinés à dissimuler une obsession fondamentale chez Flaubert : la métamorphose de Marie en Vénus que n'occultait pas encore en 1849 la vision de Saint-Antoine, rêveur halluciné.

CINQUIEME PARTIE

LA MADONE

Le corps interdit

«Une charmante pelisse»

La «grande passion» de Frédéric Moreau s'inspire, on le sait, de l'expérience personnelle de l'auteur, déjà transposée dans la confession de l'adolescent des *Mémoires d'un fou* (1838). Aussi la référence à cette œuvre autobiographique est-elle indispensable à qui s'interroge sur le sens du roman de 1869. Car l'art du romancier qui construit, compose, invente même à partir de ses souvenirs, a souvent pour résultat de disséminer dans la fiction, voire d'occulter ce que le récit autobiographique de jeunesse a délivré sans détours, sous la forme condensée et sensiblement moins censurée de la confession. Ainsi l'héroïne du roman «apparaît» d'abord à Frédéric qui «sauve» ensuite son châle de la noyade, tandis que le geste de l'adolescent des *Mémoires*, déplaçant la pelisse sur la plage, précède le récit de la rencontre de Maria, la propriétaire de ce vêtement féminin. L'ordre adopté par la confession autobiographique qui laisse, on l'a vu, les productions psychiques s'associer librement comme dans l'analyse freudienne, ne donne-t-il pas à lire, dans la passion amoureuse du héros flaubertien, le rôle primordial du fétichisme, c'est-à-dire de la sacralisation de la métonymie du vêtement, le caractère spécifique de ce fétichisme, les métonymies, sacralisantes et sacralisées, se niant elles-mêmes dans une série d'emboîtements successifs (le vêtement pour la femme, les franges, l'étoffe pour le vêtement...) :

> «Ce jour-là, une charmante pelisse rouge, avec des raies noires était restée sur le rivage. La marée montait (...); déjà un flot plus fort avait mouillé les franges de soie de ce manteau. Je l'ôtai pour le placer au loin; l'étoffe en était moelleuse et légère, c'était un manteau de femme» (90).

Dans le texte de 1869 l'art du romancier consiste à faire de plusieurs objets les signes de ce fétichisme :

«Il considérait son panier à ouvrage avec ébahissement, comme une chose extraordinaire (...). Il souhaitait connaître les meubles de sa chambre, toutes les robes qu'elle avait portées, les gens qu'elle fréquentait» (91).

Ces objets n'ayant pas tous un rapport direct avec le corps féminin, leur juxtaposition a pour effet de voiler ce que certains d'entre eux pris isolément (robes, meubles de la chambre) signifieraient trop clairement. Flaubert présente l'attitude de Frédéric Moreau comme une conséquence logique de l'émotion sacralisante causée par la rencontre de l'élue, il la justifie par le biais du commentaire au style indirect, comme si le souci de la cohérence romanesque servait à refouler ce que les aveux de jeunesse révélaient des obsessions profondes de l'inconscient flaubertien :

«Cependant un long châle à bandes violettes était placé derrière son dos, sur le bordage de cuivre. Elle avait dû, bien des fois, au milieu de la mer, durant les soirs humides, en envelopper sa taille, s'en couvrir les pieds, dormir dedans ! Mais, entraîné par les franges, il glissait peu à peu, il allait tomber dans l'eau...».

Il faut à tout prix sauver de la noyade et de la mort l'objet métonymique et fétichisé.

«Des blancheurs traversaient l'air»

Le texte autobiographique de jeunesse confirme donc ce que le roman de 1869 donne à lire : un vêtement féminin, privilégié parce qu'associé à l'événement de la rencontre, est d'emblée proposé comme le substitut sacré du corps de la femme aimée, c'est-à-dire comme le signe de l'impossibilité de posséder ce corps. Signe ambigu, il est vrai, puisqu'il dit à la fois la possession fictive, symbolique, et la non-possession du corps, l'interdit. Ambiguïté délicieuse, qui sauvegarde tout, le désir et la pureté. La séquence du châle n'en signifie pas moins que tout est joué dès que les protagonistes sont mis en présence l'un de l'autre. L'écriture romanesque ne fera que préciser et approfondir le sens de ce fétichisme premier, en multipliant les signes de l'interdiction fondamentale dont il est synonyme, mettant en scène moins l'histoire de Frédéric avec Mme Arnoux qu'avec les objets qui composent l'«atmosphère» de cette dernière. Aussi bien les conduites fétichistes du héros, à propos des objets qui ont un rapport direct avec le corps de Mme Arnoux, sont-elles mises en scène dans des épisodes déterminants qui marquent les temps forts du récit. Ainsi pendant l'idylle d'Auteuil, moment de la plus grande intimité des deux protagonistes : alors qu'il est «bien entendu qu'ils ne devaient pas s'appartenir», Mme Arnoux donne ses gants à Frédéric, «la semaine d'après son mouchoir». On sait qu'elle n'accordera rien d'autre à Frédéric et qu'à la fin du même chapitre VI qui clôt la deuxième partie, quelques pages plus loin, Rosanette devient la maîtresse du jeune homme qui l'emmène dans l'appartement, le «sanctuaire», préparé pour Mme Arnoux. Ainsi le texte signifie un besoin fondamental de *profaner ce qui a été sacralisé*. Il n'est pas moins significatif qu'à l'épisode initial du châle réponde le dénouement de la vente aux enchères (IIIe partie, chap. V); l'un annonce l'autre, le second approfondissant et amplifiant le sens du premier.

La composition et la progression du passage consacré à la vente aux enchères du mobilier de Mme Arnoux sont révélatrices. Le premier paragraphe décrit d'abord la lingerie, c'est-à-dire les objets même de l'intimité corporelle, dont la vue a toujours été interdite jusque-là à Frédéric et dont le mouchoir, par sa couleur et sa texture figure un équivalent symbolique; puis la garde-robe, familière au spectateur, substitut d'un corps sacré désormais absent — (les «reliques») — mais dont la vision du fétichiste perçoit encore la présence; et il s'achève sur la comparaison explicite avec le corps mis en pièces :

> «Quand Frédéric entra, les jupons, les fichus, les mouchoirs et jusqu'aux chemises étaient passés de main en main, retournés; quelquefois, on les jetait de loin, et des blancheurs traversaient l'air tout à coup. Ensuite on vendit ses robes, puis un de ses chapeaux dont la plume cassée retombait, puis ses fourrures, puis trois paires de bottines; — et le partage de ces reliques, où il retrouvait confusément les formes de ses membres, lui semblait une atrocité, comme s'il avait vu des corbeaux déchiquetant son cadavre».

Profanation entière, destruction des signes sacrés par dispersion et déchirure, la vente aux enchères est un *spectacle* qui révèle a contrario la fragilité du processus de sacralisation chez Frédéric. La surabondance des métonymies et des fétichismes ne signifie-t-elle pas leur absence de force poétique ou romantique profonde ? La vente, c'est-à-dire l'argent, défait toutes les sacralisations. Enfin l'esthétique impressionniste de ces «blancheurs» qui «traversaient l'air tout à coup» ayant pour fonction de déréaliser la scène, ne permet-elle pas au créateur de tirer ses effets plastiques les plus fascinants pour le lecteur de ce qui a été le plus systématiquement refoulé par son inconscient ?

Mis en valeur en tête d'une phrase détachée du contexte, un verbe suffit ensuite pour signifier la profanation scandaleuse que constitue la vente des objets qui composaient l'espace le plus intime de la maison de Mme Arnoux :

«On *exhiba* les meubles de la chambre à coucher».

La souffrance de Frédéric quand ces objets, dispersés par la vente disparaissent, «les uns après les autres», de sa vue, la comparaison et les termes employés pour commenter son deuil, confirment le caractère fétichiste de son attachement à ce qui figure un corps à jamais perdu pour lui :

> «C'était comme des parties de son cœur qui s'en allaient avec ces choses; et la monotonie des mêmes voix, des mêmes gestes, l'engourdissait de fatigue, lui causait une torpeur *funèbre, une dissolution*».

Et il se laisse déchiqueter lui-même, il accepte sa propre mort dans le spectacle des choses. L'attitude que Flaubert prête à Frédéric ressortit au sado-masochisme et n'est pas sans analogie avec celle de Jules, dans le roman de 1845, entendant de la bouche de Bernardi «mille détails» qui dégradent Lucinde, retournant et rompant «à toutes ses articulations le tendre et douloureux amour de sa jeunesse», et repaissant «la férocité de son esprit» de ce «spectacle». Le texte de 1869 donne toutefois plus directement à voir comment la constellation maternelle dans l'inconscient du créateur a pu conditionner un certain type de rapport à la femme aimée dans l'œuvre romanesque.

Une longue mèche de cheveux blancs

La scène que le romancier situe «vers la fin de mars 1867», épilogue de la «grande passion» de Frédéric Moreau, a une importance capitale car elle éclaire définitivement le lecteur sur la cause profonde du fétichisme du héros. Après avoir conclu le dialogue entre les deux protagonistes, à la fin de leur promenade dans Paris, sur le rappel de la chasteté de leur amour, le romancier évoque la découverte des cheveux blancs de Mme Arnoux : «Ce fut comme un heurt en pleine poitrine». Le signe sacré de l'amour est devenu objet pitoyable et vieux, signe du rapport vie/mort; le temps détruit tout, même le sacré (factice, il est vrai). De même le récit des adieux de l'héroïne, récit qui rapproche de façon significative sa déclaration, — «c'était sa dernière démarche de femme» —, de son geste, — «Et elle le baisa au front comme une mère» —, précède la description de son offrande finale, description qui met chaque geste de l'héroïne en valeur, en l'isolant dans une phrase détachée :

> «Mais elle parut chercher quelque chose, et lui demanda des ciseaux.
>
> Elle défit son peigne; tous ses cheveux blancs tombèrent.

Elle s'en coupa, brutalement, à la racine, une longue mèche.
— Gardez-les ! adieu !».

La violence de l'irréversible, du définitif, — («brutalement, à la racine») —,
que la description attribue à ce geste ne se justifie pas seulement par un
souci de vraisemblance à propos de ces adieux sans retour; elle figure
également un signe de ce qui est plus fondamentalement impossible.
Aussi bien l'imaginaire flaubertien associera-t-il de nouveau figure maternelle et cheveux blancs dans *La Légende de Saint Julien l'Hospitalier* (II).
Ainsi l'avant-dernier chapitre met en lumière ce que tout le roman dit de
manière voilée : ce corps féminin est interdit parce que maternel. Le commentaire du trouble de Frédéric ne laisse pas de doute à ce sujet, et la
lecture des brouillons de l'*Éducation sentimentale* en apporte la confirmation :

> «Il sentait quelque chose d'inexprimable, une répulsion, et
> comme l'effroi d'un *inceste*» (version définitive), «sur le point de
> s'accomplir», précisent les brouillons.

Le don de la mèche de cheveux, substitut du corps interdit, ressortit bien
au fétichisme, malgré la censure du romancier qui avait d'abord prêté
cette réplique à son héroïne :

> «*Je ne vous ai jamais rien donné* !
> Gardez-les ! adieu !».

Il n'est en effet pas moins révélateur que le dialogue de cette ultime
rencontre signifie par deux fois le désir de Mme Arnoux :

> — «J'avais peur ! Oui... peur de vous... de moi !»
> — «J'aurais voulu vous rendre heureux» (92)

et qu'après avoir noté la «convoitise» de Frédéric, «plus forte que jamais,
furieuse, enragée», provoquée par l'expression de ce désir, le texte attribue finalement au héros masculin la responsabilité du non-passage à l'acte.
Or cette «réserve» (93) n'est nullement due aux cheveux blancs de la
femme aimée. Frédéric «craint» seulement «d'en avoir dégoût plus tard».
Les brouillons le confirment :

> (Quand) «la lampe du cabinet (...) éclaire Mme Arnoux en
> plein, (elle lui) paraît très vieille, dégradée physiquement (...). Elle
> ne le dégoûte pas, non, c'est un attendrissement infini, une immense
> pitié».

Cette «délicatesse» (filiale) de Frédéric sur laquelle s'achève la
scène des adieux éclaire donc, en le résumant, tout le comportement du
personnage au cours du roman : «l'effroi de l'inceste» fonde l'adoration

pour la figure maternelle idéalisée en madone et explique le recours constant à la contemplation fétichiste.

La Madone

L'Apparition

Sur le point d'aborder la confession de son amour pour Maria, l'adolescent des *Mémoires d'un fou* précise de manière significative, au terme de la section IX, pour conclure un paragraphe intitulé *Après trois semaines d'arrêt* et marquant une rupture dans le discours autobiographique :

«Ici commencent vraiment les *Mémoires*...»

X

«Ici sont mes souvenirs les plus tendres et les plus pénibles à la fois, et je les aborde avec une émotion toute *religieuse*...».

Découvrir l'amour c'est ressentir «un singulier état de surprise et d'admiration, *une sensation toute mystique* en quelque sorte», c'est rester «immobile de stupeur, comme si la Vénus fût descendue de son piédestal», adorer un «ange», au «regard céleste», qui fait «rêver le ciel». L'amour est donné comme substitut de la religion.

Plus subtilement l'écriture romanesque ménage un effet de contraste et de surprise en évoquant «l'ennui, vaguement répandu (qui) semblait alanguir la marche du bateau et rendre l'aspect des voyageurs plus insignifiant encore», mettant l'accent sur leurs costumes sordides, sur le laisser-aller et la saleté généralisés, avant de détacher l'annonce de l'événement qui conditionne irréversiblement la vie du héros :

«Ce fut comme une apparition :»

Le choix du mot à connotation religieuse, les deux points explicatifs, la valeur affective et la majuscule du pronom personnel *Elle*, l'expression confuse de l'éblouissement, la description du mouvement «involontaire» de Frédéric, sont autant de moyens de suggérer une Vision bouleversante, — «L'univers venait tout à coup de s'élargir. Elle était le point lumineux où l'ensemble des choses convergeait» —, de donner à voir la dévotion pour celle qui figure alors moins une femme qu'un être unique, supérieur et exceptionnel :

«Elle était assise, au milieu du banc, toute seule; ou plutôt il ne distingua personne, dans l'éblouissement que lui envoyèrent ses yeux. En même temps qu'il passait, elle leva la tête; il fléchit involontairement les épaules...».

Trouvaille du romancier, l'offrande de Frédéric qui suit la chanson du harpiste et qui sert de dénouement à cette scène capitale de la rencontre, constitue un premier signe de la ferveur, de l'aspiration au sublime qui caractérisent l'amour du jeune homme pour Mme Arnoux, comme le montrera ultérieurement la mise en scène romanesque :

«Frédéric allongea vers la casquette sa main fermée, et, l'ouvrant avec pudeur, il y déposa un louis d'or. Ce n'était pas la vanité qui le poussait à faire cette aumône devant elle, mais une pensée de bénédiction où il l'associait, un mouvement de cœur presque religieux».

A une certaine verbosité de la confession autobiographique, trop directement démarquée des lectures du jeune Flaubert, s'opposent donc les prestiges de l'écriture romanesque qui a, entre autres pouvoirs, en faisant de *l'apparition* l'attribut spécifique de ce personnage féminin, celui de signifier le culte de Frédéric pour celle dont il clame le nom «Marie !» dès le chapitre I de la Première partie; nom qu'il déclare «adorer» lors de l'idylle d'Auteuil (IIe partie, chap. VI), parce qu'il est «fait exprès (...) pour être soupiré dans l'extase», et qu'il semble «contenir des nuages d'encens, des jonchées de roses»; nom qui a contenu pour lui «les délices de la chair et de l'âme...» (IIIe partie, chap. VI). Ainsi quand Frédéric découvre à Paris la boutique du marchand de tableaux, il n'entre pas : «Il attendit qu'Elle parût» (Première partie, chap. III); au premier dîner de la rue de Choiseul, à l'occasion de la fête à Saint-Cloud, quand le héros se rend au magasin pour faire exécuter la commission de Louise Roque, le même verbe revient sous la plume du romancier (Ière partie, chap. IV; chap. V; IIe partie, chap. VI); après les journées de juin 1848, à l'occasion du dîner Dambreuse, Mme Arnoux et son mari se retrouvent brusquement devant lui : Frédéric a «comme un vertige» (IIIe partie, chap. II) (94); enfin l'ultime visite, vers la fin de mars 1867, qui surprend le héros dans «le désœuvrement de son intelligence et l'inertie de son cœur» (IIIe partie, chap. VI), équivaut à une apparition. Cet accent mis sur «l'apparition» de la femme aimée, dans la mise en scène de la passion inactive et de la paralysie du désir de Frédéric Moreau, est une manière de dire qu'elle lui est et qu'elle doit lui rester inaccessible.

L'idole inaccessible

«Il fallut *partir*; nous nous séparâmes sans pouvoir lui dire adieu. Elle quitta les bains le même jour que nous. C'était un dimanche. Elle *partit* le matin, nous le soir».

«Elle *partit*; et je ne la revis plus. *Adieu* pour toujours !»

(*Mémoires d'un fou*, XIV).

> «O Maria ! Maria, cher ange de ma jeunesse (...), *adieu* !
> Adieu ! d'autres passions viendront...
> Adieu ! et cependant comme je t'aurais aimée (...)
> Adieu ! et cependant je penserai toujours à toi...» (*Ibid.*,
> XXII).

A la banalité maladroite de ces répétitions, le roman de 1869 substitue la mise en scène de l'irrévocable dès le chapitre I de la Première partie. Le texte oppose à la contemplation passionnée de Frédéric l'indifférence de celle qui est contemplée pour celui qui la contemple :

> «Elle lisait un mince volume à couverture grise. Les deux coins de sa bouche se relevaient par moments, et un éclair de plaisir illuminait son front. Il jalousa celui qui avait inventé ces choses dont elle paraissait occupée. *Plus il la contemplait*, plus il sentait entre elle *et lui se creuser des abîmes*. Il songeait qu'il faudrait la quitter tout à l'heure *irrévocablement*, sans en avoir arraché une parole, sans lui laisser même un souvenir !»

Les seules paroles et l'unique regard en effet que Mme Arnoux adresse à Frédéric dans cette scène initiale de la rencontre sont la conséquence du sauvetage du châle. Le récit, scandé par l'expression de l'impatience du jeune homme devant ce mutisme, — «Va-t-elle enfin me parler ? (...). Le temps pressait...» —, s'achève sur le constat de l'impuissance de ce dernier et de la vanité de tout ce qu'il pourrait entreprendre :

> «Quand il fut sur le quai, Frédéric se retourna. Elle était près du gouvernail, debout. Il lui envoya un regard où il avait tâché de mettre toute son âme; comme s'il n'eût rien fait, elle demeura immobile...».
>
> (...)
>
> «Un quart d'heure après, il eut envie d'entrer comme par hasard dans la cour des diligences. Il la verrait encore peut-être ?
> «A quoi bon? se dit-il».

Signes complémentaires d'un destin barré d'avance : la voix du héros qui «se perd dans l'air» quand il crie le nom de Marie dans la campagne déserte; l'«inquiétude sans cause», qui remplace la «joie rêveuse et infinie» à laquelle il s'était «abandonné», et dont la description du paysage offre une transposition picturale, grâce au contraste des «ombres géantes» et de la «large couleur de pourpre» qui «enflammait le ciel»; enfin le bilan désabusé de Frédéric à l'intention de son ami Deslauriers au chapitre II fait de l'irréel du passé le mode des amours impossibles :

«J'aurais fait quelque chose avec une femme qui m'eût aimé (...) quant à chercher celle qu'il me faudrait, j'y renonce. D'ailleurs si jamais je la trouve, elle me repoussera. Je suis de la race des déshérités...».

Les chapitres de la Première partie (III, IV), consacrés à l'existence parisienne du héros, ont pour fonction de montrer ses difficultés à atteindre la femme aimée. Le chapitre III, qui résume la première année de Droit de Frédéric, met en scène ses stations inutiles devant la vitrine de l'*Art Industriel*, son errance dans Paris, dans l'attente vaine de celle qui demeure invisible et s'achève sur le constat d'un échec : ... «Sa grande passion pour Mme Arnoux commençait à s'éteindre». Le récit mime une quête sacrée, celle de la Femme éternelle, divine, introuvable. La mise en scène des épreuves qu'il subit avant d'obtenir la première invitation rue de Choiseul à la fin du chapitre IV, oppose, non sans ironie, son attachement fétichiste pour tout ce qui a ou lui paraît avoir un rapport avec Mme Arnoux et la réalité de ce qui est ainsi fétichisé : Hussonnet, qui prend «une place démesurée dans sa vie» sous prétexte qu'il voit «de temps à autre» l'épouse du marchand de tableaux, est présenté comme un parasite et manque plusieurs rendez-vous avant d'introduire Frédéric à l'*Art Industriel*; ce sanctuaire, lieu de fréquentations rituelles, se révèle n'être qu'une boutique où Jacques Arnoux commet des «indélicatesses» commerciales :

«Le charme des choses ambiantes se retira tout à coup. Ce qu'il y sentait confusément épandu venait de s'évanouir, ou plutôt n'y avait jamais été...».
... «Au coin de la rue Montmartre, il se retourna; il regarda les fenêtres du premier étage; et il rit intérieurement de pitié sur lui-même, en se rappelant avec quel amour il les avait si souvent contemplées ! Où donc vivait-elle ? Comment la rencontrer maintenant ? La solitude se rouvrait autour de son désir plus immense que jamais !».

Tout ce que Frédéric a obtenu de son assiduité à l'*Art Industriel*, c'est de voir «le bas d'une robe disparaître»... Il lui faudra attendre la première invitation à dîner rue de Choiseul pour être «enfin» admis dans ce qui figure pour lui le saint des saints comme le dénote son émotion :

«Frédéric fut obligé de s'asseoir. Ses genoux chancelaient. Il se répétait : Enfin ! enfin !»

et encore ces dîners du jeudi ne lui permettent-ils que de «vivre dans l'atmosphère» de Mme Arnoux, de la contempler. Cette contemplation même, comme le donne à lire le chapitre V, est de nature ambivalente; indispensable à la vie de Frédéric qui «préférait toutes les douleurs à l'horrible chance de ne plus (...) voir » Mme Arnoux, elle «énerve» le jeune homme «comme l'usage d'un parfum trop fort. Cela descendit dans les profondeurs de son tempérament, et devenait presque une manière générale de sentir, un mode nouveau d'exister»; et s'accompagne de la conviction d'une séparation inéluctable :

> «Quant à essayer d'en faire sa maîtresse, il était sûr que toute tentative serait vaine».

Ainsi cette mise en scène critique qui, dans la première partie du roman fait succéder les déceptions aux espoirs, donne à voir l'insatisfaction consécutive à la paralysie du désir, signifie ce que la deuxième et la troisième parties confirmeront : croire que Mme Arnoux cessera un jour d'être hors de portée est une illusion.

Les yeux de Mme Arnoux

Découvrir l'amour, c'est, pour l'adolescent des *Mémoires d'un fou*, être ébloui par le regard d'une femme : «... je vois encore cette prunelle ardente sous un sourcil noir se fixer sur moi comme un soleil !» (X). La scène initiale de la rencontre sur le bateau montre, on l'a vu, que Frédéric Moreau n'accorde pas une importance moindre au regard de Mme Arnoux. Tout se passe comme si la destinée du jeune homme en dépendait. Aussi, à l'occasion du premier dîner rue de Choiseul, quand la maîtresse de maison s'adresse à lui en particulier, n'ose-t-il «lever les paupières pour la voir plus haut, face à face» (Ière partie, chap. IV). En revanche, le fait d'être regardé par Mme Arnoux, le soir de la fête à Saint-Cloud, plonge Frédéric dans une sorte d'adoration extatique et le fait aspirer au sublime :

> ... «il sentait ses regards pénétrer son âme, comme ces grands rayons de soleil qui descendent jusqu'au fond de l'eau. Il l'aimait sans arrière-pensée, sans espoir de retour, absolument; et, dans ces muets transports, pareils à des élans de reconnaissance, il aurait voulu couvrir son front d'une pluie de baisers. Cependant, un souffle intérieur l'enlevait comme hors de lui; c'était une envie de se sacrifier, un besoin de dévouement immédiat, et d'autant plus fort qu'il ne pouvait l'assouvir» (Ière partie, chap. V).

La déception de Frédéric, au moment des retrouvailles rue Paradis-Poissonnière (IIe partie, chap. I), est d'abord celle de quelqu'un qui a été «à peine reconnu» : Mme Arnoux «le regard tourné vers les cendres», s'est exclusivement occupée de son petit garçon. Au contraire, à la visite suivante (IIe partie, chap. II), il est «ressaisi par un amour plus fort que jamais, immense», parce qu'«il y avait dans la profondeur de ses prunelles une bonté infinie». Enfin, à Creil, «le regard austère» de Mme Arnoux, plus que ses paroles, arrête la déclaration amoureuse du jeune homme (IIe partie, chap. III).

La «bonté infinie» de ce regard féminin suffit au bonheur de Frédéric. Ainsi une rencontre fortuite dans Paris vaut mieux que «la plus belle des aventures» : «Une *suavité infinie* s'épanchait de ses beaux yeux» (IIe partie, chap. VI). Et dans la dernière entrevue, il déclare qu'«il n'imaginait rien au-delà» :

> «Est-ce que j'y pensais, seulement ! puisque j'avais toujours au fond de moi-même la musique de votre voix et *la splendeur de vos yeux* !» (IIIe partie, chap. VI).

Le texte signifie la distance infranchissable entre la Madone et celui qui l'adore, en privilégiant ce regard, en faisant des yeux l'attribut spécifique, voire la métonymie du personnage. «Dans l'ombre» de la voiture qui les ramène de Saint-Cloud à Paris, Frédéric n'aperçoit «de Mme Arnoux que ses deux yeux»; de même quand elle lui apparaît vers la fin de mars 1867 :

> «Dans la pénombre du crépuscule, il n'apercevait que ses yeux sous la voilette de dentelle noire qui masquait sa figure».

Or dans le premier comme dans le deuxième cas, Mme Arnoux est présentée comme une figure maternelle dont le corps est tabou :

> «Les plis nombreux de sa robe couvraient ses pieds. *Il lui semblait communiquer avec toute sa personne par ce corps d'enfant étendu entre eux* (...).
>
> (...) il étendit la main gauche de son côté (...) s'imaginant qu'elle allait faire comme lui, peut-être, et qu'il rencontrerait la sienne. Puis il eut honte, et la retira».

Une fois encore, ce qui a été le plus refoulé et censuré par l'inconscient du créateur inspire les plus belles images de la rêverie hallucinée qu'il prête à son personnage; ainsi quand Frédéric revient à Paris, après avoir fait son héritage (IIe partie, chap. I) :

> «... Une pluie fine tombait, il faisait froid, le ciel était pâle, mais deux yeux qui valaient pour lui le soleil resplendissaient derrière la brume».

A la fin du même chapitre, au sortir du bal masqué chez Rosanette, ces yeux qui participent à «l'hallucination du premier sommeil» de Frédéric, sont opposés de manière significative au kaléidoscope que composent «les épaules de la Poissarde», «les reins de la Débardeuse», les mollets de la Polonaise», «la chevelure de la Sauvagesse» :

> «Puis deux grands yeux noirs, qui n'étaient pas dans le bal parurent; et, légers comme des papillons, ardents comme des torches, ils allaient, venaient, vibraient, montaient dans la corniche, descendaient jusqu'à sa bouche...».

«La musique de votre voix»

L'importance que le texte accorde à la voix, comme au regard de Mme Arnoux, contribue à gommer la nature et à délivrer ce personnage féminin de la pesanteur charnelle. Car cette voix qui, «un peu sourde naturellement», a «des intonations caressantes et *comme des légèretés de brises*» est «*musique*». Il est significatif que l'épilogue de mars 1867 le rappelle et que le récit du premier dîner rue de Choiseul s'achève sur l'évocation du chant de Mme Arnoux, tel que le perçoit Frédéric. Les impressions de ce dernier privilégient ce qui signifie l'essor vers un monde échappant à la matière, une sorte de délivrance, d'évasion hors de la vie terrestre :

> «... un son pur, long, filé, monta dans l'air. Frédéric ne comprit rien aux paroles italiennes».
>
> (...)
>
> «Elle se tenait debout (...) le regard perdu (...) sa poitrine se gonflait, ses bras s'écartaient, son cou d'où s'échappaient des roulades se renversait comme sous des baisers aériens...».

L'accent est mis sur l'aisance à passer des notes graves aux aiguës :

> «Sa voix de contralto prenait dans les cordes basses une intonation lugubre qui glaçait (...) elle lança trois notes aiguës, redescendit, en jeta une plus haute encore, et, après un silence, termina par un point d'orgue».

Ce caractère aérien, pour ne pas dire céleste, du chant de Mme Arnoux est confirmé par ce qu'en perçoit de nouveau Frédéric à son arrivée à Saint-Cloud, d'autant plus que la cantatrice reste cette fois invisible :

> «Mais, *au-dessus de leur tête*, une roulade éclata (...) Il y avait de longues notes qui semblaient se tenir suspendues (...); et sa voix, passant par la jalousie, coupait le grand silence et montait vers le ciel bleu».

Dans la deuxième partie du roman, qui tend précisément à accentuer le caractère maternel du personnage, le chant de Mme Arnoux ne s'élève qu'au dernier chapitre, pour tenter de calmer les souffrances de son fils

atteint du croup et précède, d'une manière non moins significative, le
«sacrifice» de sa passion pour Frédéric. Ainsi le traitement romanesque
réservé à la voix, comme aux yeux, de celle·qui se nomme Marie-Angèle
est une manière de nier son corps en tant qu'objet de plaisir sensuel, ou
du moins de ne retenir de ce corps féminin que ce qui peut être sublimé
pour composer une figure idéale.

Marie-Vénus

«La robe insoulevable»

Aussi bien les contacts physiques entre Mme Arnoux et Frédéric
figurent-ils l'exception. Dans la première partie du roman, ils se limitent
aux usages sociaux : serrer la main de la maîtresse de maison, lui offrir
son bras. La force de la sensation éprouvée par le jeune homme, la première fois qu'il touche la main de l'héroïne, — «... il éprouva comme une
pénétration à tous les atomes de sa peau» —, le fait qu'il s'interroge sur le
sens de ce geste banal, signifient le tabou dont le corps de Mme Arnoux
est l'objet. Lorsqu'il lui rend visite rue Paradis-Poissonnière au chapitre II
de la deuxième partie, il croit voir «un engagement, une promesse» dans
un geste où la féminité est pourtant occultée :

«Et elle tendit sa main d'une manière franche et virile».

Après lui avoir enfin avoué son amour (IIe partie, chap. VI), Frédéric
«se mit à la baiser *sur les paupières*», et est vite interrompu par l'arrivée
du teneur de livres; de même, quand elle lui a promis de se montrer à son
bras dans Paris, il «lui (pose) ses lèvres sur la nuque», comme si le regard
excluait le baiser et réciproquement. L'idylle d'Auteuil est caractérisée
par la même réserve chaste, la distance du regard ne cessant de se substituer à ce qui pourrait être contact sensuel : Mme Arnoux n'offre sa main
que pour la retirer «presque aussitôt»; cette même main, Frédéric la
«saisit», «doucement», pour la contempler; simultanément le texte rappelle le caractère anormal de cette réserve chez le personnage masculin :

«Bientôt, il fut pris de colère contre lui-même, se déclara un
imbécile...».

Il n'est pas moins révélateur que la première étreinte des deux protagonistes (IIIe partie, chap. III), soit interrompue par la visite de Rosanette,
que cette étreinte annonce donc leur séparation et qu'elle figure le signe
d'une félicité «irrévocablement impossible».

Face à Mme Arnoux, Frédéric «n'ose pas». A plusieurs reprises, le
texte romanesque donne à entendre que cette paralysie du désir est la
conséquence d'une peur que le chapitre VI de la troisième partie identifie

comme celle de l'inceste. Tout se passe au début de leurs relations comme si le corps de Mme Arnoux n'existait pas pour Frédéric, comme s'il refusait de prendre en compte sa présence dangereuse :

> «Une chose l'étonnait, c'est qu'il n'était pas jaloux d'Arnoux; et il ne pouvait se la figurer autrement que vêtue, — tant sa pudeur semblait naturelle, et reculait son sexe dans une ombre mystérieuse» (Ière partie, chap. V).

Quand la deuxième partie (chap. III) le présente vivant dans l'intimité de celle qui s'impose alors de plus en plus comme une figure maternelle, la «vertu» de cette «mère de famille chaste et haute» (95) augmente «son respect» :

> «Bien qu'il connût Mme Arnoux davantage (*à cause de cela, peut-être*), il était encore plus lâche qu'autrefois. Chaque matin, il se jurait d'être hardi. *Une invincible pudeur* l'en empêchait...».

Lorsqu'il tente à Creil de lui avouer son amour (IIe partie, chap. III), après l'avoir, pour la première et dernière fois, aperçue un peu dévêtue, il n'ose se jeter à ses genoux :

> «Il était empêché (...) par une sorte de crainte religieuse. Cette robe, se confondant avec les ténèbres, lui paraissait démesurée, infinie, insoulevable...» (96).

Devant cette femme-sphinx, au regard «impénétrable» (97), le personnage masculin est privé de volonté propre :

> «... la peur de faire trop et de ne pas faire assez lui ôtait tout discernement.»
> Si je lui déplais, pensait-il, qu'elle me chasse ! Si elle veut de moi, qu'elle m'encourage !».

Cette mise en scène de la paralysie du désir masculin trouve son achèvement dans l'évocation du comportement que le romancier prête à Frédéric dans la séquence du rendez-vous de la rue Tronchet (IIe partie, chap. VI). Le texte donne à voir l'activité du jeune homme tant qu'il s'agit de préparer, d'ordonner ce qui figure à ses yeux une sorte de sanctuaire :

> «... la crainte seule de paraître grossier le modéra dans ses emplettes; il revint avec elles; et plus dévotement que ceux qui font des reposoirs, il changea les meubles de place, drapa lui-même les rideaux, mit des bruyères sur la cheminée, des violettes sur la commode; il aurait voulu paver la chambre tout en or».

C'est dire que Frédéric n'est actif que tant qu'il s'agit d'acheter des objets, substituts du corps aussi effrayant que fascinant de la femme aimée («la parfumerie la plus rare», la fausse guipure pour le lit, les pantoufles de satin bleu); une activité qui ressortit une fois de plus au fétichisme caractéristique du personnage. La peur que signifie ce fétichisme n'apparaît pas moins dans la passivité de l'attente de Frédéric : la mise en scène en souligne le caractère interminable (de deux à six heures !), l'«angoisse» croissante, le dénouement digne d'un «cauchemar»; à aucun moment le romancier ne prête à son héros l'intention d'éclaircir les causes de cette absence en allant lui-même chez Mme Arnoux, le jour même ou le lendemain; au contraire il l'imagine alors se retrouvant devant les fenêtres de la Maréchale et devenant son amant. Tout se passe donc comme si pour Frédéric, face à Mme Arnoux, le passage à l'acte était radicalement impossible. Si l'amour du jeune homme a pu disparaître «comme un feuillage emporté par un ouragan» parce qu'il s'est juré «de n'avoir plus même un désir», on est en droit de s'interroger sur la nature même de ce désir.

Marie ou Vénus

«L'action, pour certains hommes, est d'autant plus impraticable que le désir est plus fort. La méfiance d'eux-mêmes les embarrasse, la crainte de déplaire les épouvante...».

Le commentaire du romancier ne prend-il pas la conséquence pour la cause ? Ne signifie-t-il pas que la force du désir provient de l'impossibilité radicale de le satisfaire ? Ne pose-t-il pas, en dernière analyse, la question de savoir si le respect de la femme aimée n'est pas incompatible, chez le personnage flaubertien, avec le désir même ? Au moment de l'idylle d'Auteuil, moment de la plus grande intimité des deux protagonistes, — «aucun fâcheux ne pouvait les surprendre» —, ce n'est pas la «force» mais la nature même de son désir qui empêche Frédéric d'agir :

«... *le charme de sa personne lui troublait le cœur plus que les sens*. C'était une béatitude infinie, un tel enivrement qu'*il en oubliait jusqu'à la possibilité d'un bonheur absolu*».

La description donne simultanément à voir comment le costume porté par l'héroïne dissimule précisément son corps, comment il fait oublier ce que ce dernier pourrait signifier de plaisir érotique :

«Elle ne faisait rien pour exciter son amour (...); pendant toute la saison, elle porta une robe de chambre en soie brune, bordée de velours pareil, vêtement large convenant à la noblesse de ses attitudes et à sa physionomie sérieuse»...

Les brouillons laissent entendre que Frédéric désire moins posséder Mme Arnoux que la connaître, — («posséder surtout son âme») —, et la regarder. Le texte de la version définitive ne le précise-t-il pas dès le chapitre I de la première partie ?

«... et le désir de la possession physique même disparaissait sous une envie plus profonde, dans une curiosité douloureuse qui n'avait pas de limites».

La contemplation fétichiste qui détaille le corps féminin, concentrant le regard sur certaines parties de ce dernier, est recours contre la peur de la possession (98). L'attitude de Frédéric au cours des dîners de la rue de Choiseul, après lesquels il avoue précisément à Deslauriers qu'il «n'ose pas», son comportement à Auteuil, ne laissent pas de doute à ce sujet :

«Elle avait à droite, contre la tempe, un petit grain de beauté; ses bandeaux étaient plus noirs que le reste de sa chevelure et toujours un peu humides sur les bords...».

«... il contemplait l'entrelacs de ses veines, les grains de sa peau, la forme de ses doigts. Chacun de ses doigts était, pour lui, plus qu'une chose, presque une personne».

Cette préciosité épidermique de la contemplation, une préciosité digne des Goncourt, qui divise à l'infini, jusqu'au réseau de la peau, a pour fonction d'exorciser le corps global, érotique, féminin. Les brouillons confirment le sens et la fonction de la contemplation fétichiste de Frédéric :

«... peu à peu le battement de cœur qu'il avait eu à la porte, ses résolutions d'être hardi, le désir physique disparaissaient. Il ne songeait qu'à la regarder et à la connaître. Une rêverie irrésistible le prenait et il restait l'œil fixe sur quelque détail de sa personne... les veines bleues de ses mains».

Non seulement le «courant tendre» et le «courant sensuel», pour reprendre les expressions de Freud (99), ne «fusionnent» pas chez Frédéric. Qui plus est, il y a *dichotomie* entre ces deux courants qui *coexistent* chez lui. D'où la dualité complémentaire des deux figures féminines, la Madone et la Lorette, qui fonde la structure de la deuxième partie du roman et dont les conseils de Deslauriers, désireux de soigner les «nerfs» de son ami en l'entraînant au bal de l'Alhambra (Ière partie, chap. V), figurent un signe annonciateur :

«On se console des femmes vertueuses avec les autres». «Il s'excite ainsi le cœur chez l'une, les sens chez l'autre (disent les brouillons) et quelquefois une confusion se faisait dans son âme, un seul désir fait de ces deux désirs. Près de l'une il rêve à l'autre, elles l'échauffent réciproquement. C'est un état très doux».

L'art de la version définitive réside dans l'élaboration d'une métaphore musicale propre à signifier la complémentarité fondamentale de ces deux désirs chez le personnage masculin en gommant la crudité qui caractérise les références à la sexualité dans les brouillons (100) :

«La fréquentation de ces deux femmes faisait dans sa vie comme deux musiques : l'une folâtre, emportée, divertissante, l'autre grave et presque religieuse; et, vibrant à la fois, elles augmentaient toujours, et peu à peu se mêlaient; — car, si Mme Arnoux venait à l'effleurer du doigt seulement, l'image de l'autre, tout de suite, se présentait à son désir, parce qu'il avait, de ce côté-là, une chance moins lointaine; —et, dans la compagnie de Rosanette, quand il lui arrivait d'avoir le cœur ému, il se rappelait immédiatement son grand amour».

Ainsi Frédéric qui n'avait hâte de revenir à Paris que pour revoir Mme Arnoux, découvre «l'existence parisienne» au bal de la lorette, dès le chapitre I de la deuxième partie du roman. A l'épisode de la visite à Creil fait suite celui des courses au Champ-de-Mars (fin chapitre III, début chapitre IV); la «gaieté» des boulevards, le billet de Rosanette, avec la promesse de plaisir qu'il signifie pour Frédéric, effacent son abattement consécutif à l'échec de sa démarche auprès de Mme Arnoux. La fin du chapitre VI prête une réaction du même ordre chez celui qui a attendu en vain rue Tronchet : il ressent «un besoin d'actions violentes», «l'agitation de la grande ville le (rend) gai» et, quand Rosanette est devenue sa maîtresse, il l'emmène «dans le logement préparé pour l'autre». Retour significatif de ce pronom. Avec chacune, il y a *l'autre*, l'appel à l'autre. L'intervention de Rosanette enfin rend la «félicité» du jeune homme «radicalement impossible au moment où il allait la saisir» (IIIe partie, chap. III). De tous ces signes de l'incompatibilité de la tendresse et du désir sensuel, la présence du portrait de Rosanette, aperçu par Mme Arnoux lors de la dernière entrevue de mars 1867, ne figure-t-elle pas comme un rappel ultime ?

Marie et Vénus

A l'alternative Marie ou Vénus ne se réduit pas toutefois le comportement amoureux tel que le donne à voir l'*Éducation sentimentale*; le personnage de la madone et celui de la lorette ne présentent pas seulement des rapports d'opposition et de contraste. Ils sont aussi l'objet d'une certaine contamination réciproque, de même que les deux maisons présentent des «similitudes» par suite du va-et-vient incessant des objets d'un logement à l'autre (IIe partie, chap. II). Tandis que Rosanette ment à son rôle en devenant «sérieuse» et mère de famille, certains attributs de la lorette sont dévolus à Mme Arnoux. Quand il choisit pour elle, chez Chevet, «du raisin, des ananas, différentes curiosités de bouche» (101), quand il veut dîner, seul avec elle, dans un cabinet particulier de la Maison d'Or, Arnoux traite sa femme en lorette; il entretient «la confusion» entre la maison de son épouse et celle de sa maîtresse, reprenant, «sans la moindre gêne», «à l'une ce qu'il lui (a) donné pour l'offrir à l'autre», et il partage, avec Frédéric, la «manie» de «vanter» souvent Mme Arnoux en présence de Rosanette. Le texte romanesque autorise, bien que voilés, des rapprochements plus significatifs encore. Comme le faïencier cède sa maîtresse au père Oudry pour qu'il le cautionne auprès du banquier Dambreuse, quand il demande à Frédéric de lui prêter quinze mille francs, il met en avant «sa pauvre femme», et en fait encore mention dans le billet qu'il adresse au jeune homme (IIe partie, chap. III); lorsqu'il lui annonce l'inscription d'hypothèque chez le notaire, il complète l'éloge des qualités morales de son épouse par celui de ses qualités corporelles (102). «N'osant faire la démarche lui-même», il engage cette dernière à rendre visite à Frédéric pour empêcher les poursuites de M. Dambreuse :

> «... elle conta que, l'avant-veille, Arnoux n'avait pu payer quatre billets de mille francs souscrits à l'ordre du banquier, et sur lesquels il lui avait fait mettre sa signature».

Dans le déjeuner chez Parly qui suit la garde au poste du Carrousel (IIIe partie, chap. I), «s'oubliant, il vanta les qualités de Rosanette, la compara même à sa femme. C'était bien autre chose ! On n'imaginait pas d'aussi belles cuisses»; ce discours ne diffère pas de celui que tient le Baron de Comaing sur la lorette, — «A-t-elle toujours d'aussi jolies jambes?» —, dans ce dîner entre hommes où la plaisanterie douteuse de Cisy crée précisément un quiproquo supplémentaire entre la femme vénale et la femme honnête (IIe partie, chap. IV).

A ces signes de confusion entre la madone et la lorette, s'ajoutent des effets qui dégradent la figure idéale de la première, dans trois épisodes déterminants du roman, et, à chaque fois, le personnage masculin porte, plus ou moins directement, la responsabilité de cette dégradation : au Champ-de-Mars, la compagne de Frédéric «insulte» la femme de son protecteur; c'est «pour mieux outrager en son âme Mme Arnoux», que le jeune homme emmène la lorette à l'hôtel de la rue Tronchet; il est lui-même la cause de «l'infamie» à laquelle équivaut l'irruption de cette dernière rue Paradis. Pour ne pas risquer d'«affronter (le) dédain» de Mme Arnoux, il rêve de recourir à l'attirail du roman «noir» ou du roman populaire et pense à «des choses monstrueuses», absurdes, telles que des surprises, la nuit, avec des narcotiques et des fausses clefs (IIe partie, chap. III); les brouillons disent crûment qu'il rêve «aux moyens les plus honteux et les plus impraticables», qu'il a «envie de la violer», de la «dépraver» (103). La tentation du sacrilège, de la profanation peut exacerber le désir inhibé par le respect : c'est «précisément» parce que la robe de Mme Arnoux lui «paraissait (...) insoulevable» que le désir de Frédéric «redoublait». «Jamais elle ne lui parut plus belle» que lorsqu'elle pleure après la scène du cachemire (IIe partie, chap. II), c'est-à-dire lorsqu'elle est humiliée, ce que les brouillons appellent devenir «humaine enfin». Tout se passe comme si le désir du personnage masculin avait besoin, pour être provoqué, de la dégradation de celle qui l'inspire. Aussi bien Frédéric est-il «repris par une convoitise plus forte que jamais, furieuse, enragée», quand il soupçonne Mme Arnoux d'être «venue pour s'offrir», au moment de son ultime visite, en mars 1867. Vingt ans après la première version de la *Tentation*, le roman de 1869 donne à lire la permanence d'un archétype fondamental dans l'imaginaire flaubertien : l'ambivalence constitutive de la figure maternelle qui associe de manière indissoluble Marie et Vénus, la femme honnête et celle qui ne l'est pas.

La figure triangulaire du désir

Les *Mémoires d'un fou* font de la dégradation de la figure maternelle la conséquence de la souillure du péché de chair. L'*Éducation sentimentale* ne témoigne pas moins que la confession autobiographique de l'influence de son «roman familial» sur l'inspiration de Flaubert. Ainsi la figure triangulaire qu'il persiste à attribuer au désir dans l'œuvre de 1869 donne à entendre que sa psychologie amoureuse a été irréversiblement déterminée par la fixation à des fantasmes de sa puberté (104). Comme l'adolescent des *Mémoires*, Frédéric aime une femme qui n'est pas libre, c'est-à-dire une femme sur laquelle un autre homme peut faire valoir des droits de propriété. Il apparaît en outre qu'il est incapable d'en aimer une qui ne répond pas à cette condition que Freud appelle celle du *tiers lésé*; Louise Roque par exemple; c'est ce que signifie le dénouement de la scène dans le jardin au bord de l'eau (IIe partie, chap. V) :

> «... Sa tête se renversa, elle défaillit, il la soutint. Et les scrupules de sa probité furent inutiles; devant cette vierge qui s'offrait, une peur l'avait saisi» (105).

Bien que l'un et l'autre soient inscrits dans la structure même du roman, on ne s'est souvent pas assez avisé, semble-t-il, du sens et de l'importance que revêt le personnage de Jacques Arnoux dont l'époux de Maria, dans les *Mémoires d'un fou* constitue une première ébauche :

«Son mari tenait le milieu entre l'artiste et le commis-voya-
geur; il était orné de moustaches; il fumait intrépidement, était
vif, bon garçon, amical; il ne méprisait point la table, et je le vis
une fois faire trois lieues à pied pour aller chercher un melon à la
ville la plus voisine...» (106).

C'est Arnoux qui retient le premier l'attention de Frédéric : ... «il *vit* un
monsieur qui contait des galanteries à une paysanne, tout en lui maniant
la croix d'or qu'elle portait sur la poitrine» (Ière partie, chap. I). Cette
scène qui, d'entrée de jeu, place Frédéric en position de voyeur annonce
la situation qu'il aura par rapport aux couples Arnoux-Rosanette, Arnoux-
Marie Arnoux. Le rapport de ce voyeurisme et du triangle œdipien n'est
pas moins évident dans ce premier chapitre du roman. Entre ce «gaillard
d'une quarantaine d'années» et le «jeune homme de dix-huit ans» s'établit
d'emblée une relation du type paternel. Arnoux, qui accapare la parole,
figure aux yeux du jeune provincial un modèle en matière de comportement viril (le tabac, les femmes), — «le monsieur en bottes rouges donna
des conseils au jeune homme» (...) «sur un ton paterne» —; aussi con-
fie-t-il ses projets, que l'autre «encourage», à cet homme d'expérience
qui a voyagé, connaît «l'intérieur des théâtres, des restaurants, des journaux et tous les artistes célèbres», c'est-à-dire la vie parisienne telle que le
jeune nogentais la rêve, et l'ambitionne :

«Frédéric éprouvait un certain respect pour lui et ne résista
pas à l'envie de savoir son nom».

L'apostrophe d'Arnoux, — «*Ma femme*, es-tu prête ?» —, immédiatement
après que le regard de Frédéric ait croisé celui de l'inconnue dont il vient
de sauver le châle, fixe de manière significative l'identité de cette dernière
en rappelant son statut de femme mariée. Aussi bien cette appellation,
«Mme Arnoux», est-elle une constante du texte alors que l'épouse de
Charles est, malgré le titre, plus fréquemment désignée au cours du roman
par le nom d'Emma que par celui de Mme Bovary. Cette nomination par
Arnoux lui-même, en présence de Frédéric, dès les premières pages du
roman, est signe de la permanence du triangle œdipien dans l'imaginaire du
romancier.

La mise en scène du déjeuner sur le bateau, dans le même chapitre II,
prépare ce que celle de la deuxième partie du roman ne cesse de donner
à voir, en faisant assister Frédéric, qui «meurt de faim» mais n'a plus un
sou, au repas de M. et Mme Arnoux, comme à un spectacle. Dans la séquence des retrouvailles rue Paradis-Poissonnière, qui ouvre la deuxième
partie du roman, le visiteur est de nouveau et d'abord le spectateur muet
d'une scène familiale entre Arnoux qui joue les premiers rôles, sa femme et

le dernier-né du ménage. Celle du cachemire (IIe partie, chap. II), dont Flaubert a également voulu que Frédéric fût le témoin oculaire, fait de ce dernier le «parasite de la maison» (chap. III), c'est-à-dire qu'il assiste désormais «aux dîners où Monsieur et Madame, en face l'un de l'autre, n'échangeaient pas un mot», qu'il est «attristé» par «le *spectacle* de ces deux êtres malheureux», et qu'il est devenu le confident de Mme Arnoux :

«... Il s'en allait enfin; et elle abordait immédiatement l'éternel sujet de plainte : Arnoux».

La seconde partie du roman confirme donc la nécessité de la médiation de cette figure paternelle dans les amours de Frédéric et de Marie Arnoux comme dans celle du jeune homme et de la lorette puisqu'elle met simultanément en scène le faïencier initiant son jeune ami aux plaisirs de la vie parisienne, l'introduisant chez Rosanette à l'occasion du bal masqué, l'invitant régulièrement à dîner chez elle.

Ainsi s'expliquent les contradictions apparentes des sentiments ambivalents que Frédéric éprouve à l'égard d'Arnoux, mélange d'attirance, de sympathie identificatrice et de jalousie répulsive. Dans la mesure où sont occultés les rapports sexuels entre ceux qui figurent le couple parental, où le mari-père paraît donc moins un rival que le «possesseur légitime» (107) de la femme aimée, l'agressivité et l'hostilité s'estompent au profit de la sympathie :

«Une chose l'étonnait, c'est qu'il n'était pas jaloux d'Arnoux; *et* il ne pouvait se la figurer autrement que vêtue, — tant sa pudeur semblait naturelle, reculait son sexe dans une ombre mystérieuse».

... «Frédéric (cela tenait sans doute à des ressemblances profondes) éprouvait un certain entraînement pour sa personne. Il se reprochait cette faiblesse, trouvant qu'il aurait dû le haïr, au contraire».

En revanche le rappel explicite du commerce charnel entre Arnoux et sa femme, comme dans le dénouement de la séquence consacrée au Bal de l'Alhambra, provoque chez Frédéric un mouvement d'hostilité répulsive qui trahit la jalousie. Le texte qui décrit le jeune homme devant la maison de Mme Arnoux présente des analogies révélatrices avec celui des *Mémoires d'un fou* qui évoque l'adolescent dans une situation équivalente :

«Aucune des fenêtres extérieures ne dépendait de son logement. Cependant, il restait les yeux collés sur la façade, — comme s'il avait cru, par cette contemplation, pouvoir fendre les murs. Maintenant, sans doute, elle reposait, tranquille comme une fleur endormie, avec ses beaux cheveux noirs parmi les dentelles de l'oreiller, les lèvres entre-closes, la tête sur un bras.

Celle d'Arnoux lui apparut. Il s'éloigna pour fuir cette vision»
(*Éducation sentimentale*).

«... je regardai longtemps le mur de sa maison (...). Elle dort,
me dis-je. Et puis tout à coup une pensée vint m'assaillir, pensée de
rage et de jalousie...

Je pensai à son mari, à cet homme vulgaire et jovial, et les
images les plus hideuses vinrent s'offrir devant moi...» (*Mémoires
d'un fou*, XIII).

L'art du romancier consiste à ne pas gloser sur cette jalousie répulsive
comme dans la confession autobiographique, mais à la signifier indirectement, et à disséminer ces signes dans la mise en scène romanesque;
quand il montre par exemple l'aversion de Frédéric pour la personnalité
physique, pour les mains d'Arnoux en particulier :

«Frédéric se sentait de plus en plus irrité par son air de méditation, et surtout par ses mains qui se promenaient sur les affi-
ches, — de grosses mains, un peu molles, à ongles plats. Enfin Arnoux se leva; et en disant : «c'est fait !», il lui passa la main sous
le menton, familièrement. Cette privauté déplut à Frédéric, il se
recula; puis il franchit le seuil du bureau, pour la dernière fois de
son existence, croyait-il. Mme Arnoux, elle-même, se trouvait comme diminuée par la vulgarité de son mari» (Ière partie, chap. IV).

De même la mise en scène de la colère de Frédéric, quand Arnoux fait
l'éloge du corps de sa femme après le prêt de quinze mille francs (IIe
partie, chap. III), rend sensible la jalousie du jeune homme pour son
rival :

«La vulgarité de cet homme exaspérait Frédéric — Tout lui
appartenait donc, à celui-là !».

L'art du romancier consiste surtout à signifier l'ambiguïté même
de l'attitude de Frédéric à l'égard d'Arnoux. Ainsi après s'être laissé aller
à des fantasmes homicides pendant le sommeil de ce dernier au corps de
garde du Carrousel, il finit par trinquer à sa santé, alors que l'autre vient
de comparer le corps de sa femme à celui de Rosanette :

«Quand ils remontèrent ensemble la rue Vivienne, leurs épau-
lettes se touchaient fraternellement» (IIIe partie, chap. I).

Ainsi la création romanesque met en lumière une obsession fondamentale
de l'imaginaire flaubertien : la jalousie nécessaire à la naissance du désir
qui est encore entretenu, sinon exacerbé, par le voyeurisme du jaloux; un
corps féminin est convoitable quand il est possédé et/ou convoité par un

tiers. Les brouillons le confirment quand ils commentent les réactions de Frédéric recevant les premières confidences indiscrètes d'Arnoux :

> ... «Il la dénudait. Frédéric écoutait avidement et, flatté par l'air attentif du jeune homme, Arnoux montrait son bonheur...»
> ... «Si révolté qu'il fût par ces confidences, Frédéric les écoutait avec une joie avide...».

Argument a contrario, cette remarque, que la version définitive n'a pas conservée, concernant la déception de Frédéric quand il apprend que Mme Arnoux a été peu courtisée :

> «Elle lui avoua qu'elle n'avait jamais aimé d'amour personne (enchanté). Elle ajouta qu'aucun homme d'ailleurs ne s'était jamais avisé de lui faire une cour sérieuse et il fut moins content».

Aussi bien la démarche de Deslauriers, tentant de séduire Mme Arnoux à la fin de la deuxième partie du roman, reproduit-elle la même figure triangulaire du désir. Lui qui, la première fois qu'il rencontre l'héroïne, ne la trouve «pas mal, sans avoir pourtant *rien d'extraordinaire*» (Ière partie, chap. V), finit par être «irrité» par «la persistance de l'amour» de Frédéric :

> «Mme Arnoux (à force d'en entendre parler) avait fini par se peindre dans son imagination *extraordinairement*» (IIe partie, chap. V).

Le texte ne précise-t-il pas que Deslauriers «se mit en route, *se substituant à Frédéric* et *s'imaginant presque être lui*, par une singulière évolution intellectuelle où il y avait à la fois de la vengeance et de la sympathie, de l'imitation et de l'audace » ? De même Louise Roque, pratiquement fiancée à Frédéric, provoque l'intérêt et la convoitise de Deslauriers qui gagne la confiance de la jeune fille en «imitant» précisément «l'allure» et «le langage» de son ami (IIIe partie, chap. IV). Autant dire qu'une femme n'existe pas sans la médiation d'un regard tiers : le personnage flaubertien ne s'intéresse pas à ce qu'elle est en elle-même mais à ce qu'elle représente pour un autre sujet masculin. Aimer une femme, n'est-ce pas en effet créer un mythe et aimer ce mythe ?

La création d'un mythe

Mythe et idéal

Avec une lucidité peu banale pour son âge, le «fou» des *Mémoires* a découvert qu'il n'«aimait» et ne «désirait» Maria que deux ans après l'avoir rencontrée (XXI), quand il s'est retrouvé seul dans le village où il l'avait connue :

«... Je me la créais là, marchant à côté de moi, me parlant, me regardant (...) je reconstruisais dans mon cœur toutes les scènes où elle avait agi, parlé. Ces souvenirs étaient une passion».

Sans la médiation de la mémoire, l'amour n'existe pas; aussi bien est-il fondamentalement rêve d'amour; un idéal à jamais préservé, puisqu'il n'est pas question de le dégrader en le confrontant à la réalité «honteuse» de la chair (XVI, XVII). L'insatisfaction du désir est la condition de la permanence du «grand amour» : Maria restera toujours «au fond (du) cœur» de l'adolescent, il «pensera toujours à elle», même s'il connaît «d'autres passions» (XXII). «L'ange de (sa) jeunesse» n'est finalement pour le jeune Flaubert que le prétexte de la mise en scène et en images de ses fantasmes. La création de ce mythe amoureux lui assure liberté, impunité et sécurité, car elle lui fournit un recours contre le danger de l'altérité féminine, contre la peur consécutive à tout ce que la «constellation maternelle» a fixé dans son inconscient. Il était nécessaire que Maria devînt un mythe et que le livre fût écrit car «la mémoire oublie et l'image s'efface» : l'écriture du mythe est la garantie de sa durée.

Dans l'*Éducation sentimentale*, les commentaires de l'auteur sur son personnage proposent le mythe amoureux comme tel et autorisent par conséquent une lecture critique de ce dernier et de sa fonction idéalisante. Ainsi sont précisées les raisons du coup de foudre dont le jeune provincial est victime :

«Elle ressemblait aux femmes des livres romantiques. Il n'aurait voulu rien ajouter, rien retrancher à sa personne...» (Ière partie, chap. I).

En outre l'écriture romanesque produit plusieurs effets d'ironie qui contribuent à la démythification de l'Andalouse : la plaisanterie d'Hussonnet sur une mode périmée, — «Assez d'Andalouses sur la pelouse !» —, (Ière partie, chap. V), la remarque d'Arnoux sur le «pays» dont sa femme est originaire, Chartres (*Ibid.*), les propres confidences de Marie Arnoux (IIe partie, chap. III), — «Ses parents étaient de petits bourgeois de Chartres...».

Aimer Mme Arnoux signifie donc d'abord pour Frédéric aimer le mythe féminin qu'elle lui semble incarner, puis aimer les rêves qu'il fait à son sujet. Dès le premier chapitre du roman, la scène de la rencontre sur le bateau est révélatrice de ce comportement puisqu'elle donne à voir successivement la femme aimée inaccessible, irrémédiablement étrangère, — «Il songeait qu'il faudrait la quitter tout à l'heure irrévocablement, sans en avoir arraché une parole, sans lui laisser même un souvenir !» —, et l'élaboration du mythe amoureux :

«Quel bonheur ce serait de monter côte à côte, le bras autour de sa taille, pendant que sa robe balayerait les feuilles jaunies, en écoutant sa voix, sous le rayonnement de ses yeux ! Le bateau pouvait s'arrêter, ils n'avaient qu'à descendre, et cette chose bien simple n'était pas plus facile, cependant que de remuer le soleil.»

D'emblée le potentiel est donné comme le mode de la «passion inactive» qui se laisse aller à la facilité d'une rêverie créatrice d'illusion pour compenser les manques et les difficultés d'une réalité qu'elle refuse d'affronter. D'une manière non moins significative le dialogue de la dernière rencontre, vers la fin de mars 1867, résume les traits caractéristiques du comportement amoureux de Frédéric : référence constante aux livres, — «Tout ce qu'on y blâme d'exagéré, vous me l'avez fait ressentir» —; rôle fondateur de la mémoire dans la constitution de la «grande passion», — «Il lui rappela le petit jardin d'Auteuil, des soirs au théâtre, une rencontre sur le boulevard, d'anciens domestiques, sa négresse» —; refus de confronter le rêve d'amour à la réalité de l'Autre et de son corps, — «... pour ne pas dégrader son idéal, il tourna sur ses talons et se mit à faire une cigarette»; affirmation de la pérennité du «premier amour» dont le souvenir rend «insipides» tous les autres.

L'étude comparée des *Mémoires d'un fou* et de l'*Éducation sentimentale* permet donc de dégager la fonction du mythe de l'amour unique et chaste pour une femme exceptionnelle : trouver une solution au conflit provoqué par les contradictions entre la fixation à la figure féminine du type maternel et «l'effroi de l'inceste», grâce à la projection dans l'imaginaire; poser «en dehors des conditions humaines», «par la force (des) rêves» (IIe partie, chap. III), celle dont le corps est intouchable; sublimer en idéal ce qui fascine parce qu'interdit. La «grande passion» de Frédéric Moreau ne démarque donc pas «l'unique passion» de Flaubert, son «Grand Amour» pour Elisa Schlésinger (108). La biographie de l'auteur n'inspire pas directement l'œuvre romanesque dont l'invention fait intervenir des zones beaucoup plus profondes de la personnalité du romancier et dont l'écriture révèle ce que l'inconscient de ce dernier a refoulé : le mythe littéraire de la madone donne à lire la fixation précoce à la mère et sa conséquence, la détermination irréversible d'un certain type de rapport au monde et à la femme.

L'eau et les rêves

La passion surgit sur fond d'ennui, de platitude générale et d'inaction comme si sa fonction était de combler un vide, un manque fondamental. Marie Arnoux «apparaît» à Frédéric au cours de son voyage sur

la Seine qui peut se lire comme la métaphore de sa manière d'être au
monde; nature-spectacle caractérisée par la répétition morne, le vide, la
béance, l'ennui matérialisé, spatialisé, une nature où rien ne signifie, pas
même les hommes, où tout est plat, où le ciel figure la seule verticalité,
lieu de la «passion» lumineuse et solaire :

> «A chaque détour de la rivière, on retrouvait le même rideau
> de peupliers pâles. La campagne était toute vide. Il y avait dans le
> ciel de petits nuages blancs arrêtés, — et l'ennui, vaguement répandu,
> semblait alanguir la marche du bateau et rendre l'aspect des voya-
> geurs plus insignifiant encore».

De la même façon la vision de la Seine (Ière partie, chap. V) signifie le
désœuvrement, la vacuité de Frédéric pendant l'été qu'il passe à Paris
à attendre le retour de Mme Arnoux, sous prétexte de préparer ses examens :

> «Il passait des heures à regarder, du haut de son balcon, la
> rivière qui coulait entre les quais grisâtres, noircis, de place en
> place, par la bavure des égouts...».

L'errance désœuvrée du jeune homme dans la ville, pendant sa première
année à Paris (Ière partie, chap. III), le ramène invariablement à la Seine.
Succédant à la vision rêvée de Mme Arnoux «dans un petit coupé», sur
les Champs-Elysées, au milieu des autres femmes, l'image de la Seine
«verdâtre», qui «se déchirait en moires d'argent contre les piles des ponts»,
figure l'inconsistance du mirage qui se défait, le retour au vide angoissant.
Cette métaphore de la liquidité fluviale n'a donc pas seulement pour fonction de signifier «le défaut de ligne droite» d'une vie qui est rêvée plutôt
que vécue, qui confond projet et velléité, vocation et effusion momentanée du cœur. Elle dit un manque fondamental que le' rêve d'amour tente
précisément de combler, comme l'indique la déclaration de Frédéric à
Mme Arnoux (IIe partie, chap. VI) :

> «... Qu'est-ce que j'ai à faire dans le monde ? Les autres
> s'évertuent pour la richesse, la célébrité, le pouvoir ! Moi je n'ai
> pas d'état, vous êtes *mon occupation exclusive*, toute ma fortune,
> le tout, le centre de mon existence, de mes pensées».

Cette obsession de la liquidité dans l'imaginaire du romancier, comme
signe d'un malaise existentiel, d'une sorte d'impuissance à être, l'association de ce motif à celui de la quête d'une figure maternelle, salvatrice
mais inaccessible, n'ont-elles pas leur origine dans des zones très profondes
de son inconscient ? Ne sont-elles pas à rapprocher du rêve de la mère
noyée tel que le raconte le «fou» des *Mémoires* ?

«... c'était dans une campagne verte et émaillée de fleurs, le long d'un fleuve; — j'étais avec ma mère qui marchait du côté de la rive; elle tomba. Je vis l'eau écumer, des cercles s'agrandir et disparaître tout à coup...

Tout à coup ma mère m'appela : «Au secours !

(...)

Une force invincible m'attachait sur la terre et j'entendais les cris : «Je me noie ! je me noie ! à mon secours !».

L'eau coulait, coulait limpide, et cette voix que j'entendais du fond du fleuve m'abîmait de désespoir et de rage...» (IV).

Ne peut-on voir précisément une analogie significative entre l'ambivalence à l'égard de la figure maternelle que trahit ce rêve et le comportement que le romancier prête à Frédéric déplorant l'indifférence de Mme Arnoux à son égard ? L'adoration pour la madone ne fait-elle pas place alors au ressentiment, à la «haine», au désir de la «tourmenter, de lui faire partager «ses souffrances» (IIe partie, chap. VI) ? Le souci de la vraisemblance, de la cohérence logique, ne suffit pas en effet à expliquer que le romancier prête ces réactions à son personnage. Il semble donc plutôt que la psychologie de Frédéric soit ici plus profondément conditionnée par des causes qui échappent à la conscience claire de son créateur et que l'écriture romanesque donne à lire, en le transposant, un ressentiment plus fondamental à l'égard de la figure de la Mère. La référence au rêve de la mère noyée dans les *Mémoires d'un fou* nous paraît autoriser cette interprétation.

Mythe et objets

Pour tenter de remédier au malaise qu'il éprouve face à l'existence, Frédéric, comme Emma acquiert des objets, confondant la consommation et le bonheur, l'avoir et l'être, comme s'il pouvait compenser le manque de l'un par l'accumulation de l'autre. Aimant sans espoir de retour Mme Arnoux, il encombre son logis d'étudiant d'incessantes acquisitions faites à l'Art Industriel «d'une telle façon qu'on avait peine à poser un livre, à remuer les coudes» (Ière partie, chap. V). Pour Frédéric comme pour Emma, rêver c'est donc planter un décor, en imaginer les détails matériels avec la précision d'une vision et d'un dédoublement hallucinatoires, comme après l'annonce de l'héritage, à la fin de la première partie du roman :

«Il s'aperçut auprès d'elle, chez elle, lui apportant quelque cadeau dans du papier de soie, tandis qu'à la porte stationnerait son tilbury, non, un coupé plutôt ! un coupé noir, avec un domestique en livrée brune; il entendait piaffer son cheval et le bruit de la gourmette se confondait avec le murmure de leurs baisers (...). Il les recevait chez lui, dans sa maison; la salle à manger serait en cuir rouge, le boudoir en soie jaune, des divans partout ! et quelles étagères ! quels vases de Chine ! quels tapis !...»

Inversement les objets investis d'une valeur affective intense deviennent les supports de la rêverie créatrice d'illusion et compensatrice de l'absence, comme ces «trois fenêtres, éclairées chaque soir», au-dessus de la boutique d'Arnoux : «Des ombres circulaient par derrière, une surtout; c'était la sienne; et il se dérangeait de très loin pour regarder ces fenêtres et contempler cette ombre» (Ière partie, chap. III). Aussi Frédéric éprouve-t-il «une surprise infinie et comme la douleur d'une trahison» quand il apprend que la maison de Mme Arnoux est ailleurs : «Le charme des choses ambiantes se retira tout à coup. Ce qu'il y sentait confusément épandu venait de s'évanouir, ou plutôt n'y avait jamais été» (Ière partie, chap. IV). Aimer Mme Arnoux, c'est pour Frédéric aimer les objets qui composent son «atmosphère». Aussi, quand à son retour à Paris il ne la retrouve plus «dans le milieu où il l'avait connue», lui semble-t-elle «avoir perdu quelque chose, porter confusément comme une dégradation, enfin n'être plus la même» (IIe partie, chap. I). «Les passions s'étiolent quand on les dépayse» : le mythe amoureux est indissociable de son décor, la présence d'objets affectivement investis est indispensable à son entretien, à sa culture. A force d'être réduite à la contemplation d'une ombre derrière une fenêtre éclairée le soir, la «grande passion» de Frédéric pour Mme Arnoux commence à «s'éteindre» (Ière partie, chap. III); et elle devient une «affection tranquille et résignée» dans l'enlisement de la vie provinciale (Ière partie, chap. IV). Car l'amour pour la femme se confond avec l'attachement à la ville où elle vit :

> «Paris se rapportait à sa personne, et la grande ville avec toutes ses voix bruissait, comme un immense orchestre, autour d'elle» (Ière partie, chap. V).

Tous les spectacles parisiens sont prétextes pour rêver celle qui figure pour le jeune homme «le point lumineux où l'ensemble des choses convergeait» (Ière partie, chap. I), mais dont il est «sûr» qu'elle ne sera jamais sa maîtresse (*Ibid.*). La vue d'un palmier au Jardin des Plantes, de «vieux tableaux» au Louvre (*Ibid.*), suscite des rêves où l'être aimé se métamorphose en une femme à la fois unique et universelle. Abolissant l'espace et le temps, incarnant tous les espaces et tous les temps, cette figure mythique aboutit à la complétude et à la perfection.

Fonction des portraits

Les différents portraits de Mme Arnoux, toujours regardée par Frédéric, n'ont-ils pas eux aussi pour fonction de conférer, à une vision qui ressortit à l'instantané et au fugace, la permanence, l'a-temporalité du mythe ? Plusieurs procédés sont mis en œuvre pour imposer l'*image* idéale de celle dont Frédéric dit, dans l'entrevue de mars 1867, qu'elle était «belle à éblouir» : conclure son évocation en immobilisant dans une attitude son profil, sa silhouette et en opposant la densité corporelle du personnage à la ténuité de l'atmosphère qui l'entoure, — «... et son nez droit, son menton, toute sa personne se découpait sur le fond de l'air bleu» (Ière partie, chap. I); renforcer cette opposition entre le personnage et le contexte ambiant par des éclairages fortement contrastés, soit que la figure féminine soit «enveloppée d'ombre» (Ière partie, chap. IV), soit qu'elle ait «une lueur d'incendie derrière elle» (Ière partie, chap. V); rappeler les mêmes traits comme des attributs spécifiques : la figure ovale, les longs sourcils (Ière partie, chap. I, et Ière partie, chap. VI), et, bien entendu, les bandeaux, les cheveux noirs...; d'où le «heurt en pleine poitrine» quand Frédéric en mars 1867 découvre les cheveux blancs de Mme Arnoux, ce constat ébranlant la vision mythique qui nie la possibilité du vieillissement, de l'action corrosive du temps; produire un effet unificateur analogue en retrouvant, grâce à la mémoire, l'identique dans deux moments temporels distincts : «Elle portait (...) comme le premier jour où il avait dîné chez elle, quelque chose de rouge dans les cheveux» (IIIe partie, chap. II); éterniser en quelque sorte la «splendeur» essentielle de Mme Arnoux en privilégiant l'éclat de la lumière dans la description : «... un grand rayon, frappant les accroche-cœur de sa nuque, pénétrait d'un fluide d'or sa peau ambrée» (IIe partie, chap. VI); fixer la vision en retenant des détails empruntés à ce que l'impression visuelle a de plus fugace, comme le chatoiement de la «robe de mousseline claire tachetée de petits pois», ou de la «robe de soie gorge-de-pigeon», et en reportant ces mêmes détails en fin de phrase, de telle sorte qu'ils produisent un effet de durée, soit par le jeu des sonorités de rime féminine, — «... avec des rubans roses qui palpitaient au vent derrière elle» —, soit par l'emploi d'un adverbe choisi pour sa valeur sémantique et détaché, mis en valeur par le rythme, — «... et les petits glands rouges de la bordure tremblaient à la brise, *perpétuellement*».

Cette esthétique impressionniste, déjà caractéristique de *Madame Bovary*, singulièrement dans le portrait d'Emma entourée par «le grand air», ou bien sous «son ombrelle de soie gorge-de-pigeon», «par un temps de dégel» (Ière partie, chap. II), fait cependant la part moins belle dans l'*Éducation sentimentale* aux sensations tactiles (tiédeur, liquidité...), connotant la sensualité, pour privilégier celles qui supposent la distance du regard et qui signifient le culte de la madone. Aussi bien la relation de Charles et d'Emma, celle de Frédéric et de Mme Arnoux ne sont-elles pas les mêmes, le statut du corps de la première n'est-il pas celui de la seconde. Cependant l'écriture des portraits de Mme Arnoux n'obéit pas seulement à un souci de cohérence et de logique romanesques. Il semble qu'elle permette aussi au romancier de fixer, en lui donnant forme, ce «type» dont, comme «presque tous les hommes», il était «en quête» et qui n'est «peut-être que le souvenir d'un amour conçu dans le ciel ou dès les premiers jours de la vie» (*Novembre*), type ou plutôt *archétype* dont Maria dans les *Mémoires d'un fou* a figuré un premier avatar et que Flaubert a cru voir incarner par l'inconnue rencontrée dans l'église romaine de Saint-Paul-Hors-les-Murs, le 15 avril 1851. Sans doute la réussite esthétique de la mise en forme littéraire de cet archétype a-t-elle autant contribué à accréditer auprès de certains lecteurs de l'*Éducation sentimentale* le mythe du «grand amour» de Flaubert que la figure prestigieuse de Mme Arnoux les a empêchés de discerner l'ambiguïté que la création de ce personnage romanesque signifie à l'égard de la féminité. Aussi bien la misogynie du Second Empire a-t-elle été compatible avec la place que la femme a tenue dans l'inspiration de peintres comme Winterhalter, Stevens, Fantin-Latour, Courbet et Manet... (109).

SIXIEME PARTIE

UNE PROFESSION DE FOI CÉLIBATAIRE

Le mirage de l'amour

La mise en scène de la «grande passion» de Frédéric Moreau signifie que la femme aimée reste finalement pour lui une étrangère, une «ombre» dans son théâtre d'illusions, un «sphinx» décorporalisé, désexualisé, un mirage. Julien Gracq remarque justement l'incapacité où se trouve Flaubert de «donner vie réellement» à son héroïne :

> «Trop irradiée de partout par un souvenir obsédant, elle est au milieu du roman comme un *blanc* où tout relief s'efface, décolorée, on dirait, par la lumière trop intense de l'amour comme un cliché surexposé» (110).

Contemplée, c'est-à-dire toujours perçue de l'extérieur par le protagoniste masculin dont le texte impose le point de vue au lecteur, figurant le plus souvent pour ce protagoniste une «énigme», un «mystère», Mme Arnoux n'accède à la dignité de personnage romanesque pourvu d'une vie intérieure que lorsque Flaubert la décrit au chevet de son fils atteint du croup, et que ses souffrances de mère lui font oublier toute autre préoccupation (IIe partie, chap. VI). L'amour n'est donc bonheur que lorsque le sujet masculin a l'illusion de voir son mythe partagé par celle qui en a été le prétexte, lorsque cette dernière, perdant son altérité, lui renvoie une image conforme au rêve qu'il a formé lui-même. La séquence de l'idylle d'Auteuil signifie donc de façon privilégiée cette identification de la femme aimée et du mythe amoureux masculin. L'évocation du passé parallèle des deux protagonistes produit d'abord un effet de rapprochement : Aux «mélancolies» de Frédéric collégien, font écho la «dévotion vers douze ans», la «fureur de musique» de l'héroïne. Ce premier signe de sympathie se double du rappel de leurs souvenirs communs : «Ces discours, n'embrassaient, d'habitude, que les années de leur fréquentation»

(*Ibid.*). «Leurs goûts, leurs jugements étaient les mêmes», ce qui veut dire que ceux de Mme Arnoux ne sont que le reflet de ceux de Frédéric... Leurs «interminables plaintes sur la Providence» composent un chant dont les deux voix sont données comme interchangeables et qui sert de prélude au rêve partagé du bonheur idéal, caractérisé par le dépassement de toute limite, la négation de ce qui est, le mouvement final ascensionnel :

> «Et *ils s'imaginaient* une vie exclusivement amoureuse, assez féconde pour remplir les plus vastes solitudes, excédant toutes joies, défiant toutes les misères, où les heures auraient disparu dans un continuel épanchement d'eux-mêmes, et qui aurait fait quelque chose de resplendissant et d'élevé comme la palpitation des étoiles» (*Ibid.*).

Pour bien des lecteurs, les prestiges de la dernière scène entre Frédéric et Mme Arnoux, vers la fin de mars 1867, se fondent, semble-t-il, sur la conformité de l'héroïne au rêve masculin qu'elle a suscité, sur la fidélité avec laquelle elle reproduit l'image que ce rêve propose d'elle. Elle offre ainsi spontanément à Frédéric la faveur qu'il lui avait en vain demandé de renouveler : «faire un tour à son bras dans les rues» (IIIe partie, chap. VI). Alors que la première sortie (Ière partie, chap. V), fruit du hasard et source d'illusion pour Frédéric seul, avait pour conséquence de le confirmer dans sa solitude, Mme Arnoux cette fois devient l'instigatrice d'une joie qu'elle partage avec lui, comme l'indique la comparaison de la syntaxe des deux textes :

> «A cause du pavé glissant, ils oscillaient un peu ; *il lui semblait* qu'ils étaient tous les deux comme bercés par le vent, au milieu d'un nuage.
>
> L'éclat des lumières sur le boulevard, *le remit* dans la réalité...»
>
> ... «et, au milieu des voitures, de la foule et du bruit, *ils allaient sans se distraire d'eux-mêmes*, sans rien entendre, comme ceux qui marchent ensemble dans la campagne, sur un lit de feuilles mortes».

La localisation et la dénomination du «banc Frédéric» symbolisent une vie féminine désormais vouée au souvenir, pour ne pas dire au culte de l'absent. Tout le comportement de Mme Arnoux dans cette scène finale résume en effet, en le mimant, celui de Frédéric dans l'ensemble du roman : attention portée aux objets supports de rêve, — «elle se mit à regarder les meubles, les bibelots, les cadres, avidement, pour les emporter dans sa mémoire» —; importance accordée à la médiation de cette dernière dans l'élaboration du mythe du grand amour, — «Quelquefois, vos paroles me reviennent comme un écho lointain...» —; confusion de l'amour dans la vie et dans la littérature, — «il me semble que vous êtes là, quand je lis des passages d'amour dans les livres». Reflétées par le souvenir ou par le regard de Mme Arnoux, les réticences et les peurs de Frédéric se métamorphosent en «réserve charmante» dont elle a joui «comme d'un hommage involontaire et continu», en «délicatesse» caractéristique d'un être d'exception et dont elle est «émerveillée» : «Il n'y a que vous !» (répété).

Cependant l'image que cette dernière scène donne de Mme Arnoux n'est pas sans ambiguïté. En faisant de cette amante idéale (puisque conforme au rêve de Frédéric), la dupe d'un discours amoureux dont il souligne les artifices et la mise en scène, en lui laissant la responsabilité de cet incroyable futur antérieur — «Nous nous serons bien aimés» — qui ne constate pas ce qui a été mais exprime un besoin féminin de croire au mythe du grand amour passé et réduit à cela l'avenir d'une femme, le texte laisse entendre que Marie Arnoux n'échappe pas plus que Louise Roque à la condamnation portée contre la sentimentalité incurable des femmes :

> «Elle acceptait avec ravissement ces adorations pour la femme qu'elle n'était plus...».

De même les protestations d'amour «complaisantes» de Frédéric ont le pouvoir de calmer instantanément sa jalousie. Et puis, elle «s'offre». Le romancier a voulu cette profanation de l'image de la Madone dans la rencontre ultime, profanation que donne à entendre *le soupçon* de Frédéric. Amélie Bosquet, dans l'article du *Droit des Femmes* qui a provoqué sa brouille avec Flaubert, lui reprochait d'avoir, dans cette dernière scène, «diminué» son héroïne en maintenant l'équivoque sur le sens de sa démarche (111); cette critique n'est pas dénuée de fondement bien que l'influence d'une conception historiquement datée de la vertu féminine en réduise la portée et en gauchisse le sens. Outre le fait que la confusion entre Marie et Vénus n'est pas étrangère à l'inspiration de cette dernière scène et que le don final de la mèche de cheveux blancs participe du grotesque triste, il ressort en effet de la dernière entrevue entre Frédéric et Mme Arnoux que l'harmonie momentanée d'un couple se fonde sur une illusion, et que la communication entre les sexes est un leurre. D'une manière significative le chapitre s'achève sur l'effacement de l'héroïne, reléguée au fond de sa Bretagne, tandis que le suivant s'ouvre sur les retrouvailles de Frédéric et de Deslauriers, «réconciliés encore une fois, par la fatalité de leur nature qui les faisait toujours se rejoindre et s'aimer» (IIIe partie, chap. VII). Sans compter que la réflexion finale sur l'épisode de la Turque, qui «cerne de manière si rétrécissante la signification du roman» (112), annihile encore plus le sublime de la scène de mars 1867, scène déjà dé-sublimisée par la disparité profonde des deux personnages.

Le primat de l'amitié masculine

Face au mirage de l'amour, à la déception et au danger qu'implique toute relation avec une femme, l'amitié masculine figure (relativement) la seule valeur sûre de l'existence. Certes cette amitié n'est pas exempte de mauvais coups entre les deux partenaires qu'oppose souvent une lutte sourde, d'ambition surtout. Mais l'unité se ressoude à la fin, sur des souvenirs et dans une certaine idée de la femme. La réunion de Frédéric et de Deslauriers dans le dernier chapitre du roman confirme ce qu'annonçait, dès le chapitre II de la première partie, la mise en scène des deux jeunes gens qui, enveloppés du même manteau, «se tenant par la taille, marchaient dessous, côte à côte», et ce que le texte romanesque a ensuite plusieurs fois laissé entendre. Ainsi le chapitre IV de la première partie oppose les joies de l'amitié aux déceptions de l'amour : «Alors il se rejeta violemment sur cette affection plus solide et plus haute. Un pareil homme valait toutes les femmes». Parce qu'il abandonne son ami le soir de son arrivée, le jeune homme se sent coupable de trahison :

«Frédéric, en apercevant Deslauriers, se mit à trembler comme une femme adultère sous le regard de son époux».

La vie commune «qu'ils avaient tant rêvée» fut «charmante» :

«... C'étaient des épanchements sans fin, des gaietés sans cause, et des disputes quelquefois (...), colères d'une minute que des rires apaisaient.

(...)

«Quand il ne pleuvait pas, le dimanche, ils sortaient ensemble; et, bras dessus bras dessous, ils s'en allaient par les rues. Presque toujours la même réflexion leur survenait à la fois, ou bien ils causaient sans rien voir autour d'eux».

A la déception ressentie par Frédéric quand il retrouve Mme Arnoux au début de la deuxième partie (chap. I), fait contraste l'émotion de la rencontre avec Deslauriers :

«Le respect humain, à cause du public qui passait, les empêcha de s'étreindre longuement, et ils allèrent jusque chez Véfour, bras dessus bras dessous, en ricanant de plaisir, avec une larme au fond des yeux».

Quand la situation de Frédéric, «parasite de la maison» de Mme Arnoux, devient «intolérable» (IIe partie, chap. III), son entretien avec Deslauriers lui fait éprouver «une sensation de rajeunissement, comme un homme qui, après un long séjour dans une chambre, est transporté au grand air» (*Ibid.*). Le paradoxe de cette amitié, qui restitue un masculin/féminin dans un couple masculin —(par la distribution des rôles, par le «charme presque féminin» exercé par Frédéric sur Deslauriers...) —, qui implique le bien-être d'une entente physique, d'une intimité corporelle, bien-être absent dans la relation amoureuse, figure un signe complémentaire de méfiance à l'égard des femmes et peut s'interpréter comme une charge aggravante dans le procès que le texte de l'*Éducation sentimentale* leur intente.

Le procès des femmes

La mise en scène des deux personnages masculins, interrompus par la visite intempestive de Clémence Daviou, la maîtresse de l'avocat, donne à voir leur entente fondamentale et signifie que cette communion n'est possible que par l'exclusion de toute présence féminine. Au pronom personnel masculin pluriel, signifiant la réunion, le dialogue rendu possible par l'identification des *sujets*, s'oppose la métonymie dévaluatrice du *bonnet* auquel est réduite la grisette; c'est *un objet* qui fait intrusion :

> «Ils étaient debout et se regardaient, attendris l'un et l'autre, et près de s'embrasser.
>
> *Un bonnet de femme* parut au seuil de l'antichambre...».

Bien que l'«insensibilité» de Deslauriers «refroidisse» Frédéric «à son endroit», tout se passe comme s'il partageait la conviction de l'avocat : On ne peut «causer avec une femme», «elles sont toutes si bêtes...». N'est-ce pas ce que tend à signifier le texte romanesque qui met en scène les succès féminins d'un cabot comme Delmar, d'un bellâtre comme Martinon ? Alors que leur existence se réduit à l'amour, les femmes savent-elles seulement aimer ? Pour leur plaire, ne faut-il pas «étaler une insouciance de bouffon ou des fureurs de tragédie» ? «Elles se moquent de nous quand on leur dit qu'on les aime, simplement ! Moi, je trouve ces hyperboles où elles s'amusent une profanation de l'amour vrai» déclare Frédéric à Mme Dambreuse (IIIe partie, chap. III); c'est pourquoi il lui déclare qu'il l'aime «éternellement», avant de la quitter pour retrouver Rosanette (IIIe partie, chap. IV), et il se divertit en répétant à «l'une le serment qu'il venait de faire à l'autre...». Bien qu'elle soit une «petite personne intelligente» et qu'elle le fasse «vivre avec son métier», Mme Regimbart n'est-elle pas dupe, comme ses ouvrières, des allures sérieuses et des propos sentencieux de son mari (IIIe partie, chap. V) ? Louise ne se laisse-t-elle pas séduire par Deslauriers avant de s'enfuir avec un chanteur ? Au reste toutes les femmes sont prêtes à s'entretuer par jalousie : la cruauté et l'acharnement, que Mme Dambreuse et la Vatnaz mettent à se venger de leur rivale, caricaturent ce que laisse deviner la figure de Louise «crispée de défiance et de haine» quand elle soupçonne une intrigue entre Mme Arnoux et Frédéric (IIIe partie, chap. II). Mme Arnoux elle-même ne clame-t-elle pas son «mépris» pour «toutes celles qui viennent ici», au moment où elle entreprend auprès de Frédéric sa «dernière démarche de femme» ? Les femmes sont donc radicalement incapables, selon le romancier de l'*Éducation sentimentale* de concevoir et de pratiquer l'amitié. Tare irrémissible. La mise en scène romanesque de cette cruauté féminine impitoyable figure l'ébauche de ce qui deviendra un motif fondamental de la littérature «célibataire» à la fin du siècle : la lutte sans merci, d'espèce en quelque sorte, menée par la femme pour posséder le mâle.

La conclusion d'Arnoux, — «On ne devait pas traiter les femmes sérieusement» (IIe partie, chap. IV) —, fait écho à la misogynie désabusée de la correspondance : «Les belles dames m'ont beaucoup occupé l'esprit, mais m'ont pris très peu de temps», écrit Flaubert, la nuit du 12-13 janvier 1867, à George Sand; à celle qui appartient au «troisième sexe», il affirme encore que la femme est «la désolation du juste», «comme a dit Proudhon» (fin septembre 1868), que «la muse, si revêche qu'elle soit, donne moins de chagrins que la femme» (1er janvier 1869).

Le collège et la Turque

L'*Éducation sentimentale* (Ière partie, chap. II) donne à voir la fonction primordiale du collège dans la naissance et la formation d'une amitié masculine. Ce système d'éducation fonde une communauté de culture propice à la communication et au dialogue, ou du moins à ce qui en tient lieu dans la société contemporaine. Le fonds d'idées acquises à l'école sur le monde, la vie et les femmes, constitue pour ces jeunes bourgeois un langage grâce auquel ils pourront toujours se rejoindre malgré les divergences ultérieures de leur vie adulte. Aussi l'évocation des souvenirs de collège tient-elle une place capitale dans les retrouvailles de Frédéric et de Deslauriers au commencement de l'hiver 1869 :

> «Ils revoyaient la cour (...), la chapelle, le parloir, la salle d'armes au bas de l'escalier, des figures de pions et d'élèves...».

Société exclusivement masculine, organisée sur un modèle napoléonien et militaire, le collège fonde la supériorité d'un sexe sur l'autre. L'entreprise de V. Duruy et en particulier la circulaire du 30 octobre 1867 qui organise des cours secondaires de jeunes filles tentent de remédier aux faiblesses de l'éducation féminine reçue au couvent; Jules Ferry, dans son discours de la salle Molière (10 avril 1870) affirme à son tour que «l'union des âmes est impossible tant que de telles différences subsisteront dans la façon d'élever les filles et les garçons».

Or, parmi les souvenirs de collège qu'échangent Frédéric et Deslauriers à l'heure du bilan final, est privilégié celui de la visite chez la Turque pendant les vacances de 1837, c'est-à-dire *avant* le début du roman, visite à laquelle le chapitre II de la première partie faisait déjà «allusion». La structure romanesque met ainsi en évidence l'importance de cet épisode. Cette «aventure commune», qui se termina comme on sait et dont le souvenir avait déjà eu le pouvoir de mettre les deux amis «en joie» le 15 septembre 1840, ils éprouvent encore le besoin de se la conter «prolixement» trente ans après, «chacun complétant les souvenirs de l'autre», et ils en concluent : «C'est là ce que nous avons eu de meilleur !». Autant dire que le bonheur dans la vie se réduit à la complicité virile; complicité d'un discours élaboré en commun sur ce qui n'a été que rêvé, complicité rassurante où l'imagination du plaisir interdit se conforte du sentiment de la solidarité masculine. L'«aventure» finalement des deux amis ne consiste que dans cette complicité puisqu'elle ne saurait résider dans la découverte de l'Autre, sa vénalité posant d'emblée la femme convoitée comme un objet et effaçant son altérité de sujet. La conclusion de ces deux «célibataires», tirant la morale de leur histoire, complète et confirme la portée misogyne du roman; leurs retrouvailles au coin du feu annoncent «l'histoire (des) deux cloportes» par qui Flaubert se sentait «attiré» et dont il disait avoir «aussi travaillé le plan» dès la fin mars 1863 (Lettre à Jules Duplan).

Cette réflexion finale sur l'aventure chez la Turque fonde bien le sens du roman car elle résume les éléments primordiaux qui le constituent. Sous une forme parodique elle donne en effet à lire au cœur de l'imaginaire flaubertien, l'obsession de l'Orient et du *harem* : «le plaisir de voir, d'un seul coup d'œil, tant de femmes à sa disposition». On sait que Mme Arnoux est «rêvée en pantalons de soie jaune, sur les coussins d'un harem» et que l'image de la maison spéciale se profile aussi bien derrière la vision du boudoir de Mme Dambreuse, le soir du bal, que derrière la description de la maison discrète où accouche Rosanette. Cette réflexion-bilan ne rappelle pas moins significativement la médiation indispensable de l'*argent* dans le rapport avec la femme, la *possession* de l'argent *et* des femmes constituant un leitmotiv du texte romanesque et le plaisir érotique ne se concevant que dans le cadre de la prostitution. Enfin cette conclusion précise la portée de l'*échec* qu'elle constate. L'équipée chez la Turque, qui n'a en fait pas eu lieu, est *le* souvenir qui relativise, embrasse (par les dates) tout le roman et annihile «le grand amour» qui a eu sa scène finale mais *n'est pas* un souvenir.

CONCLUSION

Ainsi la lecture de l'*Éducation sentimentale* de 1869 met en lumière la nature spécifique du rapport à la femme dans l'imaginaire flaubertien. Deux pôles dialectiquement liés, opposés mais attractifs. Mme Arnoux est constituée en objet d'adoration, en image pieuse, céleste, angélique, dispensatrice de lumière; toujours vue avec crainte, à distance, elle est avant tout regard. Rosanette est corps, objet vénal et impur. Le sexe unit en principe ces deux personnages féminins. Mais dans le premier cas, il est refoulé, reculé dans un mystère illimité, sans être cependant exorcisé. Au contraire, il arrive qu'on cherche à le bafouer, à le profaner, en rappelant précisément le corps de l'autre, le corps de la femme vénale, qui sert simultanément à ravaler la madone et à remonter à elle. Le constat de cette bipolarité féminine dans le texte romanesque impose des conclusions qu'il faut regrouper ici.

La destinée de Frédéric Moreau constitue bien un témoignage et un bilan de cette «histoire morale des hommes de (sa) génération» que Flaubert ambitionnait de faire. L'*Éducation sentimentale* donne à lire en effet la complémentarité nécessaire, dans la vie (113) et dans l'imaginaire des bourgeois contemporains, de deux figures féminines opposées : l'épouse, mère de famille, gardienne du foyer, conservatrice du patrimoine et de la morale, et la maîtresse, dispendieuse et dispensatrice de plaisir et d'«amusement», la femme «honnête» et la femme vénale; les deux mythes : l'Ange et l'«impure», la madone et la lorette. La répression de la sexualité, réduite dans le mariage à la procréation, le culte de la femme-mère (114), conséquence de la définition napoléonienne de la propriété et de la famille, font de la prostitution une nécessité sociale et de l'érotisme une spécialité réservée à la vénalité. D'où les statuts diamétralement opposés du corps «honnête» et du corps vénal : sur le premier pèsent les contraintes de la chasteté, de la pudeur, de la fidélité à un propriétaire unique, la jouissance, jugée scandaleuse, lui étant interdite; le second s'exhibe, provoque, signifie le plaisir qu'il prend et qu'il donne. De l'épouse-mère confinée au foyer, vouée à l'intimité familiale, sont exigés le sérieux, la douceur, la bonté, la réserve, le dévouement poussé jusqu'au sacrifice de soi; la séduction de la maîtresse se fonde au contraire sur la gaieté, le caprice, la prodigalité, l'exhibition publique. L'*Éducation sentimentale* témoigne ainsi du primat du visuel dans la sollicitation sexuelle quand, à la fin de la Monarchie de Juillet et sous le Second Empire, Paris devient la «ville des nourritures offertes» et que, dans le *Boulevard*, se résument les plaisirs de l'existence parisienne.

Comme *Madame Bovary*, l'*Éducation sentimentale* révèle le dysfonctionnement de l'institution du mariage qui transforme une vie féminine en destin, le pouvoir prépondérant de l'argent, de l'avoir, la communication impossible entre les deux sexes; le texte romanesque donne à voir les contraintes dont le corps de la mère est victime et de quel prix elle paie ses renoncements; il autorise la critique de l'éducation des filles vouées au mariage. Il n'en affirme pas moins le scandale des marginales, de celles qui abandonnent leur place «naturelle» au foyer pour tenter d'être économiquement indépendantes. Aussi Flaubert déconsidère-t-il les revendications des féministes de 1848 et leurs ambitions politiques par le biais du personnage de la Vatnaz, dont il fait une entremetteuse et une voleuse, et en associant l'action révolutionnaire à une image de la féminité systématiquement dégradée au point de faire de la révolution elle-même une prostituée. L'auteur de l'*Éducation sentimentale* partage les préjugés de ses contemporains, de Taine-Graindorge, de M. Du Camp dans les *Forces perdues* par exemple, sur l'infériorité intellectuelle des femmes qui sentent et ne raisonnent pas. Il n'apporte de démenti ni au premier qui voit dans le mépris des femmes un signe des temps, la conséquence du «positivisme de 1860», ni au second quand il confesse avoir fait cette «découverte élémentaire et décevante : dans les femmes c'est nous-mêmes que nous aimons, et leur intelligence que nous admirons parfois n'est jamais que le reflet de la nôtre». A l'instar de Frédéric, Horace Darglail commence par éprouver une «terreur mystérieuse de la femme idole», il fait de l'amour la principale affaire de sa vie pour découvrir finalement la jalousie, la «voracité» féminines; il a vu la femme «non pas telle qu'elle était mais telle qu'(il) se l'imaginait», il a aimé un être factice qu'(il) avait «inventé» et il finit par tomber amoureux d'une madone du Bronzino dans un musée italien. Taine-Graindorge rejoint Flaubert/Frédéric/Deslauriers dans cette profession de foi «célibataire» :

> «Laissez-nous nous étendre dans un fauteuil et chauffer nos pieds à l'anglaise, à côté d'une femme tranquille qui tapisse et fait le thé, ou bien à la française, fumer avec un ami qui déboutonne

ses paradoxes, et faire le gamin avec une maîtresse qui dit des drôleries».

Aussi Taine conclut-il que les femmes sont faites pour être regardées : femmes-tableaux qui font rêver; «la Parisienne», élégante, modèle de la féminité idéale, offre un spectacle particulièrement propice à la culture de cet esthétisme de l'illusion :

> «Il faut jouir de tout cela en artiste, pour une minute, comme d'une illusion qui passe, comme d'un éblouissement fantôme qui va s'évaporer»... Car «il n'y a rien de *vrai* que la forme et le rêve qu'elle suggère».

Flaubert ne partage-t-il pas ce point de vue et ne réalise-t-il pas cette ambition quand il peint ces portraits de l'*Éducation* qui imposent, comme aurait dit Proust, une nouvelle vision de la femme, une vision «impressionniste», avant la première exposition des Impressionnistes en 1874 ? Or cet impressionnisme n'est pas seulement une esthétique, il est une éthique de la femme-reflet, — objet, dissociée en éléments visuels; d'où un érotisme métonymique et fétichiste, négation d'un érotisme global et intimiste.

Ainsi la maîtrise du «style» masque/révèle les progrès de la misogynie de Flaubert dans l'*Éducation sentimentale*. Jamais en effet la création des personnages féminins ne se fonde sur ce processus d'identification-rejet qui a contribué à l'élaboration d'Emma. En reprenant à son compte la typologie des «observateurs» satiriques des mœurs contemporaines, d'un Daumier, d'un Gavarni, qui classent des figures féminines stéréotypées en catégories sociales, spectaculaires (la lorette, la femme du monde, la femme artiste...), Flaubert signifie son besoin de ramener à du connu, du fini, l'étrangeté irréductible, donc inquiétante, le mystère terrorisant de l'autre sexe :

> «La femme me semble une chose impossible. Et plus je l'étudie, et moins je la comprends. Je m'en suis toujours écarté le plus que j'ai pu. C'est un abîme qui attire et qui me fait peur». (Lettre à Mlle Leroyer de Chantepie, 18 décembre 1859).

Qui plus est, ces types, par rapport à leurs modèles balzaciens (courtisane, femme du monde, vieille fille, «muse du département»), subissent, dans le roman de 1869, une dégradation systématique. La femme du monde n'est qu'une «lorette manquée», la lorette, «bourgeoise déclassée», finit par s'embourgeoiser et «mentir à son rôle». Ce qui revient à définir la femme par un *plus* ou un *moins* par rapport à une *essence*; la diversité féminine est donc pseudo-diversité, fondée sur la classification des variétés de plus ou de moins. Aucun personnage féminin n'échappe en définitive à la condamnation misogyne du romancier : Louise, le «bon petit être», fait l'objet d'un traitement ambigu et l'image de la madone elle-même est altérée.

L'*Éducation sentimentale* confirme ce que les œuvres de Jeunesse et *Madame Bovary* déjà donnaient à lire : la prédilection de Flaubert pour une image dégradée de la féminité, l'érotisme masculin indissociable du mépris que justifie la «femme infâme», dont la séduction est connotée par la prostitution. De plus la création et la mise en scène du personnage de Rosanette révèlent les contradictions, pour ne pas dire la «mauvaise foi» du romancier à l'égard de la prostitution. Car si le texte donne à voir le statut de la lorette, objet vénal, marchandise qu'on paie, qu'on achète, c'est-à-dire la négation de la femme en tant qu'Autre et Sujet dans la pratique prostitutionnelle, il tend simultanément à promouvoir, en opposition aux artifices, à la sécheresse et à la cupidité de la grande dame et en réaction contre les contraintes répressives de la morale contemporaine, le mythe de la «bonne fille», spontanée, gaie, gourmande, qui «s'amuse» et qui «amuse», dont le corps existe, pour prendre et donner du plaisir; celui de la Femme «naturelle» dont la beauté s'épanouit dans le cadre de Fontainebleau : comme le note Flaubert dans ses brouillons, «Pénétrée de l'odeur des bois, elle se mêle à toute la forêt, à tout le paysage, l'emplit. Elle est la seule femme du monde». Tout se passe comme si la «Nature» servait l'argument du mythe : la Femme est la Nature. Sartre dirait que cette «mauvaise foi» renvoie aussi à la situation de l'écrivain et de l'artiste : rentier comme Frédéric, installé dans une bourgeoisie qu'il condamne moralement, il peut acheter, payer, *et* justifier non moins moralement son paiement de la Femme «naturelle»; insérant dans son œuvre sa propre pratique prostitutionnelle, il la justifie littérairement par des mythes contradictoires qui lui servent d'alibi.

La peur fondamentale de la femme, que signifie chez Flaubert cette fascination exercée par le corps vénal, la lecture comparée de l'*Éducation sentimentale* et des *Mémoires d'un fou* permet de l'interpréter comme la conséquence de ce que la «constellation maternelle» a précocement déterminé dans son inconscient. La mise en scène de l'amour de Frédéric pour Mme Arnoux donne à lire en effet la fixation à une figure féminine de type maternel, la permanence de la figure triangulaire du désir, la condition du «tiers lésé» indispensable à la naissance de ce désir, le voyeurisme jaloux nécessaire à son entretien; ce trio œdipien explique l'attirance-répulsion pour le père-rival et l'ambivalence à l'égard de la mère coupable de s'être dégradée dans l'acte de chair; l'effroi de l'inceste fonde l'adoration pour la figure maternelle idéalisée en madone et justifie le recours

constant à la contemplation fétichiste et au rêve d'amour; simultanément la possibilité de la métamorphose de Marie en Vénus conditionne
le ressentiment à l'égard de la femme aimée, la tentation violente de transgresser l'interdit, l'association exclusive de la jouissance érotique à une
image dégradée de la féminité. De cette ambivalence constitutive dont
l'inconscient flaubertien dote la figure de la Mère, le texte de *La Tentation* de 1849 proposait, on l'a vu, dès les premières pages, un signe patent :
l'image pieuse transformée en image érotique. Le roman déguise donc bien
sous le masque de la psychologie romanesque ce que manifeste ouverte-
ment *La Tentation* qui ne s'embarrasse pas de psychologie et s'en tient
aux archétypes. De là l'unité, la cohérence et la permanence de certaines
structures symboliques concernant la femme, d'une œuvre à l'autre,
chez Flaubert. Ce n'est pas un des moindres intérêts de l'étude de l'*Éducation sentimentale* de 1869 que d'en apporter la confirmation.

Veux-tu te sauver, sauvage!

— Une douzaine d'huîtres et mon cœur.

— Ta parole?

CHAPITRE V

LA PROFESSION DE FOI CÉLIBATAIRE :
DES «TROIS CONTES» A «BOUVARD ET PÉCUCHET»

> «Quant à vivre avec une femme, à me marier comme vous me le conseillez, c'est un horizon que je trouve fantastique (...). L'être féminin n'a jamais été emboîté dans mon existence (...). Il y a en moi un fond d'ecclésiastique qu'on ne connaît pas».
>
> (Lettre à G. Sand,
> 28 octobre 1872)

INTRODUCTION

L'AGE DES BILANS

Avec le «cataclysme» de la guerre de 1870, la Commune, cette «dernière manifestation du moyen âge», la mort de sa mère, de ses amis (1), les tracas consécutifs à la menace de faillite d'Ernest Commanville (2), les dix dernières années de la vie de Flaubert, telles que sa correspondance les donne à voir, aggravent son pessimisme et son malaise à vivre. Leitmotive en effet de la correspondance de ces années-là, la colère et le dégoût que lui inspirent ses contemporains, l'expression d'une «lassitude générale», sinon d'un sentiment de vide, de décrépitude, de vieillesse, d'une «mélancolie violente», voire «invincible», le rappel de troubles nerveux fréquents; la propension à se laisser «submerger», «dévorer» par le passé, la rumination des souvenirs d'enfance et de jeunesse; les doutes sur ce qui a été le but de son existence et à quoi il a tout sacrifié, son activité d'écrivain : comment, pourquoi et pour qui écrire du moment qu'il a perdu Bouilhet, son «accoucheur, celui qui voyait dans (sa) pensée plus clairement que (lui-même)», son lecteur, son destinataire privilégié ? Alors, écrire pour tuer le temps ?

«Je continue à faire des phrases, comme les bourgeois qui ont un tour dans leur grenier font des ronds de serviette, par désœuvrement et pour mon agrément personnel» (3).

Mieux encore que celle de la correspondance, la lecture des œuvres écrites pendant ces dix dernières années révèle le caractère régressif de la démarche de l'écrivain et permet d'appréhender le sens de cette régression. Remontée dans le temps et dans la temporalité ambiguë des contes : temps de l'histoire personnelle avec *Un Cœur simple* qui permet à Flaubert de ressusciter le monde nostalgique de son enfance, temps de l'Histoire, d'une Histoire proche du mythe, politique et religieuse avec *Hérodias* (4), temps d'un Moyen Age légendaire avec *Saint Julien l'Hospitalier*. Encore ce retour au passé de l'Histoire à l'occasion des deux derniers contes est-il médiatisé par l'histoire personnelle et synonyme d'un retour au passé de l'écrivain, de son écriture. Dès 1846 en effet, Flaubert a pensé écrire *La Légende de Saint Julien l'Hospitalier* après avoir contemplé les épisodes de la vie du saint tels que les montre un vitrail de la cathédrale de Rouen; dix ans plus tard, en 1856, il est revenu à son projet pour l'abandonner de nouveau. *Hérodias* est également associée à une image de la cathédrale de Rouen, sculptée sur le tympan du portail Saint-Jean, *la Marianne dansant* comme disent les rouennais et l'auteur de *Madame Bovary*, c'est-à-dire Salomé dansant devant Hérode tandis que, plus loin, le bourreau s'apprête à décapiter le Baptiste enfermé dans une tour. Tout se passe comme si, au départ, ces images étaient indispensables pour déterminer le processus de l'écriture. Écrire *Hérodias* c'est aussi pour Flaubert retrouver toutes celles que sa mémoire, après son grand voyage avec Maxime Du Camp en 1849-1851, a conservées de cet Orient auquel il n'avait cessé de rêver depuis son adolescence, comme en témoignent ses écrits de jeunesse, et qui a été à la source de l'inspiration de la *Tentation de Saint-Antoine* et de *Salammbô*. Les personnages d'*Hérodias* sont «de la même race» que ceux du roman carthaginois et c'est, selon Flaubert, «un peu le même milieu». De même la séquence de la chasse de Julien donne à lire une volupté de meurtre et de carnage déjà inscrite au cœur même de la guerre menée par Mâtho, tandis que la lune de miel du même Julien, quand il a épousé la nièce du calife de Cordoue, reproduit l'atmosphère de la visite de Narr'Havas dans les jardins de Salammbô à Carthage. Aussi bien en écrivant l'histoire provinciale de Félicité Flaubert exploite-t-il le motif du dévouement ancillaire ébauché dès 1836 dans *Rage et impuissance*, repris sous la forme de l'ironie et de la mise en scène critique dans la séquence des comices de *Madame Bovary*. Si «le milieu» d'*Hérodias* est proche de celui de *Salammbô*, celui d'*Un Cœur simple* ne l'est pas moins de celui de *Madame Bovary* ou du Nogent de *L'Éducation sentimentale*. Il s'agit de la même société, de cette petite ou moyenne bourgeoisie provinciale au sein de laquelle les vies féminines se muent en destin. Ainsi Mme Aubain figure l'avatar ultime d'un type féminin déjà représenté dans l'univers du romancier par la mère de Frédéric Moreau et par celle de Charles Bovary.

Toutefois l'intérêt spécifique du conte est de retracer une histoire révolue, des vies définitivement closes, d'évoquer un passé déjà recréé, chargé de sens, puisque constitué en tradition familiale, en légende religieuse ou en mythe biblique. L'économie narrative du conte, sa référence à l'oralité, son traitement particulier du temps, produisent l'effet synthétique et simplificateur d'une sorte de schéma stylisé, idéal, qui retient les éléments essentiels d'une vie pour en dégager le sens. Le monde imaginaire du conte flaubertien, soumis à la Fatalité, obéit à une logique interne, plus dépouillée et plus rigoureuse que celle de l'univers romanesque (qui fait encore la part belle aux ambiguïtés), à une logique qui a valeur démonstrative. D'entrée de jeu le dénouement du conte est en effet supposé connu du narrateur, voire du lecteur, si bien que l'enchaînement des signes et des prémonitions (5) figure la courbe inexorable d'une destinée à laquelle le personnage du conte n'est absolument pas libre d'échapper. En aucun cas ce personnage ne connaît la liberté (même relative) d'une Emma Bovary déchirant le livre qui prétendait l'enfermer.

Ainsi les *Trois Contes* peuvent se lire comme un bilan particulièrement révélateur de la mythologie féminine du romancier car ils résument, fixent, selon un nombre limité de combinaisons et de modulations, les aspects fondamentaux de l'image que son œuvre donne de la féminité. La lecture des *Trois Contes* met en effet singulièrement en évidence l'importance, dans l'imaginaire flaubertien, du couple formé par les figures opposées et complémentaires de la mère et de la prostituée, le rôle déterminant qu'y joue l'ambivalence constitutive de la figure maternelle, Marie-Vénus; la peur inspirée par le danger de la séduction féminine porteuse de mort et consécutivement l'accusation définitive portée contre la cruauté «naturelle» des femmes; la fonction fondamentale du triangle œdipien et de l'obsession de l'inceste dans l'inconscient du créateur, qui avoue une fois encore :

«L'Art est tel qu'on peut le faire : nous ne sommes pas libres. (Lettre à G. Sand, 3 avril 1876).

La misogynie (6) des *Trois Contes* rejoint et conforte la profession de foi célibataire ébauchée dans *L'Éducation sentimentale* et achevée dans *Bouvard et Pécuchet*, le «bouquin» qu'il dédie aux mânes de Saint Polycarpe, où il «vomit», «crache sur (ses) contemporains le dégoût qu'ils (lui) inspirent». Dans ce procès des femmes que les *Trois Contes* donnent à lire, les figures maternelles ne sont guère épargnées, et l'on pense, puisqu'il s'agit de «Contes», à l'éternelle marâtre des contes de fées. Il semble en effet que l'écrivain n'accorde à ces personnages une fonction importante dans le texte que pour mieux les accabler : il condamne Mme Aubain à la souffrance et au deuil, fait d'Hérodias une maquerelle, prête à tout pour satisfaire sa soif de pouvoir, et de la mère de Julien la victime de la jalousie meurtrière de son propre fils. Certes dans *L'Éducation sentimentale* les personnages maternels faisaient déjà l'objet d'un traitement ambigu, voire dévalorisant : la visite de Mme Arnoux dans l'avant-dernier chapitre participe d'une esthétique générale de la désillusion et la conception de la scène est souvent proche du grotesque triste ; les vertus de Mme Moreau se réduisent au conformisme bourgeois et la mère de Rosanette a vendu sa fille pour boire. Néanmoins les *Trois Contes* vont plus loin encore et obligent le lecteur à s'interroger sur les causes et le sens de cet «acharnement» contre la figure maternelle qui va ici jusqu'au meurtre. Ils mettent en évidence ce qui constitue une des particularités frappantes de l'œuvre de Flaubert et que la psychanalyse interprète comme le signe d'une régression affective grave, d'une incapacité à assumer le destin «œdipien» (7). Car la séquence de la mère poignardée par Julien, alors qu'elle est couchée, avec le père, dans le lit de l'épouse soupçonnée d'infidélité, fait écho au rêve de la mère noyée des *Mémoires d'un fou*, c'est-à-dire de la mère punie d'avoir préféré le père rival et consenti à se dégrader par l'acte (ignominieux) de la chair ; de la mère châtiée à cause de la «scène primitive». Quarante ans après la confession du «fou» qui n'espérait pas guérir, Flaubert demeure effectivement incurable : les figures maternelles des *Trois Contes* restent conditionnées par le conflit profond où s'est nouée dès le début sa difficulté, sinon son impossibilité à vivre, d'où ont découlé son pessimisme foncier concernant le sens de la vie et son propre refus de procréer. S'il est vrai que l'Artiste n'est pas «libre», qu'il subit plus ses «sujets» qu'il ne les choisit, il n'en est pas moins vrai que l'Art, l'écriture, est l'unique moyen de rendre la vie supportable. A condition de signifier la fuite loin du monde des hommes, des choses positives, d'une réalité «ignoble», de devenir une véritable religion. On entre en Art comme on entre en religion.

Mise en relation avec la mise en scène et en images du meurtre des parents dans *La Légende de Saint Julien l'Hospitalier*, la vision que la version définitive de *La Tentation* (1874) propose de la mère d'Antoine autorise cette dernière interprétation. Dans cette œuvre en effet qui est celle de toute une vie, qui figure la confrontation angoissée de l'auteur avec lui-même, qui le donne à voir en 1872, comme en 1849 et en 1856, à la recherche de son identité, c'est sur sa venue, sa naissance à l'écriture que Flaubert s'interroge :

> La Tentation est «littérairement (...) la transposition sur le mode religieux de sa propre tentation d'écrivain (...). L'artiste se retire du monde, il va «au désert» pour suivre l'appel de sa vocation» (8).

Or cette vocation selon Antoine est liée au sentiment d'une grave culpabilité :

> «Tous me blâmaient lorsque j'ai quitté la maison. Ma mère s'affaissa *mourante*...».

«Elle m'aura *maudit* pour mon abandon, en arrachant à pleines mains ses cheveux blancs. Et son cadavre reste étendu dans la cabane (...). Par un trou, une hyène, en reniflant, avance la gueule. Horreur ! Horreur» (9) !

La culpabilité, signifiée par la mort et la malédiction de la mère, se fonde sur la mégalomanie qu'implique la vocation du saint ou de l'artiste. La jubilation finale d'Antoine — «... j'ai vu naître la vie (...) être la matière !» donne à lire en effet le fantastique désir de puissance qui est à la racine de sa sainteté :

«Embrasser le Tout, être la matière elle-même pour savoir ce qu'elle pense et la voir se faire, régner sur toutes choses par la seule puissance d'une psyché bien retranchée dans sa propre splendeur, et par là, se mettre soi-même à l'origine de la vie — ce désir délirant d'Antoine suppose l'abolition des lois naturelles de la procréation, dont la génitrice est l'instrument aveugle et nécessaire» (10).

«Fou» de génie, saint ou artiste, le héros de Flaubert ne peut se libérer de la terre et du monde qu'en devenant le meurtrier de ceux qui l'y ont mis. Dans la mesure où elle signifie le refus du monde, la mégalomanie et le meurtre de celle qui lui a donné la vie, la grande «hurlade» métaphysique que figure la *Tentation* et qui est à proprement parler la vocation de Flaubert, est pétrie de culpabilité et tombe sous le coup d'un interdit. C'est pourquoi elle a gardé dans l'œuvre de l'écrivain un statut de semiclandestinité : ne pouvant ni y renoncer ni y travailler de façon continue, il y est revenu entre deux romans moins suspects, c'est-à-dire moins compromis avec les forces sauvages qui s'agitent au fond de sa «sainteté». Encore censure-t-il, de façon significative, en 1874, dans la version définitive, l'image liminaire de la première *Tentation* (1849), la métamorphose de Marie en Vénus : réduisant la fonction de la mère d'Antoine à celle de la mater dolorosa, il déplace sur le personnage d'Ammonaria, qu'il crée à cette fin, l'ambivalence de la vierge et de la prostituée (11). Aussi bien les affres du style ont-elles valeur d'expiation et l'extase narcissique du créateur pour contrepartie une discipline d'une extrême rigueur. Si l'écrivain est l'égal de Dieu, il n'existe pas en tant qu'homme privé : l'écriture ne peut remplir son rôle qu'à la condition d'être la valeur suprême de la vie, de signifier le refus de reproduire le modèle sociofamilial de la bourgeoisie, d'exorciser la nature utilitaire du travail bourgeois, de devenir la Loi à laquelle toutes les autres lois se subordonnent, qui justifie tous les renoncements et tous les sacrifices. La mystique de l'Art conditionne le célibat de l'écrivain qui équivaut socialement à celui du prêtre ou de l'ermite.

PREMIERE PARTIE

LA SERVANTE AU GRAND CŒUR

Une vie au service d'autrui

Quand il évoque Berthe, la vieille bonne du Dr Ohmlin, dans *Rage et impuissance* (1836), le jeune Flaubert se borne à reproduire les stéréotypes de l'idéologie bourgeoise contemporaine concernant le mythe de la servante modèle qui consacre sa vie à ses maîtres. La tournure syntaxique, qui gomme l'individu en l'intégrant à une série, prouve en effet que cette servante entre dans un générique, dans un mythe général :

«C'était *une de ces* bonnes et honnêtes filles *qui* naissent et meurent dans les familles, *qui* servent leurs maîtres jusqu'à la mort, prennent soin des enfants et les élèvent» (12).

En revanche le personnage de Catherine Leroux, dans la séquence des comices agricoles de *Madame Bovary*, fait l'objet d'une présentation critique qui donne à lire, dans la métaphore-métonymie (devenue allégorie) du «demi-siècle», l'aliénation et l'exploitation socio-économiques dont la servante est victime :

«Ainsi se tenait, devant ces *bourgeois* épanouis, ce *demi-siècle de servitude*».

De façon significative, la phrase liminaire du conte de 1877, qui résume la vie de Félicité, reprend les mêmes indications chronologiques et sociales, dans le heurt d'un rapprochement propre à susciter une lecture critique :

«Pendant un *demi-siècle*, les *bourgeoises* de Pont-L'Évêque envièrent à Mme Aubain sa *servante* Félicité».

Ainsi l'incipit du conte annonce l'originalité de son écriture : mettre en scène et en images le mythe bourgeois de la servante accomplie en donnant à lire les présupposés idéologiques qui le sous-tendent et en signifiant la réalité effective qu'il a pour fonction d'occulter. Car le sacrifice de soi ne devient vertu princeps de la servante que pour faire oublier qu'elle n'a aucune existence propre, ni humaine, ni juridique, aucune loi ne régissant sa condition. Quand la servante s'avise d'en avoir une, cette existence ne peut être que clandestine, c'est-à-dire scandaleuse, comme celle de Germinie Lacerteux ou celle de la jeune servante d'Emma, Félicité, dont Mme Bovary mère blâme les mœurs après l'avoir surprise, un soir, «en compagnie d'un homme». Félicité ne finit-elle pas par se faire enlever par son amant en emportant la garde-robe de sa maîtresse ? En entrant au service de ses maîtres, la bonne servante au contraire renonce à son existence personnelle qu'on ne lui concède que sous forme de lointain souvenir :

> ... «et la vieille Berthe se retraçait ainsi toute sa vie, qui s'était passée monotone et uniforme, dans son village, et qui, dans un cercle si étroit, avait eu aussi ses passions, ses angoisses et ses douleurs» (*Rage et impuissance*, p. 83).

La vie privée de Félicité, servante de Mme Aubain, ressortit au plus-que-parfait d'un passé révolu et est encore réduite aux dimensions d'un accident banal :

> «Elle avait eu, comme une autre, son histoire d'amour».

La servante entre donc dans le roman avec celui de la famille bourgeoise. Alors que sa maîtresse possède un nom qui lui assure une identité et la situe au sein d'une famille, la servante est condamnée à l'anonymat car elle ne dispose que d'un prénom, qualification banale, presque générique puisque souvent interchangeable. Seule son appartenance à sa maîtresse permet de la reconnaître, de la distinguer de ses pareilles : Félicité, servante de Mme Aubain, à ne pas confondre avec Félicité, servante de Mme Bovary. Le récit de la «vie obscure» (13) de la servante ne se conçoit pas sans l'évocation de celle de sa maîtresse. La structure de la première partie d'*Un cœur simple* le signifie, accordant une position centrale à la présentation circonstanciée de Mme Aubain et de sa maison et faisant succéder cette présentation, dès le troisième paragraphe du texte à l'énoncé des attributs de la servante modèle : c'est dire le rapport fondamental entre la fonction ancillaire et le lieu où elle s'exerce; c'est dire aussi le rapport de subordination qui lie à la vie de la maîtresse celle de sa servante : la destinée de la première trace celle de la seconde.

«Madame»

Le personnage de Mme Aubain figure le dernier avatar d'un type social féminin déjà présenté dans le roman flaubertien par la mère de Charles Bovary et celle de Frédéric Moreau, mais la vision que le conte

de 1877 donne de la vie de ces femmes de la petite ou moyenne bourgeoisie provinciale est plus sombre que celle des romans de 1857 et 1869.
Un Cœur simple confirme et aggrave un certain nombre d'a priori sur la
condition féminine bourgeoise déjà lisibles dans les romans antérieurs :
maternité nécessairement synonyme de souffrance, guerre inévitable des
sexes, hostilité obligée de la bru à l'égard de sa belle-mère... En outre la
mise en scène du personnage ne tend pas à inspirer la pitié éprouvée à
l'égard d'une victime. Deux remarques péjoratives encadrent significativement le récit de la destinée de Mme Aubain : elle n'est pas «une personne agréable (Ière partie), et sa «hauteur» a éloigné ceux qui auraient
pu être ses amis (IVe partie). En somme Flaubert condamne ce personnage
féminin au malheur en insinuant qu'il y est pour quelque chose. Réduite
à la rêverie nostalgique sur un passé révolu irrévocablement, comme le
donne à lire la mise en scène et en images des visites à la ferme de Gef-
fosses, Mme Aubain, figée en pensierosa douloureuse, sinon en figure
funèbre, est exclue du paradis des jeux enfantins de Paul et Virginie :

> «... les enfants n'osaient plus parler. «Mais jouez donc !»
> disait-elle ; ils décampaient».

L'ironie de cette référence ultime, par le biais des prénoms, au roman de
Bernardin de Saint-Pierre (14) s'exerce ici contre la figure maternelle,
comme pour l'accabler.

Vouée à l'immobilité et à la passivité de la vie sédentaire, Mme
Aubain, comme Emma à Tostes et à Yonville, passe ses journées assise
près de sa fenêtre. Le temps de cette vie féminine, qui reste complètement étrangère à l'Histoire, est celui de la monotonie répétitive au sein
de laquelle seuls les événements de la vie privée font date. Mais alors
qu'Emma regimbe, Mme Aubain finit toujours par se résigner, par éprouver une indifférence capable d'amortir le choc de n'importe quel événement, comme si une destinée féminine se résumait dans le maintien à tout
prix du train-train quotidien, d'un ordre qui est celui du vide et de l'ennui.
Aussi bien le texte réduit-il l'existence du corps de cette veuve à quelques
manifestations nerveuses : «défaillances», tremblement, «hoquets d'agonie», délire de culpabilité sous la forme de cauchemars et d'hallucinations,
alternant avec un état de prostration prolongée. Autant de conduites hys-
tériques qui expriment la souffrance d'une femme, d'une mère, aliénée
au point de ne plus reconnaître son désir personnel et de le confondre
avec ce qu'imposent les conventions sociales. Le texte réduit néanmoins
considérablement la portée critique de cette mise en scène du conditionnement socio-idéologique dont Mme Aubain est victime puisqu'il explique finalement son comportement par «une nature» qui n'est pas «expan-

sive». Il est indéniable que les attributs péjoratifs de la maîtresse ont pour fonction de mettre en valeur le personnage de la servante, «tendre comme du pain frais» (15). Mais inversement faire de cette maîtresse-là l'objet du «dévouement bestial», de la «vénération religieuse» de la servante, n'est-ce pas dire que ce dévouement et cette vénération ne se fondent sur rien qui les justifie, qu'ils ressortissent à un code vidé de son contenu, n'est-ce pas d'une certaine façon favoriser et autoriser la critique de ce code ? Enfin cette destinée que le conteur prête à la maîtresse et dont il fait un élément constitutif de sa fiction, ne contribue-t-elle pas aussi à produire le sens de l'«histoire» qu'il imagine pour la servante ?

Le modèle bourgeois de la parfaite servante

La servante modèle doit savoir faire tout ce qui assure la vie de la maison bourgeoise dans une petite ville de province : cuisine, ménage, couture, lavage, repassage, brider un cheval, engraisser les volailles, battre le beurre... (Ière partie). C'est dire qu'indispensable au fonctionnement de la vie familiale bourgeoise elle en est la véritable cheville ouvrière. Exclusivement occupé par le travail, tout le temps de la servante est mis à la disposition de ses maîtres :

«Elle se levait dès l'aube (...) et travaillait jusqu'au soir sans interruption...».

Quand elle est abandonnée par son amoureux, quand elle apprend la mort de son neveu Victor, Félicité attend la nuit pour donner libre cours à sa souffrance : la journée de travail de la servante appartient aux maîtres; le temps de son deuil ne peut être pris que sur celui de son propre repos. ce système d'aliénation «servile» ne comporte aucune faille. La ruse, la dissimulation et le mensonge qui, dans une situation de contrainte permanente, ménagent un minimum de liberté à l'esclave, sont interdits à la servante dont la première vertu est une fidélité inconditionnelle à sa maîtresse (Ière partie). La «propreté» requise chez la servante implique qu'elle supporte à elle seule la charge d'entretenir, de conserver en bon état les objets qui constituent le patrimoine de la famille bourgeoise, c'est-à-dire d'éliminer quotidiennement la saleté inhérente à la vie matérielle de cette dernière. «Le poli des casseroles» de Félicité, qui fait «le désespoir des autres servantes», a valeur symbolique : selon les critères de la morale bourgeoise appliqués à la domesticité, il figure «l'ordre», but auquel tend l'activité incessante et toujours recommencée de la servante. Comme la fidélité et la propreté, le sens de l'économie qui est exigé d'elle, s'explique par le souci de maintenir intacte la fortune de ceux qu'elle sert. La description de Félicité mangeant «avec lenteur» et recueillant «du doigt sur la table les miettes de son pain, — un pain de douze livres, cuit exprès pour elle, et qui durait vingt jours» —, donne à voir l'obsession bourgeoise du gaspillage, du «coulage». Car le propre de la servante modèle est de défendre les intérêts de sa maîtresse mieux que sa maîtresse ne le fait elle-même ! Le geste rituel de Félicité, enfouissant chaque soir «la bûche sous les cendres» quand la vaisselle est finie et «la porte bien close», avant de s'endormir «devant l'âtre», résume le rôle fondamental de la servante, gardienne du foyer bourgeois, et donne à voir sa soumission au feu qui en est le symbole.

Les pratiques religieuses qui encadrent la journée de Félicité ne signifient pas moins sa soumission à un ordre social qui est une sorte de parodie bourgeoise de l'ordre féodal puisqu'il substitue les catégories de l'avoir à celles de l'être, du matériel à celles du spirituel. Les vertus de la servante que sa piété cautionne ont pour fonction de préserver, voire d'accroître la propriété bourgeoise. Le Dieu de Félicité est un Dieu rémunérateur et surtout vengeur, «autoritaire» par essence, et dont «le souvenir de Monsieur» figure l'avatar domestique. C'est dire que la piété de la servante conforte le conditionnement idéologique qui a pour fonction de lui ôter tout esprit critique devant ceux qui présentent les signes d'appartenance à la classe supérieure des maîtres : le texte oppose de façon significative le discernement de Félicité face aux fermiers ou au marquis de Grémanville (quand il adopte précisément l'habitus d'un paysan), à l'admiration béate qu'elle voue à Bourais. Paul et Virginie, (sept et quatre ans), lui semblent «formés d'une matière précieuse»; Mme Aubain au reste lui interdit «de les baiser à chaque minute». Un geste de cette dernière tendant à abolir la distance qui la sépare de sa servante, représente donc pour Félicité l'équivalent d'une grâce divine : le jour où, pour «la première fois de leur vie», la maîtresse et la servante s'étreignent, «satisfaisant leur douleur dans un baiser qui les *égalisait*», Félicité considère cette action de Mme Aubain comme «un bienfait» et «désormais la chérit avec un dévouement bestial et une vénération religieuse». Aussi trouve-t-elle «naturel» de «suivre sa maîtresse» en mourant comme elle d'une pneumonie. La piété de Félicité est moins dévotion à Dieu, qu'elle ne peut concevoir et dont elle n'essaie même pas de comprendre les dogmes, que dévouement inconditionnel à ses maîtres, comme le donne à voir la mise en scène de la séquence capitale du taureau : prête à sacrifier sa propre vie pour sauver celle de Mme Aubain et de ses enfants, Félicité ne se doute même pas «qu'elle eût rien fait d'héroïque». «Mortifiée» ou «indignée» par le comportement de sa maîtresse à son égard, elle ignore la révolte, le sentiment de l'injustice : finalement elle se trouve «heureuse» ou elle «oublie», c'est-à-dire qu'elle se soumet à ce qui lui paraît l'ordre des choses.

Aliénation et exploitation

Cette servante modèle que toutes les bourgeoises de Pont-L'Évêque envient à Mme Aubain n'a droit ni à la famille ni à la maternité. Elle vit par procuration. Aliénée par excellence, elle n'est pas soi et ne songe pas à l'être. Quand elle se découvre une famille, cette dernière est mal tolérée par Mme Aubain. Elle reporte donc sur les enfants de sa maîtresse l'amour maternel qu'il lui est interdit de satisfaire en étant mère elle-même. La séquence de la première communion de Virginie montre Félicité incapable d'éprouver des joies autres que d'imitation et d'identification avec sa jeune maîtresse :

... «avec l'imagination que donnent les vraies tendresses, il lui sembla qu'elle était elle-même cette enfant, cette figure devenait la sienne».

C'est son romanesque, son feuilleton vécu. Aussi bien ne goûte-t-elle pas «les mêmes délices» quand elle se présente seule, le lendemain, devant le curé, pour recevoir la communion.

Tout se passe en définitive comme si sa maîtresse avait et devait avoir le monopole de «l'exploitation» de Félicité. D'entrée de jeu est soulignée la disproportion entre le travail fourni par cette dernière et la modicité de ses gages : «Pour cent francs par an». Le jugement porté par Mme Aubain et par l'opinion bourgeoise sur la «faiblesse» de Félicité à l'égard de sa propre famille, recourt au vocabulaire brutalement économique, — «évidemment ils l'exploitaient» —, alors que des formules morales euphémiques expriment les raisons de l'engagement de Félicité :

«La jeune fille ne savait pas grand'chose, mais paraissait avoir *tant de bonne volonté* et si peu d'exigences...».

Autant dire que le dévouement va de pair avec l'acceptation du sous-paiement. La coordination dissimule un rapport causal, comme si l'acceptation du sous-paiement figurait le signe même du dévouement ancillaire pour une société qui a fait de l'argent son unique valeur.

L'espace imparti à la servante dans la maison bourgeoise signifie son aliénation. Félicité tourne son rouet dans la cuisine alors que Mme Aubain tricote près de la fenêtre de la «salle». Elle est reléguée sous les combles, au second étage de la maison, dans une pièce éclairée par une «lucarne». Cette chambre résume la condition de Félicité. Elle donne à voir en effet son respect fétichiste pour tout ce qui a appartenu à ses maîtres, — «une des redingotes de Monsieur», «toutes les vieilleries dont

ne voulait plus Mme Aubain» —; les objets signes de sa piété religieuse :
chapelets, médailles, vierges, bénitier; les souvenirs de ses affections
perdues : la boîte en coquillages, cadeau de Victor, les jouets, les cahiers,
les bottines et le petit chapeau en peluche de Virginie, «tout mangé de
vermine», le perroquet Loulou, dernière affection de Félicité, perdue
comme les autres, empaillé sur sa planchette et finalement mangé par
les vers. Cette chambre, seul endroit qui appartienne à Félicité, — («elle
y admettait peu de monde») —, n'est pas un espace à vivre, mais celui
d'un culte religieux substitutif qui a quelque chose de dérisoire. Car les
objets qui représentent les affections les plus chères de Félicité, véritables
métonymies religieuses, sont les premiers à signifier le néant universel,
comme le donne à entendre le rappel de la vermine qui mange à la fois
le petit chapeau de Virginie et le perroquet Loulou.

La dérision du sacré

Le texte tend à dégrader le dévouement de Félicité et à en montrer
la vanité. Comme celle de la Justine de Sade, la vertu de Félicité est bien
mal récompensée : elle perd successivement tous les êtres qu'elle aime,
elle arrive toujours trop tard... Les malheurs de cette parfaite victime
constituent sa vie en destinée, en roman. La conception et l'écriture du
récit que Flaubert fait de cette vie mettent en évidence l'aggravation de
son pessimisme, les tonalités assombries de sa vision du monde qu'inspire,
plus fortement que jamais le sentiment du néant et de la dérision univer-
sels. La rage de dévouement de Félicité est pitoyable car elle ne trouve pas
assez d'objets sur lesquels se déverser : elle donne à boire aux soldats
qui passent, soigne les cholériques, protège les Polonais, s'occupe du père
Colmiche, avant de se fixer sur le perroquet, ridicule exutoire à sa passion. L'attachement de Félicité pour Loulou est pathétique *et* grotesque (16). Pour cette servante, dont «le petit cercle» d'idées «se rétrécit»
avec la surdité au point que seule la voix du perroquet lui parvient, qui
s'endort pendant les prêches du curé, et apprend le catéchisme à force
de l'entendre, le Saint-Esprit est à l'image du perroquet empaillé, une
caricature de la Vie religieuse. La transcendance qui justifiait chez Geneviève de Lamartine l'amour et le dévouement n'est plus, dans le conte de
Flaubert, qu'un code fossilisé. Le code répète comme le perroquet mais
il est vide de toute signification :

> «L'idéal de dévouement proposé aux servantes trouvait son
> fondement dans l'existence de Dieu, le maître étant le représentant
> de Dieu sur terre. Cet idéal perd son sens du jour où Dieu n'est plus
> qu'un oiseau empaillé, mais il ne s'éteint pas pour autant» (17).

L'extase finale de Félicité mourante et aveugle se fonde sur une illusion, comme celle d'Emma recevant la communion lors de la maladie consécutive au départ de Rodolphe. La description de Loulou dévoré par la vermine, — «une de ses ailes était cassée, l'étoupe lui sortait du ventre» —, démystifie la «vision» céleste de Félicité. La forme condensée du conte met en relief ce que *Madame Bovary* et *L'Éducation sentimentale* de 1869 donnent à lire de façon plus diffuse : la dislocation, la dégradation, la dérision chez Flaubert des valeurs religieuses qui se reportent sur les objets. Le quantitatif remplace le qualitatif et la multiplication des métonymies est le signe d'un manque fondamental. Ce témoignage que figure l'œuvre flaubertienne n'est pas sans ambiguïté puisqu'il est à la fois constat de la perte des valeurs religieuses au XIXe siècle et expression de la nostalgie de ces valeurs perdues, d'un sacré, qu'à défaut de la religion, l'Art, le style, permettent de retrouver (18).

Le corps de la servante

La «bonne» servante est un être asexué qui n'a pas de corps : à vingt-cinq ans, Félicité a l'air d'en avoir quarante et dès la cinquantaine, elle ne «marque» plus aucun âge. «Femme en bois», elle n'est qu'une machine, réglée au service de ses maîtres, comme l'indiquent ses gestes «mesurés». Attributs significatifs de cette machine asexuée : le visage «maigre» donc laid; la voix «aigre», c'est-à-dire déplaisante, selon les critères contemporains et flaubertiens de l'esthétique féminine; la taille «droite», négation de la taille mince, souple ou flexible qui provoque le désir masculin, comme celle d'Emma, de Rosanette, de Salomé, de Mélie, la jeune bonne de Pécuchet. La laideur de la servante garantit la qualité de son service. Le costume de Félicité est un uniforme anonyme qui tend à faire oublier la femme en elle :

> «En toute saison elle portait un mouchoir d'indienne fixé dans le dos par une épingle, un bonnet lui cachant les cheveux, des bas gris, un jupon rouge, et par-dessus sa camisole un tablier à bavette, comme les infirmières d'hôpital».

Elle ignore tout du «mundus muliebris». Les objets de toilette dans sa chambre, purement fonctionnels, signifient la propreté, et ne révèlent pas le moindre désir de coquetterie : «un pot à l'eau, deux peignes, et un cube de savon bleu dans une assiette ébréchée». Aussi bien Félicité ne connaît-elle aucun des plaisirs du corps : elle n'est pas gourmande et reste vieille fille comme la servante de M. Ohmlin dans *Rage et impuissance*, comme Nastasie, la première bonne des Bovary. Félicité dans *Un Cœur simple* est l'opposé de la petite Félicité dans *Madame Bovary*, qui mange du sucre en cachette dans son lit le soir, se laisse conter fleurette par Théodore, le domestique du notaire, et finit par filer, enlevée par le même Théodore, en emportant ce qui reste de la garde-robe d'Emma. Le corps de la servante est immanquablement source de désordre, d'ennuis et de dommages pour ses maîtres. Aussi la morale bourgeoise tente-t-elle d'en nier l'existence.

Conclusion

En mettant en scène et en images le mythe bourgeois de la servante modèle, le texte d'*Un Cœur simple* met en évidence les présupposés idéologiques qui sous-tendent ce mythe et signifie la réalité effective qu'il a pour fonction d'occulter : le sacrifice de soi ne devient vertu princeps de la servante que pour faire oublier qu'elle n'a aucune existence propre, ni humaine, ni juridique. La bourgeoise «voltairienne» fait de la religion des domestiques la condition de leur «fidélité» comme Thiers, libre-penseur, jugeait la croyance utile au petit peuple, parce qu'enseignant la «morale», c'est-à-dire en fin de compte la soumission, le respect de l'ordre social : vidé de son contenu transcendant, le code du dévouement ancillaire n'en continue pas moins à assurer la sauvegarde de la propriété et de l'ordre bourgeois, ce qui suffit à le justifier. De même la promotion du mythe de la servante vieille fille, «femme en bois», s'explique par le désir de conjurer le danger du désordre et du «coulage» provoqués par la présence d'un corps qui ne se réduirait pas à être un outil, une machine asexuée au service des maîtres. Ainsi le texte dépasse les intentions avouées par Flaubert qui n'a pas écrit seulement une histoire propre à «faire pleurer les âmes sensibles».

Bien que le conte donne à voir l'aliénation et l'exploitation dont la servante est victime, on ne saurait le réduire à une allégorie de l'oppression subie par les classes populaires, a fortiori à une enquête sociologique sur la condition ancillaire au siècle dernier. L'histoire de Félicité n'est pas «une peinture fidèle de la réalité» mais une fiction qui, construite et écrite de façon à donner l'illusion de la réalité, a un caractère et une fonction idéologiques. Parmi les personnages féminins mis en scène par Flaubert, l'examen de celui de Félicité fournit un moyen privilégié de mesurer jusqu'à quel point la situation sociale du romancier conditionne sa vision du monde, de marquer les limites de sa lucidité critique à l'égard de sa classe et de son milieu. Car tout se passe comme si, constatant l'aliénation et l'exploitation dont Félicité est victime, Flaubert en réduisait l'importance en établissant entre elle et sa maîtresse un parallèle faussement égalisateur dont le sens serait à peu près le suivant : certes Félicité accumule les malheurs mais Mme Aubain n'est pas mieux partagée... Ce qui revient à affirmer la destinée irrémédiablement malheureuse des femmes, quelle que soit leur situation sociale... Le texte ne tend-il pas à accréditer le caractère «naturel» de cette vision, mythique et idéologique en réalité, en établissant une similitude entre le langage fictif de la servante et celui de la maîtresse (19) ? En intervenant directement dans un récit au passé, par le biais d'un (unique) présent gnomique, — «avec l'imagination que *donnent* les vraies tendresses» —, Flaubert ne tend-il pas à nous faire prendre pour une vérité universelle et indiscutable le mythe de l'abnégation ancillaire qui signifie, on le sait, la suppression de l'identité de la servante ? Au reste la négation de son corps, le caractère borné de son intelligence ne sont-ils pas présentés comme la condition sine qua non de la «tendresse» de Félicité ? Flaubert n'écrit pas «tout bonnement» la vie «d'une pauvre fille de campagne...». Le conte précise la nuance de condescendance bourgeoise que comporte l'épithète de son titre. La «simplicité» du personnage apparaît particulièrement adaptée au grotesque triste qui caractérise la mise en scène et en images de la dégradation et de la dérision des valeurs religieuses et du sacré. Flaubert a beau affirmer, après la mort de George Sand, qu'il a commencé *Un Cœur simple* à l'«intention exclusive» de sa «chère maître», uniquement pour lui plaire», il ne croit pas comme l'auteur de *Jeanne* (1844), de *Nanon* (1872) (et comme Hugo, Michelet...), à la supériorité du peuple, qui représente pour ces derniers la nouvelle et véritable aristocratie. Certes, Félicité est pathétique mais sa soumission à l'ordre social, son respect des signes du pouvoir, sa dévotion fétichiste et dérisoire, la solitude finale de sa surdité au monde l'opposent radicalement à une héroïne sandienne. Jeanne, elle, est élevée à un destin sublime parce qu'elle est femme et paysanne. Ignorante selon le code culturel bourgeois du monde contemporain, elle a en revanche, grâce à son contact privilégié avec la nature, une connaissance que les autres ne peuvent avoir, comme elle le dit à M. Harley :

> «Nous sommes *simples* (...), mais nous voyons aux champs où nous vivons de jour et de nuit, des choses que vous ne voyez pas et que vous ne connaîtrez jamais».

La «simplicité» n'a pas le même sens pour George Sand et pour Flaubert. Elle implique un tout autre regard porté sur le peuple. La «simplicité» de Jeanne est synonyme de pureté héroïque, c'est-à-dire de la seule sainteté encore possible sur cette terre. Aussi cette héroïne peut-elle incarner le mythe romantique du peuple sacré, être, comme Consuelo, la figure rêvée de l'être supérieur. Petite paysanne illettrée, Nanon devient marquise de Franqueville; elle s'instruit elle-même pour instruire les autres (20, acquiert, «par une intelligente gestion» une fortune «commencée par un mouton». «Active, douce et bienfaisante», elle organise le bonheur autour d'elle et ses mérites finissent par venir à bout des préjugés sociaux les plus tenaces. L'utopie de bonheur et de progrès social, que ces héroïnes sandiennes ont pour fonction de promouvoir, s'oppose radicalement à la vision du monde et de la femme proposée par l'histoire de Félicité.

DEUXIEME PARTIE

LE MYTHE DE SALOMÉ

De *Madame Bovary* et *Salammbô* à *Hérodias*

Dernier avatar du mythe de Salomé dans l'œuvre de Flaubert, *Hérodias* met en scène, en images et en évidence une obsession majeure de l'imaginaire flaubertien : la terreur provoquée par la puissance de la séduction féminine, synonyme de castration et de mort pour le sujet masculin. La femme séduit pour détruire et tuer, elle aime et demande du sang. Tel est déjà le sens du rappel de la *Marianne dansant*, au début de la troisième partie de *Madame Bovary*, ce bas-relief constituant un signe textuel du danger que sa passion pour Emma représente pour Léon. On sait toutefois que les sujets orientaux favorisent davantage chez Flaubert l'expression des fantasmes de volupté sadique. Ainsi la passion de Mâtho pour Salammbô cause la mort du héros. L'apparition de la fille d'Hamilcar au festin des mercenaires, suivie de l'invitation qu'elle formule à l'intention du chef lybien, détermine irrévocablement le destin tragique du personnage, dont le visage éclaboussé de sang au premier chapitre annonce les noces de sang du dénouement. Cette séduction meurtrière vise à priver le mâle de son pouvoir. Salammbô séduit Mâtho pour reprendre le Zaïmph, «fortune de Carthage», c'est-à-dire pour rendre possible l'écrasement des mercenaires. Hérodias a séduit Hérode, et le séduit de nouveau par l'intermédiaire de Salomé, pour gouverner à sa place. Aliéné par son désir, le Tétrarque consent à la mort du Baptiste que le texte présente comme un substitut de la sienne :

> ... «la mort qu'on lui avait prédite, en s'appliquant à un autre, peut-être détournerait la sienne ?»

La structure et les éléments descriptifs du récit final maintiennent en effet un parallélisme constant entre la menace qui pèse sur le Baptiste, sa décapitation elle-même, et l'«affaissement», «l'écrasement» du Tétrarque, son refus initial de voir «la tête»; grâce à la juxtaposition de deux courtes phrases, détachées dans un paragraphe à part, un même regard embrasse cette tête, quand elle est enfin présentée au Tétrarque, et les *pleurs* qui coulent sur les *joues* de ce dernier. Enfin la description d'Hérode, solitaire dans la pénombre de la salle du festin désertée, est focalisée, de façon significative, sur son visage : «la main contre ses tempes et regardant toujours la tête coupée». Hérode est décapité.

Cléopâtre – Maintenon

Aussi bien le titre même du conte souligne-t-il l'importance et la fonction déterminante du personnage d'Hérodias. Il est non moins significatif que la description de ce personnage féminin, semblable à «Cybèle accotée de ses lions», sa localisation dans l'espace du festin, – «du *haut* de la balustrade qui *dominait* Antipas» –, précède immédiatement, dans le récit, l'apparition de Salomé. Avec sa «mitre assyrienne» et son «péplos d'écarlate», «à la splendeur des cierges», Hérodias est l'image du pouvoir. Car cette femme de tête, aux allures d'«impératrice», «une sorte de Cléopâtre et de Maintenon» (21), n'est pas mue par l'amour mais uniquement par l'ambition. Et c'est pour la satisfaire qu'elle a séduit Hérode, explique Flaubert :

> «Depuis son enfance, elle nourrissait le rêve d'un grand empire. C'était pour y atteindre que, délaissant son premier époux, elle s'était jointe à celui-là...».

Dans ses notes préliminaires, Flaubert, résumant les attributs d'Hérodias, insiste à la fois sur son appétit de pouvoir et sur son mépris pour Hérode, simple instrument de ce pouvoir :

> «Hérodias : Juive, mais par ses aïeux et de nature, *monarchique*. Ses ancêtres avaient été *rois* et sacrificateurs (...) se moquait d'Antipas, comme la grande Marianne se moquait d'Hérode. Avait pour modèle **Cléopâtre**, Sémiramis, Thermuse, *toutes les reines fortes*... Avait pu connaître Julie, fille d'Auguste, femme de Tibère, exilée en 15 de J.C., et qui, comme elle, méprisait son mari» (22).

Dès la première partie du récit, le dialogue qui l'oppose à Hérode met en évidence cet intérêt exclusif d'Hérodias pour le pouvoir, ses intrigues efficaces et sans scrupules pour abattre tout rival dangereux, y compris son propre frère Agrippa. Elle veut «supprimer» le Baptiste parce qu'il l'a humiliée, injuriée, parce qu'il est une menace constante pour son autorité et son prestige, – «Jaokanann l'empêchait de vivre» –, parce qu'il provoque le scandale de la maudire en présence de Vitellius, le gouverneur romain, et de tous les invités officiels d'Hérode, après avoir publiquement dénoncé les «artifices», l'«adultère» et l'«opprobre» de cette «fille de Babylone».

La chronologie du conte, — tout se passe dans le raccourci temporel d'une journée et d'une nuit —, met en valeur l'intervention décisive d'Hérodias sur l'action. L'arme dont elle dispose réduit en effet à néant tous les projets et toutes les combinaisons politiques d'Hérode. C'est Hérodias qui mène le jeu dont le Tétrarque fait les frais :

> «It is her presence which creates Herod's predicament, and her Plotting which advances the story line» (23).

Ce jeu secret, mené en coulisse, qui constitue le non-dit du texte et qui provoque l'événement décisif pour l'action, est révélé a posteriori, au moment de la surprise finale, l'apparition de Salomé à l'issue du festin d'Hérode :

> «Ce n'était pas une vision. Elle avait fait instruire, loin de Machaerous, Salomé sa fille, que le Tétrarque aimerait; et l'idée était bonne. Elle en était sûre, maintenant !» (IIIe partie).

Ainsi le commentaire de l'auteur interrompt la description de la danse de Salomé pour en dégager la fonction dramatique, dévoilant la stratégie d'Hérodias qui a été annoncée de façon indirecte et allusive par deux brèves séquences antérieures du texte : celle qui, dans la première partie du conte, fait apparaître pour la première fois la jeune fille inconnue et celle qui, à la fin de la deuxième partie, évoque l'apparition d'«un bras nu, un bras jeune, charmant», métonymie de cette jeune fille déjà aperçue en compagnie de la même vieille femme. Ces tours allusifs, ces ellipses qui ménagent la surprise du dénouement, ont pour fonction de signifier le pouvoir occulte et déterminant d'Hérodias. Aussi bien le récit oppose-t-il ses «disparitions», sa retraite dans sa chambre, «au fond du palais», à la présence presque constante mais sans efficace d'Hérode sur le devant de la scène : le Tétrarque fait de la figuration pendant qu'Hérodias ourdit ses complots pour recouvrer son pouvoir menacé.

Mauvaise mère et maquerelle

Cette Cléopâtre est une mauvaise mère qui n'a pas hésité à abandonner sa fille et à la laisser à Rome après son divorce, quand elle espérait avoir d'autres enfants du Tétrarque. La maternité n'est donc pour elle qu'un moyen au service de son ambition, Salomé un objet (érotique) manipulé par sa mère pour séduire Hérode, comme le signifie la réduction du personnage à un corps séduisant vu à travers le regard fasciné du

Tétrarque, à «un bras charmant» aperçu par le même spectateur, à un costume propre à mettre en valeur l'attrait érotique de ce corps que la danse elle-même a pour fonction d'exacerber et de rendre irrésistible. Salomé n'existe que pour jouer le rôle de celle que sa mère n'est plus :

> «Sur le haut de l'estrade, elle retira son voile. C'*était Hérodias,*
> *comme autrefois dans sa jeunesse».*

Toute la séquence de la danse de Salomé donne à voir ce rôle de simple exécutante de la danseuse alors qu'Hérodias, du haut de sa tribune d'or, dirige le spectacle, puis en réclame le prix. Aucune initiative n'est laissée à Salomé, animal dressé à exécuter le scénario fixé par sa mère : elle n'accède pas au langage articulé de la pensée, obéissant à un simple «claquement de doigts» et répétant péniblement des mots dont elle ne comprend pas le sens. La manière dont elle se sert du corps de sa fille pour séduire le Tétrarque fait d'Hérodias une mère maquerelle. La dégradation de cette figure maternelle est complète quand à la «splendeur» de son apparition dans la tribune fait contraste le «torrent» de ses «injures populacières et sanglantes», le bourreau ne rapportant pas la tête du Baptiste.

Définition de la féminité

Hérodias se sert de sa fille car n'étant plus capable de séduire elle-même le Tétrarque, elle risque d'être répudiée. Elle essaie en vain d'évoquer le temps de leurs amours, de le regarder «comme autrefois, en se frôlant contre sa poitrine avec des gestes câlins» : elle a «des plis» au front. La jeunesse est donc la condition sine qua non de la séduction féminine. Dans le conte d'*Hérodias* comme dans ses œuvres de jeunesse et ses romans de la maturité, Flaubert fait siens les préjugés et les a priori de ses contemporains. Isabellada (*Un Parfum à sentir*, 1836), Marie, la prostituée de *Novembre* (1842), Emma, Salammbô, Rosanette sont jeunes comme Salomé. La féminité séductrice est ainsi réduite à la jeunesse du corps féminin et la femme n'existe que par le regard masculin qui, contemplant ce corps, y discerne la promesse de son propre plaisir. Comme les épithètes attribuées à Rosanette, — (petit, fin, joli, mignon) —, celles qui le sont à Salomé, — («col *délicat*», «petite bouche») —, la particularisent moins qu'elles ne la désignent comme un objet propre à susciter l'appétit du consommateur. La vision du voyeur, sélective, partielle, morcelée, ne retient en effet du corps féminin que ce qui est propre à susciter les fantasmes masculins, selon le code de la culture érotique contemporaine repris à son compte par Flaubert. D'où la prédilection pour la souplesse de la taille (où affleure l'image du serpent) (24) :

«... il voyait, des hanches à la nuque, toute sa taille qui s'in-
clinait pour se redresser d'une manière élastique. Il épiait le retour
de ce mouvement, et sa respiration devenait plus forte; des flammes s'allumaient dans ses yeux».

D'où l'importance d'un jeu subtil avec ce qui est montré et ce qui reste
caché, c'est-à-dire avec ce qu'il est permis et ce qu'il est interdit de voir,
jeu propre à favoriser le rêve de l'inconnu, du mystère, et à faire naître
le plaisir délicieux de la transgression :

«L'ombre du parasol se promenait au-dessus d'elle, en la cachant à demi. Antipas aperçut deux ou trois fois son col délicat,
l'angle d'un œil, le coin d'une petite bouche».

Dans ce spectacle d'illusion qui fait de la femme le prétexte, le support des fantasmes du voyeur, le «mundus muliebris» a une fonction capitale : il gomme l'altérité (dangereuse) de la femme, il la réduit à l'image
culturelle qu'en a la société masculine contemporaine. Comme Salammbô,
Salomé est une poupée inséparable de ses chiffons, elle *est* ses chiffons,
objet parmi des objets dont elle n'est que la consommatrice et dont elle
doit jouer de façon à provoquer le plaisir et le désir de celui qui la regarde.
La lecture d'*Hérodias* confirme l'importance du fétichisme du vêtement
dans la mythologie féminine de Flaubert et l'impact du mythe de la femme
orientale dans son œuvre. Pour Flaubert, comme pour ses contemporains,
la séduction de la femme orientale se fonde essentiellement sur le «mundus
muliebris» exotique auquel ils la réduisent et qui leur semble promettre de
ce fait le nec plus ultra du plaisir érotique. Aussi bien l'évocation de la
chambre d'Hérodias, avec ses parfums exotiques, l'attirail de ses fards, de
ses onguents, de ses poudres, ses étoffes «pareilles à des nuages» et ses
broderies «légères comme des plumes» résume-t-elle l'atmosphère de celle
de Salammbô. Le costume de Salomé, quand elle apparaît devant Hérode
Antipas, n'est pas sans analogie avec celui de Kuchuk Hanem, la fameuse
danseuse d'Esneh dont la légende a fasciné Flaubert avant, pendant et
après son voyage en Orient (25). Contrairement à la robe de la bourgeoise
européenne, ce costume, avec ses «caleçons noirs... semés de mandra-
gores», son «voile bleuâtre», son «carré de soie gorge-pigeon», dénude le
corps féminin et en signifie le statut d'objet érotique; il voile et divise pour
mieux montrer et favorise tous les jeux de cache-cache du voyeurisme.

La danse de Salomé achève l'effet produit par son costume. Sa
fonction exclusivement érotique est d'exhiber le corps féminin de façon à
susciter le désir du spectateur au point de le rendre irrésistible. Il s'agit
donc moins de décrire la danse elle-même que de l'interpréter comme un

«appel», une provocation, et d'en suggérer les effets : le vertige grandissant du public masculin; grâce à des comparaisons-clichés précisément, qui sont autant de supports et de résumés de fantasmes que Flaubert partage (dès *Novembre*, 1842) avec ses contemporains et qu'il a cru voir réaliser en rendant visite à Kuchuk Hanem, la danseuse d'Esneh, et à Azizeh, celle d'Assouan. Aussi pour rendre sensible l'envoûtement de la danse de Salomé, la décrit-il en s'inspirant des souvenirs du *Voyage en Orient* : d'où l'importance accordée au mouvement des pieds qui «n'arrêtaient pas», aux «ondulations de houle» du ventre, faisant contraste avec l'immobilité du visage, à la souplesse de la taille (26). C'est réduire la femme à son corps et l'existence de ce corps lui-même à un spectacle dont la mise en scène, fruit de l'imaginaire masculin, est réglée d'avance. Aussi bien le regard tiers multiplie-t-il le pouvoir érotique de la danse de Salomé : un corps féminin convoité par tout un public masculin devient éminemment convoitable. Cet aspect majeur du voyeurisme flaubertien, dont l'«amour d'actrice» figure l'avatar occidental, trouve ici son expression privilégiée. Comme le souligne la structure même du passage, le désir d'Hérode, destinataire véritable de cette danse, s'accroît de celui de tous les autres spectateurs. En outre Salomé, comme Salammbô pendant le festin des mercenaires, n'apparaît dans la salle du banquet que lorsque la satiété menace les convives. Dans «l'orgie» que rêvent Flaubert et ses contemporains, le plaisir érotique prolonge et complète celui de la gourmandise : la femme figure au menu des mets à consommer.

Danger féminin et sens de la décapitation

Dans la description de la danseuse, l'accent mis sur l'animalité — (comparaison avec le scarabée, référence à la souplesse reptilienne et au regard fascinateur du serpent), signifie la peur provoquée par la séduction du corps féminin. La femme est effrayante, «vertigineuse», elle charme «comme le rhombe des sorcières» (p. 198). Hérodias a «pris» le cœur d'Hérode «avec le craquement» de sa chaussure. L'amour se réduit au désir et le désir est aliénation : pour le Tétrarque «tous les liens n'étaient pas rompus de l'*ensorcellement* qu'il avait autrefois subi». La haine est la conséquence inévitable de ce désir aliénant qui a fait commettre à Hérode le sacrilège de l'adultère et de l'inceste, et qui a été la source de tous ses malheurs. Le désir d'une femme entraîne la ruine et la destruction du sujet masculin. Cette peur, fondamentale chez Flaubert, trouve avec *Hérodias* et la décapitation de Saint-Jean Baptiste son expression la plus complète et la plus achevée. La blessure symbolique de la décollation est en effet d'abord allégorie de la castration. Plus précisément la décollation est l'acte de déposséder le mâle du patrimoine de la raison, de la sagesse et du génie créateur dont la tête est le siège (27), et l'homme le détenteur exclusif. La femme perverse et funeste menace l'esprit mâle. Le «cerveau» est vaincu par la «matrice», la cérébralité par «l'hystérie», selon l'opposition et la hiérarchie établies par Flaubert et ses contemporains, avec la caution des médecins. La crainte de ce danger féminin terrifie les consciences masculines comme l'atteste la place importante tenue par le mythe de Salomé dans l'inspiration des artistes du dernier quart du XIXe siècle, en particulier dans celle de Gustave Moreau (*L'Apparition*, 1876; *La Danse de Salomé devant Hérode*, vers 1876...). La misogynie du peintre, quand il commente ses *Chimères* (1884) s'apparente à celle de l'auteur d'*Hérodias* :

> «Cette île des rêves fantastiques renferme toutes les formes de la passion, de la fantaisie, du caprice chez la femme, *la femme dans son essence première*, l'être inconscient, folle de l'inconnu, du mystère, *éprise du mal sous forme de séduction perverse et diabolique*».

Comme Flaubert, Gustave Moreau pense que la femme castre, décapite l'imaginaire :

> «L'intrusion sérieuse de la femme dans l'art serait un désastre sans remède. Que deviendra-t-on quand des êtres dont l'esprit est aussi positif et terre-à-terre que l'est l'esprit de la femme, quand des êtres aussi dépourvus du véritable don imaginatif, viendront apporter leur horrible jugeote artistique avec prétentions justifiées à l'appui ?» (28).

Conclusion

Des Esseintes, le héros d'Huysmans (*A Rebours*, 1884), fasciné par l'œuvre de Gustave Moreau, privilégie comme lui, dans la légende d'Hérodias-Salomé, la figure de cette dernière :

> «Ce type de la Salomé si hantant pour les artistes et pour les poètes, obsédait, depuis des années des Esseintes (...)
>
> (...) Elle n'était plus seulement la baladine qui arrache à un vieillard (...) un cri de désir et de rut (...); elle devenait, en quelque sorte, la déité symbolique de l'indestructible Luxure, la déesse de l'immortelle Hystérie, la Beauté maudite (...); la Bête monstrueuse, indifférente, irresponsable, insensible, empoisonnant de même que l'Hélène antique, tout ce qui l'approche, tout ce qui la voit, tout ce qu'elle touche» (29).

Le conte de Flaubert privilégie au contraire le personnage de la mère, au détriment de celui de la fille, pour lui faire porter le poids de ses terreurs et de sa condamnation misogyne. Ce traitement particulier du mythe, au moment où il apparaît dans son œuvre, éclaire de façon décisive ce que la mise en scène des romans antérieurs donnait à lire d'une manière plus allusive et plus voilée : l'ambivalence constitutive de la figure maternelle archétypale dans l'imaginaire flaubertien, la confusion de Marie et Vénus. Enfin la lecture d'*Hérodias* confirme l'importance et la permanence de la composante sadique dans l'inspiration du romancier, le rapport fondamental qu'il établit entre la volupté, le sang et la mort, que toute une part «menaçante» de la Femme lui rappelle sans cesse.

TROISIEME PARTIE

LA PROFESSION DE FOI CÉLIBATAIRE

Le «roman familial» du saint

Julien-Flaubert

Le «roman familial» du saint peut se lire comme la métaphore de celui de l'artiste. Il est possible de déceler, dans l'intérêt précoce, durable, de Flaubert pour l'histoire de Julien, le signe d'une analogie profonde, intime, mais censurée et refoulée dans les profondeurs de son inconscient. Le récit impersonnel de la vie du saint offrirait alors à l'écrivain le masque le plus sûr pour exprimer ses hantises les plus personnelles. Aussi bien la concision du conte fait-elle apparaître de façon saisissante ce qui est dilué, disséminé dans l'œuvre romanesque : le malaise fondamental éprouvé par le sujet masculin face au corps féminin et à son propre corps, la tentation sadique qui en est la conséquence; le refus des lois naturelles de la vie et de la procréation, le renoncement au monde; le meurtre du couple parental nécessaire à la naissance du saint et la souffrance mortificatrice, condition de son salut.

La première partie du conte, dont l'incipit met significativement l'accent sur «le père et la mère de Julien» et dont les premiers paragraphes décrivent, non moins significativement le château, signifie la conformité à la loi de la nature : mariage, naissance d'un fils, installation dans la paix et le confort d'une existence familiale et sédentaire. En revanche si le palais de Julien, dans la deuxième partie du conte, figure la réplique «moresque» du confortable château de son père, son farniente oriental celle de la vie paisible du vieux châtelain, Julien ne fait pas une fin dans le mariage, il n'a pas de descendance et n'envisage pas d'en avoir, tout obsédé qu'il est par son «horrible pensée», la possibilité du meurtre de ses parents. Enfin à la vie gourmande, grasse et sensuelle du château familial, la troisième partie du conte oppose le récit de l'errance solitaire de Julien, de ses épreuves, de ses privations, de ses souffrances, des tortures imposées à son corps, de la pénitence qui le prépare à la sainteté. L'évocation finale de la misère du passeur, la description de sa «cahute» font contraste avec celles de la vie de sa jeunesse et du château familial dont Flaubert a voulu précisément inscrire le souvenir à ce moment du récit. Ainsi par un jeu de parallélismes et de contrastes, le texte signifie la rupture avec l'héritage paternel, le refus de la loi naturelle de la procréation, le renoncement au monde et la mortification du corps.

La chasse et le corps

Conjointement la première partie du conte met en scène et en images la passion exclusive de Julien pour la chasse que le texte réduit au plaisir sadique d'une frénésie de carnage, à la volupté du meurtre et du sang versé, et qu'il présente finalement comme la manière même d'être au monde du héros :

... «Julien ne se fatiguait pas de tuer (...) Il était en chasse dans un pays quelconque, depuis un temps indéterminé, et par le fait seul de sa propre existence...».

Cette passion de la chasse figure le malaise fondamental de Julien en présence de l'Autre, du corps de l'Autre. En témoigne la gradation des signes de ce malaise : le «trouble» de Julien à la vue de la petite souris blanche, et la «haine» consécutive à ce trouble, la «volupté sauvage et tumultueuse» qu'il éprouve à étrangler le pigeon blessé, au point de «défaillir» au dernier «raidissement» de l'oiseau, le «plaisir» qui le «suffoque» à la pensée de faire un énorme «carnage» en tuant tous les cerfs assemblés dans le vallon. La mise en scène de la chasse, dans la première et dans la deuxième parties du conte, laisse entendre comment ce malaise, provoqué par la vie des corps, met en cause la relation même du sujet à ses parents. Car la scène capitale de la biche assassinée avec son faon, de la malédiction et de la mort du grand cerf, préfigure celle du meurtre des parents à la fin de la deuxième partie du conte quand précisément, «les bêtes manquant» pour satisfaire la «soif de carnage» de Julien, «il aurait voulu massacrer des hommes» (p. 184). Dans la mise en scène et en images du trio familial animalier en effet, les signes de la puissance paternelle et ceux de la tendresse maternelle sont privilégiés et l'ambiguïté des prédicats de la barbe, des yeux et de la voix, ménage des correspondances et des échos avec les séquences des accidents survenus au père et à la mère de Julien (fin de la première partie) et avec celle de leur meurtre (fin de la deuxième partie). La progression du récit met toutefois en valeur l'acharnement de Julien contre la figure maternelle de la biche :

«Julien exaspéré, d'un coup en plein poitrail, l'étendit par terre».

Corps féminin, corps maternel

L'agencement du conte tend à masquer que ce malaise éprouvé par Julien en présence du corps d'autrui est en fait celui que lui inspire le corps maternel. Aucune mention n'est faite de ce corps dissimulé sous une «robe de drap» dont la «queue traînait de trois pas derrière elle», robe aussi «insoulevable» que celle de Mme Arnoux, ni du désir que ce corps a pu susciter. Le père de Julien a épousé cette «demoiselle de haut lignage» pour assurer sa descendance. Le mariage se réduit pour elle à la maternité, elle-même présentée comme une récompense de la piété : «A force de prier Dieu, il lui vint un fils». La présentation du personnage met l'accent sur sa chasteté, connotée par la blancheur, la fierté, le sérieux; sur ses vertus domestiques, ordre monacal, intendance parfaite de la maison, travaux considérés comme spécifiquement féminins : filer «à la quenouille», broder des nappes d'autel. Contrairement à ce qui se passe pour la mère de Julien, son épouse est d'emblée présentée comme un corps désirable qui est donné à voir, avec sa chevelure apparente (non dissimulée par un hennin), et sa «robe entr'ouverte» :

... «sous la transparence de sa tunique, on devinait la jeunesse de son corps. Elle était toute mignonne et potelée, avec la taille fine».

Comme dans *Hérodias*, la seule apparition de la jeune fille provoque le désir du spectateur : «Julien fut ébloui d'amour». De même que Salammbô et Salomé, l'épouse de Julien est une figure orientale («grands yeux noirs, anneaux de la chevelure, pierreries du costume»). La description de son palais multiplie les connotations d'une volupté digne des *Mille et une Nuits* avec ses parfums (orangers, fleurs que la jeune femme «jetait souvent au visage» de Julien), ses sensations tactiles et auditives telles que brise de mer et jets d'eau sur fond de silence inouï. Ce personnage féminin qui se promène avec Julien dans une «litière ouverte», ou qui, «accroupie à ses pieds tirait des airs d'une mandoline à trois cordes», s'efforçant de le «récréer», figure l'odalisque face au sultan du sérail. Le texte signifie encore l'existence de son corps en associant le commentaire de Julien à l'évocation d'une «crédence... chargée de vaisselle», — «sans doute elle aura mangé» —, à celle du lit où il imagine la jeune femme endormie : «... il allait la surprendre (...) afin d'embrasser sa femme, il se pencha sur l'oreiller...». C'est ce corps désirable qui, soupçonné d'adultère, provoque le délire meurtrier de Julien. Cependant ce n'est pas sa femme mais sa mère qu'il tue et dont il contemple ensuite, fasciné, la tête aux cheveux blancs. L'épouse de Julien n'est en fait que l'«occasion» de son crime; aussi l'exclut-il de sa présence dès que ce crime est accompli. Dans le récit, le corps désirable de l'épouse a pour fonction d'occulter le corps fascinant et tabou de la mère que vise en réalité la «colère démesurée» du protagoniste.

Œdipe et sadisme

Le rival présumé se révèle en effet être le père, rival toujours victorieux puisque même mort il prend figure de juge, à l'instar du grand cerf noir dont la malédiction met précisément en rapport la frénésie destructrice de Julien avec la tentation d'assassiner son père et sa mère. A la fin de la première partie, le récit de l'accident survenu au vieux châtelain donne à voir cette rivalité de configuration œdipienne : la grande épée dont son père lui fait cadeau, «trop lourde» pour Julien tombe en frôlant «le bon seigneur de si près que sa houppelande en fut coupée», et que le protagoniste, croyant l'avoir tué, s'évanouit. Le meurtre nécessaire des parents entraîne une culpabilité intolérable, dont l'évanouissement de Julien constitue le premier signe et que deux effets pathétiques rendent sensible : le «cri déchirant» détaché entre deux blancs du texte dans une proposition indépendante, pour conclure le récit de la méprise dont la mère a été victime et le bruit des gouttes qui, «suintant du matelas, tombaient une à une sur le plancher», après le meurtre.

La Légende de Saint Julien l'Hospitalier confirme ce que Salammbô, après la Tentation de 1849, a révélé de la nature et des causes profondes du sadisme dans l'imaginaire flaubertien. Le conte met en effet en relation les jouissances sadiques de Julien à la chasse avec le malaise éprouvé face au corps féminin dangereux, c'est-à-dire face au corps maternel tabou dont l'Éducation sentimentale de 1869 a déjà montré la fascination. Le récit de l'histoire de Julien fait apparaître le triangle œdipien, motif fondamental de l'imaginaire flaubertien, le traumatisme de la «scène interdite», comme la source de ce sadisme dans l'inconscient du créateur. La légende de Julien ne confirme et ne complète pas moins le sens d'Hérodias. L'amour se réduit au désir qui aliène au point de devenir synonyme de violence, de démence meurtrière. Corps et sexualité sont fondamentalement mauvais et engendrent la destruction de soi et d'autrui. D'où le refus des lois naturelles de la vie dont les origines sont irrémédiablement souillées (30), le rêve mégalomaniaque de se donner naissance à soi-même. La mortification du corps constitue la condition sine qua non de l'accès à la sainteté, le baiser au lépreux le prix de l'ascension du saint. La gloire finale de Julien permet à Flaubert d'exprimer métaphoriquement sa fidélité à ce qui a été son seul credo, la religion de l'Art.

Un ménage de vieux garçons

Introduction

L'apparition des personnages féminins est épisodique, leur fonction nécessairement réduite dans un roman où d'entrée de jeu, les deux protagonistes masculins déclarent que les femmes sont «frivoles, acariâtres, têtues» et qu'«il vaut mieux vivre sans elles». Bouvard a été abandonné, au bout de six mois de mariage, par sa femme qui a filé avec la caisse et Pécuchet est resté célibataire après avoir découvert, à la veille du mariage, que sa dernière «passion», une petite blanchisseuse, était «enceinte d'un autre». Ainsi la cohésion du couple Bouvard et Pécuchet, assemblé contre la femme est d'abord négative, presque une association de défense, et son roman présente une symétrie masculine et parodique avec celui du couple masculin - féminin. La femme est rejetée parce qu'elle est l'Autre menaçant, le différent porteur d'ennuis divers, destructeur de chacun d'eux et destructeur de leur couple. En revanche la sympathie naît immédiatement entre les deux employés parce qu'ils se sont reconnus identiques malgré des différences superficielles :

«Chacun en écoutant l'autre retrouvait des parties de lui-même oubliées...» (31).

Autant dire que chacun ne se retrouve et ne se trouve que par l'autre : avant, chacun était amputé de sa mémoire et de son identité. En somme être deux pour être soi. L'Autre, devenu miroir, réplique de soi, au lieu d'effrayer, rassure et conforte l'individu, ce que signifie, sous une forme grotesque, la séquence des casquettes, avec, à l'intérieur, le nom du propriétaire. Alors que l'inévitable guerre des sexes fait un enfer de la vie commune avec une femme, l'«harmonie» de leurs tempéraments et de leurs goûts complémentaires fonde l'attachement et la confiance réciproques de Bouvard et Pécuchet, justifie leur désir d'avoir une maison pour y vivre ensemble. Le couple des deux «cloportes» incarne le rêve ébauché (et avorté) dans *L'Éducation sentimentale* de 1869 : la solitude vaincue grâce à l'amitié de deux êtres qui se reconnaissent semblables, partagent les mêmes intérêts et suivent un itinéraire intellectuel commun. Aussi bien le premier chapitre s'achève-t-il sur le signe de cette communication et de cette entente masculines, les seules valables et authentiques au monde selon Flaubert : la «surprise» de la petite porte, «béante» entre les deux chambres à coucher, qui permet de bavarder avant de s'endormir (32). Au cours du roman, invariablement flouées par elles, ces deux victimes des femmes ne pourront que confirmer leur misogynie et leur profession de foi célibataire : la dame en plâtre de la charmille, découverte précisément au cours de la première exploration du jardin, espace privilégié des expériences et de l'existence de Bouvard et Pécuchet à Chavignolles, est finalement la seule femme qui puisse leur convenir.

Fonction des comparses

Les comparses ont pour fonction de signifier l'ordre et l'organisation de la société dans laquelle se déroule l'aventure des deux protagonistes, de rappeler la normalité de l'institution du mariage et le statut de la femme qui en est la conséquence. Qu'il s'agisse de la Mère Guy, la femme du fermier, de Mme Vaucorbeil, celle du médecin, de Mme Marescot, celle du notaire, ou, au sommet de la hiérarchie, de la comtesse de Faverges, la présentation des épouses complète celle des maris; elle sert à préciser, de façon caricaturale, le rôle et la fonction de ces personnages masculins dans l'économie du roman qui met en scène une microsociété résumant et représentant la société contemporaine, de la Monarchie de Juillet au Second Empire. Ainsi les lamentations, les cris, les piaillements de la Mère Guy accompagnent les ruses et les marchandages du fermier normand. Mme Vaucorbeil, réduite à une grossesse que le texte assimile à la laideur, à la mauvaise humeur et au mutisme, figure la «vie manquée» du médecin qui regrette Paris. «Parisienne qui s'ennuyait à la campagne», Mme Marescot, «avec son peignoir de cachemire bleu», orne la salle à manger du notaire au même titre que les plats de vieille faïence ou l'horloge de Boulle. Le conformisme de la comtesse de Faverges, «placide et grasse», flanquée de sa fille, «le type de la jeune personne, l'ange des keepsakes», et de sa dame de compagnie, va de pair avec l'opportunisme politique du comte : personnage proche du banquier Dambreuse de l'*Éducation sentimentale*, quoique plus nettement présenté comme un défenseur de la famille et de l'ordre moral, ce gentleman farmer acquis aux techniques modernes et aux méthodes du progrès industriel, choisit logiquement un polytechnicien pour en faire son gendre. En revanche l'évocation de la femme de l'instituteur Petit, avec son madras, coiffure-signe de la femme du peuple, allaitant un enfant, une petite fille cachée derrière sa jupe, «un mioche hideux» à ses pieds, tandis que l'eau de la lessive coule au bas de la maison, donne à voir la misère et l'aliénation du ménage, le mari exploité par le gouvernement, surveillé par l'abbé Jeufroy, réduit à une soumission inconditionnelle pour assurer la survie de sa famille, traitant à son tour sa femme comme sa servante.

Insécurité du célibat

Ainsi la «maison» ne se conçoit point sans une femme pour s'en occuper. Le célibataire a la tentation de se marier pour assurer le confort de sa vieillesse. Le Professeur Dumonchel annonce à ses correspondants son mariage avec Mme Veuve Olympe Zula Poulet. Écœuré par la réaction politique qui a permis l'avènement du Second Empire et désœuvré, Bouvard rêve d'une femme «qui maintenant le dorloterait, soignerait sa maison». Mme Bordin, dont les «talents de ménagère» sont connus, qui a «une petite ferme admirablement soignée», représente pour lui un «bon parti», domestique et culinaire :

> «Il admirait la tenue de sa maison, et quand il dînait chez elle, la netteté du service, l'excellence de la table...
> Un soir que la cuisine de Mélie l'avait dégoûté, il eut une joie en entrant dans le salon de Mme Bordin. C'est là qu'il aurait fallu vivre !».

L'amour de Mme de Noaris, la dame de compagnie de la comtesse de Faverges, présentée comme la protectrice des malheureux, comme une «bonne femme» d'humeur enjouée, «peut-être eût fait le bonheur de (la) vie» de Pécuchet.

Car le célibataire est condamné à se contenter du service d'une servante, que le texte présente comme un pis aller dès la fin du premier chapitre avec la séquence du premier dîner à Chavignolles. La vieille Germaine, qui fait «des journées» avant d'être employée par Bouvard et Pécuchet, n'a rien de la domestique stylée, a fortiori de la servante au grand cœur, propre à assurer un confort douillet au célibataire : tout au plus capable de nourrir ses maîtres, elle se grise, se révèle malpropre, paresseuse, malgracieuse, bavarde et indiscrète. Les conséquences de la passion de Pécuchet pour Mélie montrent toutefois qu'une vieille servante est moins dangereuse qu'une jeune pour le célibataire. La jeunesse, souvent synonyme d'immoralité des domestiques, est la source de «graves désordres» qui compromettent la prospérité des propriétaires. La naïveté de Bouvard consiste à engager Mélie parce que son profil «en pleine lumière», encadré par le linteau de la porte, le bruit de ses fuseaux à dentelles, l'ont séduit, à rester sourd aux insinuations de la vieille Germaine qui devraient pourtant l'éclairer sur les «farces» de Gorju et de Mélie aux dépens de ceux qui les emploient. Comme *Madame Bovary* et *Un Cœur simple, Bouvard et Pécuchet* signifie le danger que le corps de la servante représente pour ses maîtres. Comme la petite Félicité, servante d'Emma, Mélie est «gentille», elle a l'air d'une demoiselle costumée en «paysanne», son béguin ne dissimule pas complètement ses «bandeaux, de la couleur des blés»; elle n'est pas une «femme en bois» comme la Félicité d'*Un Cœur simple*. Par le biais des plaintes du comte sur «l'immoralité de nos compagnes», de son discours sur la nécessité de «surveiller les mœurs» des domestiques qu'il oppose au libéralisme de Bouvard prêtant des romans à Mélie, le texte caricature avec ironie la morale bourgeoise qui tend à réprimer le corps ancillaire, voire à en nier l'existence. Le sens de cette critique reste toutefois ambigu car le plan de la Conférence (p. 413) aggrave la condamnation portée contre la perversité «féminine» de la servante et accentue l'effet de dérision auquel concourt le traitement grotesque réservé aux personnages et aux situations : pour avoir publiquement embrassé Mélie sur les deux joues, Bouvard est accusé de l'avoir débauchée autrefois, de «lui avoir donné du mal», et condamné à lui verser une pension car elle se trouve alors enceinte, d'un autre assurément. En somme la mise en scène des rapports de Bouvard et Pécuchet et de leur jeune servante Mélie est l'occasion pour le romancier de dire une fois encore le danger que la séduction du corps féminin représente pour tout sujet masculin.

Phèdre et Pécuchet

Dans la séquence du texte précisément où Bouvard, séduit par Mélie, l'engage comme servante, Pécuchet découvre les figures du bahut de la Renaissance : Vénus-Anadyomène, Hercule et Omphale, Samson et Dalila, Circé et ses pourceaux, les filles de Loth enivrant leur père, Adam et Eve «dans une posture fort indécente. Procédé typiquement flaubertien : une fois de plus les images (peinture, sculpture...) disent plus que le texte. Le romancier en a besoin : elles sont la projection visuelle, l'objectivation de ses fantasmes. Cette découverte de Pécuchet peut se lire comme un signe du danger que le corps de Mélie constitue pour lui. Elle annonce aussi la fonction du voyeurisme dans le comportement amoureux de Pécuchet, d'un voyeurisme que le texte tend à présenter, comme tout ce comportement amoureux, de façon grotesque. Pécuchet, qui possède encore sa virginité à cinquante ans, a eu plusieurs passions, dont l'énumération hétéroclite produit un effet dégradant et ridicule : une danseuse de corde, la belle-sœur d'un architecte, une demoiselle de comptoir, une petite blanchisseuse. Car «le célibataire» n'expulse la femme que pour en être mieux hanté» (3 3). Après avoir joué *Phèdre* et *Tartuffe* devant Mme Bordin, il découvre, en espionnant Mme Castillon et son amant Gorju, «tout un monde», c'est-à-dire le monde effrayant du délire passionnel. Dans les deux scènes, le traitement grotesque est manifeste : le déguisement se réduit au bonnet grec, Mme Bordin, public inculte confondant art et réalité, assise sur un torchon, «écarquille les yeux comme devant les montreurs de tours»; Mme Castillon n'est qu'une Phèdre de village, le sordide domine dans sa rencontre avec un amant que le texte présente comme un voyou. Ce grotesque prépare celui que produit le contraste entre la flambée passionnelle de Pécuchet pour Mélie et ses conséquences fâcheuses immédiates.

Les circonstances dans lesquelles naît la passion de ce vieux garçon contribuent à la dégrader : après le 3 décembre 1851, Pécuchet, comme son ami, dégoûté de tout, vit dans un désœuvrement complet, «dans cet ennui de la campagne, si lourd quand le ciel blanc caresse de sa monotonie un cœur sans espoir». La passion remplit ce vide. Tout se passe comme si on aimait une femme parce qu'on n'a décidément rien d'autre à faire. La passion de Pécuchet figure un avatar grotesque de celle de Frédéric Moreau qui surgit, elle aussi, sur fond d'ennui et a pour fonction de combler le vide d'une existence. Voyeurisme et imagination jouent un rôle fondamental dans cette passion : depuis qu'il l'a observée tirant de l'eau, Pécuchet ne peut «se rassasier du bonheur de voir» Mélie et n'est pas moins «persécuté par le souvenir de Mme Castillon étreignant Gorju». La vision partielle, morcelée du corps féminin sert de support aux fantasmes du voyeur. Le désir, provoqué par ce qui est deviné, entrevu dans un mouvement creusant la taille ou laissant imaginer la jambe, le sein, «augmente par la peur de le satisfaire». A sa manière Pécuchet rejoint Hérode épiant le retour du mouvement de la taille de la jeune fille inconnue, Rodolphe «déshabillant» Emma après l'avoir vue se baisser pour dissimuler la cuvette de la saignée, Frédéric d'autant plus amoureux que Mme Arnoux lui semble inaccessible. Comme pour les autres héros flaubertiens, le contact de la chair féminine est pour Pécuchet menace de liquéfaction, de destruction de soi; il compromet l'intégrité même du sujet. Une expression délibérément concrète présente ce danger de façon grotesque, comme si la conception parodique de Pécuchet amoureux avait pour fonction de démystifier par l'ironie les hantises secrètes du romancier :

> «... il apercevait dans son corsage des formes blanchâtres, d'où émanait une tiède senteur, qui lui *chauffait* la joue... il en ressentit un *ébranlement* jusqu'à la moëlle des os... il la baisa sur le menton, en se retenant de ne pas mordre sa chair, tant elle était savoureuse. Elle lui rendit son baiser. L'appartement *tourna*, il n'y voyait plus».

Après l'avoir été de la petite blanchisseuse, Pécuchet est présenté comme la dupe et la victime de Mélie : «Un autre eût compris qu'elle ne manquait pas d'expérience» (p. 269). La «maladie secrète» dont il souffre «huit jours après» achève la démystification grotesque de la passion de Pécuchet. Le plan de la conférence précise que Mélie y gagne finalement une «pension». Ainsi le roman du célibataire, de la petite bonne et de son souteneur, dégrade en caricatures les obsessions majeures de l'imaginaire flaubertien : la femme dangereuse, prostituée et vénale; la relation triangulaire et son corollaire, la haine pour le rival heureux.

Le «besoin» des femmes

L'évocation des deux amis, «ruminant leur mécompte» au coin du feu, figure une réplique parodique et réductrice de celle de Frédéric Moreau et de Deslauriers dans le dernier chapitre de *L'Éducation sentimentale*. La «dissertation» sur les femmes de Bouvard et Pécuchet confirme alors la profession de foi célibataire ébauchée dans le roman de 1869 : puisque le désir d'avoir des femmes a «suspendu leur amitié», ils décident qu'il vaut mieux vivre sans elles. Le texte pose toutefois simultanément la question de savoir si c'est possible et laisse le débat ouvert en signifiant l'impossibilité de conclure : «Étrange besoin, est-ce un besoin ?». Les femmes restent des inconnues qu'on ne peut définir qu'en reproduisant «tous les lieux communs qu'elles ont fait répandre». La mise en scène de la passion de Pécuchet, comme celle de l'intrigue de Bouvard avec Mme Bordin, tend à réduire l'amour éprouvé pour une femme à une pulsion accidentelle et purement physique, à l'envie fugace de posséder un corps qui paraît désirable. Ainsi Pécuchet «contemple le nez fin, la bouche étroite, le tour de (la) figure» de Mélie tandis que les épaules de Mme Bordin «fascinent» Bouvard : «... il se figurait des rondeurs d'une amplitude et d'une consistance merveilleuses». Parce qu'il rencontre la veuve par hasard au mois d'avril, qu'il fait chaud, qu'elle est en camisole et qu'il s'assied par terre à côté d'elle, Bouvard éprouve «un revif de tempérament qui le comble de joie» :

> «La grande lumière éclairait son profil, un de ses bandeaux noirs descendait trop bas, et les frisons de sa nuque se collaient à sa peau ambrée, moite de sueur. Chaque fois qu'elle respirait, ses deux seins montaient. Le parfum du gazon se mêlait à la bonne odeur de sa chair solide...».

Cette vision morcelée du corps féminin propre à susciter l'appétit de Bouvard combine des éléments typiquement flaubertiens : le profil en pleine lumière, les bandeaux noirs, la peau ambrée sont des attributs de Mme Arnoux vue par Frédéric; le héros de *Novembre* remarquait déjà chez Marie, la prostituée, «quelques petits cheveux de derrière» qui «frisottaient sur son cou», ainsi que le mouvement de ses seins accompagnant celui de sa respiration; dans la cuisine des Bertaux, Charles percevait sur les épaules nues d'Emma «de petites gouttes de sueur». Toutefois, à l'inverse de ce qui se passe dans les romans antérieurs, l'expression de l'appétit de Bouvard ne s'orne d'aucune considération sentimentale : réduite finalement à «la bonne odeur de sa chair solide», la veuve est consommable. C'est dire que le célibataire de profession, disposé à prendre ce qui lui semble s'offrir à lui, refuse de donner quoi que ce soit en échange. La satisfaction de ce qui n'est pour lui qu'un désir amoureux fortuit et conjoncturel ne saurait remettre en cause l'organisation de sa propre vie. Bouvard se brouille avec Mme Bordin parce qu'elle a prétendu recevoir en dot la terre des Ecalles. Les prostituées répondent donc de façon privilégiée à ce qu'il demande à la femme : c'est là finalement le sens de la question des deux amis sur le «besoin» des femmes et le fondement de leur vision «célibataire» du monde. Aussi bien Bouvard a-t-il adressé une pétition au conseil municipal pour demander «l'établissement d'un bordel à Chavignolles», selon le plan de la Conférence. Signe ultime de l'importance de la maison close dans l'imaginaire amoureux flaubertien, déjà attestée par la continuité qui s'établit de *Novembre* à *L'Éducation sentimentale*. De la «fin en queue de rat» du roman de 1869, le texte ici accentue cependant l'aspect grotesque car il ne retient rien des rêves et des illusions que la maison de la Turque a suscités, du mythe qui a constitué ce que Frédéric et Deslauriers ont «eu de meilleur». Pécuchet ne conserve, lui, de la «mauvaise maison» où «des farceurs, autrefois, l'avaient entraîné», que le souvenir honteux et difficilement avouable de s'en être «enfui».

Les ambiguïtés de Mme Bordin

Bouvard résume dans une formule malsonnante sa conviction d'avoir été victime des intrigues de la veuve Bordin : femme de tête, «Cléopâtre-Maintenon» de village, elle n'a usé de ses charmes que pour servir ses intérêts fonciers et n'a tenté de le séduire qu'afin d'arrondir son domaine sans bourse délier. Il se rappelle les «avances» qu'elle lui a faites et met l'accent sur son «avarice». Vision réductrice qui traduit le dépit de Bouvard de n'avoir pu lui-même séduire la veuve et de l'avoir entendue dénigrer «son physique, sa bedaine» après l'échec des tractations devant le notaire. Car si le texte insiste sur l'amour du *bien* qui l'emporte chez cette «vraie Normande», il sous-entend que l'intérêt de Mme Bordin pour Bouvard, qu'elle trouve «bel homme», ne se fonde pas uniquement sur ses ambitions de propriétaire. Comme celui d'Emma, le corps de ce personnage féminin existe en effet, au point «d'intimider» Pécuchet, il est mis en valeur par une toilette qui reproduit, en les combinant et en les transposant, les éléments de la parure d'autres héroïnes flaubertiennes : avec sa «belle robe de soie gorge de pigeon», son châle vert, son cachemire, ses bas blancs, la chaîne d'or de sa montre qui lui bat la poitrine, ses bagues et «le flot de rubans roses» de son bonnet, Mme Bordin ne reste pas étrangère au «mundus muliebris» qui, pour Flaubert comme pour ses contemporains, signifie la féminité. Ce corps existe aussi par son rire, par sa gourmandise que signifient l'«excellence de la table» et la description de Mme Bordin dégustant son café ,

> «Une suite de plats, d'une saveur profonde, que coupait à intervalles égaux un vieux pommard, les menait jusqu'au dessert où ils étaient fort longtemps à prendre le café; — et Mme Bordin, en dilatant les narines, trempait dans la soucoupe sa lèvre charnue, ombrée légèrement d'un duvet noir».

Enfin la réaction du personnage, quand Bouvard la baise «à la nuque, fortement», signifie sa sensualité : «... elle devint très pâle comme si elle allait s'évanouir...». Et elle ne craint pas de riposter aux plaisanteries du maire qui la «lutine».

Coquette, gourmande et sensuelle comme Emma, Mme Bordin ne perd toutefois jamais la tête comme elle. Elle reste une ménagère et une femme d'ordre qui déteste la République, et qui n'envisage pas l'amour hors de la légalité du mariage et de son corollaire, la maternité. Tout se passe comme si la conception de ce personnage féminin permettait à Flaubert d'opposer la morale de la flanelle à celle du roquentin incarnée par Bouvard. Dans la scène de la déclamation de *Phèdre*, suivie de celle d'*Hernani*, qui figure un raccourci parodique de la scène des comices entre Emma et Rodolphe, l'accent caricatural est mis sur le caractère prosaïque et réducteur des remarques de la spectatrice improvisée, sur le bon sens terre à terre qui lui tient lieu de culture. Si elle a tendance à s'identifier avec Dona Sol (à cause du passage sur les yeux noirs), à confondre l'Art et la vie, la jouissance esthétique avec l'attendrissement sentimental, et à ne voir, comme Emma, dans la littérature que ce qui peut servir à «la consommation immédiate de son cœur», elle ne prend pas pour autant ses illusions pour la réalité et sa prudence méfiante lui permet de rester maîtresse d'une situation que Bouvard entendait conduire à sa guise. Dans la scène doublement «voyeuriste» des paons, où la description du spectacle vu est moyen de signifier indirectement ce qui se passe entre les deux voyeurs, l'émotion momentanée et épidermique de Mme Bordin fait brutalement place à l'exaspération de la ménagère, de la femme d'ordre, et de la bourgeoise conformiste soucieuse de respectabilité. Les deux dernières répliques qu'échangent Bouvard et Mme Bordin donnent à lire une conviction profondément ancrée chez Flaubert : comme il l'a plusieurs fois écrit à Louise Colet, la sottise hypocrite de la femme consiste à nier le corps (en parlant toujours du cœur), à refuser de reconnaître la nature qu'elle «*est*» pourtant, pour reprendre la formule de Baudelaire.

La «nature» féminine

En traitant Bouvard de «polisson» Mme Bordin tente d'escamoter a posteriori la manifestation de sa propre sensualité. Le lieu commun de la veuve sensuelle, que le romancier reproduit ici encore et qui sera un cliché naturaliste, lui offre un moyen privilégié de dénoncer la voracité amoureuse des femmes. La mise en scène de Mme Castillon, aliénée par sa passion pour Gorju achève ce que celle de Mme Bordin n'a qu'ébauché. Pour garder Gorju dont elle ne peut se passer bien qu'elle sache qu'il est une «canaille», Mme Castillon est prête à tout, à devenir la «domestique» de son amant, après avoir soldé ses dettes, engagé son propre avenir et perdu sa réputation. Réduite à «la matrice», la femme n'a décidément pas de tête, comme le signifie la mise en scène et en images de la guérison de «la Barbée», «une hystérique !» selon le Docteur Vaucorbeil, face à laquelle Bouvard parodie les leçons de Charcot à la Salpêtrière (35).

La femme «est» la nature et cette nature est essentiellement mauvaise. Les pages consacrées à l'éducation des filles signifient la vanité de toute entreprise tentant de réformer leur perversité congénitale. Le vice fondamental et incurable de Victorine est le mensonge. Pécuchet s'est laissé «attendrir», c'est-à-dire tromper par «ses frisettes blondes, sa gentille tournure», son «ramage d'oiseau». Bien que les filles n'aient pas «besoin d'être savantes comme les garçons», les deux apprentis pédagogues ont cependant voulu que Victorine ne fût pas élevée comme on élève «ordinairement» les filles, «en véritables brutes, tout leur langage intellectuel se bornant à des sottises mystiques». Il apparaît toutefois que la paresse de l'élève s'accommode mieux de la couture que du calcul. La «nature» de Victorine fait donc échec aux préoccupations libérales et émancipatrices de Pécuchet, selon lequel «il est cruel d'élever les filles en vue seulement du mari qu'elles auront». Le zèle de la fillette au catéchisme n'est qu'affectation hypocrite :

> «Victorine changea tout à coup, fut réservée, mielleuse,
> s'agenouillait devant la Madone, admirait le sacrifice d'Abraham,
> ricanait avec dédain au nom de protestant...».

Car elle continue à mentir et cause un scandale en embrassant le fils du notaire. Certes Bouvard et Pécuchet échouent aussi bien dans l'éducation du garçon : Victor, irrémédiablement brutal, voleur, égoïste, a tout du futur gibier de potence. Le texte par ailleurs dénonce avec une ironie fréquente les maladresses et l'incompétence des pédagogues improvisés. La fable consacrée à Victorine tend toutefois à montrer que la femme fait preuve d'une perversité spécifique, dissimulant derrière une apparence rassurante une «nature» capable des pires désordres. Alors qu'ils sont «plus contents de Victorine» parce qu'elle pousse son fer en chantonnant, s'intéresse au ménage et a fait une calotte pour Bouvard, ce dernier la découvre un matin sur une paillasse du fournil, dans les bras du tailleur Romiche, un de ces bossus qui, selon le *Dictionnaire des idées reçues*, «ont beaucoup d'esprit» et «sont très recherchés des femmes lascives». Signe annonciateur de cette «lubricité», la sensualité des parfums, dans la séquence des paons précisément : «Victorine, étalée sur le dos en plein soleil, aspirait toutes les fleurs qu'elle s'était cueillies».

La morale du roquentin

Les apprentis pédagogues demandent-ils finalement à leur pupille, c'est-à-dire en dernier ressort à la femme, autre chose que d'être jolie, «gentille», selon le vocabulaire flaubertien ?

> «... Quand elle marquait du linge, elle levait les doigts si *gentiment* que Bouvard ensuite n'avait pas le cœur de la tourmenter avec sa leçon de calcul».

L'épithète «gentille», déjà employée par Rodolphe après sa première rencontre avec Emma, indique la nature du regard porté sur la femme. Regard de voyeur qui ne retient d'une vision morcelée et partielle du corps féminin que ce qui peut favoriser le jeu des fantasmes masculins et qui nie par conséquent l'altérité de la femme en tant que sujet. Dire qu'une d'elles est «gentille», c'est simultanément sous-entendre qu'elle est assez sotte pour se laisser facilement séduire, ce qui fait deux raisons de la mépriser, et avouer que ce sont précisément ces raisons de mépris qui la rendent attirante. L'«expérience» de Bouvard est analogue à celle d'un Rodolphe vieilli :

> «Sa chaîne de montre en cheveux (35) et la manière dont il battait la rémolade décelaient le *roquentin plein d'expérience*; et il mangeait, le coin de sa serviette dans l'aisselle, en débitant des choses qui faisaient rire Pécuchet».

La multiplicité de ses conquêtes, le rapport spécifique qu'il établit entre la nourriture et le sexe dans ses parties de plaisir où il «s'amuse» et est «amusant» (36), ses plaisanteries stéréotypées, dans un registre monocorde dont les seules modulations sont la grivoiserie, la gaudriole et l'obscène, signifient le statut que le roquentin accorde à la femme : objet de consommation interchangeable et anonyme, souvent associé à la vénalité, prédestiné à tenir un rôle dans les parties fines organisées en compagnie d'autres «farceurs», elle sert de prétexte à un discours masculin, à destinataire et usage masculins, qui scelle une complicité masculine, en se donnant l'illusion délicieuse de prendre ses distances avec les codes sociaux et moraux de la bourgeoisie contemporaine. Ainsi la plaisanterie de Bouvard à propos de la dame en plâtre de la charmille résume l'*esprit* du roquentin. Le rire se fonde sur la surprise voyeuriste : il n'a de sens que dans le contexte du puritanisme contemporain qui fait de la pudeur féminine une loi intangible. Le rieur triche avec cette loi, il ne la remet pas en cause. Le roquentin n'est pas un contestataire.

Bouvard se borne en effet à affirmer la «futilité de l'adultère» (Conférence). Il ne comprend pas le problème posé par l'aliénation de la femme mariée au XIXe siècle, telle que George Sand la dénonce; fasciné par celles qui commettent l'adultère, il s'identifie à celui qui en profite :

> «Il s'enthousiasma pour les belles adultères et les nobles amants, aurait voulu être Jacques, Simon, Bénédict, Lélio, et habiter Venise !».

L'«émancipation de la femme» dans son discours (Conférence) fait l'objet d'une interprétation réductrice doublement grotesque : selon Bouvard, le «signe de l'ancienne servitude de la femme», ce sont ses boucles d'oreille, que le romancier dans l'*Éducation sentimentale* attribue à Mme Éléonore, la «belle blonde à figure moutonnière» ramenée de Paris par le père Roque, et aux pensionnaires de la Turque ! Aussi bien le credo saint-simonien, qui fonde la revendication sandienne et toute la réflexion féministe après 1830, reste-t-il lettre morte pour les «deux cloportes» :

> «Il manque une chose, la Femme. De l'arrivée de la Femme dépend le salut du monde.

> — «Je ne comprends pas.»
> — «Ni moi !».

Leur présentation caricaturale du fouriérisme tend au même effet de ridicule. La dislocation du système en propositions discontinues, donc incohérentes, l'omission de son principe de base — (la substitution de l'amour à l'argent comme pivot de la société idéale) —, la confusion de la liberté avec la licence, subvertit complètement le sens de la pensée de Fourier :

> «Toute femme, si elle y tient, possède trois hommes, le mari, l'amant et le géniteur. Pour les célibataires, le Bayadérisme est institué».

> — «Ça me va !» dit Bouvard; et il se perdit dans les rêves du monde harmonien».

Cette interprétation grotesque de la pensée saint-simonienne et fouriériste fait écho à la caricature du féminisme de 1848 dans *L'Éducation sentimentale*. C'est dire dans les deux cas que Flaubert ne saurait concevoir la remise en cause de l'ordre social que le féminisme implique car il la refuse fondamentalement. L'ambiguïté de l'attitude politique qu'il prête à Bouvard et Pécuchet en apporte une preuve complémentaire. Capables d'écouter avec sympathie les discours révolutionnaires de l'instituteur Petit et de participer au déjeuner des notables, offert par M. de Faverges après la répression de Juin 1848, ils renvoient dos à dos, les englobant dans un même mépris, bourgeois «féroces», ouvriers «jaloux», prêtres «serviles» et justifient le coup d'état du 2 décembre 1851 :

> «Puisque (...) le Peuple enfin accepte tous les tyrans, pourvu qu'on lui laisse le museau dans sa gamelle, Napoléon a bien fait ! — Qu'il le bâillonne, le foule et l'extermine ! ce ne sera jamais trop, pour sa haine du droit, sa lâcheté, son ineptie, son aveuglement !» (37).

Le regard porté sur les événements de 1848 dans *L'Éducation sentimentale* présentait déjà la même ambiguïté : le conservatisme qui va de pair avec la misogynie l'emporte sur la subversion. Le texte de *Bouvard et Pécuchet* montre que l'expérience de *La Commune* de 1871 n'a fait que confirmer Flaubert dans ces convictions (38). Selon Bouvard, le Progrès est une «blague» et la Politique, «une belle saleté». Le roquentin entretient avec la flanelle des liens plus étroits qu'il n'y paraît à première vue. La morale célibataire, sous-produit de la morale bourgeoise, ne remet pas en cause cette dernière, elle en permet la mise à distance critique. Aussi bien Bouvard et Pécuchet, au terme du roman, ont-ils appris à voir la *bêtise* des bourgeois qui les entourent.

CONCLUSION

De Rodolphe à Bouvard, du couple Frédéric - Deslauriers à celui que forment les deux retraités de Chavignolles, le motif du célibat demeure une constante de l'œuvre de Flaubert. C'est toutefois l'écriture de *Bouvard et Pécuchet* qui lui en a permis la mise en scène la plus complète et l'expression la plus poussée. Le parti pris de la caricature, du grotesque et de la dérision contribue à révéler la fonction fondamentale de la morale célibataire dans la vision du monde du romancier. Aucune rupture entre les *Trois Contes* et l'histoire des «deux cloportes» : la seconde éclaire et complète les premiers et réciproquement. *Un Cœur simple* et *Hérodias* proposent de la femme une image qui forme un tout cohérent avec la profession de foi célibataire finale. Car les textes de Flaubert témoignent moins de la situation historique des célibataires en France dans le dernier quart du XIXe siècle (39) qu'ils ne signifient un célibat délibéré de l'écrivain, de l'artiste obsédé par la crainte de voir le «cerveau» vaincu par la «matrice» et accusant la femme de castrer l'imaginaire (40). La manière dont il traite les mythes féminins contemporains donne en effet à lire les peurs et les obsessions personnelles du romancier. Ainsi la servante au grand cœur ne peut être qu'«une femme en bois» et la négation de son corps se révèle le préalable nécessaire à la valorisation de sa «tendresse» et de son «dévouement». De même la réhabilitation de la femme par la maternité, selon le modèle marial, n'est pas sans ambiguïté (41). Après *L'Éducation sentimentale*, la mise en scène des figures maternelles dans *Hérodias* et *La Légende de Saint Julien l'Hospitalier* confirme la fonction d'un archétype fondamental dans l'imaginaire flaubertien, la confusion de Marie et de Vénus, de la mère et de la prostituée. Comme le signifient les rapports d'analogie établis entre la confession autobiographique des *Mémoires d'un fou* et l'histoire de Julien, le malaise éprouvé face au corps féminin dangereux, c'est-à-dire, en dernière analyse, face au corps maternel tabou fascinateur, explique la tentation du sadisme et de la violence destructrice si fréquente dans l'œuvre de Flaubert, ainsi que la permanence non moins fondamentale du triangle œdipien. La lecture d'*Hérodias*, de

Bouvard et Pécuchet aide à préciser la fonction du voyeurisme, du mythe de la femme orientale, objet par excellence, celle des pratiques prostitutionnelles consommatrices enfin, comme autant de recours contre la peur de la femme «abîme» et funeste. La mise en scène du «dévouement» de Félicité et de sa religiosité fétichiste ne met pas moins en évidence ce que *Madame Bovary* et *L'Éducation sentimentale* donnaient à lire de façon plus diffuse : la dislocation, la dégradation, la dérision des valeurs religieuses qui se reportent sur les objets, et la nostalgie de ces valeurs perdues, d'un sacré, qu'à défaut de la religion, l'Art permet de retrouver, s'il devient la valeur suprême de l'existence, justifiant tous les renoncements et tous les sacrifices, et la même méfiance à l'égard de l'anticréation, la Femme. Telle est dès 1845 la profession de foi de Jules, le héros de la première *Éducation sentimentale*, en attendant que *La Légende de Saint Julien l'Hospitalier*, après les trois versions de *La Tentation*, donne à voir comment la vocation mégalomaniaque de l'écrivain s'enracine dans le conflit profond qui a conditionné sa difficulté à vivre, son pessimisme foncier et le grotesque triste qui caractérise sa vision du monde (42), comme il a conditionné sa mythologie féminine.

CONCLUSION GÉNÉRALE

Eve, Circé, Dalila, Hélène, Cléopâtre, Dubarry et bien d'autres prouvent assez que, depuis le commencement du monde, elles sont faites pour combattre l'idéal, humilier l'homme et perdre les empires.

(*Le Sexe faible*, 1873, acte I, sc. 6)

Théorie du gant. — C'est qu'il idéalise la main, en la privant de sa couleur, comme fait la poudre de riz pour le visage; il la rend inexpressive (...) mais typique; la forme seule est conservée et plus accusée (...). Rien n'est plus troublant qu'une main gantée.

(*Carnets et Projets*)

Un rien, un pli de sa robe, un sourire, son pied, (...) m'impressionnaient comme des choses surnaturelles, et j'avais pour tout un jour à en rêver.

(*Mémoires d'un fou*)

CONCLUSION

L'image que l'œuvre de Flaubert donne de la femme montre le caractère illusoire de l'*impersonnalité* professée par le romancier et suffit à remettre en cause le *réalisme objectif* qu'on lui a si souvent attribué. Aussi bien le langage de l'écrivain n'a-t-il pas à charge de représenter mais de signifier le réel. Par le discours qu'il tient sur la réalité qui l'entoure, par l'image qu'il impose d'elle, l'écrivain est un fabricant de mythes. Le mythe donne de la réalité une image modelée par les demandes, les désirs, les peurs de celui, de ceux qui le fabriquent. Il a une fonction de compensation, de défense... Il ne cache pas la réalité, il l'infléchit et transforme l'histoire en nature : parce qu'il se réfère sans cesse à une tradition, à une culture, «il opère le transport de l'objet historique sur des plans de réalité où il est soumis par la parole à des lois anhistoriques et réalise ainsi des opérations de camouflage, de confusion et de dérobade... Ce sont les inflexions, les transformations que les mythes font subir au réel qui signifient l'idéologie du groupe social qui les engendre. Le propre du mythe étant d'être impressif, c'est-à-dire de produire un effet immédiat, d'imposer un système de valeurs que le consommateur de mythes prend pour un système véridique, donc de transformer le *sens* en *forme*, sa beauté, sa complexité et sa richesse formelles assurent au mythe littéraire une efficacité supérieure à celle de tous les autres langages susceptibles de donner naissance au mythe. Les mythes contemporains exercent une influence déterminante sur l'imaginaire des écrivains qui, en retour, contribuent puissamment à promouvoir l'idéologie dont ces mythes sont le véhicule. L'écriture toutefois a un double pouvoir de mythification et de démythification : la meilleure arme contre les mythes existants est d'en créer de nouveaux car la complexité du mythe littéraire qui favorise l'ambiguïté fait apparaître les contradictions d'une société que le mythe tente de résoudre, voire d'annuler, en se projetant dans l'imaginaire. L'étude des mythes et de l'idéologie de la femme dans les romans de Flaubert en apporte une fois de plus la confirmation.

La vocation de l'écrivain s'enracine dans le conflit profond qui a déterminé sa mythologie féminine comme sa difficulté à vivre, son pessimisme foncier et le grotesque triste caractéristique de sa vision du monde. Les écrits autobiographiques de jeunesse proposent au lecteur une première ébauche de la vision flaubertienne de la femme dans les romans de la maturité. Ils signifient déjà une prédilection marquée pour la femme jugée infâme, adultère ou prostituée, le rôle primordial du sadisme et des fantasmes de violence dans l'imaginaire flaubertien : voyeurisme sado-masochiste, déchaînement de l'orgie, frénésie destructrice de soi et d'autrui, volonté de profanation sacrilège et de dégradation de la femme aimée interdite, associée au désir de la sacraliser et de la mythifier, plaisir fondé sur cette désacralisation, désacralisation et profanation violente étant inséparables de la mythification sacralisante. Ces écrits autobiographiques éclairent l'origine de ce rapport typiquement flaubertien à la femme en faisant apparaître ce que la première version de *La Tentation de Saint Antoine* (1849) confirme comme un archétype féminin, c'est-à-dire maternel, fondateur de toute la mythologie de la femme dans l'œuvre ultérieure du romancier : la contamination de l'image de Marie et de celle de Vénus. Sans ces écrits de jeunesse et cette première version de *La Tentation*, le lecteur ne peut apprécier l'influence déterminante de ce que la constellation maternelle a fixé précocement dans l'inconscient du créateur, ni appréhender l'unité, la cohérence et la permanence de certaines structures symboliques concernant la femme dans ses romans de la maturité.

Grâce à la lecture comparée des *Mémoires d'un fou* et de *L'Éducation sentimentale* (1869), la peur fondamentale de la femme que signifie chez Flaubert la fascination exercée par le corps vénal, peut s'interpréter comme la conséquence de son propre «roman familial» : fixation à une figure féminine de type maternel, permanence de la structure triangulaire du désir, condition du «tiers lésé» indispensable à la naissance de ce dernier, voyeurisme jaloux nécessaire à son entretien, attirance-répulsion pour le père-rival, ambivalence à l'égard de la mère coupable de s'être dégradée dans l'acte de chair, adoration de la figure maternelle, idéalisée en madone, fondée sur l'effroi de l'inceste (1) qui justifie le recours constant à la contemplation fétichiste, au rêve et à la mythification de l'amour; dans le même temps, conditionnés par la métamorphose possible de Marie en Vénus, le ressentiment à l'égard de la femme aimée, la tentation de transgresser violemment l'interdit et la jouissance érotique exclusivement associée à une image dégradée de la féminité. Les écrits de jeunesse annoncent ce qui devient dans les romans ultérieurs l'expression originale et spécifique de la peur inspirée par l'Eve tentatrice et infernale, menaçant l'intégrité du sujet masculin : l'obsession de la langueur, de la fusion, de la liquéfaction. Aussi signifient-ils déjà le besoin de tenir la femme à distance, par le regard, en la rêvant, en lui conférant l'intemporalité du mythe et en substituant la contemplation fétichiste au contact charnel. Car le trouble de la chair qui provoque les réactions du sadisme est malaise éprouvé face au corps féminin dangereux, c'est-à-dire ici au corps maternel tabou et fascinant. Sadisme et idéalisation de la femme ont la même origine dans l'inconscient du créateur. L'amour se réduit au désir qui aliène au point de devenir démence meurtrière. Corps et sexualité sont considérés comme fondamentalement mauvais. D'où la tendance à l'autodestruction et à la destruction d'autrui, le refus des lois naturelles de la vie dont les origines sont irrémédiablement souillées, le rêve mégalomaniaque de Saint-Antoine - Flaubert de se donner naissance à soi-même, d'être le Dieu de son être, la mortification «religieuse» du corps constituant la condition de l'accès de Julien à la sainteté, l'ordination célibataire, comme l'affirme Jules dès 1845, la «règle» intangible de la religion de l'Art.

Des œuvres de jeunesse à celles de la maturité de Flaubert s'affirme donc la permanence d'un rapport spécifique à la femme et de l'image qui en est donnée. L'écriture romanesque met en scène et en images, selon un certain nombre de modulations, de combinaisons et de variations, ce qui dans les écrits de jeunesse figurait une sorte de modèle. Le motif de la prostitution, celui de la structure triangulaire du désir, du voyeurisme sado-masochiste sont des constantes, de *Madame Bovary* à *Bouvard et Pécuchet*. La dégradation de l'image féminine n'est pas un thème moins récurrent des plans et projets inédits de Flaubert, dans les différentes ébauches qu'il a laissées pour son grand roman sur le Second Empire (*Un ménage moderne* et *Sous Napoléon III*) (2) : le statut de l'actrice, qui y aurait joué un rôle important se confond avec celui de la prostituée car elle doit son succès à son attrait érotique et à la protection de ses amants, non à son talent artistique; l'épouse, adultère, voire franchement vénale, sert les intérêts ou les ambitions de son mari; «la femme honnête ne commet pas l'adultère mais le désire», «la Jeune fille» est «sur le bord de la prostitution», l'«abjection causée par une lorette» et celle «causée par une bonne mère de famille» sont à mettre «en parallèle»; enfin, note Flaubert, «il y aurait un joli développement psychologique à faire avec la mère qui a fait épouser à sa fille son amant». De quoi rejoindre la leçon d'*Hérodias* et les conclusions désabusées de la morale célibataire de *Bouvard et Pécuchet*.

Autant de mythes qui imposent des femmes une image infléchissant leur réalité historique et singulière de manière à la transformer en «éternel féminin», en «nature féminine» universelle. L'examen de cette mythologie met en évidence la représentation *imaginaire* que l'écrivain a eue de ses rapports *réels* avec l'autre sexe. Les mythes féminins qu'élabore Flaubert signifient son idéologie de «la Femme» : pour lui, toutes les femmes sont en définitive justiciables du même mépris et l'attrait érotique d'une femme indissociable du mépris qu'elle inspire, sinon fondé sur ce mépris. C'est «l'odeur nauséabonde» des punaises de Kuchuk-Hanem qui «enchantait» Flaubert et «la débauche» qui «décorait» Marie, la prostituée de *Novembre* «d'une beauté infernale». La volupté se nourrit du mépris de l'Autre et de soi. N'est-ce pas la trace de ce mépris, à la racine du désir, que révèle cette crudité brutale, systématique, dont le romancier «ne pouvait se passer» (3) dans ses premières ébauches ? Car tout se passe comme si cette crudité, cette «violence» verbale était indispensable pour déclencher le travail du style qui a pour fonction de la gommer, en dissimulant sous les prestiges et les «transferts» de la mise en scène romanesque, sous la séduction des images et des métaphores, des cadences de la phrase, bref de la mythologie littéraire, ce que cette crudité signifie du rapport à la femme et à son corps. Aussi bien Flaubert insère-t-il dans son œuvre sa propre pratique prostitutionnelle en la justifiant littérairement par des mythes contradictoires qui lui servent d'alibi. Car si le texte de *L'Éducation sentimentale* montre le statut de la lorette sous le Second Empire, objet vénal qu'on paie, qu'on achète, c'est-à-dire la négation de la femme (dangereuse et effrayante) en tant qu'Autre et sujet, il tend simultanément à promouvoir le mythe de la «bonne fille» dont le corps existe, qui s'amuse et qui amuse, de la «femme naturelle» dont la féminité s'épanouit dans la forêt de Fontainebleau au point de devenir la Femme et la Nature. Ce qui permet de justifier le paiement de cet objet-nature, paiement indispensable pour conjurer la peur, suscitée par l'altérité féminine, qui est un motif constant dans l'œuvre du romancier.

Avec Emma déjà, et plus nettement encore avec Salammbô, se dessine en effet l'image de la femme infernale, reptilienne, voratrice, vertigineuse, d'une Cléopâtre fatale qui séduit pour tuer. Emma finit par «effrayer» Léon, sa chambre à la *Croix Rouge* s'orne significativement d'images de *La Tour de Nesle* et elle passe ses nuits à Yonville à lire «des livres extravagants où il y avait des tableaux orgiaques avec des situations sanglantes». Dès l'ouverture de *Salammbô*, les noces promises à Mâtho sont des noces de sang et la passion présentée comme une malédiction que rien ne saurait conjurer. Le roman carthaginois établit une parenté profonde entre l'amour et la guerre, conçue comme un engagement charnel, une étreinte énorme, une guerre sans merci qui envahit l'espace textuel, et le corps supplicié de Mâtho figure les peurs et les obsessions du romancier.

L'histoire d'Hérodias-Salomé achève ce procès en signifiant la victoire de la «matrice» sur le «cerveau» : la femme perverse et funeste menace l'esprit mâle et décapite l'imaginaire, la blessure symbolique de la décollation étant allégorie de la castration, dépossédant le mâle du patrimoine de la raison et du génie créateur dont la tête est le siège et l'homme le détenteur exclusif. Mêmes hantises dans les projets inédits pour *Sous Napoléon III*; le pouvoir de séduction des femmes menace l'énergie et la force masculines, compromettant l'avenir même de la nation :

«La dégradation de l'Homme par la femme (...)

Au commencement de la guerre de Prusse, démoralisation (lâcheté) causée par les insistances féminines. Elles complètent toutes celles que l'on a commises sous l'Empire, causées par les mêmes influences» (4).

D'où la nécessité impérieuse de maintenir à distance cette femme dangereuse et interdite, en la figeant en idole comme Salammbô, en substituant le mystère artificiel de la prêtresse au mystère naturel de la femme, en réduisant la féminité à la parure brillante d'une poupée dont la tête et le cœur sont vides, en privilégiant la contemplation fétichiste du «mundus muliebris», en favorisant tous les jeux de cache-cache du voyeurisme. D'où la fascination que le mythe (masculin et occidental) de la femme orientale a exercée sur Flaubert : «une machine et rien de plus»..., «poétique» dans la mesure où «elle rentre absolument dans la nature» en ignorant jusqu'à «la jouissance physique». Avec ses «passivités de bête où se dilate l'orgueil viril», elle figure le modèle idéal de la consommation sans risque où la misogynie-gynophobie du voyageur en Orient trouve son compte, elle est l'objet mythique par excellence. Aussi la contemplation de Kuchuk-Hanem endormie, la fabuleuse almée d'Égypte, associée au souvenir de l'histoire de Judith et à celui de ses propres pratiques prostitutionnelles parisiennes, plonge-t-elle Flaubert «dans des intensités rêveuses infinies». Situation privilégiée en effet et délicieusement ambiguë : elle permet de se laisser fasciner par le danger féminin, connoté par le rappel de Judith, et d'en jouir, en réunissant toutes les conditions nécessaires pour conjurer ce danger. Ainsi ce regard porté sur la femme endormie, qui la maintient à distance, favorisant l'essor du rêve et l'élaboration du mythe, autorise paradoxalement l'illusion de la possession complète de l'Autre, inconsciente, réduite à son corps, plus exactement à la surface de son corps, et figure l'idéal absolu du voyeur, voir comme Gygès sans être vu.

L'Orient (mythique et idéologico-culturel) (5) auquel Flaubert n'a cessé de rêver, qu'il a mis en scène et en images dans *Salammbô* et dans *Hérodias*, un Orient antique, luxurieux et sanglant, plein de vices

énormes et de crimes magnifiques, qui n'a pas exercé une moindre fascination sur Gautier et Delacroix, entre autres, comme leurs œuvres respectives en témoignent, est le lieu et l'occasion du transfert des fantasmes du romancier. Il est son «climat idéal» car il permet à ses désirs les
plus refoulés de s'assouvir, à ses fantaisies les plus inavouables de prendre
corps : violence de l'orgie autodestructrice, guerre sans merci des sexes,
volupté de la terreur et de la haine... L'Orient, inventé par Flaubert pour
porter sa petite princesse carthaginoise, lui permet d'établir la corrélation
entre la femme à la fois unique et inaccessible, prostituée, séductrice et
destructrice, et l'idole, sacralisée et figée, statue minérale et hiératique
dont le corps est définitivement enchaîné, écrasé par la loi de la société
mâle, barbare et élémentaire, patriarcale et guerrière, imaginée par le
romancier.

Les peurs singulières de Flaubert s'inscrivent et s'écrivent dans un
contexte socio-historique de misogynie et de gynophobie. L'écrivain
partage avec son temps l'obsession bourgeoise de la dépense sexuelle anarchique, synonyme d'usure irréversible, de perte irréparable d'énergie vitale :
c'est son pouvoir même de création qu'il imagine ainsi menacé. Il s'agit
donc moins pour lui d'empêcher à tout prix la dépense que de la régler,
de l'ordonner, pour investir son capital à bon escient (6), de la soumettre
à des lois sociales − (la prostitution en est une) − pour éviter les lois
«naturelles». La morale bourgeoise contemporaine apparaît en définitive
moins soucieuse de réprimer le corps masculin que de fixer les règles
prophylactiques propres à lui assurer le meilleur fonctionnement et à
lui garantir la santé. Selon Michel Foucault, un des premiers soins de la
bourgeoisie a été «de se donner un corps et une sexualité − de s'assurer
la force, la pérennité, la prolifération séculaire de ce corps par l'organisation d'un dispositif de sexualité» (7). Un dispositif qui, entre autres
fonctions, a celle de neutraliser le pouvoir de la séduction féminine qui
menace l'intégrité physique et morale du sujet masculin. Car la Femme,
avec le Barbare (sous les espèces du prolétaire et du colonisé), figure cet
Autre menaçant et «anarchique» que découvre le XIXe siècle bourgeois.
Découverte douloureuse, dont il semble bien que le malaise se soit accru
après la secousse des événements de 1848, à en juger par les mythologies
qui ont proliféré autour des «quarante-huitardes», et dont la légende des
Vésuviennes offre l'exemple le plus fameux et le plus outré, par le dur-
cissement des réactions misogynes sous le Second Empire et après... La
seconde moitié du siècle redoute plus fortement la dépense énergétique.
Une sorte de consensus masculin s'établit sur l'infériorité intellectuelle
des femmes : les invectives de Proudhon contre les «insurgées aux doigts
tachés d'encre» rejoignent alors les railleries de Taine-Graindorge sur les

femmes à diplôme, les commentaires de Flaubert sur la sottise des femmes qui sentent et ne raisonnent pas et sur «ce quelque chose de borné et d'exaspérant qui fait le fond du caractère féminin» (8). L'article *Femme* du *Grand Dictionnaire Universel* de Pierre Larousse (1865-1876) recourt au discours médical pour cautionner le mythe d'une «nature» féminine inférieure et annule l'effet critique des thèses féministes défendues par l'école saint-simonienne et par Fourier grâce à l'antidote des théories d'Auguste Comte et de Proudhon sur le mariage et la féminité. Aussi bien Flaubert dégrade-t-il systématiquement les mythes féminins balzaciens : la courtisane, la femme du monde, la vieille fille... *L'Éducation sentimentale* dénonce le scandale des marginales qui abandonnent leur place «naturelle» au foyer et déconsidère les revendications féministes de 1848 : la Vatnaz, porte-parole de ces revendications, est une voleuse et une entremetteuse, l'action révolutionnaire associée à une image de la femme dévaluée au point de faire d'une prostituée l'allégorie même de la Liberté. Flaubert n'échappe pas à ce que Sartre appelle son «être de classe». Le statut socio-historique et le «roman familial» de l'écrivain conditionnent de façon déterminante la représentation de son rapport imaginaire à la femme, son idéologie et sa mythologie féminines.

Toutefois si les œuvres de jeunesse se bornent à reproduire les mythes contemporains concernant la féminité, en revanche la complexité, la richesse et l'*ambiguïté* des textes de la maturité produisent les conditions d'une lecture démystificatrice, d'une mise à distance de ces mythes et d'une réflexion critique sur ce qu'ils occultent et révèlent à la fois. Ainsi *Salammbô*, roman de la séductrice perverse et porteuse de mort, n'en signifie pas moins simultanément que lorsqu'une société réduit le statut de la femme à celui d'un objet tour à tour sacralisé et dévalué, la seule conscience à laquelle la victime de ce système socio-culturel puisse accéder est celle du bourreau : Salammbô ne reconnaît son désir que devant le corps supplicié et agonisant de Mâtho. C'est pourtant dans les romans modernes et occidentaux que l'ambiguïté des mythes littéraires est la plus forte : sans remettre en cause une vision bourgeoise du monde, Flaubert en dévoile néanmoins les présupposés et met en évidence les contradictions du code socio-culturel de la bourgeoisie contemporaine. Ainsi est signifiée la situation des femmes de cette bourgeoisie, sous la Monarchie de Juillet et le Second Empire, idéologiquement et imaginairement aliénées par leur éducation, exclues de la vie publique, de la production économique et des pouvoirs de décision, réduites au rôle traditionnel d'épouses et de mères confinées dans leur foyer, condamnées à la monotonie répétitive d'une existence sans projet, réglée sur le rythme cyclique des saisons, figée dans l'attente d'un improbable événement.

Flaubert remet en cause le mythe essentialiste d'une nature féminine en dénonçant les méfaits de l'éducation qu'elles ont reçue et en montrant comment cette éducation les conditionne irréversiblement. Il révèle l'ambivalence de l'opinion masculine contemporaine à l'égard de la femme adultère, détentrice d'un pouvoir érotique qu'a perdu l'épouse-mère, les contradictions d'une société au sein de laquelle l'adultère est à la fois la faute par excellence et le seul moyen pour une femme mariée d'affirmer sa liberté, d'une liberté limitée au reste au seul plaisir physique. Eve tentatrice et dangereuse, la femme n'est réhabilitée que par la maternité, une maternité synonyme de souffrance résignée et de dévouement sacrificiel selon le modèle marial, mais le culte de la femme-mère fait de la prostitution une nécessité sociale et de l'érotisme une spécialité réservée à la vénalité. La madone produit la lorette et la lorette nourrit, en partie et parfois, la mythologie de la madone. Le texte de *L'Éducation sentimentale* ne met pas moins en évidence l'ambiguïté de la situation des mères et le prix dont leur vertu paie ses renoncements. Bonté, douceur et sérénité ne sont pas les seuls prédicats de Marie Arnoux. Sa nervosité qui croît au cours du roman, le «rire aigu, désespéré, atroce», «déchirant», qu'elle fait entendre dans deux scènes capitales, peuvent s'interpréter comme des signes de cette hystérisation (9) souvent constatée chez les mères à la fin du siècle. Ainsi les romans flaubertiens font apparaître l'influence déterminante que le statut et l'organisation de la famille bourgeoise ont exercée sur la nature et les modes de fonctionnement de la sexualité contemporaine. Le personnage d'Homais a, entre autres fonctions, celle de signifier ce phénomène en en présentant la caricature car il est à la fois le père de famille, obsédé par l'hygiène physique et morale de ses enfants, qui accuse Justin de tous les vices après la découverte du *Tableau de l'amour conjugal* du Dr Venette, celui qui expose à Léon des «théories immorales» surles femmes après leur déjeuner de célibataires au grand café de *Normandie*, et qui, pourvu d'une épouse asexuée à l'âge de trente ans et constamment négligée, déclare ne pas «détester le *morceau*» et «adorer» le «*chic*» d'une «toilette élégante». Enfin, la mise en scène des deux Félicité, celle des Bovary et celle de Mme Aubain, de Mélie, la petite bonne de Bouvard et Pécuchet, provoque la réflexion critique du lecteur sur les mythes que la bourgeoisie, soucieuse de préserver son intégrité, a élaborés pour répondre au problème posé par le corps encombrant de la servante dont la vie se confond avec celle de la famille qu'elle sert.

Flaubert excelle aussi bien à montrer les conditionnements socio-idéologiques qu'à mettre en évidence le dysfonctionnement de l'institution sur laquelle se fonde l'ordre de la société bourgeoise, le mariage, marché de dupes et prison pour les femmes. Le roman de 1857 constitue la performance ultime de la modernité de Flaubert car il a fait du personnage d'Emma le lieu d'ambiguïtés telles que les condamnations misogynes du texte n'empêchent pas que soit signifiée la légitimité de la révolte de celle qui revendique le droit d'exister d'une manière condamnée par la société. Certes le traitement de ce personnage féminin, le seul dans son œuvre romanesque à avoir été élaboré selon un processus d'identification-rejet, est pour Flaubert à la fois catharsis et alibi : Emma, absorbant et fixant les rêves que le romancier a partagés et dont il se libère par le ridicule, figure une réplique très dégradée de ce qu'il fut lui-même. De plus, en conférant à son héroïne la généralité du type, Flaubert recrée la Femme, affirme le caractère irréductible d'une «nature» féminine et rend sensible son propre conditionnement idéologique. Emma toutefois a toutes les qualités du «poète hystérique à la poursuite de l'Idéal» et pour fonction d'exprimer une insatisfaction fondamentale qui caractérise déjà la vision flaubertienne de l'existence dans *Novembre* et *L'Éducation sentimentale* de 1845. La mise en scène d'un personnage féminin, condamné aux rêves du voyage et du pays sans retour, aux conduites d'illusion, irréversiblement influencé par la mythologie mystificatrice du paraître social et dupe des signes qui le constituent, a été pour Flaubert un moyen privilégié de signifier les tares fondamentales d'une société du mal-être, voire du non-être : dans un monde fondé sur l'avoir, la propriété et la possession, l'incommunicabilité est la règle, le rapport entre les sexes synonyme de guerre; l'amour, valeur vitale, fondatrice de l'être et signe de reconnaissance de l'Autre, absent ou perdu dans l'univers des objets possédés ou à posséder dont la multiplication ne peut que signifier un manque fondamental qu'ils ne sauraient combler puisqu'ils ressortissent par définition à un ordre de valeur radicalement autre. Le roman flaubertien ne signifie pas moins la nostalgie de valeurs religieuses perdues, d'un sacré que le XIXe siècle mercantile, «épicier», a fait disparaître (et qu'il s'agit de retrouver ou de remplacer par la création artistique). L'histoire de Félicité, sous la forme condensée du conte, met en relief ce que *Madame Bovary* et *L'Éducation sentimentale* donnent à lire de façon plus diffuse : la dislocation et la dégradation de ces valeurs religieuses qui se reportent dérisoirement sur les objets, le quantitatif se substituant au qualitatif et la multiplication des métonymies devenant le signe d'une absence irrémédiable.

Alors qu'un Maxime du Camp ou un Taine reproduisent de façon primaire les préjugés misogynes de leur temps, Flaubert, qui n'échappe pas davantage à l'emprise de ces préjugés, signifie pourtant, grâce à la complexité et à la richesse de sa mise en scène et en images, les contradictions dont a vécu la société à laquelle il appartenait. Ce qui pour les premiers n'est qu'une éthique de la femme-reflet et objet, à la limite une idéologie, il le transforme en esthétique, il y noie son idéologie (laquelle ne disparaît pas pour autant) et il tire ses effets les plus admirables de cette mise à distance de la femme par le regard qui, ébauchée dans les *Mémoires d'un fou*, s'affirme dans *Madame Bovary* avant de devenir un point de vue privilégié dans *Salammbô* et *L'Éducation sentimentale*. Le créateur d'Emma sous son ombrelle de soie gorge-de-pigeon traversée de soleil, l'auteur des portraits remarquables qui privilégient les jeux de la lumière de façon à éterniser la «splendeur» essentielle de Marie Arnoux, imposent de la femme une vision nouvelle, «impressionniste» avant la lettre. La réussite esthétique de ces portraits, qui ont permis au romancier de fixer «ce type» dont «comme presque tous les hommes il était en quête» et de le transformer en mythe littéraire, a assurément contribué à accréditer auprès de certains lecteurs celui du «grand amour» de l'écrivain, de même que l'image prestigieuse de Marie Arnoux les a empêchés de discerner l'ambiguïté que la création de ce personnage romanesque signifie à l'égard de la féminité et plus particulièrement à l'égard de la figure maternelle. Car les prestiges de Marie Arnoux ne se fondent pas pour nous sur le fait qu'elle est «l'image de ce que l'humanité féminine peut offrir de plus tendre, de plus digne, et à travers tout de plus invinciblement préservé». Aussi bien les ambiguïtés du texte infirment-elles ce jugement et contribuent-elles à remettre en cause en dernière analyse l'idéologie de la femme et de la mère qui l'a inspiré. Les prestiges de ce personnage littéraire se fondent plutôt sur le plaisir esthétique des tableaux qui le constituent au cours du roman, lui conférant la dimension d'un mythe, et qui, en associant un détail matériel éphémère à la durée, provoquent l'imaginaire du lecteur, comme «ces petits glands rouges (qui) tremblaient à la brise, perpétuellement».

Flaubert sublime par l'art son propre fétichisme et tire souvent ses effets plastiques les plus fascinants pour le lecteur de ce qui a été le plus profondément refoulé par son inconscient, qu'il évoque ces «blancheurs (qui) traversaient l'air», lors de la vente aux enchères de *L'Éducation*, ou la «poudre» des bottines d'Emma que le petit Justin «regardait monter doucement dans un rayon de soleil». L'esthétique impressionniste, dans les deux cas, déréalise la scène et, gommant la matérialité dangereuse du corps féminin, évacue le malaise qui lui est associé : elle contribue ainsi à la production du mythe. Mais le romancier fait en sorte que Frédéric assiste à la mort du sien, à la profanation de ce qu'il a sacralisé, tandis que Justin vit son mythe, lui qui, transformant le pâteux en impalpable lumineux, s'absorbe dans l'extase d'une contemplation infinie, coutumier de ces arrêts du temps qu'engendre la rêverie amoureuse. De tous ses personnages masculins dont il puise l'inspiration dans son propre fonds, l'adorateur muet d'Emma est celui contre lequel Flaubert a le moins exercé son ironie, à qui il a épargné les désillusions de la chair, dont il a laissé les rêves intacts, des rêves sans fantasmes de violence. Rien ne vient dégrader l'idéal de celui pour qui, comme pour le fou des *Mémoires*, la découverte bouleversante de l'amour est «un singulier état de surprise et d'admiration, une sensation toute mystique en quelque sorte, toute idée de volupté à part» (10) et pour qui la mort d'Emma signifie «un attentat à quelque chose de sacré, une religion tuée». L'adolescent s'enchante silencieusement de la contemplation d'un «mundus muliebris» propre à nourrir sa rêverie fétichiste, hantant la maison, la chambre de la femme aimée, «plus ingénieux à la *servir* qu'une excellente cameriste», et ambitionnant d'être son *«valet de chambre»*. Aussi le personnage échappe-t-il à la «pourriture» ambiante et son mythe demeure-t-il intact, surgi de la réalité triviale et de la mort elle-même. Comme si, dans l'œuvre du romancier, la fonction et le privilège de Justin était de résoudre poétiquement le conflit insoluble de l'amour pour celle qui est par nature irrévocablement interdite et hors d'atteinte.

Mon adoré! dis-moi ton petit nom.

— Ce que c'est pourtant que nos sentiments!... sais-tu que faut convenir que c'est bien farce, Minette, quand on examine ça!...

— ... Une forêt de Bondy, quoi!...

NOTES

INTRODUCTION

1 – M.J. Durry, *Flaubert et ses projets inédits*, Nizet, 1950, p. 199.

2 – R. Barthes, *Mythologies*, Seuil, 1957, p. 193-194, 215-217.

3 – P. Albouy, *Mythographies*, José Corti, 1976, p. 353.

4 – R. Bellet, «La femme dans l'idéologie du Grand Dictionnaire universel de Pierre Larousse», *La Femme au XIXe siècle, Littérature et Idéologie*, sous la direction de R. Bellet, P.U.L., 1978.

5 – E. Benveniste, *Problèmes de Linguistique générale*, Gallimard, 1966, p. 23.

6 – T. Reik, *Flaubert und seine «Versuchung des heiligen Antonius», ein Beitrag zur Künsterpsychologie* (Flaubert et sa Tentation de Saint Antoine, contribution à la psychologie de l'artiste), Minden, 1912.
Marthe Robert, *Roman des origines et origines du roman*, Grasset, 1972.

7 – Archétypes, selon la définition jungienne : éléments constitutifs mythogènes du psychisme inconscient. J. Bem (in *Désir et savoir dans l'œuvre de Flaubert. Étude de La Tentation de Saint Antoine*, p. 85, 86. La Bâconnière, Langages, diffusion Payot, 1979) aboutit à des conclusions analogues aux miennes. De même en ce qui concerne le «roman familial» de Flaubert, la lecture que R. Debray-Genette et J. Bellemin-Noël ont faite d'un fragment du manuscrit de *La Légende de Saint Julien l'Hospitalier* corrobore mon interprétation de la version définitive de ce conte («Deux regards sur un fragment de manuscrit de Flaubert» in *Édition und Interpretation, Édition et Interprétation des Manuscrits littéraires*, Ed. Peter Lang, Bern 1981.

CHAPITRE I

1 – Le texte de référence est celui des *Œuvres complètes*, L'Intégrale, Seuil, 1964, t. I.

2 – J. Bruneau, *Les débuts littéraires de Gustave Flaubert*, (1831-1845), Paris, A. Colin, 1962, p. 73.
Le *Musée des Familles*, dont le premier numéro paraît en octobre 1833, dirigé par S. Henry Berthoud, dépendant d'Émile de Girardin, destiné à tous publics, est une revue parisienne mensuelle, populaire, qui connut un grand succès et

paraîtra jusqu'en 1900.

S.H. Berthoud est un «spécialiste» au XIXe siècle de l'amour conjugal, familial et édifiant. Il lance en 1863 un *Véritable tableau de l'amour conjugal*, en trois volumes, destiné à lutter contre le célèbre *Tableau de l'amour conjugal*, ouvrage d'«initiation sexuelle» publié en 1688 par Nicolas Venette, docteur en médecine et professeur d'anatomie à la Rochelle, ouvrage qui, contenant quelques planches anatomiques, quelques emplois d'aphrodisiaques, a donné lieu à toutes sortes d'éditions, parfois *d'après le Dr Venette*, et qui était connu sous le titre *L'Amour conjugal*; livre «défendu» au collège : Le Larousse du XIXe siècle (art. Collège) le place parmi les «ordures imprimées» que l'élève externe, bon courtier et «proxénète» (Larousse) apportait à l'interne. On se rappelle l'indignation d'Homais quand ce livre tombe de la poche de Justin (*Madame Bovary*, IIIe Partie, chap. II).

Le Colibri, revue littéraire de Rouen, dont le premier numéro date du 1er mai 1836, a paru jusqu'au 31 décembre 1844.

3 – Voir «Jeanne de Flandre» par Victor Herbin (3e vol., pp. 2-4). *Jeanne de Flandre*, drame en quatre actes de Fontan et V. Herbin, a été créé à l'Ambigu-Comique le 9 mai 1835. Flaubert dit avoir acheté et lu *Jeanne de Flandre* (lettre à E. Chevalier, 18 juin 1835) et cite plusieurs fois V. Herbin dans la correspondance de 1835.

4 – Article intitulé «La Tour de Nesle», 1er vol., pp. 234-236. De Marguerite de Bourgogne, il est dit qu'«après avoir été conduite aux Andelys (où on la jeta avec sa sœur dans une espèce de basse-fosse)» elle «fut transférée au Château-Gaillard, forteresse de Normandie. Là, par ordre de Louis X, son mari, elle fut étranglée avec une serviette selon les uns, avec ses propres cheveux, selon les autres». Cf. Flaubert, *Écrits de jeunesse* (1835), *O.C.*, t. I, pp. 48, 49, «Dernière scène de la Mort de Marguerite de Bourgogne». Après un paragraphe sur la Normandie et tous les souvenirs historiques qu'elle contient, l'auteur en vient aux ruines du *Château-Gaillard*, puis à l'évocation de la scène dont il fut le théâtre en 1316, l'exécution de la reine criminelle, *étranglée avec ses cheveux*. Selon J. Bruneau, Flaubert avait lu le mélodrame de Dumas entre le 23 juillet et le 14 août 1835.

Par cet exemple on voit la diffusion (et la dégradation relative) des grands mythes romantiques dans des revues familiales, la pièce de Dumas pouvant être considérée comme le drame romantique par excellence.

5 – Voir supra n. 3.

6 – Voir G. Flaubert, *Souvenirs, Notes et pensées intimes*, Paris, Buchet/Chastel, 1965, pp. 83, 84 :

«Cette nuit que je passe ainsi sans trop savoir pourquoi m'en rappelle une autre semblable, c'était chez le marquis de Pommelle à la Saint-Michel, c'étaient les vacances de ma 4e ou de ma 3e, je suis resté toute la nuit à voir danser et quand on s'est retiré, je me suis jeté sur mon lit, la bougie brûlait et, comme maintenant, j'avais mal à la tête... Le matin venu je me suis promené en barque».

7 – Musset, *Confession d'un Enfant du siècle*, p. 155.

8 – *Éducation sentimentale* (1845), *O.C.*, t. I, p. 302.
Cf. *Quidquid volueris*, *O.C.*, t. I, p. 109.

9 – *Novembre, O.C.*, t. I, p. 250.

10 – *Éducation sentimentale* (1845), *O.C.*, t. I, p. 291.

11 – *Novembre, O.C.*, t. I, p. 250.

12 – *Éducation sentimentale, O.C.*, t. I, p. 362; *ibid.*, p. 291.

13 – Voir la lettre à E. Chevalier, 10 février 1843, *Corr.*, Pléiade, t. I, p. 143 :
«De l'autre côté de l'eau il y a une jeunesse à 30 mille francs par an qui va en voiture, dans sa voiture... La jeunesse de là-bas va tous les soirs à l'Opéra, aux Italiens, elle va en soirée, elle sourit avec de jolies femmes qui nous feraient mettre à la porte si nous nous avisions de nous montrer chez elles avec nos redingotes grasses... Ils font l'amour avec des marquises ou avec des catins de prince, ce farceur d'étudiant aime des demoiselles de boutique qui ont des engelures aux mains ou baise de temps en temps au bordel»...

14 – *Novembre, O.C.*, t. I, p. 250, souligné par nous.

15 – *Passion et Vertu, O.C.*, t. I, pp. 113-116.

16 – *Novembre*, p. 266, Cf. la vogue de la «fille aux yeux d'or» auprès de la jeunesse dorée (Balzac, *La Fille aux yeux d'or*).

17 – Datation vraisemblable établie par J. Bruneau, *op. cit.*, p. 143. Pour le texte du premier manuscrit, voir *ibid.*, pp. 142, 143 (NAF 14 146); pour le texte du deuxième manuscrit, NAF 14 146, voir *ibid.*, p. 144.

18 – NAF 14 146. Ce scénario ne semble pas postérieur à l'année 1836-1837 selon J. Bruneau, *op. cit.*, p. 98, n. 80. Pour le texte du scénario voir *ibid.*, pp. 99, 100.

19 – *Mémoires d'un fou, O.C.*, t. I, p. 233; pour le fantasme de l'inceste chez le jeune Flaubert, voir *La grande dame et le joueur de vielle ou la mère et le cercueil* où l'inceste est consommé : Henriette de Harcant, réduite à la prostitution par suite de ses malheurs, reçoit un jour un jeune homme de 20 ans. «Henriette ne ressentit jamais tant de plaisir qu'avec celui-là»... Elle apprend qu'il s'agit de son fils, quand le jeune homme meurt accidentellement, puis devient folle et se fait écraser par son char funèbre. Ce manuscrit inédit (NAF 14 147) qui date selon J. Bruneau (*op. cit.*, pp. 123 - 127) de la fin de l'année 1835 ou du début de l'année 1836 n'est pas sans analogie avec *La Tour de Nesle* d'A. Dumas, pièce que Flaubert a lue au début des vacances de l'été 1835 (voir la lettre à E. Chevalier, 14 août 1835, *Corr.*, t. I, p. 20) et qui a inspiré une de ses narrations destinées à son professeur Gourgaud-Dugazon, *Dernière scène de la mort de Marguerite de Bourgogne*, août 1835, *O.C.*, t. I, pp. 48, 49, voir n. 25. Ces deux textes ne font pas que révéler l'influence des lectures du jeune Flaubert sur ses propres essais littéraires : ils donnent à lire la déchéance de la mère (ravalée au rang de prostituée ou multipliant les amants), sa punition (Marguerite est tuée pour ses «crimes», ses «orgies infâmes») et sont à mettre en rapport avec le rêve de la mère noyée (c'est-à-dire que le fils laisse la mère se noyer sans rien faire pour la secourir et ne manifeste ni étonnement ni culpabilité quand il fait le récit de ce rêve). Il est vrai que «l'imagination de Flaubert a quelque chose de morbide» (J. Bruneau, *op. cit.*, p. 127). Encore faut-il mettre cette «morbidité» en relation avec le traumatisme de la scène interdite. Sartre a noté cette première «imagerie» des scénarios : «mère violée, déchue, châtiée»... (*L'Idiot de la Famille*, Gallimard, 1971, t. I, p. 213).

20 – Scène «primitive» (ou interdite) : voir S. Freud, *Cinq Psychanalyses*, P.U.F., 1954, L'homme aux loups, Le rêve et la scène primitive, pp. 342-358.

21 – Voir *Mémoires d'un fou, O.C.*, t. I, p. 237.
Le refus de procréer, leitmotiv flaubertien, témoigne en effet des répercussions profondes qu'a eues le traumatisme de la scène primitive; voir à ce sujet *Novembre, O.C.*, p. 273. Voir la lettre à Louise Colet (15-16 septembre 1846, *Corr.*, t. I, p. 342).

22 – Manuscrit (NAF 139) publié par Jean Royère dans le *Manuscrit autographe*, janvier-février 1929, p. 1-5; texte cité par J. Bruneau, *op. cit.*, pp. 162-165. Selon cet auteur, le conte s'inspire de la célèbre légende normande de Robert le Diable, et de l'opéra de Scribe et Meyerbeer (*ibid.*, pp. 165, 166); voir aussi la lettre à E. Chevalier, 26 août 1834, où il est question du château en ruines de Robert le Diable.

23 – *Le Brick du Gange* a été publié dans la *Revue de Paris* (sept. 1831).
En novembre 1833, la *Revue de Paris* (pp. 5-15) a publié la traduction d'une lettre de Paul Sydney à James Hogg; datée du 31 octobre 1832 et intitulée *Les Pongos* : Sydney y raconte l'enlèvement par les Pongos de sa femme et de son fils Charles, qu'il parvient à retrouver indemnes.
Le *Colibri* du 24 novembre 1836 (n° 60) contient un court récit, non signé, intitulé *Jack en bonne fortune* : l'orang-outang du Jardin des Plantes aurait été retrouvé rue de la Harpe, auprès de sa maîtresse, la grisette Thérésine, «à moitié ivre de cidre et d'amour».
Voir l'expression littéraire de ce fantasme contemporain du viol en particulier dans *La Chute d'un ange* (1838), *Œuvres de Lamartine, La Chute d'un ange*, Paris, Hachette et Cie, Furne, Jouvet et Cie, Paguenne, éditeurs, 1877, pp. 66, 67, 70...
Jean Gaudon, in «Lamartine, lecteur de Sade», *Mercure de France*, 1er novembre 1961, (pp. 420 à 438), montre que tous les grands motifs sadiens se retrouvent dans *La Chute d'un ange* (p. 427) et rappelle que Jules Janin (p. 420), puis Sainte-Beuve (p. 436), ont su mesurer l'influence du divin Marquis sur les consciences de leurs contemporains.

24 – *O.C.*, t. I, pp. 172, 219, 220; cf. le récit de la mort de Marguerite de Bourgogne (*ibid.*, pp. 48, 49). Pour la permanence de cette tendance sadique dans l'œuvre de jeunesse de Flaubert, voir aussi in *Souvenirs, Notes et Pensées intimes* (1840), éd. Buchet/Chastel, 1965, p. 76, le pastiche concernant l'orgie d'Assur : «Voilà que les femmes sont amenées pleurantes, vêtues de noir avec des roses dans les cheveux; une porte secrète a laissé sortir les mignons nus – Assur rit avec ses yeux, les embrasse, se fait porter dans leurs bras – on entend les trois sœurs qui sanglotent – on entend un grattement de griffes sur les portes...». Voir enfin cet aveu, *ibid.*, p. 107 : «Si j'ai de suaves désirs d'amour, j'en ai d'ardents, j'en ai de sanglants, j'en ai d'horribles». A noter l'omniprésence du mot *griffes* dans les textes cités.
Flaubert cite Sade dans sa correspondance pour la première fois le 15 juillet 1839 (à E. Chevalier). Il semble qu'à cette date il n'ait lu qu'un article biographique de J. Janin sur cet auteur, à en juger par la déclaration suivante : «... à propos du marquis de Sade si tu pouvais me trouver quelques-uns des romans de cet honnête écrivain, je te le payerais son pesant d'or». L'«obsession de Sade», comme l'ont écrit les Goncourt, (*Journal*, éd. Ricatte, t. IV, pp. 178,

179), sera aussi une constante de la maturité de Flaubert. Voir Mario Praz, *La Chair, la Mort et le Diable*, le *Romantisme noir*, Denoël, 1977, p. 152 : pour Mario Praz, l'obsession sadique chez Flaubert est une évidence.

25 — La volonté de dégrader la femme aimée inaccessible est déjà présente chez le «fou» des *Mémoires* : ... «la jalousie m'inspira des pensées obscènes et grotesques; alors je les souillai tous les deux...» (*Ibid.*, p. 239).

La profession de foi de Jules, «disséquer le vrai» sans pitié et se prendre soi-même comme objet d'analyse au même titre que le monde extérieur, s'enracine dans cette tendance sadomasochiste, fondamentale chez l'écrivain, ainsi que le rire du «Garçon» qui éclate chaque fois qu'il découvre un vice caché, une pourriture secrète.

26 — *San Pietro Ornano, Histoire corse*, 1835, *O.C.*, t. I, pp. 49, 50.

27 — *Deux mains sur une couronne, O.C.*, t. I, p. 55.

28 — *Un parfum à sentir, O.C.*, t. I, p. 63.

29 — Voir la danse d'Isabellada; confirmation de l'influence du roman hugolien sur le jeune Flaubert, le préambule où il résume la portée philosophique de son propre conte : «Et s'ils trouvaient le mot, ils diraient $\dot{\alpha}$ ν$\dot{\alpha}$γκη ». (*Un parfum à sentir*, p. 55).

30 — En résumé *tout se passe comme si les modèles contemporains avaient conditionné très tôt le jeune Flaubert et pour toute sa vie*. On a coutume d'expliquer la permanence du même type de femme dans l'œuvre de l'écrivain par l'influence d'Elisa Schlésinger et la suite du passage précédemment cité de *Novembre* semblerait autoriser ce jugement :

«J'ai connu un ami qui avait adoré, à 15 ans, une jeune mère qu'il avait vue nourrissant son enfant; de longtemps il n'estima que les tailles de poissarde, la beauté des femmes sveltes lui était odieuse» (*ibid.*, p. 270).

Mieux vaudrait insister sur la *conformité* de la jeune femme, rencontrée à Trouville, *au type de beauté à la mode*, dont ses lectures avaient imposé l'image à l'adolescent, et expliquer la récurrence de ce type féminin dans l'œuvre de Flaubert par l'influence conjuguée d'une culture et d'une rencontre, en précisant bien que la *culture est première* et *détermine le sens de la rencontre*.

Il faudrait enfin remarquer le lien entre cette figure féminine maternelle et les troubles œdipiens que révèle la lecture des *Mémoires d'un fou*.

31 — *Ivre et mort, O.C.*, t. I, p. 176.

32 — *Quidquid volueris*, p. 111; cf. le destin des vieilles femmes évoqué par Aquilina, Balzac, *La Peau de chagrin*, Ed. du Livre de Poche, 1972, p. 96 : «... que nous soyons dans un riche hôtel à soigner des chiens, ou dans un hôpital à trier des guenilles, notre existence n'est-elle pas exactement la même ?».

33 — A. de Musset, *Poésies complètes, la Coupe et les lèvres*, Pléiade, 1951, p. 216. A. Dumas, *Théâtre complet, Don Juan de Marana*, t. V, Calmann Lévy, 1899. Stendhal, *Romans et nouvelles, Le Rouge et le Noir*, Pléiade, 1952, pp. 693, 694.

34 — E. Sullerot, *Histoire et mythologie de l'amour*, Hachette, 1974, p. 17.

35 — *Mémoires d'un fou*, p. 238, souligné par nous. Une femme qui a vraiment l'air de penser court le risque d'être qualifiée de pédante, de «bas-bleu».

36 — *Éducation sentimentale* (1845), pp. 343-345. Cf. lettre à E. Chevalier, 11 oct.

1838 : «O que Molière a eu raison de comparer la femme à un potage...» (p. 29). Au même, 28 mars 1841 (p. 78) : «... la femme est un animal vulgaire dont l'homme s'est fait un trop bel idéal...». Cf. *Souvenirs, notes et pensées intimes* (1840), p. 94 : «Je ne vois pas que l'émancipation des nègres et des femmes soit quelque chose de bien beau».

Voir enfin le statut des femmes de la famille Flaubert tel qu'il apparaît dans la Correspondance : intellectuellement des mineures.

37 – *O.C.*, t. I, pp. 45, 46. La nouvelle de Mérimée avait paru en mai 1829 dans *La Revue de Paris*.

Cf. *Notre-Dame de Paris*, in *Les Romans de Victor Hugo*, Éd. Rencontre, Lausanne, 1959, t. III, p. 604.

38 – Cf. *Smarh* (1839), Petite comédie bourgeoise, scène III :

«Lune de miel (voyez la *Physiologie du mariage* du sire de Balzac, pour les phases successives de la vie matrimoniale)».

39 – Lettre à sa mère, 15 déc. 1850, Constantinople, *Corr.*, t. I, p. 720. Alfred Le Poittevin, mort dans la nuit du 3 au 4 avril 1848, avait épousé Louise de Maupassant le 6 juillet 1846.

Le choix de l'*Art* est la conclusion de Jules dans l'*Éducation sentimentale* de 1845.

Cf. E. Chevalier, 15 avril 1839, *ibid.*, p. 42, à propos du mariage de son frère aîné : «Achille est à Paris, il passe sa thèse et se meuble. Il va devenir un homme rangé, dès lors il ressemblera à ces polypes fixés sur les rochers. Chaque jour il recevra le soleil du con rouge de sa bien aimée et le bonheur resplendira sur lui comme le soleil sur de la merde».

Cf. au même, 15 juillet 1839, *ibid.*, pp. 46, 47 :

«Narcisse est marié, pauvre garçon, le voilà vérolé au cœur pour le reste de sa vie...».

40 – Cf. lettre à sa mère, 15 déc. 1850 : ...«je sens bien que je n'en aimerai jamais une autre comme toi, va, tu n'auras pas de rivale, n'aie pas peur».

41 – Pour la séduction de la femme adultère (et sa condamnation par la société), voir sur Louise Pradier,

1) Douglas Siler, *Mémoires de Madame Ludovica*, Archives des lettres modernes, 1973 :

Il est rappelé (p. 70) que L. Pradier s'étant reconnue coupable d'adultère fut incarcérée pendant trois mois à la prison Saint-Lazare.

«Jamais je n'ai vu un dévergondage d'une prodigalité si extraordinaire. Elle pataugeait dans le vice, comme dans son élément naturel; rien ne put la retenir, ni l'indulgence de son mari, ni l'amour très sincère qu'elle éprouvait pour ses enfants». (M. Du Camp, «Mémoires d'un vieil homme de lettres», Bibl. de l'Institut) cité, p. 69.

2) Voir *Corr.* Flaubert :

2 avril 1845 (à A. Le Poittevin) : visite de Flaubert à cette «femme perdue».

Mai 1845 : «La poésie de la femme adultère n'est vraie que parce qu'elle-même est dans la liberté au sein de la fatalité».

7 mars 1847 (à L. Colet) : «... cette femme-là me semble le type de la femme avec tous ses instincts, un orchestre de sentiments femelles».

Décembre 1853 (à Louis Bouilhet) : «Il me semble que tu oublies... Ludovica

– Tu aurais tort de ne pas fréquenter cette dernière qui peut te faire tirer de plus beaux coups que la Muse internos».

42 – Cf. lettre à E. Chevalier, 15 mars 1842 :

«... il ne faut pas demander des oranges aux pommiers, du soleil à la France, de l'*amour à la femme*, du bonheur à la vie (...) Comment se plaindre de la vie quand il existe encore *un bordel où se consoler de l'amour...*» (souligné par nous).

43 – *Novembre*, p. 268, texte capital, à rapprocher de la lettre à E. Chevalier (18 mars 1839) :

«Quant à ton horreur pour *ces dames*, qui sont au reste de fort bonnes personnes sans préjugés, je confie à Alfred le soin de la changer logiquement en un amour philosophique et conforme au reste de tes opinions morales. Oui et cent mille fois oui j'aime mieux une putain qu'une grisette parce que de tous les genres celui que j'ai le plus en horreur est le genre grisette, c'est ainsi je crois qu'on appelle ce quelque chose de frétillant, de propre, de coquet, de minaudé, de contourné, de dégagé et de bête ! qui vous emmerde perpétuellement et veut faire de la passion comme elle en voit dans les drames-vaudevilles. Non j'aime bien mieux l'*ignoble pour l'ignoble*, c'est une pose tout comme une autre et que je sens mieux que qui que ce soit. J'aimerais de tout mon cœur une femme belle et ardente et putain dans l'âme et jusque dans les doigts».

44 – *Novembre*, p. 267; pour la tendance profonde de Flaubert au déchaînement frénétique et destructeur, voir *ibid.*, p. 271 : «... allons toujours, je veux voir le Malabar furieux et ses danses où l'on se tue»... et son violent désir de voyage dans des pays étranges et monstrueux : pour Mario Praz, il s'agit d'un «fond noir à contenter» qui ne troublait pas moins Flaubert que Delacroix.

45 – «... la laideur bête de ces deux animaux en rut que l'on appelle un amant et une maîtresse...» *Novembre*, p. 271. «Il pensait sérieusement qu'il y a moins de mal à tuer un homme qu'à faire un enfant». (*Ibid.*, p. 273).

Celui qui a acquis ces deux convictions «se défend d'aimer comme d'une faiblesse, et il terrasse sous ses genoux tous les désirs qui viennent; cette lutte l'épuise». (*Ibid.*, p. 271).

Cette «lutte» sera un des facteurs qui provoqueront la crise de janvier 1844. Le refus de l'amour sera la leçon de l'*Éducation sentimentale* de 1845, la conclusion de Jules, porte-parole de l'artiste. D'où le trouble profond apporté par la liaison avec Louise Colet. Voir en particulier la lettre du 8-9 août 1846.

46 – *Novembre*, p. 261. Cf. *Éducation sentimentale* (1845), p. 312 :

«... à l'endroit où la jarretière la serrait, sa chair commença, avec *toutes les séductions de l'enfer*, et s'étendit à l'infini, comme *la tentation elle-même*». (Souligné par nous).

Pour le plaisir de la transgression (lié à la possession du corps interdit), voir *ibid.*, p. 318 :

«... ils goûtaient toutes les joies de l'adultère dans son bonheur muet (...). C'est là que les ténèbres sont douces, que le mensonge tourne à l'enthousiasme, que le *sacrilège* exhale son *parfum d'enfer* et excite au délire. L'amour fatal, qui vient de former ces liens, est si fier d'en briser d'autres qu'il se complaît, avec une férocité obscène, à les fouler sous ses pieds». (Souligné par nous).

47 – A propos de la chasteté de Jules/Flaubert, voir la lettre à Louise Colet (6-7 août 1846, p. 279) :

«J'en ai aimé une depuis 14 ans jusqu'à 20 ans sans le lui dire, sans lui toucher (sic), et *j'ai été près de trois ans ensuite sans sentir mon sexe»*. (Souligné par nous). Voir aussi la lettre du 18 septembre 1846, à la même.

48 – Cf. cet aveu in *Éducation sentimentale*, 1845 :

«J'aime beaucoup ces grands yeux de femmes de trente ans, ces yeux (...) *maternels et lascifs»*... (Souligné par nous).

CHAPITRE II

1 – Voir la lettre du 30 mars 1857 à Melle Leroyer de Chantepie.
Voir M. Du Camp, *Souvenirs littéraires*, cité in Flaubert, *O.C.*, l'Intégrale, t. I, p. 26.
Voir l'introduction de C. Gothot-Mersch, *Madame Bovary*, éd. Garnier, 1971, pp. VI-IX.

2 – Voir D. Siler, *op. cit.*, supra chap. I, note 41.

3 – Pour la condition de la femme au XIXe siècle, voir E. Sullerot, *Histoire et sociologie du travail féminin*, Gonthier, 1968, p. 83, 117, 118.

4 – Voir aussi le jeu des prénoms : celui d'Emma semble issu de la contamination de Mazza et d'Émilie.

5 – Lettre à Melle Leroyer de Chantepie, 18 mars 1857.

6 – P. Fauchery, *La Destinée féminine dans le roman européen du dix-huitième siècle* (1713-1807), essai de gynécomythie romanesque, Université de Lille III, 1972, p. 837.

7 – Lettre à L. Colet, 14 août 1853.

8 – Les premières versions sont plus explicites que le texte définitif. Voir J. Pommier, G. Leleu, *op. cit.*, p. 72 : «inquiétude de Charles. – il fait venir sa mère. Conférences bourgeoises»... Selon la mère Bovary, «il faut encore souffrir dans la vie ! il faut accomplir ses devoirs !».

9 – P. Fauchery, *op. cit.*, p. 828.

10 – Ce personnage figure au contraire la maîtrise de la réalité économique du monde moderne, en relation avec les banques.

11 – «Ainsi se tenait, devant ces bourgeois épanouis, ce demi-siècle de servitude» (*O.C.*, t. I, p. 625). Cette formule lapidaire et antithétique a valeur démystificatrice. Flaubert a eu sous les yeux le discours de Baudouin, le Président, aux comices de Grand-Couronne (compte rendu du *Nouvelliste de Rouen* du 19 et 20 juillet 1852) : «... ces vieux serviteurs si dignes de nos soins et de nos éloges, qui par leur probité, leur fidélité, leur dévouement à leurs maîtres, ont su faire profiter la ferme et le troupeau. Qu'ils sont estimables ces braves gens, Messieurs; car c'est le pur attachement à la personne de leurs maîtres qui les fait agir et non l'intérêt sordide de l'argent, qui malheureusement dans ce siècle est le mobile de beaucoup d'hommes» (sic). De surcroît Flaubert a diminué la récompense (25 francs) et augmenté la durée des services (54 ans), le

modèle, Marie-Anne Legendre, s'étant vu attribuer une médaille de 60 francs pour 45 ans de travail.

12 – Alors qu'un futur docteur en médecine paie 1.000 francs de droits, les frais des «petits examens» pour l'officiat n'excèdent pas 200 francs. Voir J. Léonard, «Les Officiers de santé en France au XIXe siècle», *Revue française d'Éducation Médicale*, t. II, n° 3, juin 1979, p. 19. Jacques Léonard est l'auteur de :
– *Les Officiers de santé de la Marine Française de 1814 à 1835*, Klincksieck, 1968.
– *La Vie quotidienne du médecin de province au XIXe siècle*, Hachette, 1977.
– *Les Médecins de l'ouest au XIXe siècle*, Honoré Champion, 1978.
– *La France médicale au XIXe siècle*, Archives n° 73, Gallimard, 1978.
– *La Médecine entre les savoirs et les pouvoirs*, Histoire intellectuelle et politique de la médecine française au XIXe siècle, Aubier Montaigne, 1981.

13 – J. Pommier, G. Leleu, *op. cit.*, pp. 8, 23, 35, 36.

14 – Pour la non-appartenance de Charles à la Bourgeoisie, voir sa situation au collège, son isolement par rapport au *nous* du texte : «En promenade, il causait avec le domestique, qui était de la campagne comme lui» (p. 577). Cf. J. Pommier, G. Leleu, *op. cit.*, pp. 141, 142, 143 :
«Combien peu il nous ressemblait à tous... il n'était pas de notre monde...»
«Ainsi il vécut isolé parmi nous...»
Pendant ses études d'officier de santé : «... il se sentait petit. Tout ce monde qui l'entourait lui faisait peur. Chacun, dans son idée, était tellement au-dessus de lui !».
«Quant à ses professeurs... c'étaient des Messieurs, dont il n'avait pas eu l'idée auparavant...».

15 – A noter la répétition de l'expression «posséder» une femme, *Bov.*, pp. 586, 588.

16 – Voir *Bov.*, p. 580-588.
«Emma... savait conduire sa maison. Elle envoyait aux malades le compte des visites dans des lettres bien tournées qui ne sentaient pas la facture. Quand ils avaient, le dimanche, quelque voisin à dîner, elle trouvait le moyen d'offrir un plat coquet...» (*ibid.*, p. 588).

17 – «Moins Charles comprenait ces élégances plus il en subissait la séduction...» (*ibid.*, p. 595). Sur la consommation d'Emma, voir la suite de ce chapitre. J. Léonard, *art. cit.*, p. 20, rappelle que l'épouse de l'officier de santé, loin d'être une bourgeoise, gère souvent une boutique ou exerce la profession de sage-femme.

18 – «C'était un autre lien de chair s'établissant...» (*ibid.*, p. 604); Flaubert a critiqué ce mythe de l'enfant-lien, défendu par Louise Colet (lettre du 24 août 1846).

19 – Dans ses ébauches, Flaubert avait seulement imaginé Berthe «aux écoles gratuites» (J. Pommier, G. Leleu, *op. cit.*, pp. 5, 20, 33).

20 – C'est Charles qui est transformé par sa nuit de noces (*Bov.*, p. 584).

21 – Flaubert, authentique bourgeois, sait nager et faire des armes...

22 – A noter le point d'exclamation («Charles n'avait point d'ambition !») qui signifie le caractère scandaleux de cette attitude et le commentaire qui suit : «... elle était exaspérée de honte, elle avait envie de le battre...» – «Quel pauvre

homme...» (p. 595).

23 – *Ibid.*, p. 633. On notera le rapprochement significatif : réputation-fortune, la réussite de l'ambition se traduit, bien sûr, par la gloire et l'accroissement de richesse dans ce système idéologique.

24 – *Ibid.*, p. 634; J. Léonard, *art. cit.*, rappelle que la trousse de l'officier de santé ne contient que «des instruments de petite chirurgie : daviers pour extraire les dents...» (Cf. *la poigne d'enfer*» de Charles), «bistouri qui ouvre les abcès et débride les mauvaises plaies, la lancette pour saigner, le scarificateur, les aiguilles et le fil pour recoudre les blessures...» (p. 20).

25 – L'ami d'enfance de Flaubert, E. Chevalier, devenu magistrat après ses études de droit, incarne la réussite bourgeoise que raille l'écrivain dans sa correspondance; voir celle de Martinon, devenu également magistrat, dans l'*Éducation sentimentale* de 1869.

26 – Cf. J. Pommier, G. Leleu, *op. cit.*, p. 265 : ... «Le désir d'avoir un mâle pour enfant était une vengeance contre la vie. Il ne serait pas comme elle misérablement attaché à des nécessités médiocres et interminables...».

27 – «A douze ans, sa mère obtint...»; «... Madame fut énergique...»; «sa mère lui choisit...»; ... «sa mère lui envoyait...» (*Ibid.*, pp. 576-578). La mère de Léon a la même autorité sur lui : «La chose difficile était le consentement de sa mère» (*Ibid.*, p. 614).

28 – *Ibid.*, p. 588; cf. J. Pommier, G. Leleu, *op. cit.*, p. 198 : (La belle-mère)... «s'efforçait, lorsqu'elle venait à Tostes, de lui communiquer ses principes d'ordre et, afin de la mieux instruire, prenait d'elle-même, sans en être priée, la direction de son ménage...». Avec la Veuve Dubuc, «une seconde maman» (*ibid.*, p. 35) pour Charles, la situation est différente :
«... elles sympathisaient dans leur instinct de propreté» ... et elles font preuve du même despotisme à l'égard de Charles : ... «à qui mieux mieux, elles s'exerçaient sur Bovary, lui faisaient l'éducation...» (*ibid.*, p. 161).
Voir le texte définitif : «... comme deux couteaux, elles étaient à le scarifier par leurs réflexions et leurs observations...» (*Bov.*, p. 580).

29 – Le mot figure dans les brouillons (J. Pommier, G. Leleu, *op. cit.*, p. 199).

30 – *Bov.*, p. 589. Pour cet amour maternel propriétaire, conséquence logique de l'idéologie bourgeoise contemporaine, voir la lettre de Flaubert à sa mère, Constantinople, 15 décembre 1850 : «... je n'en aimerai jamais une autre comme toi, va, tu n'auras pas de *rivale*...» (*Corr.* Pléiade, t. I, p. 720).

31 – Voir Charles, Léon, Rodolphe, Justin, le notaire Guillaumin... Homais la trouve «jolie comme un amour» : «... vous allez *faire florès* à Rouen...» (*Bov.*, p. 649, en italique dans le texte).
Cf. J. Pommier, G. Leleu, *op. cit.*, p. 178 (il s'agit de Charles et d'Emma à Rouen au début de leur mariage, passage non retenu par Flaubert dans la version définitive) :
... «Un jour même sur le pont suspendu... il entendit des officiers dire entr'eux à voix basse, qu'ils en avaient peu rencontré de plus *gentilles*» (souligné par nous).

32 – Justin opposant Mme Homais à Emma : «Est-ce que c'est une *dame* comme Madame». (*Bov.*, p. 638).

Léon évoquant Emma devenue sa maîtresse : «... n'était-ce pas une *femme du monde*...» (p. 664). (En italique dans le texte, ce qui souligne la référence idéologique).

33 – Cf. Rodolphe «... de la tournure comme une Parisienne...» (*Bov.*, p. 618). Emma a précisément assez bonne «tournure» pour qu'on ne juge point inconvenant de l'inviter au château de la Vaubyessard (p. 590).

34 – Parmi les élégances d'Emma qui séduisent Charles, le lorgnon (d'écaille); Léon attendant Emma pense au lorgnon doré de la jeune femme. Cf. *Dictionnaire des Idées reçues*, *O.C.*, l'Intégrale, Seuil, 1964, t. II, p. 311 : «Lorgnon Insolent et *distingué*»; (souligné par nous).
   Voir également J. Pommier, G. Leleu, *op. cit.*, p. 158 (à propos de Charles séduit par «les élégances» d'Emma) : «Elle lui remettait en souvenir, (...), les jolies sœurs de ses riches camarades du collège, qui les venaient voir au parloir, gantées, avec des pâtisseries dans leur manchon et des robes claires l'été».

35 – Voir Claude Duchet, «Corps et société : le réseau des mains dans *Madame Bovary*», in *La lecture sociocritique du texte romanesque*, édit. par Graham Falconer et Henri Mitterand, Samuel Stevens, Hakkert & Company, Toronto, 1975, p. 226.

36 – De son adolescence à sa mort, Flaubert se plaint de ses nerfs dans sa correspondance. Il se traitera lui-même de «vieille femme hystérique».

37 – Ces évanouissements d'Emma sont à rapprocher de ceux de Garcia (*La Peste à Florence*, *O.C.*, t. I, p. 76) et de Giacomo (*Bibliomanie, ibid.*, p. 80).

38 – La folie a beaucoup préoccupé Flaubert; voir la fréquence du motif du fou dans les *Œuvres de jeunesse; Novembre* (1842) en particulier donne à lire que la rêverie «dévore» et que l'abandon de soi à un univers fantasmatique conduit nécessairement à la mort. Dans une lettre importante adressée à Louise Colet le 27 décembre 1852, Flaubert écrit :
   «... mes attaques de nerfs» (...) ne sont que des déclivités involontaires d'idées, d'images. L'élément psychique alors saute par-dessus moi, et la conscience disparaît avec le sentiment de la vie. Je suis sûr que je sais ce que c'est que mourir. J'ai souvent senti nettement mon âme qui m'échappait, comme on sent le sang qui coule par l'ouverture d'une saignée (...) Oh ! comme on se sent près de la folie quelquefois, moi surtout !». C'est pourquoi la lecture du *Louis Lambert* de Balzac l'a bouleversé : «Cela s'est cramponné à moi par mille hameçons... Quel sacré livre ! Il me fait mal; comme je le sens !» (*Ibid.*).

39 – Discourant sur les femmes au grand café de *Normandie*, Homais affirme qu'«elles ont plus de tempérament» (p. 669); cf. *Dictionnaire des idées reçues*, *O.C.*, t. II, p. 305 :
   «Brunes. Sont plus chaudes que les blondes (voy. Blondes)».
   «Blondes. Plus chaudes que les brunes (voy. Brunes)».
Il indique à Léon «les symptômes auxquels on reconnaissait qu'une femme avait du tempérament» (*ibid.*, p. 669); les premières rédactions faisaient partager cette idée reçue à Rodolphe (J. Pommier, G. Leleu, *op. cit.*, p. 335). La digression ethnographique d'Homais à l'usage de Léon (p. 669) – Allemande «vaporeuse», Française «libertine» et Italienne «passionnée» reproduit les clichés les plus banals. Comme dit Flaubert dans ses brouillons, «Homais vient de Homo : l'homme».

40 – Selon Flaubert (lettre à Melle Leroyer de Chantepie, 30 mars 1857). Dans ses scénarios Flaubert a noté : «peindre d'abord Emma par le moral comme éducation et antécédents de famille (ce qui fait qu'elle épouse Charles qui n'est pas un paysan)» (Pommier-Leleu, *op. cit.*, pp. 35, 36).

41 – «Cette société du roman ignore le hasard, et par conséquent pour elle tous les signes sont marqués et tous les détails signifiants». (Cl. Duchet, «Corps et société : le réseau des mains dans *Madame Bovary*», *op. cit.*, p. 217).

42 – Dans ses brouillons, Flaubert avait envisagé d'accentuer ce processus d'identification d'Emma à l'héroïne du roman : «Un jour qu'il faisait chaud, elle alla même vers l'abreuvoir aux vaches, sous la pompe, pour s'y baigner comme Virginie dans la fontaine...». Les deux soufflets que cette tentative lui valent de la part de sa mère soulignent le retour à la réalité. (J. Pommier, G. Leleu, *op. cit.*, p. 149).

43 – Cf. *Dictionnaire des idées reçues, O.C.*, t. II, p. 313 : «*Ruines. –* Font rêver et donnent de la poésie à un paysage». Le paysage tel que le conçoit Emma, image dégradée d'un héritage du XVIIIe siècle, (cf. les commentaires d'Hubert Robert par Diderot), a un caractère de cliché démodé; il suffit, pour le montrer, de voir ce que devient le paysage dans la peinture française après 1830 : congé est alors donné à l'Italie, à la nature historicisée, ennoblie par la ruine, le temple et la légende, qui était celle de la tradition classique. Les paysagistes découvrent alors que ce qu'ils ont à dire, ils peuvent parfaitement le dire devant les environs de Paris, devant Barbizon par exemple. Ici commence ce que la critique appelle parfois «le paysage démocratique», des cours de fermes, de la boue, des vaches, de vrais paysans, le paysage précisément que, dans *Madame Bovary*, peint Flaubert pour qui Yonville est un aussi «beau sujet» que la campagne romaine.

44 – Voir la lettre à L. Colet, 27 mars 1853 : «Je n'aime pas les gens poétiques (...) mais les gens poètes». Pour la graphie «pohétique», voir la lettre du 6 juillet 1852. Les scénarios insistent sur le fait qu'Emma ne sait ni dessiner, ni jouer correctement du piano, ce que confirme la version définitive.

45 – Flaubert reproche de même à L. Colet d'être incapable de croire à ce qui ne se manifeste pas dans des formes convenues : voir lettres du 23 octobre 1846, du 25 février 1854 : «Prends donc quelque brave garçon tout frais éclos, *un homme à belles manières et à idées reçues*» (souligné par nous).

46 – La même conception de l'Histoire se retrouve logiquement dans la vision qu'Emma a des portraits à la Vaubyessard et dans sa visite de la cathédrale de Rouen.

47 – Cf. résumé des keepsakes (Pommier-Leleu, *op. cit.*, p. 45) : «La nature (et la vie) considérées comme mise en scène de l'amour-qui doit être au premier plan et dans le plus beau cadre».

48 – C. Duchet, *art. cit.*, p. 226.

49 – A noter la place de ces références dans la composition du roman. Cf. fin du ch. VI, 1ère Partie : «... elle ne pouvait s'imaginer à présent que ce calme où elle vivait fût le bonheur qu'elle avait rêvé...»; début du ch. VII, 1ère Partie : «Elle songeait quelquefois que c'étaient là pourtant les plus beaux jours de sa vie, la lune de miel, comme on disait...»; p. 589 «... d'après les *théories* qu'elle

croyait bonnes, elle voulut se donner de l'amour...» (Souligné par nous).

50 – Voir lettres du 26 août 1846, du 28 septembre 1846, du 7 mars 1847, du 21 janvier 1847.

51 – «Quand on est enfant, on a lu tant de choses sur l'amour, on trouve ce mot-là si mélodieux, on le rêve tant...» (*Mémoires d'un fou, O.C.*, t. I, p. 239).
«J'avais tant lu chez les poètes le mot amour...» (*Novembre, ibid.*, p. 250).

52 – Le héros du roman de 1845, porte-parole de l'auteur.

53 – René Girard, *Mensonge romantique et Vérité romanesque*, Grasset, 1961, p. 43.

54 – *Ibid.*, p. 43; p. 16.

55 – En définissant le bovarysme, J. de Gaultier montre la destruction de la spontanéité du désir et explique comment le personnage obéit à une suggestion du milieu extérieur à défaut d'une auto-suggestion venue du dedans; se concevant autre qu'il n'est, le héros flaubertien se propose un modèle et imite du personnage qu'il a résolu d'être tout ce qu'il est possible d'imiter, apparence, geste, intonation, habit...

56 – Les scénarios précisent : «*Corinne, Werther* plus tard – Me Cottin» (J. Pommier, G. Leleu, *op. cit.*, p. 42). Bouilly est cité p. 44; «Corinne – Me Cottin... vieux romans (prêtés par la Dumesnil) ... (*ibid.*, p. 45).

57 – Musset déjà dénonçait la fonction mystificatrice des lectures romanesques. Elsbeth, dans *Fantasio* (II. 1) résume son éducation en ces termes : «J'ai peu connu la vie et j'ai beaucoup rêvé...» et entrevoit la responsabilité de sa gouvernante : «Peut-être la faute en est-elle à tes romans, *tu en as toujours dans tes poches*...» (*Fantasio*, 1834; souligné par nous).
De même que la lingère du couvent (qui appartient à «une ancienne famille de gentilshommes ruinés sous la Révolution») contribue à véhiculer les stéréotypes d'une aristocratie mythique (cf. supra), la gouvernante d'Elsbeth est assez intoxiquée par la même idéologie pour ne pas se consoler d'avoir manqué le Prince de Mantoue.
La même année (1834), *On ne badine pas avec l'amour* met en cause l'éducation reçue par les filles au couvent et montre comment elle fait obstacle à la spontanéité du désir. Dans *Il ne faut jurer de rien* (1836), Valentin critique à nouveau le conformisme dans l'éducation des femmes : «... je voudrais qu'une jeune fille fût une herbe dans un bois, et non une plante dans une caisse». (*Il ne faut jurer de rien*, I, 1).

58 – Ce que l'avocat impérial Pinard dans son réquisitoire appelle «une peinture lascive» (*Le procès de Madame Bovary, O.C.*, t. II, p. 726).

59 – Cf. l'hymne à l'amour qui termine *A une amie*, premier poème des *Fleurs du Midi*, composé par Louise Colet :

> «L'âme seule s'unit à l'âme
> Par une indestructible trame
> Où les sentiments sont mêlés;
> ....
> Enfin cette âme pour mon âme
> Hélas ! je l'ai cherchée en vain.
>
> (Août 1833, p. 16).

Cité par J. Bruneau in *Correspondance* de Flaubert, Pléiade, t. I, p. 988).

Voir aussi le Memento de Louise du 31 mai 1851 (*Ibid.*, p. 810) :

«Il est des soirs de printemps où je voudrais embrasser d'une seule étreinte tous ceux que j'ai aimés, car pour tous mon amour fut vrai, et s'ils l'avaient voulu, il n'eût jamais cessé. *C'était toujours le même amour s'attachant à un fantôme qui m'échappait toujours*».

60 – J. Pommier, G. Leleu, *op. cit.*, p. 71.

61 – *Ibid.*, p. 72; souligné par nous.

Cf. *ibid.*, p. 191 : «Quelques mots de galanterie adressés après que le mariage fut conclu, (...) avaient suffi peut-être (...) à lui faire croire qu'elle tenait à la fin cette passion...».

62 – *Ibid.*, p. 72.

63 – Cf. lettres à L. Colet, 19 septembre 1852; 13 septembre 1852 : «Ce que j'écris présentement risque d'être du Paul de Kock si je n'y mets une forme profondément littéraire. Mais comment faire du dialogue trivial qui soit bien écrit ?...».

64 – Cf. *Dictionnaire des Idées reçues*, *O.C.*, t. II, p. 311 : «*Mer*. N'a pas de fond. – Image de l'infini. – Donne de grandes pensées». «*Lac*. Avoir une femme près de soi, quand on se promène dessus».

65 – Cf. *ibid.*, p. 310 : «*Illusions*. Affecter d'en avoir eu beaucoup, se plaindre de ce qu'on les a perdues».

66 – Voir M. Picard, «La prodigalité d'Emma Bovary», *Littérature*, mai 1973, p. 86.

67 – Quand Emma rêve qu'elle est enlevée par Rodolphe, le bonheur qu'elle imagine se présente comme la recherche systématique du *bercement* dans une atmosphère chaude propice à la langueur : «Ils se promèneraient en gondole, ils se balanceraient en hamac... et cela se balançait à l'horizon, infini, harmonieux, bleuâtre et couvert de soleil...» (p. 641).

68 – *Bov.*, p. 639; le choix d'un terme comme «ratatinait» signifie la critique de cette ivresse, – (cf. *ibid.*, p. 639, «une sorte d'attachement *idiot*...») –, et permet la démystification du «bonheur» d'Emma.

69 – Déjà dans les œuvres de jeunesse de Flaubert, l'évanouissement signifiant le refus de la réalité apparaît : évanouissement de Garcia, torturé par le spectacle des fêtes données en l'honneur de son frère (*La Peste à Florence*, l'Intégrale, t. I, p. 76; syncope de Giacomo, désespéré de voir le livre convoité lui échapper (*Bibliomanie*, *ibid.*, p. 80).

70 – J.P. Sartre, *l'Idiot de la famille*, Gallimard, 1971, t. I, p. 302.

71 – Déjà dans les œuvres de jeunesse la mort est présentée comme un bonheur; pour Marguerite (*Un Parfum à sentir*), pour le héros de *Novembre*, *O.C.*, t. I, pp. 66, 255.

72 – «N'avoir plus besoin de pleurer, ne plus sentir de ces défaillances où il semble que tout se rompt, comme des échafaudages pourris, c'est là le bonheur au-dessus de tous les bonheurs, la joie sans lendemain, le rêve sans réveil». (*Novembre*, *O.C.*, t. I, p. 255).

73 – Les premières rédactions sont encore plus insistantes : «La vue, après cela, s'étendait sur les champs, qui, montant en pente douce, *bouchaient l'horizon à*

cent pas de là». (J. Pommier, G. Leleu, *op. cit.*, p. 177 (Souligné par nous).

74 – Bois de sapin non peint, précisent les premières rédactions (J. Pommier, G. Leleu, *op. cit.*, p. 177).

75 – *Bov.*, p. 603; Émilie Renaud et Henry Gosselin (*Éducation sentimentale*, 1845) ont partagé cette illusion quand ils sont partis pour l'Amérique.

76 – G. Poulet, *Les Métamorphoses du cercle*, Plon, 1961, pp. 371-381.

77 – Ne peut-on rapprocher en effet cette fonction de la vitre dans l'univers fantasmatique d'Emma du passage de la version Pommier-Leleu où, au petit matin, dans un pavillon du parc, elle regardait la campagne à travers des verres de couleur (pp. 235-236) ? Flaubert supprime finalement cette fantasmagorie, sans doute parce qu'elle était un moyen trop directement explicite de montrer le rôle de la vitre dans le jeu de l'illusion tandis que ce qui subsiste dans le texte définitif est d'un effet plus subtil.

78 – Cf. *Novembre, O.C.*, t. I, p. 274 : «... les orgues de Barbarie qu'il entendait jouer sous sa fenêtre lui arrachaient l'âme, il trouvait à ces instruments une mélancolie invincible...».

79 – G. Poulet, *Études sur le temps humain*, Éditions du Rocher, Plon, 1952, t. I, p. 352.

80 – Voir Cl. Duchet, «Roman et objets», *Europe*, sept., oct., nov. 1969, numéro spécial Flaubert, pp. 187, 188.

81 – *Ibid.*, p. 184. De même le sentiment maternel d'Emma est conditionné par sa dépense, une mère étant d'abord une consommatrice (*Bov.*, p. 604).

82 – Cf. note 35.

83 – Règles de maintien extérieur imposées à la nouvelle bonne (*Bov.*, p. 594), poses d'Emma devant son miroir, attitudes, costumes-déguisements dans sa chambre close, théâtre de ses illusions (*ibid.*, pp. 594, 616); la version Pommier-Leleu précise (p. 51) : «s'habille, se regarde aux bougies (salon imaginaire)...».

84 – A rapprocher de la description du cabinet de M. Dambreuse, le banquier de l'*Éducation sentimentale* de 1869.

85 – Emma rêvant une lune de miel idéale imaginait un mari vêtu d'un habit de velours noir.

86 – Au couteau de Charles, s'oppose la badine de Léon. Le clerc aura du succès à Paris auprès des grisettes parce qu'elles lui trouveront «*l'air distingué*». (*Bov.*, p. 652, en italique dans le texte).

87 – Quand elle rêve à une lune de miel idéale, Emma imagine un mari «qui porte des bottes molles» (*Ibid.*, p. 588). De même «l'amazone» la décide à monter à cheval.

88 – Comme dans les keepsakes : «L'homme toujours brun...» (J. Pommier, G. Leleu, *op. cit.*, p. 43); à opposer le dos «irritant» de Charles : «... elle y trouvait étalée sur la redingote toute la platitude du personnage» (*Bov.*, p. 608).

89 – Avec cet ajout d'une version antérieure : «et il sentait, tout en mangeant, la semelle fine de ses pantoufles qui le caressait dans l'ombre, comme une main d'aveugle...» (J. Pommier, G. Leleu, *op. cit.*, p. 414).

90 – *Ibid.*, p. 414; dans les scénarios (*ibid.*, p. 110), Emma veut que Léon couche à Yonville dans la chambre matrimoniale.

91 – Pour montrer jusqu'où peuvent aller la haine du mari, le désir féminin de vengeance adultère (et profanatoire), Flaubert conte cette anecdote arrivée au Caire, pendant son séjour (à L. Bouilhet, Alexandrie, 5 juillet 1850) :

«Une femme jeune et belle (je l'ai vue), mariée à un vieux, ne pouvait à sa guise coïter avec son amant. Depuis trois ans qu'ils se connaissaient, à peine s'ils avaient pu se baiser trois ou quatre fois, tant la pauvre fillette était surveillée. Le mari, vieux, jaloux, malade, hargneux, la serrait sur la dépense, l'embêtait de toutes façons et sur le moindre soupçon la déshéritait, puis refaisait un testament, et toujours ainsi, croyant la tenir en laisse par l'espoir de l'héritage. Cependant ma canaille tombe malade : alternatives, soins dévoués de madame, on la cite. Puis quand tout a été fini, quand le malade a été désespéré, qu'il ne pouvait plus ni remuer ni parler, et qu'il commençait à mourir, mais conservant toujours sa connaissance, alors elle a introduit son amant dans la chambre et s'est fait baiser par lui, exprès sous les yeux du moribond. Rêve le tableau. *A-t-elle dû jouir* ! a-t-il dû rager, le pauvre bougre ! – Quel coup ! *Voilà une vengeance*». (Souligné par nous); ce texte confirme l'obsession du regard tiers, la tentation/obsession de la profanation et de la transgression sacrilèges sur lesquelles se fonde le plaisir, ce qui révèle le voyeurisme sadique chez Flaubert.

92 – En italique dans le texte. Selon Michelet, une femme assez «adroite» pour quitter le monde clos de la maison est une «coureuse».

93 – *L'Éducation sentimentale* de 1845 dénonçait déjà cette illusion d'Émilie et d'Henry allant chercher le bonheur en Amérique.

94 – A. Thibaudet, *Gustave Flaubert*, Gallimard, 1935, p. 252; analyse reprise par G. Genette, «Les silences de Flaubert», *Figures I*, Seuil, 1966, p. 224 sq. Comme le remarque G. Genette, l'explication psychologique fournie par A. Thibaudet (caractère hallucinatoire des rêveries d'Emma, un des aspects de la pathologie bovaryste), ne suffit pas à justifier la précision de ces détails. Toutes proportions gardées, étant donné la culture, le goût et les sources d'Emma, il semble plutôt que Flaubert a transposé ici un processus qu'il connaît bien : lui-même, dans sa jeunesse, a rêvé les pays méditerranéens (avant de les découvrir), d'après les détails pittoresques et typiques, pour ne pas dire les clichés de ses propres lectures; cf. par exemple ce rêve de *Novembre, O.C.*, t. I, p. 272 :

«Quelquefois je me figure arriver en Sicile, dans un petit village de pêcheurs, où toutes les barques ont des voiles latines. C'est le matin : là, entre des corbeilles et des filets étendus, une fille du peuple est assise; elle a ses pieds nus; à son corset est un cordon d'or, comme les femmes des colonies grecques; ses cheveux noirs, séparés en deux tresses, lui tombent jusqu'aux talons...».

Louise Colet a rêvé elle aussi de fuir et de vivre à Rhodes ou Smyrne avec son amant (Lettre à L. Colet, 10 oct. 1846).

95 – G. Poulet, *op. cit.*, pp. 350-351, cf. note 79.

96 – Flaubert a adressé le même reproche à Louise Colet; si une femme de lettres, une «artiste» est incapable de maîtriser l'influence de l'idéologie contemporaine, a fortiori les autres femmes ne peuvent s'y soustraire. Les «scènes» entre Emma et Rodolphe sont la transposition de celles que Flaubert a vécues avec Louise Colet; les reproches qu'Emma adresse à son amant se terminent «tou-

jours par l'éternel mot : — M'aimes-tu ?» (*Bov.*, p. 639). Comme L. Colet, Emma reproche à son amant de ne pas se conduire «comme un amant doit se conduire» (Scénarios, J. Pommier, G. Leleu, p. 89).

97 – «Amor nel cor», comme celui que L. Colet a offert à Flaubert.

98 – Voir l'ironie du texte qui précise que Rodolphe a perdu la sienne depuis vingt ans. Cf. l'acharnement de Louise Colet à mêler Mme Flaubert à ses amours avec Gustave.
Voir lettre de Flaubert à L. Colet du 7 oct. 1853 : «Je me casse la tête à comprendre l'importance que tu y mets»; 12 oct. 1853 : «Cette idée me paraît un tic chez toi. Tu veux établir entre des affections de nature différente une liaison dont je ne vois pas le sens, et encore moins l'utilité. Je ne comprends pas du tout comment les politesses que tu me fais à Paris engagent ma mère en rien...».
Voir encore les lettres du 25 oct. 1853, du 13 janvier 1854.

99 – Cf. cet aveu de Flaubert à L. Colet (lettre du 8 oct. 1846), concernant les lettres adressées à Eulalie Foucaud : «... Quand je lui écrivais, *avec la faculté que j'ai de m'émouvoir par la plume*, je prenais mon sujet au sérieux...».

100 – Voir la lettre à Ernest Feydeau (11 janvier 1859) :
«Je n'admets pas que les femmes se connaissent en sentiment. Elles ne le perçoivent jamais que d'une manière *personnelle* et relative. Ce sont les plus *durs* et les plus cruels des êtres. «La femme est la désolation du juste». Cela est un mot de Proudhon. J'admire peu ce monsieur, mais cet aphorisme est une pensée de génie, tout bonnement». (En italique dans le texte).

101 – Transposition très dégradée de la fascination que le théâtre a exercée sur le jeune Flaubert : «Je n'aimais rien tant que le théâtre, j'en aimais jusqu'au bourdonnement des entr'actes, *jusqu'aux couloirs* que *je parcourais d'un cœur ému* pour trouver une place». (*Novembre, O.C.*, t. I, p. 250). (Souligné par nous).

102 – La passion de Flaubert collégien pour le théâtre est la conséquence de ses lectures romantiques. Pour lui, comme pour Emma, le monde du théâtre est celui de l'illusion : «.... la rampe du théâtre me semblait la barrière de l'illusion; au-delà, il y avait pour moi l'univers de l'amour et de la poésie, les passions y étaient plus belles et plus sonores...» (*Novembre, O.C.*, t. I, p. 250).

103 – Voir les scénarios (J. Pommier, C. Leleu, *op. cit.*, p. 100) :
«La pièce. gradation. identification. Vivre là-dedans — (que n'avait-elle un Edgar — amoureuse de l'acteur) retour à l'amour».

104 – Transposition de la déception du héros d'*Agonies* (*O.C.*, t. I, p. 159) : le prêtre, au lieu de l'entendre, s'intéresse à la cuisson de ses pommes de terre, a le nez de travers et tout bourgeonné.

Transposition des propres aspirations de Flaubert, avouées dans les *Souvenirs, notes et pensées intimes* recueillies par L. Chevalley-Sabatier, Buchet-Chastel, Paris, 1965, p. 60 : «... il doit y avoir de belles voluptés à croire au paradis, à se noyer dans les flots d'encens, à s'anéantir au pied de la Croix, à se réfugier sur les ailes de la colombe... c'est une belle chose que l'autel couvert de fleurs qui embaument...».

Commentant cet épisode du roman dans l'essai qu'il a consacré à *Madame*

Bovary (et qui fut publié dans *l'Artiste* du 18 octobre 1857), Baudelaire écrit : «... quel est celui de nous qui, dans un âge plus naïf et dans des circonstances troublées, n'a pas fait forcément connaissance avec le prêtre incompétent ?» (*L'Art romantique*, XV, *Critiques littéraires*, II. *Madame Bovary* par Gustave Flaubert, La Guilde du Livre, Lausanne, 1950, p. 340).

105 – Cf. notes 71, 72 supra.

106 – Voir aussi la correspondance échangée par A. Le Poittevin et Flaubert au sujet de L. Pradier, en particulier la lettre du 2 avril 1845 écrite par Flaubert à son ami après une visite à cette «femme perdue» : «... Ah ! la belle étude que j'ai faite là !... J'ai approuvé sa conduite, me suis déclaré le champion de l'adultère et l'ai même peut-être étonnée de mon indulgence (...) J'ai eu pitié de la bassesse de tous ces gens déchaînés contre cette pauvre femme...»

Le 2 juin 1851, M. Du Camp, écrivant à Flaubert, déclare avoir vu Ludovica «fort engraissée, mais toujours magnifique»... Flaubert enfin en décembre 1853 conseille à L. Bouilhet de fréquenter Ludovica à cause de ses qualités sexuelles.

107 – Cf. G. Genette, «Les Silences de Flaubert», *op. cit.*, p. 224. Cf. note 94, supra.

108 – La version des scénarios est plus brutalement explicite : «montrer nettement le geste de Rodolphe qui lui prend le c... d'une main et la taille de l'autre». (J. Pommier, G. Leleu, *op. cit.*, p. 88).

109 – Les scénarios emploient le mot d'«initiation». Voir aussi l'indication de la sensualité de la Veuve Dubuc (Pommier-Leleu, pp. 36, 149).

110 – *Ibid.*, p. 8; cf. *ibid.*, p. 9 : «rage du plaisir franc les sens s'exaltent (...) le sentiment l'a portée aux sens. Les sens la portent au sentiment. C'est là vraiment qu'elle aime».

111 – J. Pommier, G. Leleu, *op. cit.*, p. 114.
Cf. *ibid.*, p. 114 : «elle le toise juste. ses défauts, avare, faible etc... elle s'en amuse. l'aime comme un g.».

112 – Voir Noëlle Chatelet, *Le Corps à corps culinaire*, Le Seuil, 1977, p. 13.

113 – En revanche quand elle rentre à Tostes, c'est-à-dire quand elle retrouve la réalité déprimante de la conjugalité quotidienne, le repas n'est pas prêt (p. 593). Et si la soupe à l'oignon et le morceau de veau à l'oseille qui sont ensuite servis font s'épanouir Charles de plaisir, ils ne parviennent pas à calmer l'irritation d'Emma. De même le bouilli (p. 596), plat de résistance des ménages petits-bourgeois au XIXe siècle, sert à signifier le dégoût insurmontable d'Emma à Tostes quand elle a perdu tout espoir de voir survenir un «événement» dans sa vie :

«... toute l'amertume de l'existence lui semblait servie sur son assiette, et, à la fumée du bouilli, il montait du fond de son âme comme d'autres bouffées d'affadissement».

114 – Cf. J. Pommier, G. Leleu, *op. cit.*, p. 10; la note /B/ résume le lien entre sexualité, sensualité et oralité : «elle ne porte plus que des chemises de baptiste (sic) – parfums – frémit de volupté en sentant lorsqu'elle se peigne ses cheveux sur ses épaules – fait longuement sa toilette – devient gourmande –».

115 – Lettre à Louise Colet, 24 avril 1852; cf. à la même, 4-5 sept. 1846 : les femmes «... parlent beaucoup de l'âme mais le corps leur tient fort à cœur, car elles voient tout l'amour mis en jeu dans l'acte du corps...». A la même, 19 septembre 1852 : «Ce brave organe génital est le fond des tendresses humaines; ce n'est pas la tendresse, mais c'en est le substratum comme diraient les philosophes. Jamais aucune femme n'a aimé un eunuque».

116 – Cf. J. Pommier, G. Leleu, *op. cit.*, p. 63 :
«Couillonnisme profond de Léon (...) parallèle de Charles et de Léon, ces deux amours timides dont elle ne profite pas...».

117 – Le roman n'est-il pas effort de synthèse ? Flaubert n'ambitionne-t-il pas d'appréhender l'ensemble de la réalité comme Dieu l'ensemble de la Création ?

118 – Sur la faiblesse masculine face à la séduction des femmes, voir lettre à E. Feydeau, 11 janvier 1859 : ... «Un seul poète, selon moi, a compris ces charmants animaux, (...) Shakespeare»... Flaubert avait été «écrasé» par la scène 1 de l'acte III du *Roi Lear* où un jeune seigneur déclare : «Ah ! j'ai connu les femmes, etc... J'ai été ruiné par elles. Méfiez-vous du bruit léger de leur robe et du craquement de leurs souliers de satin, etc...»... (en italique dans le texte) (lettre à L. Colet, 29 janv. 1854).

119 – Voir aussi la démarche d'Emma auprès de Binet (p. 678) :
«Et sans doute qu'elle lui proposait une abomination; car le percepteur, – il était brave, pourtant (...) – tout à coup, *comme à la vue d'un serpent*, se recula bien loin...». (Souligné par nous).

120 – Lettre à L. Colet, 9 août 1846; cf. «ma vorace amoureuse» (13 sept. 1846); aimer Louise, c'est pour Flaubert céder au «vertige» du «gouffre», de l'«abîme» (9 août 1846); «la félicité est un plaisir qui (...) ruine» (12 sept. 1846).

121 – *Les Mémoires de Madame Ludovica* montrent l'accumulation des dettes de Louise Pradier, de ses mensonges, ses indélicatesses à propos d'une procuration, ses vols au détriment de son mari. Le 11 décembre 1844 James Pradier obtient la séparation de biens à la suite d'un constat d'adultère avec Charles Marie Puits. Le 25 janvier 1845, jugement en séparation de corps. S'étant reconnue coupable d'adultère, Louise Pradier fut incarcérée trois mois à la prison Saint-Lazare.

Cf. la lettre à A. Le Poittevin, 2 avril 1845, écrite par Flaubert après une visite à Louise Pradier :
«Quand je suis entré l'autre jour chez elle, elle venait de pleurer, ayant appris le matin que depuis 15 jours la police suivait tous ses pas. Le père du jeune homme avec qui elle a eu son aventure, craint qu'elle ne *l'accapare* et fait tout ce qu'il peut pour rompre cette union illicite. Sens-tu la beauté du père qui a peur de la mangearde ?...».

Cf. Maxime Du Camp, *Mémoires d'un vieil homme de lettres*, cité par Douglas Siler, *op. cit.*, p. 70 : (...) Condamnée, ancienne détenue, rejetée de toute société de femmes, réduite à la compagnie des hommes qui s'en amusaient, elle n'essaya pas de réagir contre sa faiblesse naturelle, de redresser ses instincts; elle s'abandonna et descendit (*au plus bas*) au-dessous des bas-fonds...» On notera l'étroitesse de vue à tendances moralisatrices qui caractérise M. Du Camp et qui s'aggrave encore à mesure qu'il vieillit. Ce témoignage a cependant l'intérêt de reproduire de façon primaire la misogynie typique d'une société.

122 – Cf. Pommier-Leleu, *op. cit.*, p. 18 : «gâchage (...) vie pécheresse (...) accapare l'argent des clients...».

«Appétits *dépravés* de Me Bovary, aime les fruits verts, la corne brûlée, la pâte incuite, boit du vinaigre et déjeune de cornichons». (*Ibid.*, p. 18). (Souligné par nous).

123 – *Ibid.*, p. 52 : «montrer Emma en paresses élégantes (robes de chambre à revers) (un peu putain) Charles en est séduit (Emma devient maîtresse tout à fait, a l'argent); *ibid.*, p. 77 (aux Comices) «toilette putain» (d'Emma); p. 112 : «Elle était pour son mari plus charmante que jamais' (satisfait ses vices – cuisine – lit – etc...); p. 93 : «Rodolphe (...) la traite en putain...»; (dernière entrevue avec Rodolphe) *ibid.*, p. 121 : «il la reçoit d'abord assez lestement, puis se laisse attendrir, ne croit pas à sa fidélité. Emma d'abord embarrassée – tour à tour putain et chaste selon qu'elle voit que ça lui plaît – et c'est au moment de tirer un coup qu'Emma lui demande de l'argent».

124 – Douglas Siler, *op. cit.*, pp. 12, 13. (*Mémoires de Madame Ludovica*) :

«Ludovica donna à son mari une jolie petite fille, et bientôt elle remplie (sic) ces devoirs de mère avec l'amour que Dieu attache en générale (sic) au cœur de la femme...».

«... Si Ludovica eût possédé la constance comme elle possédait l'amour maternel c'eût été un ange»...

125 – Cf. Pommier-Leleu, p. 27 :

«Idéal de la mère de famille vertueuse et pure».

126 – Voir le fétichisme de Flaubert lui-même : lettres à L. Colet du 4-5, 6-7, 13 août 1846 sur les pantoufles, la mitaine, le mouchoir de la femme aimée.

Après la mort d'Emma, Charles refuse de vendre «le moindre des meubles qui *lui* avaient appartenu» (p. 689); il s'enferme dans le cabinet de toilette qui contient les robes de la morte (p. 689); il se brouille avec sa mère à qui il refuse de donner un châle d'Emma (p. 691); enfin c'est par «sensualité» qu'il met de la «lenteur à ses investigations» (p. 691).

127 – Voir les «magnifiques cheveux noirs qui tombaient en tresses sur les épaules» de Maria (*Mémoires d'un Fou*, *O.C.*, t. I, p. 236); dans le mouvement lyrique final (*ibid.*, p. 247), le héros est obsédé par le souvenir des cheveux noirs sur les épaules de la jeune femme sortant du bain.

128 – Cet amour est devenu un mythe dans les *Mémoires d'un Fou*.

129 – Voir cet aveu (parmi d'autres) à L. Colet (27 déc. 1852) :

«Il arrive un moment où *l'on a besoin de se faire souffrir*, de haïr sa chair, de lui jeter de la boue au visage, tant elle vous semble hideuse» (en italique dans le texte).

130 – Deux êtres qui s'aiment passent leur temps à se faire du mal; la dégradation de l'amour est inévitable (voir lettre à L. Colet fin oct. 1852).

131 – Cf. J. Pommier, G. Leleu, *op. cit.*, p. 30 (scénario de l'adultère rouennais), note A :

«Sang au doigt de Léon qu'elle suce – amour si violent qu'il tourne au sadisme...».

132 – Mario Praz, *op. cit.*, p. 160.

133 – La mythologie féminine de Baudelaire présente des analogies typiques avec celle de Flaubert :

– Les relations entre les sexes se fondent sur le sadisme : «... j'ai déjà écrit (...) que l'amour ressemblait fort à une *torture* (...) Mais cette idée peut être développée de la manière la plus amère. Quand même les deux amants seraient très épris et très pleins de désirs réciproques, l'un d'eux sera toujours plus calme, ou moins possédé que l'autre. Celui-là ou celle-là, c'est l'opérateur ou le *bourreau*, l'autre, c'est le sujet, la *victime*...» (*Fusées*, III, in Charles Baudelaire, *Les Paradis artificiels* suivis des *Journaux intimes*, La Guilde du Livre, Lausanne 1950, vol. n° 97, p. 239; (souligné par nous).

– L'amour a un «côté satanique», *ibid.*, XVII, p. 249.

– Le corps féminin est effrayant, car il est la *nature* :
«La femme est le contraire du Dandy. Donc elle doit faire horreur».

En effet elle «est *naturelle*», c'est-à-dire abominable» (en italique dans le texte) : elle «a faim, et elle veut manger», (...) «soif, et elle veut boire»; «elle est en rut, et elle veut être foutue». Aussi est-elle «toujours vulgaire»... (*Mon cœur mis à nu*, V, *ibid.*, p. 267).

«La femme ne sait pas séparer l'âme du corps. Elle est simpliste comme les animaux. – Un satirique dirait que c'est parce qu'elle n'a que le corps» (*ibid.*, p. 285).

«La toilette» est indissociable de la beauté féminine : «Tout ce qui orne la femme, tout ce qui sert à illustrer sa beauté, fait partie d'elle-même; et les artistes qui se sont particulièrement appliqués à l'étude de cet être énigmatique raffolent autant de tout le *mundus muliebris* que de la femme elle-même...». Pour le spectateur, la femme et sa robe composent «une totalité indivisible...» (Baudelaire, *L'Art Romantique*, X, *La Femme*, Guilde du Livre, 1950, vol. n° 145, pp. 110, 111).

– Prédilection pour une image *dégradée* de la féminité (qui justifie le mépris et le sadisme) :
«Pourquoi l'homme d'esprit aime les filles plus que les femmes du monde, malgré qu'elles soient également bêtes ? ...» (*Mon cœur mis à nu*, XXXIV, *ibid.*, p. 279).

CHAPITRE III

1 – Pour tout cet énoncé d'intentions voir lettre à E. Feydeau, 29-30 nov. 1859; à Monsieur Froehner, 21 janv. 1863; à Sainte-Beuve, 23-24 déc. 1862.

2 – Lettre à Mlle Leroyer de Chantepie, 11 juillet 1858.

Voir Huysmans, *A Rebours*, Union générale d'éditions, 1975, coll. 10/18, pp. 279, 280, 281 : ... «lorsque l'époque où un homme de talent est obligé de vivre, est plate et bête, l'artiste est, à son insu même, hanté par la nostalgie d'un autre siècle.

Ne pouvant s'harmoniser qu'à de rares intervalles avec le milieu où il évolue, ne découvrant plus, dans l'examen de ce milieu et des créatures qui le subissent, des jouissances d'observation et d'analyse suffisantes à le distraire, il sent sourdre et éclore en lui de particuliers phénomènes. De confus désirs de migration se lèvent qui se débrouillent dans la réflexion et dans l'étude (...) et il vient un moment où il s'évade violemment du pénitencier de son siècle et rôde, en toute liberté, dans une autre époque avec laquelle par une dernière illusion, il lui semble qu'il eût été mieux en accord.

(...)

Chez Flaubert, c'étaient des tableaux solennels et immenses, des pompes grandioses dans le cadre barbare et splendide desquels gravitaient des créatures palpitantes et délicates, mystérieuses et hautaines, des femmes pourvues, dans la perfection de leur beauté, d'âmes en souffrance, au fond desquelles il discernait d'affreux détraquements, de folles aspirations, désolées qu'elles étaient déjà par la menaçante médiocrité des plaisirs qui pouvaient naître.

Tout le tempérament du grand artiste éclatait en ces incomparables pages de *La Tentation de Saint-Antoine* et de *Salammbô* où, loin de notre vie mesquine, il évoquait les éclats asiatiques des vieux âges, leurs éjaculations et leurs abattements mystiques, leurs démences oisives, leurs férocités commandées par ce lourd ennui qui découle, avant même qu'on les ait épuisées, de l'opulence et de la prière».

3 – Œuvre d'une vie entière, *La Tentation* est reprise par Flaubert dès l'achèvement de *Madame Bovary*, de mai à octobre 1856; remise sur le chantier en juillet 1870, après la parution de *L'Éducation sentimentale*; achevée en juin 1872, elle paraît en avril 1874. L'Orient fabuleux inspirera de nouveau Flaubert dans *Hérodias*, écrit de septembre 1876 à février 1877.

4 – *Voyage en Orient, Œuvres complètes*, L'Intégrale, Seuil, 1954, t. II, pp. 540-705.

5 – E. Delacroix, *Journal*, vol. I, p. 113, rapporté par R. Escholier, *Delacroix*, Paris, Floury, 1926-28, vol. I, p. 118.

6 – Baudelaire, *Art Romantique*, L'œuvre et la vie d'Eugène Delacroix, *op. cit.*, p. 60.

7 – A E. Feydeau, 24 juin 1858 :
... «je mettrai des b... d'hommes et des matelotes de serpent, etc... Car, nom d'un petit bonhomme ! il faut bien s'amuser un peu avant de crever, c'est là l'important...» (*ibid.*).
S'amuser à «Écrire des horreurs» est un leitmotiv de la correspondance contemporaine de l'écriture de *Salammbô* (lettre à Mlle Amélie Bosquet, 24 août 1861).
A porter «cette masse de charogneries et d'horreurs», il a «des fatigues réelles dans les muscles» (à E. Feydeau, vers le 15 septembre 1861).
Flaubert exprime le besoin et la volonté délibérée de partir, dans toute évocation, d'une vision et d'un vocabulaire foncièrement grossiers, crus ou cyniques. Après quoi commence le travail du style. Ce besoin initial de voir, de penser et de dire crûment est besoin de négation, de dérision, éventuellement de «farce» et de critique provocantes. Il répond à l'ambition du jeune Flaubert d'être un «démoralisateur».

8 – Au même, fin septembre 1859; à Jules Duplan, 16 ou 17 oct. 1859; au même,

25 sept. 1861; voir la lettre à Edmond et Jules Goncourt, 2 janvier 1862 :
«Je me livre à des farces qui soulèveront de dégoût le cœur des honnêtes gens. J'accumule horreurs sur horreurs. Vingt mille de mes bonshommes viennent de crever de faim et de s'entremanger; le reste finira sous la patte des éléphants et dans la gueule des lions...»

9 – L. Bouilhet, in *Meloenis*, 3e chant (1851), Paris, A. Lemerre, s.d., Petite Bibliothèque littéraire, met l'accent sur l'insensibilité et la cruauté de Cléopâtre, «voluptueux génie», «type éternel de grâce et de virilité» :
«Assise au bord du Nil, ô courtisane blonde,
Tu tendais aux vainqueurs ton filet captieux;
Tu les endormis tous d'une ivresse profonde,
Et tu les vis tomber, tes amants glorieux !
Sans qu'ils aient eu jamais, en échange du monde,
Une larme d'amour échappée de tes yeux !».

10 – Quoi qu'en dise R. Dumesnil, soucieux de préserver le culte de Flaubert; voir R. Dumesnil, *Flaubert. Son hérédité – Son milieu – Sa méthode*, Paris, Société française d'Imprimerie et de Librairie, s.a. (1905), pp. 88, 89.

11 – Cf. Huysmans, *A Rebours, op. cit.*, p. 254 :
... «le sadisme, ce bâtard du catholicisme...».
«Cet état si curieux et si mal défini ne peut, en effet, prendre naissance dans l'âme d'un mécréant; il ne consiste point seulement à se vautrer parmi les excès de la chair, aiguisés par de violents sévices, car il ne serait plus alors qu'un écart des sens génésiques...; il consiste avant tout dans une pratique *sacrilège*, dans une rébellion morale, dans une débauche spirituelle, dans une aberration toute idéale, toute chrétienne...».
«En effet, s'il ne comportait point un *sacrilège*, le sadisme n'aurait pas de raison d'être... (souligné par nous).

12 – Cf. *La découverte de la vaccine* (1845 ou 1846), *O.C.*, t. II, p. 322 :
«... Agénor (...) va au moins repaître ses yeux d'un supplice, quelque léger qu'il soit; c'est toujours beaucoup pour son âme altérée.

Acte III, scène 2, monologue d'Agénor (*ibid.*, p. 124) :
«A ce degré d'horreur, hélas ! j'en suis venu.
D'aimer ce que l'amour a de plus corrompu.
(...)
Pour exciter mon cœur en sa triste mollesse
Il faut des cruautés qu'il épuise l'ivresse,
Qu'un soupir de douleur, que des cris déchirants,
Viennent dans nos festins chatouiller tous mes sens».

13 – Cf. *La découverte de la vaccine*, p. 321 :
«Une femme marquée de la petite vérole m'excite davantage, tant j'ai des goûts corrompus; j'aime le gibier faisandé et les fromages pourris».

Voir aussi le songe d'Hermance, *ibid.*, p. 321 :
«... Elle a vu un monstre bouffi, avec des creux, des bosses et des coutures, qui la voulait embrasser et se penchait sur elle; elle sentait que chaque baiser lui faisait un trou...».

14 – «Le texte de la *Tentation* s'en tient aux archétypes. Il manifeste par là ouver-

tement ce que les romans de Flaubert – dont la racine est tout aussi archétypale – déguisent sous le masque de la psychologie romanesque. *La Tentation*
ne s'embarrasse pas de psychologie. Les personnages n'y jouent que leur double
fonction d'actants dans l'ordre du syntagme, et de supports de structures symboliques». (Jeanne Bem in *Désir et Savoir dans l'œuvre de Flaubert, Étude de
La Tentation de Saint-Antoine*, La Bâconnière, Neuchâtel, 1979, ch. V, L'éternel féminin dans *La Tentation de Saint-Antoine*, pp. 85, 86).

J. Bem reprend la définition jungienne de l'*archétype* : «éléments constitutifs
«mythogènes» du psychisme inconscient». Cette interprétation nous paraît
tout à fait fondée : l'étude de *L'Éducation sentimentale* de 1869 en apportera
la preuve complémentaire.

15 – «La renommée de Salomon étant parvenue jusqu'à elle... la reine de Saba vint
l'éprouver par des énigmes. Elle apporta à Jérusalem de très grandes richesses,
des chameaux chargés d'aromates, d'or en énorme quantité et de pierres pré-
cieuses»...

16 – Cf. *Le Château des cœurs*, féérie en dix tableaux en collaboration avec Louis
Bouilhet et Charles d'Osmoy, 1863, *O.C.*, t. II, p. 350 (septième tableau, Les
états de Pipempohé) :
«A gauche, sur un trône flanqué de chimères, à fond d'or mat, et que sur-
monte un baldaquin de plumes blanches, Jeanne en costume royal et éblouis-
sante de pierreries, est assise dans une attitude impérieuse».
(...)
«Une musique langoureuse bourdonne. Les tourbillons de parfums montent lentement; et la lumière du soleil, passant par les intervalles des roseaux,
enveloppe tout d'une atmosphère ambrée».

Peu après (p. 351) une allusion est faite au «divin éléphant blanc» de Jeanne.

17 – *Le Château des cœurs*, p. 341. Cf. *ibid.*, p. 340, la présentation du cinquième
tableau, L'île de la toilette :
«... A droite, au bord d'un ruisseau de lait d'amandes, poussent, comme
des roseaux, des bâtons de cosmétique. Un peu plus avant, une fontaine d'eau
de Cologne sort d'un gros rocher de fard rouge. Au milieu, sur le gazon, des
paillettes brillent...».
Couturin définit en ces termes «la moderne dignité de la femme» : «... cet
être charmant, inextricable et funeste, commencé par Dieu et achevé par les
poètes et les coiffeurs, si bien qu'il a fallu soixante siècles au monde avant de
produire la Parisienne...».

18 – Voir la lettre adressée à L. Bouilhet, 13 mars 1850, *Corr.* Pléiade, t. I, pp. 605,
606, 607; carnet de voyage n° 4, ffos 62 V° 67 1°, Bibliothèque historique de
la ville de Paris; *Voyage en Orient*, pp. 573-575.

19 – Sic; in L. Bouilhet, *Poèmes. Festons et astragales*, Paris Bourdilliat, 1859,
pp. 45-47 :
«... Sur ton escalier tu te tiens gravement,
Avec ton tarbouch large et tes pantalons roses !
L'émeraude de ton front, allume un rayon vert,
Ta gorge s'arrondit sous une gaze fine,
Et tes cheveux, poudrés par le vent du désert,
Ont une odeur de miel et de térébenthine !».

20 – Lettre à L. Bouilhet, 4 mai 1851; souligné par nous; *remords*, en italique dans le texte.
A Dakken (Égypte) Flaubert achète «deux mèches de femmes avec leurs ornements» (*Voyage en Orient*, p. 583).

21 – *Le Livre de Judith*, in *Ancien Testament*, Livres Historiques, *op. cit.*, t. I, p. 1407, ne montre pas Judith et Holopherne «couchés ensemble». L'accent est mis au contraire sur la vertu préservée de la veuve de Manassé : «Le Seigneur l'a frappé par la main d'une femme ! Vive le Seigneur qui m'a gardée dans mon entreprise ! Car mon visage n'a séduit cet homme que pour sa perte. Il n'a pas péché avec moi pour ma honte et mon déshonneur». Agissant pour sauver son peuple et se faisant l'instrument des volontés divines, Judith reçoit les honneurs dûs à une héroïne nationale et conserve à son mari la même fidélité scrupuleuse : «De son vivant elle devint célèbre dans tout le pays. Beaucoup la demandèrent en mariage, mais elle ne connut point d'homme, tous les jours de sa vie depuis que son mari Manassé fut mort...» (Vieillesse et mort de Judith, *ibid.*, p. 1415).

22 – Détails notés par Flaubert et signifiant ce disparate qui le fascine , dès la première rencontre il note que la «splendide créature» (...) «a une incisive d'en haut, côté droit, qui commence à se gâter» et qu'elle est marquée de tatouages; quand il la revoit, «Elle arrive sans tarbouch, sans collier, ses petites tresses tombent au hasard, nu-tête; aussi son crâne est très petit, à partir des tempes – Elle a l'air fatigué et d'avoir été malade» ... (*Voyage en Orient*, pp. 573, 574, 588).

23 – Sic; l'orthographe de ce nom propre présente plusieurs versions : cf. n. 19.

24 – Pour cette équivalence établie entre les bêtes et les femmes voir chap. VI : «Un autre qu'Hannon eût écrasé facilement cette multitude qu'embarrassaient des troupeaux et des femmes»...

25 – Chap. I (première présentation de Salammbô) :
«Elle portait entre les chevilles une chaînette d'or pour régler sa marche...»
«... on entendait le petit bruit de la chaînette d'or...».
Chap. XI, *Sous la tente* :
«Mâtho lui saisit les talons, la chaînette d'or éclata, et les deux bouts en s'envolant, frappèrent la toile comme deux vipères bondissantes...».
«... elle s'aperçut que sa chaînette était brisée.
On accoutumait les vierges dans les grandes familles à respecter ces entraves comme une chose presque religieuse, et Salammbô, en rougissant, roula autour de ses jambes les deux tronçons de la chaîne d'or».
Hamilcar... «remarqua que sa chaînette était rompue. Alors il frissonna, saisi par un soupçon terrible».

26 – Aussi Narr'Havas bondit-il et agresse-t-il Mâtho dès qu'il a entendu le Gaulois interprétant le geste de Salammbô comme une invite à l'égard du Lybien (chap. I, p. 698).
Cf. ch. XIV,p. 798 , Dans le combat désespéré des derniers Mercenaires, Narr' Havas scelle la défaite de Mâtho, désarmé et seul survivant, en l'enveloppant «avec un de ces larges filets à prendre les bêtes farouches».

27 – Cf. *Ancien Testament; Cantique des Cantiques, op. cit.*, t. II, pp. 2025-2040;

voir en particulier :

«Sur la terre les fleurs se montrent/ ... le roucoulement de la tourterelle se fait entendre/ ... les vignes en fleurs exhalent leur parfum...».

«Elle est un jardin bien clos,/ ma sœur, ma fiancée/; (...) tes jets font un verger de grenadiers/ et tu as les plus rares essences :/ le nard et le safran,/ le roseau odorant et le cinnamone...».

«Que tu es belle, ma bien aimée,

que tu es belle !/ Tes yeux sont des colombes/ derrière ton voile...».

«Sois semblable,/ mon Bien-aimé, à une gazelle,/ à un jeune faon...».

Enfin on peut sans doute voir une transposition de l'évocation des richesses de Salomon, – (qui «s'est fait un trône/ en bois du Liban./ Il en a fait les colonnes d'argent, le baldaquin d'or,/ le siège de pourpre...») –, dans le «rêve» de Narr'Havas : «Il ferait venir pour elle, du pays des Noirs, des choses comme il n'y en avait pas à Carthage, et les appartements de leur maison seraient sablés avec de la poudre d'or».

28 – La guerre ne touche les femmes que par les conséquences qu'elle a sur ce «mundus muliebris» (bijoux, chevelure). Voir ch. VI :

«Les femmes donnèrent leurs colliers, leurs bagues, leurs pendants d'oreilles, tout ce qui pouvait servir à la destruction de Carthage !»

«Les femmes crièrent bien fort à cette décision; elles convoitaient les bijoux des dames puniques».

Voir ch. XIII, (lorsqu'il s'agit de trouver le moyen de fabriquer des «entortillages» pour les catapultes) :

«... Hamilcar demanda aux Anciens les cheveux de leurs femmes; toutes les sacrifièrent; la quantité ne fut pas suffisante. On avait, dans les bâtiments des Syssites, douze cents esclaves nubiles, de celles qu'on destinait aux prostitutions de la Grèce et de l'Italie, et leurs cheveux rendus élastiques par l'usage des onguents, se trouvaient merveilleux pour les machines de guerre. Mais la perte plus tard serait trop considérable – Donc, il fut décidé qu'on choisirait, parmi les épouses des plébéiens, les plus belles chevelures. Sans aucun souci des besoins de la patrie, elles criaient en désespérées quand les serviteurs des Cent vinrent, avec des ciseaux, mettre la main sur elles».

29 – Ressemblance explicite (ch. VII) : «... Son costume reproduisait en entier l'accoutrement de la déesse...».

30 – Baudelaire, *Art Romantique*, ch. XI. Éloge du maquillage; *maquillage* est en italique dans le texte; «la passion mystérieuse de la prêtresse» est souligné par nous.

31 – Cf. lettre à E. Feydeau, 29-30 novembre 1859 : «C'est une chose étrange, comme je suis attiré par les études médicales (le vent est à cela dans les esprits). J'ai envie de disséquer. Si j'étais plus jeune de dix ans, je m'y mettrais. Il y a à Rouen un homme très fort, le médecin en chef d'un hôpital de fous, qui fait pour des intimes un cours très curieux sur l'hystérie, la nymphomanie, etc...».

32 – Pour la sensation d'étouffement, signe d'impuissance devant une situation intolérable, cf. ch. X :

... «elle finissait par sentir dans son cœur comme une spirale, comme un autre serpent qui peu à peu lui montait à la gorge et l'étranglait...».

33 – M. Praz (*op. cit.*, p. 262) compare l'hystérie de l'Hérodiade de Mallarmé à

celle de Salammbô.

34 – La religion d'Emma était également jouissance sensuelle aux parfums de l'église.

35 – Lettre à Sainte-Beuve (23-24 déc. 1862), in Sainte-Beuve, *op. cit.*, pp. 429, 430.

«Quant à mon héroïne, je ne la défends pas. Elle ressemble selon vous à «une Elvire sentimentale», à Velléda, à Mme Bovary. Mais non ! Velléda est active, intelligente, européenne. Mme Bovary est agitée par des passions multiples...» (*Ibid.*).

Il importe de revenir sur la comparaison entre Velléda et Salammbô. Sans tenir compte des dénégations de Flaubert et de sa justification, Luigi Foscolo Benedetto reprend à son compte l'idée de Sainte-Beuve in *Le origini di Salammbô, Studio sul realismo storico di G. Flaubert*, Firenze, R. Bemporad e figlio, Editori, 1920 :

«Benché al Sainte-Beuve, che aveva notato l'aria vellediana della sorella di Annibale, il Flaubert abbia obbiettato l'intrinseca disparità dei due tipi, la loro fraternità mi sembra innegabile» (p. 69).

«Bien que Flaubert ait objecté à Sainte-Beuve, qui avait remarqué la ressemblance de la sœur d'Annibal avec Velléda, la différence intrinsèque des deux personnages, leur air de famille me paraît indéniable». (Traduit par nous).

L'argumentation du critique nous paraît tout à fait contestable car elle ne se fonde que sur des rapprochements ponctuels et superficiels, dénaturant finalement le sens respectif des œuvres considérées; par exemple : «Si confrontino le due scene : Velléda «alla luce delle torcie», in mezzo ad una massa di armati, mentre lancia della sua tribuna le parole che incuorano ed esaltano; Salammbô, di notte, «alla luce delle spade nude», tra la folla dei mercenari, mentre placa coi suoi canti i loro furori...» (p. 69).

«Comparons les deux scènes : Velléda à la lueur des torches, au milieu d'une foule énorme de soldats, tandis qu'elle lance de sa tribune les mots qui donnent du cœur et qui exaltent; Salammbô, la nuit, à la lueur des épées nues, parmi la foule des mercenaires, tandis qu'elle apaise leurs fureurs avec ses chants» (traduit par nous).

L. Bertrand (*Gustave Flaubert*, Mercure de France 1912), nous paraît au contraire avoir fait preuve de plus de lucidité (pp. 77, 78) :

«Sainte-Beuve s'est acharné en particulier contre le personnage de Salammbô, en qui il prétend reconnaître une sœur de Velléda... Il est difficile de pousser plus loin la mauvaise foi, car enfin quel rapport y a-t-il ? »

36 – Cf. la lettre de Constantinople à L. Bouilhet (14 nov. 1850) citée supra :

...« A propos de sujets, j'en ai trois, qui ne sont peut-être que le même... 1) *Une nuit de Don Juan...*; 2) L'histoire d'*Anubis*, la femme qui veut se faire baiser par le Dieu (...). 3) mon roman flamand de la jeune fille qui meurt vierge et mystique...».

La formulation même du sujet n° 2, qui est à l'origine de *Salammbô*, formulation crue, sans recours au mythe ni à la périphrase poétique, dénonce la confusion de l'amour mystique et du désir sensuel.

Cf. *Une nuit de Don Juan, O.C.*, L'Intégrale, t. II, p. 722 (à propos d'Anna Maria) :

«Aspirations de la vie d'Anna Maria à l'époque des moissons (...) j'aimais beaucoup le confessionnal. Elle s'en approchait avec un sentiment de crainte voluptueuse, parce que son cœur allait s'ouvrir (...).

Un jour elle s'évanouit toute seule dans l'Église, où elle venait mettre des fleurs (...).

Désirs fréquents qu'elle a de la communion. Avoir Jésus dans le corps, Dieu en soi ! (...). Elle multipliait les œuvres, jeûnes, prières, etc... – Sensualité du jeûne (...) mortifications. Elle aimait beaucoup les bonnes odeurs. – Elle flaire les choses dégoûtantes. – Volupté des mauvaises odeurs»...

37 – Sainte-Beuve, choqué, écrivait (*Nouveaux Lundis*, 8 décembre 1862) :

... «On aurait voulu aussi que, sans renoncer à aucune hardiesse, à aucun droit de l'artiste sincère, il purgeât son œuvre prochaine de *tout soupçon d'érotisme et de combinaison trop maligne* en ce genre...» (souligné par nous).

«Il y a à cet endroit une peinture du Python ou serpent familier qui est très caressée par l'auteur : sans y chercher malice autant qu'on le pourrait, je me demande si c'était bien la peine d'aller nous ressusciter tout exprès une sœur d'Hannibal pour nous la montrer batifolant de la sorte, dans son belvédère, avec son serpent (...) on est au cœur d'une œuvre sérieuse (...) pourquoi un semblant de gaudriole s'y est-il glissé ?» (*Ibid.*, 15 décembre 1862).

D'où la réponse de Flaubert :

«Ce chapitre est une espèce de précaution oratoire pour atténuer celui de la tente qui n'a choqué personne et qui, sans le serpent, eût fait pousser des cris. J'ai mieux aimé un effet impudique (si impudeur il y a) avec un serpent qu'avec un homme». (Lettre à Sainte-Beuve, 23-24 décembre 1862).

38 – «Salammbô haletait sous ce poids lourd, ses reins pliaient, elle se sentait mourir et du bout de sa queue il lui battait la cuisse tout doucement...» (ch. X).

39 – Bien que l'érotisme soit beaucoup plus marqué dans le roman carthaginois, les similitudes entre les deux textes sont frappantes :

Les musiciens : «... un vieillard en robe blanche pinçant de la lyre et un enfant nu jouant de la flûte...» (*Tentation*).

«un vieillard aveugle, la main appuyée sur l'épaule d'un enfant qui marchait devant lui, et de l'autre il portait contre sa hanche une espèce de cithare en bois noir...».

«Le joueur de kinnor se tenait accroupi derrière la porte, et le jeune garçon, debout, appliquait contre ses lèvres une flûte de roseau...» (*Salammbô*).

La danseuse : «Au milieu une danseuse, vêtue d'un caleçon de plumes de paon et les cheveux noués par un aspic, qui du front, lui coulant sur l'épaule pour s'entortiller à son col, laisse retomber entre ses seins sa tête qu'il dresse en avant quand elle danse, balance au mouvement de sa taille, sur les bras levés». (*Tentation*).

«... le python se rabattit et lui posant sur la nuque le milieu de son corps, il laissait pendre sa tête et sa queue (...) il serrait contre elle ses noirs anneaux tigrés de plaques d'or» (*Salammbô*).

A noter aussi que les Ophites portent «un immense serpent-python à couleur dorée, avec des taches de saphir et des taches noires» (*Tentation*).

Pour l'alliance conclue par la femme et le serpent :

«... suspendu par la queue au tronc du grand arbre, (l'immense serpent-python balançait devant le visage d'Eve sa tête sifflante aux paupières enivrées. Elle le suivait attentive.

Il s'arrêta, fixa sur elle ses prunelles, sur lui elle fixa les siennes; la poitrine d'Eve battait, la queue du serpent se tordait...» (*Tentation*).

Cf. *Salammbô*, (ch. X) : «... ses yeux, plus brillants que des escarboucles, se dardaient sur Salammbô...».

D'où la conclusion : «La femme victorieuse a mis le pied sur sa tête, mais, par la piqûre qu'il lui a faite au talon, le *venin éternel est monté jusqu'à son cœur*.

Sois adoré, grand serpent noir qui as des taches d'or comme le ciel a des étoiles ! *beau serpent que chérissent les filles d'Eve !...*» (*Tentation*), (souligné par nous).

40 – Cf. chap. XI : «Écrase-moi, pourvu que je sente tes pieds» (...). Il était à genoux, par terre, devant elle (...). Il cherchait les moyens de la servir, de s'humilier, et même il étala sur ses jambes le Zaïmph, comme un simple tapis»...

41 – Voir supra Flaubert restant chez l'almée d'Égypte Kuchuk-Hanem pour la regarder dormir.
Cf. *Une Nuit de Don Juan* (1850-1851), Flaubert, *O.C.*, L'Intégrale, t. II, p. 722 :
«Jalousie dans la *possession* = *regarder dormir*, connaître à fond»; souligné par nous.
Ce regard jeté sur la femme endormie est possession idéale de l'Autre – inconsciente – réduite au corps, à sa surface. Il figure aussi un avatar du mythe de Gygès : voir sans être vu, idéal absolu du voyeur.

42 – J. Rousset (*art. cit.*, p. 149) souligne justement que cette volupté de tuer «égale une autre volupté, celle qu'éprouve l'écrivain à dire et redire ces spasmes sanguinaires».

43 – Cf. Emma dans la promenade à cheval avec Rodolphe. Toutes proportions gardées, il faut rappeler que Rodolphe domine Emma et lui fait peur.

44 – Voir aussi la fonction symbolique de l'orage dans tout le passage.

45 – Voir J.P. Sartre, *L'Etre et le néant*, IIIe partie, chap. III, «Les relations concrètes avec autrui», Gallimard, 1943, p. 449.

46 – Première annonce de ce thème : les couples de Barbares contraints à s'exterminer entre eux (Chap. XIV).

47 – *Une Nuit de Don Juan*, *O.C.*, t. II, Appendice, p. 722. La correspondance à L. Bouilhet (14 novembre 1850, 10 février et 8 avril 1851) permet de penser que ce scénario a été conçu pendant le voyage en Orient.

48 – Voir *Nouveaux Lundis* :
«Ce Goliath africain faisant toutes ces folies et ces enfantillages en vue de Salammbô, ne me paraît pas moins faux; il est aussi hors de la nature que de l'Histoire. Il est vrai que l'auteur, au lieu de faire Mâtho doucereux, s'est appliqué à garder à son amour un caractère animal et un peu féroce».

Cet aveuglement du critique s'explique aisément : outre les raisons de méthodologie critique liée au contexte socio-historique, le fait que Sainte-Beuve, lecteur de *Madame Bovary*, n'avait pas lu la première version de *Saint-Antoine* et les œuvres de jeunesse de Flaubert.

49 – Voir les justifications de Flaubert invoquant le «milieu» qui, dit-il, «agace» Sainte-Beuve : «Au lieu de rester à votre point de vue personnel, votre point de vue de lettré, de moderne, de Parisien, pourquoi n'êtes-vous pas venu de mon côté ? *L'âme humaine n'est point partout la même...*»; souligné dans le texte (lettre à Sainte-Beuve, 23-24 déc. 1862.

50 – Autre exemple de la lecture réductrice de Sainte-Beuve : «... La chambre haute où repose la jeune fille, et qui nous est décrite dans son demi-jour galant et mystique, avec toutes ses *raretés* et ses *bibelots* carthaginois; c'est une *chinoiserie* exquise...» (*Nouveaux Lundis, op. cit.*, 15 déc. 1862, p. 60); souligné par nous.
Les modes du Second Empire conditionnent la lecture du critique.

51 – Voir la lettre à Sainte-Beuve, 23-24 déc. 1862 : «... ni vous, ni moi, ni personne, aucun ancien, aucun moderne, ne peut connaître la femme orientale, pour la raison qu'il est impossible de la fréquenter...».

52 – Cette vision de la femme orientale est bien sûr un produit de la culture occidentale. Vision commode, justificatrice, propice à fournir mythes et métaphores, elle se fonde idéologiquement sur la domination de l'Orient par l'Occident au XIXe siècle.

53 – Alors qu'Emma monte à cheval, le seul mouvement permis à Salammbô est la marche hiératique, processionnelle d'une prêtresse. Quand l'*ordre* socio-politique triomphe à Carthage (ch. XIV), Salammbô est devenue une *statue*.

54 – Schahabarim prostitue Salammbô, pour lui la vie d'une femme n'«importe» pas (ch. X).

CHAPITRE IV

1 – Sous-titre choisi par Flaubert.

2 – Dans sa lettre du 13 décembre 1866, Flaubert conseille à Mlle Leroyer de Chantepie la lecture d'un nouveau roman, *Les Forces perdues* de Maxime Du Camp, qui a paru dans la *Revue nationale* :
«Voilà exactement comme nous étions dans notre jeunesse : tous les hommes de ma génération se retrouveront là».
Le héros du roman de Du Camp, Horace Darglail, «était venu au monde pendant les années qui suivirent immédiatement les grandes défaites du Premier Empire...».
(M. Du Camp, *Les Forces perdues*, Bibliothèque contemporaine, Paris, Lévy frères, 1867, p. 3).

Voir la chronologie du roman de Flaubert : du 15 septembre 1840 (I, 1) au coup d'État du 2 décembre 1851 (III, 5), la dernière rencontre avec Mme Arnoux «vers la fin de mars 1867» (III, 6) et le bilan final «vers le commencement de cet hiver» (1869) (III, 7).

3 – Cf. Alain Corbin, *Les Filles de noce, Misère sexuelle et prostitution aux 19e et 20e siècles*, Aubier, Montaigne, 1978, p. 294.

4 – M. J. Durry, *Flaubert et ses projets inédits*, Nizet, 1950, Ière partie, *Le Carnet 19*, ch. III, *L'Éducation sentimentale*, p. 156.

5 – Voir Théodore Zeldin, *Ambition, Love and politics*, ouvrage publié avec le concours du C.N.R.S., Oxford University Press, 1973 et 1977, éd. française *Recherches*, 1978, p. 291.

6 – Cf. A. Corbin, *op. cit.*, p. 288, 291.

7 – Cf. J. Borie, *Le Célibataire français*, Le Sagittaire, Paris, 1976, p. 47.

8 – Cf. Manuscrit de *L'Éducation sentimentale*, 3e vol. (B.N. NAF, 17601, p. 214) : «Il admirait beaucoup dans les romans de Balzac les grandes figures d'ambitieux, Maxime de Trailles, Rastignac, Dutillet, qui lui semblaient les héros à imiter».

9 – Selon la formule d'E. d'Hervilly qui publia dans l'*Artiste* un poème sur le tableau de Claude Monet, *Camille*, qui obtint «un succès fou» au Salon de 1866. Ce tableau fut acquis pour 800 fr. par Arsène Houssaye, directeur de la revue l'*Artiste* et inspecteur des Beaux-Arts, en octobre 1868. Dans une lettre du 1er mai 1906 au directeur du Musée de Brême, Claude Monet, confirmant que sa première femme lui a servi de modèle, précise toutefois qu'il n'a pas eu «l'intention d'en faire absolument un portrait mais *seulement une figure parisienne de cette époque*». (souligné par nous).
Cité in *L'Art en France sous le Second Empire*, catalogue de l'Exposition organisée au Grand Palais, Paris, 11 mai - 13 août 1979, p. 392.

10 – Cf. Manuscrit *E.S.*, 2e vol., BN, NAF 17600, p. 14 : «... de cette petite boîte coquette, passementeries comme une autre robe»... «Une vague odeur de luxe et de jolie femme»...

11 – Cf. *ibid.*, 12e vol., BN, NAF, 17610, p. 91 : «Elle tenait un petit bordel (...). Ils voulaient y aller-économisèrent»... Cf. expérience de Flaubert et de ses amis à ce sujet : *Corr.* Pléiade, t. I, Appendice IV, Extraits de lettres d'Alfred Le Poittevin à Flaubert, pp. 831, 832.

12 – *Novembre, O.C.*, t. I, p. 259.

13 – Cf. Manuscrit *E.S.*, 12e vol., p. 91 : «effet de leur voix».

14 – Cf. *Ibid.*, 3e vol., p. 209 : «Il suffoquait de désirs très nets et n'avait point de marraine»; *Ibid.*, p. 58, 60, 61 : «une grand'mère dévote qui jusqu'à 18 ans l'avait fait coucher dans sa chambre».... «exigeait encore qu'il allât en confesse».

15 – Flaubert s'est-il inspiré de *L'Alcazar d'été* (qui doublait *L'Alcazar d'hiver* du faubourg Poissonnière) ? Cet *Alcazar d'été* était un pavillon construit sur les Champs-Élysées par Hittorf en 1841, à usage de café concert, entre l'actuel théâtre Marigny et la Place de la Concorde. On sait que dans l'œuvre architecturale de Hittorf les embellissements des Champs-Élysées tiennent une place importante. A titre d'exemple : la construction en 1841 du Cirque des Champs-Élysées appelé *National* et dont une partie de la décoration fut assurée par Pradier, l'ami de Flaubert.

16 – Car la situation des commis en nouveautés, trop peu fortunés pour envisager le mariage, est proche de celle de l'étudiant et du collégien.

17 – On sait que l'Espagne, l'Andalousie en particulier, fait *partie de l'Orient mythique* qui hante l'imaginaire collectif du XIXe siècle; ici vulgarisation commerciale d'une mode vieille de plusieurs décennies – (cf. Chateaubriand, *Le Dernier Abencérage...*) – mais tenace (voir plus loin l'idéal féminin de Frédéric jugé poncif et raillé par Hussonnet, «l'Andalouse sur la pelouse»).

18 – Il est impossible de lire la séquence du bal de l'Alhambra sans la référence à celui de la lorette (et, par opposition, à celui donné par les Dambreuse, où l'on s'ennuie), le bal de l'Alhambra dans la première partie du roman constituant une sorte d'annonce du bal donné par Rosanette.

19 – Cf. *Madame Bovary, O.C.*, t. I, p. 673 :
> «Il y avait un clerc, deux carabins et un commis : quelle société pour elle ! Quant aux femmes, Emma s'aperçut vite, au timbre de leurs voix, qu'elles devaient être, presque toutes, du dernier rang».

20 – Personnage féminin stéréotypé appelé à la fortune que l'on sait dans les lettres et les arts pendant toute la première moitié du XIXe siècle, avec les préjugés sociaux que cette vision stéréotypée sous-entend. Voir sa définition déjà ancienne dans *Le Tableau de Paris* que Louis-Sébastien Mercier publia entre 1781 et 1788 (Maspero, 1979, p. 164).

La *Physiologie de la grisette*, par Louis Huart, illustrée par Gavarni, a paru chez Aubert en 1841. Le volume a été réédité en 1850 et en 1869. (Voir catalogue de l'exposition organisée sur Gavarni par le Cabinet des Estampes de la Bibliothèque nationale en 1954, p. 39). *Mimi Pinson*, le conte de Musset est de 1845; les *Scènes de la vie de bohême* d'H. Murger paraissent en 1853.

Cf. Anaïs Segalas (*La Femme*), cité par Eugénie Niboyet in *La Voix des Femmes*, n° 7, lundi 27 mars 1848 :
> «Fauvette des greniers, auprès du ciel posée
> J'aime à te voir penchée à ta simple croisée,
> Vierge de Raphaël, dans un cadre de bois».

21 – Dans la séméiologie du costume féminin au XIXe siècle, la robe d'indienne s'oppose à la robe de soie, le tartan au cachemire. Pour la séméiologie de la main féminine voir supra le réseau des mains dans *Madame Bovary* (chap. II, Ière partie, 3).

22 – Élisabeth Badinter (in *L'Amour en plus, histoire de l'amour maternel XVIIe-XXe siècle*, Flammarion, 1980) prend cette héroïne balzacienne comme prototype de «la mère idéale qu'on pourrait proposer en modèle à toutes les femmes de son siècle....» (p. 246).

Voir le poids du modèle marial au XIXe siècle qui a précisément défini le dogme de l'Immaculée Conception (1854).

23 – Manuscrit *E.S.*, 4e vol., BN, NAF, 17602, p. 106.

24 – Élisabeth Badinter (*op. cit.*) montre «l'élargissement des responsabilités maternelles» au XIXe siècle (à la fonction nourricière s'ajoutent l'éducation, l'instruction...), (pp. 252-264), en analysant les ouvrages d'A.P. Théry, *Conseils aux mères*, 1837, du docteur Brochard, *De l'amour maternel* (1872) et insiste sur l'idéologie du dévouement et du sacrifice maternels (pp. 264-271).
Selon cet auteur, l'accroissement des responsabilités maternelles depuis la

fin du XVIIIe siècle s'accompagne d'un retrait du père : l'importance et l'autorité de ce dernier, si grandes au XVIIe siècle sont en déclin. Malgré les efforts de théoriciens, désireux d'associer le père à l'œuvre éducatrice de la mère, comme Mgr Dupanloup (*De l'Éducation*), de promouvoir une conception nouvelle de la paternité, en incitant les pères à avoir des contacts physiques et des activités ludiques avec leurs enfants, comme Gustave Droz, «auteur d'un best-seller des années 1866», *Monsieur, Madame et Bébé,* force est bien de constater le rôle minime du père dans l'éducation des enfants donnée par la mère. Ainsi L.A. Martin, auteur de *L'Éducation des mères de famille ou la civilisation du genre humain par les femmes,* qui connut dix rééditions de 1834 à 1883, rajoutant, dans la seconde édition en 1840, un chapitre entier sur le rôle du père, rôle qu'il déclare avoir «oublié» dans la première édition, donne cette justification : «... dans l'état actuel de nos mœurs (...) sauf quelques rares exceptions, le concours du père est à peu près impossible (...) le temps et la volonté sont les deux éléments qui lui manquent...» (Cité *ibid.*, p. 285).

25 – Selon la formule de Mgr Dupanloup (*De l'Éducation*, livre II, p. 163), cité par E. Badinter, *op. cit.*, p. 259.

Mgr Dupanloup, in *Femmes savantes et femmes studieuses* (1867), affirme que si la mère engage une institutrice ou un précepteur elle «doit connaître le fond du métier mieux qu'eux, pouvoir les surveiller, les diriger et au besoin les suppléer...» (*ibid.*, p. 259).

26 – Sur la nécessité pour la mère d'allaiter elle-même son enfant, voir Yvonne Knibiehler et Catherine Fouquet, *L'Histoire des Mères du Moyen Age à nos jours,* éditions Montalba, 1980, «La maternité accomplie», pp. 86-97.

27 – Selon l'expression de Gavarni, dont le recueil *Les lorettes vieillies* est de 1851-1853.

28 – Cf. supra le sens des «torpeurs» d'Emma.

29 – Voir la lettre du 28 janvier 1862 à Maurice Schlésinger :

«Ma mère m'écrit de Paris avoir vu votre fils qui est maintenant à ce qu'il paraît un monsieur à barbe. Il lui a dit que Mme Maurice était malade d'une *affection nerveuse* – Qu'est-ce donc, mon Dieu ! donnez-moi je vous prie de ses nouvelles, promptes et détaillées».

Élisa était alors pensionnaire d'un hôpital psychiatrique à Mannheim, où elle demeura dix-sept mois. Elle devait y revenir de temps à autre. Après 1875, elle sera internée définitivement.

30 – A l'instar d'Henriette de Mortsauf, ce «cœur enivré de maternité», qui déclare (à celui qui l'aime et qu'elle aime) :

«Vous vivrez heureux, je mourrai de douleur ! Les hommes font eux-mêmes les événements de leur vie, et la mienne est à jamais fixée. Aucune puissance ne peut briser cette lourde chaîne à laquelle la femme tient par un anneau d'or, emblème de la pureté des épouses».

(H. de Balzac, *Le Lys dans la vallée, La Comédie Humaine,* t. IX, Éditions Rencontre, Lausanne, 1959, pp. 375, 369).

31 – Manuscrit *E.S.*, 3e vol., p. 229.

32 – Il est intéressant de rappeler à cet égard la déclaration de Flaubert à sa nièce Caroline quand se débattait la question de savoir si elle épouserait Ernest Com-

manville, négociant en bois (lettre de fin décembre 1863) :

«... ma pauvre nièce mariée à un homme pauvre est une idée tellement atroce que je ne m'y arrête pas une minute. Oui, ma chérie, je déclare que j'aimerais mieux te voir épouser un épicier millionnaire qu'un grand homme indigent»...

33 – Cf. Emma rêvant de se faire enlever par Lagardy au théâtre de Rouen.

34 – Cf. Emma dans la chambre de Rodolphe à la Huchette (*Madame Bovary*, IIIe partie, chap. 9, p. 630).

35 – Lettre à sa mère, 24 nov. 1850.

36 – On a vu que l'imaginaire contemporain associe souvent la pratique féminine de l'équitation à la liberté (répréhensible) des mœurs : cf. la «chute» d'Emma à l'occasion de la promenade à cheval avec Rodolphe, l'adultère d'Émilie Renaud en relation avec une promenade à cheval; voir aussi le personnage balzacien d'Arabelle dans *Le Lys dans la vallée* et enfin l'Écuyère dans la mythologie du cirque au XIXe siècle : on sait que l'*Éducation sentimentale* de 1845 faisait référence à ce personnage mythique.

37 – Voir lettre à L. Colet, 22 septembre 1846.

38 – Les événements de 1848 semblent avoir contribué à faire de la *femme-artiste* une cible privilégiée de la critique. Voir l'article d'Eugénie Niboyet (cité supra note 20), consacré au recueil *La Femme* d'Anaïs Ségalas (*La Voix des Femmes*, n° 7, 27 mars 1848) :

«Mme Ségalas a crayonné en traits de feu le portrait de la femme-artiste. Du haut de son indignation, elle jette le blâme sur cette tourbe exagérée qui, prenant le ridicule pour le vrai, le dévergondé pour l'enthousiaste, se dépouille de son chaste vêtement de femme pour n'avoir ni sexe, ni nom. Nous aurions beaucoup à dire sur ce sujet...».

39 – Autre exemple de dégradation d'un modèle balzacien, celui de la «femme supérieure», incarné par l'aristocrate Mme de la Baudraye dans *La Muse du département*.

40 – Décrivant les ouvrières de la fabrique d'Arnoux à Creil, Flaubert reproduit les préjugés de la bourgeoisie sur la condition ouvrière féminine à la fin de la Monarchie de Juillet. Cf. texte envoyé par une ouvrière au gouvernement le 31 mars 1848 publié dans *La Voix des Femmes*, n° 11.

Sur l'organisation du travail féminin voir propositions de deux ouvrières (*ibid.* n° 14, 3 avril 1848).

41 – Littré. «Nom que l'on donne par dénigrement aux femmes qui, s'occupant de littérature, y portent quelque pédantisme».

Voir la série de quarante planches, *Les Bas-Bleus* de Daumier, parue dans *Le Charivari* de janv. à août 1844 (cf. Daumier, *Intellectuelles et Femmes socialistes, op. cit.*, p. 125). La disgrâce physique est une constante de ces planches.

La Physiologie du bas-bleu (par Frédéric Soulié, vignettes de Jules Vernier), parue en 1841-1842, a pu inspirer à Daumier certaines de ses planches. Gavarni aussi a consacré de nombreuses charges aux bas-bleus. Le *Journal* des Goncourt (1853, I, p. 116) y fait allusion en racontant que l'artiste se moqua souvent des bas-bleus dans la société desquels il a beaucoup vécu : «Lyrisme et pot-au-feu.

Ça sentait le chou». Il leur reproche aussi leurs toilettes incroyables. Un vaude-ville de Ferdinand Langlé et F. Devilleneuve, *Le bas-bleu*, est créé aux Variétés le 24 janvier 1842. Le *Charivari* s'en prend plusieurs fois aux bas-bleus dans ses chroniques (voir par exemple le numéro du 7 juin 1849).

Parmi cette «fleur du panier» figure la rouennaise Amélie Bosquet qui consacra deux articles à *L'Éducation sentimentale* dans *Le Droit des Femmes* (11 et 18 déc. 1869) et qui écrivit alors deux lettres à Flaubert, moins «aigres» qu'il l'a prétendu (Cf. *Amis de Flaubert*, n° 27, déc. 1965, p. 29, n° 26, mai 1965, pp. 19-23). Malgré des faiblesses, cette critique a eu le mérite de remettre en cause la prétendue impartialité du romancier et de protester contre la carica-ture du féminisme de 1848 : «L'organe de la revendication des droits de la femme, c'est Melle Vatnaz, entremetteuse et voleuse»...

42 – *Histoire de la Révolution de 1848* par Daniel Stern (Madame d'Agoult), Paris, Calmann Lévy, 1878, nouvelle édition, t. I, p. 142.

43 – Cf. *ibid.*, t. III, 4ème partie, La Réaction, pp. 251-252 : ... «les orgues de Barba-rie jouaient des refrains mystérieux».

44 – Voir *Voix des Femmes*, n° 37, 29 mai 1848 (article signé E. Niboyet); *La Voix des Femmes* disparaît en juin 1848, le 46e et dernier numéro étant du 18-20 juin. Voir *ibid.*, n° 1, 20 mars 1848, «Profession de foi»; n° 3, 23 mars 1848; n° 27, 29 avril 1848; n° 24, 15 avril 1848; n° 39, du 1er au 4 juin 1848.

45 – D. Stern, *op. cit.*, p. 203.

46 – Cf. n. 41; cf. *Voix des Femmes*, n° 8, 28 mars 1848, article signé Paulin Nibo-yet; n° 35, 28 avril 1848, Réponse au *Charivari*.

47 – Cf. la planche fameuse de Daumier (*Charivari*, 24 avril 1844), «La présidente criant à tue-tête : «Mesdames»; cf. la légende de la caricature de Masson (*Club de femmes*), parue en 1848 : «Tout ce que je puis vous accorder, c'est de ne par-ler que vingt-cinq à la fois !» (B.N., Estampes, coll.; de Vinck).

48 – Cf. *Voix des Femmes* n° 41, «Le Club des femmes»; n° 42 «La liberté et l'éga-lité». Le Club des femmes est tourné en dérision dans le vaudeville de Clairville et Cordier, *Le Club des Maris et le Club des Femmes*, représenté le 4 juin 1848. Le Club des femmes fut victime d'une campagne de presse dont l'article de Charles Hugo dans *La Liberté* (29 mai) donne le ton. Évoquant dans son *His-toire des Clubs de Femmes et des légions d'amazones, 1793, 1848, 1871*, la fermeture du Club des femmes le 3 juin 1848, le Baron Marc de Villiers se réfère explicitement au témoignage de M. Du Camp (*Souvenirs de l'année 1848*, Paris, Hachette 1876, pp. 125-126) :
«Les choses ne prenaient pas toujours une tournure aussi grave. Les fem-mes avaient établi un club dans les caves des galeries Bonne-Nouvelle. Là, ce n'était point la bourgeoisie qu'on vitupérait : c'était l'homme, le mari, le maître, le tyran : les plus timides réclamaient le divorce, les plus hardies préconisaient le mariage à l'essai; quant aux enfants, on les abandonnait généreusement à leurs pères; ce pluriel n'a rien d'excessif; j'en ai entendu bien d'autres dans cet endroit-là. Quelques gardes nationaux facétieux, guidés par un ancien éditeur de musique qui aimait «le petit mot pour rire», tombèrent un soir, inopinément dans le conciliabule, au moment où une oratrice répétait les paroles aimables par lesquelles M. Crémieux avait accueilli une députation chargée d'exiger le

divorce immédiatement et «sans phrase». Ces barbares — je parle des gardes nationaux — furent sans pitié; rien ne les désarma, pas même une carafe d'eau que la présidente leur jeta virilement à la tête. Les infortunées furent saisies, entraînées dans un couloir peu éclairé et fouettées. Le club des femmes avait vécu».

Cet ancien éditeur de musique, garde national, est vraisemblablement Maurice Schlésinger. A l'appui de cette hypothèse, deux documents :

1) la lettre que Flaubert adresse à Maurice Schlésinger le 2 juin 1867 :

«... je suis forcé, dans le travail que je fais maintenant, de passer par la Révolution de 48. Vous avez joué un rôle dans le *Club des Femmes*. Le récit exact de cette soirée se trouve-t-il quelque part ? Ce qui serait bien, ce serait de recueillir vos souvenirs à ce sujet et de me les envoyer lisiblement écrits — car j'ai souvent du mal à déchiffrer vos rares épîtres. Tel est le service que j'attends de vous, cher ami».

2) la réponse de Maurice Schlésinger, transcrite par son épouse. Ce document figure dans l'exposition du Centenaire organisée à la Bibliothèque Nationale (19 novembre 1980 — 22 février 1981), n⁰ 329, p. 90 du catalogue :

Club des Femmes en 1948. Manuscrit de la main de Madame Schlésinger, 8 p. — Rouen. B.M., ms, g 2264, fol. 160-163. Alberto Cento a identifié ces feuillets conservés dans le *Recueil de documents concernant Bouvard et Pécuchet*. Pour le texte intégral de ce document, voir A. Cento, *Il Realismo documentario nell' «Education sentimentale»*, Lignori editore, Napoli, 1967, pp. 216-222 et pl. 6-7.

49 — Les brouillons de l'*Éducation sentimentale* sont encore plus explicites : (10e vol., NAF. 17608, pp. 107, 108, 109) :

«... une rangée de femmes s'étendait contre le mur, quelques-unes en cheveux gris, presque toutes sans cols ni manchettes».

«... Rangées contre le mur des femmes à visages hétéroclites bas-bleus humanitaires...».

«La Vatnaz avec une écharpe comme Corinne au Cap Misène...».

«Cependant elle semblait jalouse de Dussardier dont la carrure d'athlète excitait l'attention des Dames et Frédéric ayant réclamé d'elle un mot d'entretien, pour le soustraire à leurs embûches, elle lui fit signe de passer avec eux dans sa chambre».

50 — *Voix des Femmes*, n⁰ 3, 23 mars 1848 :

«*Les jeunes Gauloises* avaient le droit de faire des lois, elles étaient législatrices.

Les femmes Africaines ont, dans certaines tribus, le droit de suffrage.

Les femmes Anglo-Saxonnes participaient en Angleterre à la *législature*.

Les femmes des Hurons, l'une des plus fortes tribus de l'Amérique du Nord, faisaient partie du *conseil*, et *les anciens suivaient leurs avis*. Ainsi dans l'antiquité et chez des peuples à peine civilisés, les femmes jouissaient du droit que les peuples modernes leur refusent, dans des pays où le christianisme règne, lui *qui proclame la fraternité universelle, sans distinction de sexe*». (En italique dans le texte).

51 — Cf. *ibid.*, n⁰ 24, 15 avril 1848.

52 — Souligné par nous. Dans *Les Vésuviennes ou la Constitution politique des Femmes*, Par une société de Françaises, Pour tous et pour toutes (Flora Tristan),

Paris, Imprimerie d'Édouard Bautruche, Rue de la Haye 90, 1848, on peut lire :

1) *Vie Publique, De l'état de citoyennes*, chap. Ier, p. 17 : «toute femme née et domiciliée en France, âgée de 15 ans accomplis; toute étrangère, âgée de 15 ans accomplis, qui, domiciliée en France, épouse un Français ou adopte un vieillard, est admise à l'exercice des droits de citoyenne française» (p. 18). L'exercice des droits de citoyenne est suspendu par le refus de se marier après 21 ans accomplis.

Vie privée, chap. Ier, Le mariage (p. 23).

art. 1. «Le mariage est une loi sacrée de la nature; il est obligatoire pour les deux sexes, à 21 ans pour les femmes, à 26 ans pour les hommes».

2) *Des droits des citoyennes*, chap. 2, p. 19.

art. 1. «La loi garantit à toutes les citoyennes la jouissance de tous les droits imprescriptibles de l'homme, l'égalité, la liberté, la sûreté, la propriété, l'éducation; droits réglés par la constitution républicaine».

art. 2. «Toutes les citoyennes sont également admissibles aux emplois publics, soit civils, soit religieux, soit militaires, sans autre motif de préférence que la vertu et le talent».

53 – *Ibid.*, p. 25, *La vie privée*, chap. 2, *Des soins du ménage*, art. 5. «Les femmes doivent travailler insensiblement à faire effacer les différences qui existent entre le costume masculin et le costume féminin, *sans pour cela dépasser les limites de la pudeur et du ridicule, ni même sans s'éloigner des formes gracieuses et de bon goût*». (souligné par nous).

Ibid., p. 21, *Des devoirs des citoyennes* :

art. 1. «Les citoyennes devront fournir leur contingent aux armées de terre et de mer; leur enrôlement se fera, comme celui des hommes, par tirage au sort; il durera cinq années, de 15 à 20 ans».

art. 2. «Les enrôlées formeront une armée, dite de réserve, qui sera partagée en trois corps,

Savoir, 1 – le corps des ouvrières
        2 – le corps des vivandières
        3 – le corps de charité».

A noter que les auteurs de *La Constitution politique des Femmes* ont voulu réhabiliter le nom de Vésuviennes, tourné en dérision, en le faisant figurer dans le titre (*ibid.*, p. 14).

A cette dérision s'oppose le ton de la Préface, *La Femme* (signé J.D., c'est-à-dire Jeanne Deroin, *La Voix des femmes*, du 19 avril 1848), p. 3 :

«La Religion n'aurait point entouré la femme d'égards et de respects, elle ne l'eût point divinisée dans la personne de Marie, si elle eût jugé cette noble et sainte moitié de l'humanité inférieure à l'autre moitié...» Et d'ajouter :
«... on n'aurait point osé jeter le ridicule sur ces nobles et courageuses châtelaines qui défendaient elles-mêmes leur castel héréditaire à la tête de leurs vassaux...».

54 – Alfred Delvau (*Dictionnaire de la Langue Verte, Argots parisiens comparés*, 2e édition, Paris, Dentu, 1866) propose cette définition de la Vésuvienne : Femme galante. Il précise :

«L'expression date de 1848, et elle n'a pas survécu à la République qui l'avait vue naître. Les vésuviennes ont défilé devant le Gouvernement Provisoire;

mais elles n'auraient pas défilé devant l'Histoire si un chansonnier de l'époque, Albert Montémont, ne les eût chantées sur son petit turlututu gaillard :

> «Je suis vésuvienne,
> A moi le pompon !
> Que chacun me vienne
> Friper le jupon !».

Les pages que Daniel Stern (Comtesse d'Agoult) a consacrées au mouvement féministe dans son *Histoire de la Révolution de 1848* (t. II, chap. XXII, Les Femmes, pp. 158-161), reproduisent, certes, un certain nombre de réticences et de préjugés contemporains; elles ébauchent toutefois une tentative de compréhension plus critique du féminisme de 48 et des réactions qu'il a suscitées.

Que Daniel Stern fonde ensuite son argumentation sur un mythe discutable de la femme du peuple importe moins que sa démarche qui vise à montrer le *caractère relatif du «ridicule» des Vésuviennes.*

55 – Selon Balzac (*Esquisse d'homme d'affaires*) «le mot de lorette fut fait en 1840, sans doute à cause de l'agglomération de ces nids d'hirondelles autour de l'église dédiée à N.D. de Lorette».

Selon A. Delvau (*op. cit.*) : «fille ou femme qui ne vit pas pour aimer mais au contraire aime pour vivre. Le mot a une vingtaine d'années (1840) et il appartient à Nestor Roqueplan, qui par un hypallage audacieux, a ainsi baptisé ces drôlesses du nom de leur quartier de prédilection, le quartier Notre-Dame-de-Lorette».

Pierre Larousse reprend la même étymologie : «Nestor Roqueplan baptisa de ce nom les jolies pécheresses qui, vers 1840, se logeaient presque toutes derrière l'église Notre-Dame-de-Lorette. Jeune femme élégante et de mœurs légères qui se livre à une vie de plaisirs et d'intrigues amoureuses. Succède à l'impure et à la fille d'Opéra». Sous toutes ces dénominations, il s'agit toujours d'une *femme entretenue.* L'article du *Dictionnaire Larousse XIXe siècle* cite la chanson populaire de G. Nadaud «Je suis lorette, je règne à Paris...». Dans cette chanson, la lorette est opposée à la grisette «aux *doigts meurtris, au nocturne travail*» et qui «sent l'ail»; le quatrième couplet met l'accent sur la vénalité de la lorette : «faire *payer*» (ses amants). Parmi les qualités *stéréotypées* de la lorette selon le texte de la chanson : être «rieuse», tenir «de gais propos», assister à des «soupers ruisselants de champagne», entonner «des chansons qui ne respectent rien». (souligné par nous).

Littré définit les lorettes comme «certaines femmes de plaisir, qui tiennent le milieu entre la grisette et la femme entretenue». Plus encore que Pierre Larousse, Littré occulte le statut économique de la lorette.

56 – Voir catalogue Exposition Gavarni, Bibliothèque nationale, Paris 1954, pp. 31-33.

Cf. *La Lorette*, par E. et Jules de Goncourt, illustrée par Gavarni, chez Dentu, 1853. Ce petit volume connut un immense succès (six mille exemplaires vendus en quelques jours). Le livre proteste contre l'attendrissement du public pour la Courtisane amoureuse, contre «l'assomption de la lorette», qui avait été un des thèmes essentiels de la littérature romantique. Le livre a été réédité en 1855 puis en 1880.

Selon les auteurs, toutes les lorettes «ont le même dieu : le dieu cent-sous...».

«Oh ! venez voir, courtisanes des grands siècles (...) venez voir ce roman-

Barême !... ces créatures détailleuses de voluptés (...), *poétiques comme des tirelires...»* (souligné par nous).

57 – Ch. Baudelaire, *Curiosités esthétiques*, VII. Quelques caricaturistes français, La Guilde du Livre, Lausanne, 1949, p. 385. Cet essai sur Carle Vernet, Pigal, Charlet, Daumier, Monnier, Grandville, Gavarni, Trimolet, Traviès et Jacque fut publié pour la première fois dans *Le Présent, Revue Universelle*, du 1er octobre 1857; il parut ensuite dans *L'Artiste* des 24 et 31 octobre 1858, texte de l'édition de 1868 et du volume cité ici. Selon Baudelaire «il faudra feuilleter ces œuvres-là pour comprendre l'histoire des dernières années de la monarchie (...) La véritable gloire et la vraie mission de Gavarni et de Daumier ont été de compléter Balzac, qui d'ailleurs le savait bien, et les estimait comme des auxiliaires et des commentateurs».

58 – *Œuvres choisies de Gavarni*, édition spéciale comprenant : Les Enfants terribles – Traduction en langue vulgaire – Les Lorettes – Les Actrices – Fourberies des femmes en matière de sentiment – Clichy – Paris le soir – Le Carnaval à Paris – Paris le matin – Les Étudiants de Paris – La Vie de jeune homme – Les Débardeurs.
Suivies de l'œuvre complète publiée dans le Diable à Paris sous le titre Les Gens de Paris. 520 dessins avec leurs légendes. Paris. Aux bureaux du Figaro et de l'Autographe, 14 rue Grange-Batelière, 1864.
Dans sa préface, T. Gautier définit l'ouvrage de Gavarni en ces termes : «l'existence parisienne comprise à fond par un philosophe, et rendue par un artiste»... «N'a-t-il pas, ce qui est le plus rare de tous les talents, saisi le côté piquant, burlesque et singulier des mœurs de son temps ?».
«Pourquoi s'obstiner à faire le portrait de femmes mortes il y a deux mille ans, lorsque *tant de gracieux et charmants visages s'encadrent dans des auréoles de satin ou de soie*, lorsque *tant de fines tailles* se cambrent sous *le mantelet de dentelle* ou le *châle de cachemire ?»...*
«dans vingt-cinq ans, ce sera par Gavarni qu'on apprendra l'existence des duchesses de la rue du Helder, des lorettes, des débardeurs, des étudiants (...) un pressentiment dont il ne s'est peut-être pas rendu compte l'a porté à croquer ces vives et spirituelles physionomies qui ne reparaîtront plus, et qui auront bientôt, dans son œuvre, une aussi haute valeur historique que les hiéroglyphes égyptiens (...). Pour que le sens de ses dessins ne se perdît pas, Gavarni a eu soin de jeter en caractères phonétiques quelques mots au bas de ses croquis (...) chacune de ces inscriptions est un vaudeville, une comédie, un roman de mœurs dans la meilleure acception du mot. Il s'y révèle une incroyable connaissance du cœur humain...» (souligné par nous).

59 – Lithographie parue dans *Le Charivari*, 23 juillet 1843, n° 63 de la série (Voir catalogue cité exposition B.N. p. 33). (Souligné par nous).

60 – Cf. Gavarni, «LE ROI DE TREFLE EN VOYAGE, la femme brune attend un blond... et voici le valet de cœur : réussite !» (n° 5 de la série, 1841), catalogue exposition B.N., p. 31.
Voir les jeux de mots souvent stéréotypés sur les innombrables «amis» de la lorette : les Arthur, Henri, Anatole, Émile...

61 – De nombreuses inscriptions de Gavarni rappellent le caractère vénal des amours de la lorette :

— «On rend des comptes au gérant».

— «On fait des contes à l'actionnaire».

— «Paris, le 26 octobre 1841. Au premier janvier je paierai, à l'ordre de Mademoiselle Beaupertuis, la somme de trois cent deux francs soixante quinze centimes, valeur reçue... (en quoi ?... en affection ? en tendre intérêt ? en dévouement ?) — Pas de bêtises ! voyons ! — En marchandises. Benjamin Corquardeau».

62 — *Le Mérite des femmes* de Gabriel Legouvé, paru en 1801, était réédité tous les ans sous le règne de Louis-Philippe, qui a été celui de la vertu et de la famille bourgeoise.

63 — Selon les Goncourt, figure nécessairement, parmi les innombrables amants «qui paient» la lorette :

— le «vieux monsieur» qui lui apporte «de l'or tout neuf»... qui «a fait de ses cheveux blancs le hochet de la lorette.».

— «Monsieur le Prince russe», un «étranger qui parle le français comme s'il était Parisien»... «venant *engueuser* son cœur six mois de l'année à Paris; un yacht à Marseille»... et dont l'«idéal» est «une femme qui sente le patchouly» (sic), «ait étudié Jules Romain dans l'Arétin, et se laisse battre».

64 — Les brouillons précisent : «Sous-entendu : vous pouvez coucher ici». (Manuscrit *E.S.*, NAF 17602, p. 142).

65 — Cf. *ibid.*, NAF, 17603, p. 107 :

(Mme Arnoux) «laisse voir des inquiétudes sur l'avenir de ses enfants. S'échappe à dire de son mari des choses peu à sa louange et il dépense trop d'argent».

Le père Oudry «amoureux fou — ayant lâché sa femme il venait coucher toutes les nuits» (*Ibid.*, p. 107).

«le bonhomme s'était enflammé pour elle comme il arrive aux vieillards et rendait sa femme très malheureuse» (*Ibid.*, p. 109). Cf. le Baron Hulot et Valérie de Marneffe.

66 — Les brouillons précisent (NAF, 17603, Plan-scénario IIe partie, chap. 3, p. 230) : «le commencement de la débine d'Arnoux fait que la Maréchale accepte Cisy».

67 — Cf. E. et J. de Goncourt, *op. cit., Monsieur de l'Ambassade des cachemires* :

«Une chose est pour la lorette ce qu'est une montre pour l'enfant de treize ans, la possession d'une actrice pour l'enfant de dix-sept (...) une chose à fond rouge, ou noir, ou vert, chargée de différentes couleurs; une chose faite avec la laine des chèvres de l'Ourna-Dessa; — cette chose est un cachemire de l'Inde».

68 — Souligné par nous.

Cf. les brouillons (NAF, 17603, p. 90, 91) :

«Malgré ses prétentions à la bonne tenue du ménage, elle vivait sans heures réglées, dînant d'une tartine de confitures, de salades».

Ibid., p. 93 : «... prodigalité, *désordre* , *pas d'heure pour les repas*, etc..., étrange nourriture...» (souligné par Flaubert).

69 — La version définitive (p. 67) suggère ce que les brouillons signifient sans détour (NAF, 17603, plan scénario p. 215) :

«Enfin la *Maréchale lâche son entreteneur*. Joie de Frédéric. Mais c'est

afin de pouvoir coucher toutes les nuits avec son cabot. *Frédéric s'en aperçoit*»
(souligné par Flaubert).

70 – Cf. E. et J. de Goncourt, *op. cit.*, (La bonne) :
   «Quand Madame compte, la bonne dit, comme la caricature : Un petit
pain d'un sou, deux sous. La bonne vole, mais Madame ne paie pas, et la bonne
serait volée si elle ne volait pas Madame...» «La bonne dit Madame, gros comme
le bras, jusqu'au jour où elle crie : Tu vas me ficher mon compte !».

71 - *Ibid.* : «Elle ne paie pas son propriétaire; elle ne paie pas sa couturière; elle ne
paie pas sa crémière; elle ne paie pas son porteur d'eau...».

72 – Cf. Brouillons, NAF, 17602, p. 135 :
   «C'était Arnoux qui avait fait faire à M. Oudry la connaissance de la
Maréchale et le service qu'allait rendre M. Oudry en était le paiement».

Ibid., p. 142 : «Le père Oudry cautionnera Arnoux près de M. Dambreuse».

73 – Cf. Brouillons, NAF, 17603, p. 109 :
   (Arnoux) «ne s'était jamais fendu d'un entretien bien cher... Elle avait
donc été obligée quelquefois d'avoir recours à des entretiens meilleurs mais
intermittents car Arnoux revenait bien vite, averti par la Vatnaz qui la surveil-
lait entièrement dévouée à Arnoux et qui le prévenait lorsqu'il y avait quelque
chose à craindre :
   Cf. E. et J. Goncourt, *op. cit.*, «Les messieurs de passage» :
   «Les messieurs de passage sont le casuel de la lorette.
   Les messieurs de passage se trouvent à point quand la lorette a besoin
d'une robe de trois cents francs, d'une dentelle de quatre louis, – ou de vingt
francs».

74 – Cf. Brouillons, NAF, 17607, p. 124 :
   «Un jour dans un endroit charmant elle lui conte son enfance pauvre et
son dépucelage / l'amant de sa mère / dans un souper où elle s'endort sur des
gravures obscènes – elle a voulu se suicider etc... Frédéric la plaint».

Ibid., p. 162 :
   «... un monsieur était venu. Il l'avait déjà remarquée plusieurs fois – un
être ignoble, gras, un peu chauve, la figure couleur de buis, des façons de dévot,
habillé de noir et souriant toujours. Il resta à causer avec sa mère – sur le
palier. Si bien que trois jours après...».

75 – Cf. lettre à Jules Duplan, fin août-septembre 1868.

76 – *Op. cit.*, «Le papa et la maman».
   Le texte montre la mère prête à vendre sa fille et enchantée de le faire. Le
père, après s'être indigné de l'immoralité de sa fille, «tous les deux jours (...),
met un chapeau, et vient (lui) emprunter vingt francs». (26 janvier 1853).

77 – Cf. E. et J. de Goncourt, *op. cit.* : la lorette a «assez d'orthographe pour en
mettre sur l'adresse d'une lettre...» «Elle est bête. Elle est impertinente comme
la bêtise».

78 – Cf. les Brouillons qui résument (NAF, 17607, p. 122) : «plaisir d'être à la
campagne avec *une jolie fille*. griserie de la nature. élancements d'amour pour
elle. *profil* de Rosanette» (souligné par nous).

79 – Alain Corbin, *op. cit.*, p. 301.

80 – Jeanne Gaillard, *Paris, La ville, 1852-1870*. Paris, Champion, 1977, p. 302.

81 – Voir Jean-Paul Aron, *Le mangeur du XIXe siècle*, R. Laffont, 1973, p. 325 :
«L'aristocratie d'Ancien Régime n'eût pas songé à dîner sans dames, ravissantes de préférence. Les bourgeois n'ont pas cet avantage. Leurs épouses vivent à la maison. Une maîtresse comme il faut cache sa honte. *Pour s'exhiber au restaurant, il n'est que les gourgandines, de goût presque toujours vulgaire».* (souligné par nous).

82 – Après 1830, le *Café Anglais*, situé sur le Boulevard, est considéré comme un endroit tout à fait «chic». (*Ibid.*, pp. 62-63) : Les gens s'y rendent souvent par gourmandise, quoiqu'on y dîne aussi par ostentation d'y dîner. Les viandes rôties sont excellentes...».
J.P. Aron rappelle que le Café Anglais dispose de 22 cabinets et que ses lumières brillent dans la nuit.

83 – J.P. Aron, *op. cit.*, p. 132.

84 – Manuscrit *E.S.*, NAF 17602, p. 128 :
«... dans le boudoir, long divan turc, très bas, bourré de coussins – causeuse en forme de crocodile ou de hamac – très creusée – tout y est fait pour la volupté...».

Cf. le boudoir dans la littérature romanesque au XIXe siècle et en particulier le boudoir balzacien de *La Fille aux yeux d'or.*

85 – *Ibid.*, pp. 112, 116; avec cette précision que la version définitive n'a pas retenue :
«... tendue de moquette comme une dernière sensualité».

86 – Cf. les Brouillons, plus explicites, NAF, 17609 :
«Elle ment à son rôle. *Il l'avait prise pour sa gaieté»* (p. 82) (souligné par nous).
«Quand ils étaient seuls, elle l'impatientait avec le clic-clac de sa machine à coudre qui lui servait à confectionner des brassières pour son poupon. Bourgeoise déclassée, elle aimait la vie de ménage, un petit intérieur paisible, et se piquait même de savoir faire le pot-au-feu» (p. 83).

87 – «Femme sans cœur» : cf. in Balzac, *La Peau de Chagrin*, le personnage de Foedora.
– «Lorette manquée» : l'expression est de Flaubert lui-même, Brouillons, NAF, 17609, p. 66 : (Rosanette) ... «est une bourgeoise déclassée comme Mme Dambreuse est une lorette manquée».

88 – Voir la lettre à Maxime Du Camp, 29 septembre 1870.

89 – Cf. la lettre à G. Sand, 1er janvier 1869 :
«La muse, si revêche qu'elle soit, donne moins de chagrins que la femme. *Je ne peux accorder l'une avec l'autre.* Il faut opter. Mon choix est fait depuis longtemps. Reste l'histoire des sens. Ils ont toujours été mes serviteurs. Même au temps de ma plus verte jeunesse, j'en faisais absolument ce que je voulais. Je touche à la cinquantaine et ce n'est pas la fougue qui m'embarrasse». (souligné par Flaubert).

90 – *Mémoires d'un Fou*, X, *O.C.*, t. I, p. 236. Voir les notations sensuelles (soie, jeu des épithètes); les franges, les raies (devenues bandes) sont conservées dans le roman de 1869.

91 – *Éducation sentimentale*, Ière Partie, chap. I, p. 10. On se rappelle le fétichisme du jeune Justin considérant «avidement» la lingerie ou «faisant» les bottines d'Emma; celui de Charles, après la mort de sa femme (voir supra chap. II); celui de Flaubert enfin avec les pantoufles, le mouchoir, la mitaine de Louise Colet (lettres du 4-5 août, 6-7 août, 13 août 1846).

92 – Dans la version définitive, toujours plus pudique, Mme Arnoux avoue son regret «en baissant la tête».
Dans les brouillons, elle répond «d'une voix basse profonde, un peu rauque, ineffablement voluptueuse» (*Ibid.*, p. 76).

93 – Selon les Brouillons (NAF, 17610, p. 68) :
«est-elle venue pour s'offrir ? il n'en sait rien, en tout cas il fait semblant de ne pas comprendre, montre de la réserve maintes fois».

94 – Cf. Brouillons, NAF, 17608, p. 17 :
«Tintement d'oreille – Éblouissement...».

95 – Brouillons, NAF, 17603, p. 19.
Cf. *ibid.*, p. 83 (Plan du chapitre II de la deuxième partie) :
«Il n'essaie pas de baiser Mme Arnoux c'est que la chose lui semble impossible. Il n'a pas l'idée qu'elle puisse faillir. D'ailleurs elle est toujours occupée de son ménage, de ses enfants. Puis sa timidité présente se renforce de l'inaction d'autrefois. «Puisque ça n'a pas été, ce ne sera pas».

96 – Cf. *ibid.*, NAF, 17604, p. 6 :
«... il lui semblait aussi improbable de froisser sa robe et d'étreindre sa taille que d'écarter les nuages et de saisir dans ses deux bras le croissant de la lune».

97 – *Ibid.*, NAF, 17603, p. 121 :
... «Si brave, si résolu que soit un homme, il faut au moins, pensait-il, que la femme l'enhardisse par le consentement de ses yeux. Or les siens étaient impénétrables...».
... «Sphinx domestique avec les pattes de son bonnet, majestueuses comme des bandelettes sacerdotales, elle lui inspirait une curiosité âcre et dévorante...»

98 – Voir S. Freud, *La vie sexuelle*, P.U.F., 1969, chap. X, Le Fétichisme, p. 135. Freud rappelle que le pied ou la chaussure (p. 136) sont les fétiches préférés.
Cf. *Éducation sentimentale*, Ière Partie, chap. V, p. 37 :
«... comme elle descendait les marches il aperçut son pied. Elle avait de petites chaussures découvertes, en peau mordorée, avec trois pattes transversales, ce qui dessinait sur ses bas un grillage d'or».

99 – Freud, *op. cit.*, IV. Contributions à la psychologie de la vie amoureuse, II. Sur le plus général des rabaissements de la vie amoureuse :
«... presque toujours l'homme se sent limité dans son activité sexuelle par le respect pour la femme et ne développe sa pleine puissance que lorsqu'il est en présence d'un objet sexuel rabaissé» (p. 61).

100 – NAF, 17603, pp. 93, 105 :

«Quelquefois par suite d'un frôlement ou d'une odeur ou qu'il vît un peu plus de sa peau, il arrivait à bander, alors une pudeur, une espèce d'effroi le prenait et il reportait le rêve lubrique sur Rosanette (avec la peur d'un homme qui va faire une profanation), où la réalisation du rêve était plus facile, d'un espoir plus immédiat. Et auprès de celle-ci quand ça devenait plus sérieux et plus élevé, il pensait à Mme Arnoux (...) comme seule digne de cette émotion».

101 – Cf. E. et J. de Goncourt, *op. cit.*, «Le vieux monsieur» : «Il fait porter à la lorette, de chez Chevet, le premier régime de bananes».

102 – Cf. Brouillons, NAF, 17604, p. 10 :
«il la dénudait».

103 – NAF, 17603, verso p. 179; cf. *ibid.*, 17604, p. 5 : «il avait envie de la violer comme un sauvage».

Ibid., 17603, p. 230, Plan-scénario (IIe Partie, chap. III) : «quelquefois il a des envies de sauter dessus...».

104 – Selon Freud, *op. cit.*, p. 61, «le courant tendre» et «le courant sensuel» ne fusionnent pas chez bon nombre de ses contemporains par suite de «*la fixation incestueuse intensive de l'enfance et de la frustration réelle de l'adolescence*». Parce que dans leur jeunesse ils se voyaient «interdire la satisfaction sur un objet étranger presque aussi rigoureusement que sur un objet incestueux», ils considérèrent l'acte sexuel «comme quelque chose de rabaissant, qui ne tache et ne souille pas que le corps». Ce qu'écrit Freud sur la société viennoise en 1910 est déjà valable pour la société française de la Monarchie de Juillet et du Second Empire, les structures de la famille bourgeoise n'ayant pas radicalement changé en un demi-siècle.

105 – Cf. *Mémoires d'un fou* (section XV) : l'adolescent est incapable de répondre à l'amour de la jeune anglaise. Or ce personnage présente assez d'analogies avec celui de Louise Roque pour qu'on soit en droit de considérer qu'il en figure un premier avatar. Certes Frédéric n'est pas Flaubert; les peurs des personnages (autobiographique et romanesque) toutefois révèlent les tendances inconscientes/conscientes de leur créateur. La biographie, telle que la correspondance nous la donne à lire (voir lettre à L. Colet, 22 septembre 1846), confirme a posteriori ce qui a été précocement fixé et que délivre la confession autobiographique de l'adolescence, en en laissant percevoir les causes profondes comme peut le faire une parole de l'inconscient.

106 – Sur le rapport entre l'expérience vécue par Flaubert à Trouville pendant l'été 1836 et la confession autobiographique de 1838, voir lettre à Élisa Schlésinger du 2 octobre 1856 :
«... Maurice qui avait rapporté de Honfleur, et *à pied*, un melon gigantesque sur son épaule...» (souligné par Flaubert).

107 – Freud, *op. cit.*, p. 49.

108 – Thèse défendue par Gérard-Gailly in *Les Fantômes de Trouville*, 1930, *L'Unique passion de Flaubert*, 1932, *Le Grand Amour de Flaubert*, Aubier, 1944.

Il est évident que Flaubert puise dans son fonds personnel pour créer Frédéric mais il est non moins évident que ce dernier n'est pas Flaubert. La création de ce personnage est pour le romancier une nouvelle occasion, (après la création de Jules dans l'*Éducation* de 1845, d'Emma...), de régler son compte au romantique qu'il a été, comme le signifie son ironie à l'égard de son personnage : «Il trouvait que le bonheur mérité par l'excellence de son âme tardait à venir» (p. 9); par exemple; ou bien encore la notation suivante dans l'évocation de la romance orientale : ... «les battements de la machine coupaient la mélodie à *fausse mesure*» (p. 10) (souligné par nous).

109 – «Winterhalter a peint au moins neuf fois l'impératrice Eugénie et toutes les dames de la Cour défilent dans son atelier».

Stevens «fut le maître de la représentation d'un certain aspect de la vie des décennies 1850 et 1860 : les intérieurs opulents, les longs après-midi d'oisiveté, la beauté des femmes, la splendeur et l'élégance de leur toilette. Stevens menait une existence agréable dans la société des femmes du monde de Paris; il était reçu par exemple par la princesse Mathilde, la comtesse de Pourtalès et la princesse de Metternich (qui toutes lui prêtaient des robes pour ses modèles)...».

Catalogue de l'exposition *L'Art en France sous le Second Empire*, organisée au Grand Palais, 11 mai - 13 août 1979, Éditions de la Réunion des musées nationaux, Paris, 1979, pp. 413, 409.

Cette liste n'a évidemment rien d'exhaustif. On pourrait encore citer des œuvres que Delacroix et Ingres ont exposées au Salon pendant cette période, évoquer certains tableaux des jeunes Degas et Monet (voir supra note 9).

110 – Julien Gracq, *En lisant, en écrivant*, José Corti, 1981, p. 79.

111 – Cf. supra n. 41.

112 – J. Gracq, *op. cit.*, p. 81.

113 – Voir encore à ce sujet la lettre que Flaubert envoie en juin 1867 aux Goncourt sur le point de partir pour Vichy :
«Le Dr Willemin, auquel je vous adresse, quoique marié et père d'une nombreuse famille, vous indiquera où se trouve le b... et se ferait même un plaisir de vous y conduire. Bref, je crois que vous le trouverez gentil».

114 – Dans *Les Forces perdues* (*op. cit.*, p. 172) M. du Camp affirme que la maternité est la plus belle fonction de la femme : devenue veuve, Mme Darglail consacre sa vie à l'éducation de son fils Horace. De même Henriette, la cousine «anglaise» de ce dernier, est bien élevée car toute son éducation tend à faire d'elle une épouse et une mère modèle (p. 54).

CHAPITRE V

1 – Voir lettre à G. Sand, 24, 29 avril 1871, 16 avril 1872.

2 – Voir lettre à Mme Brainne, 18 juillet 1875. Si Flaubert est «ruiné» en 1875 c'est qu'il a abandonné 1.200.000 francs à E. Commanville, le franc 1875 valant six fois le franc lourd 1980 (H. Mitterand, *Le Discours du Roman*, PUF écriture, 1980, p. 245).

3 – Voir lettres à Mme Roger des Genettes, 5 Oct. 1872, juin 1875; à Mme Brainne

5 oct. 1872, 25 févr. 1875 ; à sa nièce Caroline, 5 avril 1871 ; à G. Sand, 28 févr.
1874, 10 mai 1875, 1er mai 1874, 26 mai 1874, 27 mars 1875, 12 janv. 1870,
fin mai 1870.

4 – Voir M. Nadeau, *Gustave Flaubert écrivain*, Les Lettres Nouvelles, 1980,
pp. 234, 235, 236.

5 – Cf. R. Debray Genette, «Les figures du récit dans *Un Cœur simple*», *Poétique*,
n° 3, 1970, Éd. du Seuil, pp. 348-364.

6 – Cf. lettres à G. Sand (10 sept. 1870) : «Je maudis les femmes, c'est par elles
que nous périssons»...
(25 nov. 1872) : «... la femme matériellement parlant, n'a jamais été dans mes
habitudes (...). J'ai aimé plus que personne (...). Et puis le hasard, la force des
choses fait que la solitude s'est peu à peu agrandie autour de moi, et maintenant je suis seul, absolument seul»...
(28 févr. 1874) : «Ce que vous me dites (...) de vos chères petites m'a remué
jusqu'au fond de l'âme. Pourquoi n'ai-je pas cela ? (...) Mais on ne fait pas sa
destinée, on la subit. J'ai été lâche dans ma jeunesse, j'ai eu peur de la vie !
Tout se paye».

7 – Cf. M. Robert, *op. cit.*, p. 338, n. 1.

8 – *Ibid.*, p. 335.

9 – *La Tentation de Saint Antoine*, version définitive 1874, *O.C.*, t. I, 523, 566 ;
souligné par nous.

10 – M. Robert, *op. cit.*, p. 336. A noter cependant l'*ambiguïté* du souhait final
d'Antoine qui est *aussi* désir de «s'identifier à tout, de communiquer avec tout,
pour atteindre le bonheur de l'union fondamentale». J. Levaillant («Flaubert
et la matière», *Europe*, n° spécial Flaubert, sept.-oct.-nov. 1969, pp. 202-209)
remarque très justement que cette «osmose entre l'homme et la nature» est
complète» lors du séjour de Frédéric avec Rosanette à Fontainebleau alors que
l'amour du héros et de Mme Arnoux «ne peut vivre que si, oubliant la matière,
il efface les contours des choses dans un espace sans rien». On serait donc
tenté de conclure que l'ambiguïté du souhait d'Antoine signifie à la fois une
nostalgie essentielle, consécutive à la fixation au stade pré-œdipien, *et* le malaise qu'implique inévitablement cette nostalgie. Aussi «l'osmose entre l'homme
et la nature» n'est-elle possible que dans la mise en scène de l'amour éprouvé
pour la lorette et radicalement impossible dans celle de l'amour éprouvé pour
la madone.

11 – Voir *La Tentation de Saint Antoine* (1874), *O.C.*, t. I, pp. 523, 524, 566.

12 – *Rage et impuissance*, *O.C.*, t. I, p. 83.

13 – Cf. lettre à G. Sand, 19 juin 1876.

14 – Voir supra l'influence de cette lecture sur la formation d'Emma, sur l'attachement de Louise Roque à Frédéric Moreau.

15 – Lettre à G. Sand, 19 juin 1876.

16 – Quoi qu'en dise Flaubert dans sa lettre du 19 juin à G. Sand.

17 – A. Martin-Fugier, *La Place des bonnes, La Domesticité féminine à Paris en 1900*,

Figures, Grasset, 1979, pp. 145-149.

18 – Cf. lettre à Melle Leroyer de Chantepie, 30 mars 1857.

19 – Voir R. Balibar, *Les Français fictifs, le rapport des styles littéraires au français national*, Hachette Littérature, 1974, pp. 121-123, 127-128.

20 – Cf. lettre à G. Sand, 27 nov. 1872 : «Je trouve que l'intérêt baisse un peu quand Nanon se met en tête de devenir riche. *Elle devient trop forte, trop intelligente...*» (souligné par nous).
Voir G. Sand, *Jeanne*, édition critique originale établie par S. Vierne, PUG 1978, Introd., pp. 21-23.

21 – Lettre à Mme Roger des Genettes, 19 juin 1876.

22 – Cité par Helen Grace Zagona, *The Legend of Salome and the Principle of Art for Art's sake*, Droz Minard, 1960, p. 77; souligné par nous.

23 – «C'est sa présence qui fait naître les (graves) ennuis d'Hérode et ses intrigues qui font progresser l'action» (H.G. Zagona, *op. cit.*, p. 72, traduit par nous).

24 – En opposition avec la taille «raidie» par le corset dont le costume féminin, occidental et bourgeois, au XIXe siècle, impliquait le port obligatoire; le corset assure la *décence du maintien* et emprisonne le corps féminin; l'absence de corset est moyen de le dénuder.

25 – Cf. *Voyage en Orient, Égypte, O.C.*, t. II, p. 573.

26 – Cf. *Novembre, O.C.*, t. I, p. 272; *Voyage en Orient*, pp. 574, 576, 561.

27 – Cf. J. de Palacio, «Motif privilégié du jardin des supplices : le mythe de la décollation et le décadentisme», *Revue des Siences humaines*, n° 153, janv. mars 1974, p. 42. Voir supra, chap. III, l'interprétation du mythe de Judith et Holopherne par Flaubert.

28 – Cité par J. Selz, *Gustave Moreau*, Flammarion 1978, p. 51.

29 – J.K. Huysmans, *A Rebours*, UGE 1975, pp. 113, 114, 116, 117.

30 – La section XX des *Mémoires d'un fou* (*O.C.*, p. 244) résume toutes ces obsessions.

31 – Nous renvoyons à la dernière édition de *Bouvard et Pécuchet*, présentée et établie par C. Gothot-Mersch, Gallimard, 1979.

32 – Cf. *Éducation sentimentale*, Ière Partie, chap. V, *O.C.*, p. 27.

33 – J. Borie, *op. cit.*, p. 37.

34 – Cf. documents inédits sur les leçons de Charcot à La Salpêtrière, séance du 25 nov. 1877, cités par M. Foucault, *Histoire de la Sexualité*, t. I, *La Volonté de savoir*, NRF Gallimard 1976, p. 75, n. 1.

35 – Les cheveux encombrent la boîte où Rodolphe conserve les «souvenirs» de ses maîtresses.

36 – Voir supra chap. IV le sens sociologique de «s'amuser».

37 – A propos de *La Commune* de 1871, Flaubert met «dans le même sac» bourgeois et ouvriers, «et qu'on foute le tout ensemble dans la rivière !» (lettre à G. Sand, 30 avril 1871).

38 – De même qu'il a été victime du mythe des Vésuviennes dans *L'Éducation sentimentale*, Flaubert ne manifeste pas plus d'esprit critique à propos des fables concernant les «pétroleuses» de *La Commune* : voir lettre à la Princesse Mathilde, 6 sept. 1871.

39 – Comme le montre M. Agulhon, «L'Historien et le célibataire – A propos de Jean Borie : *Le Célibataire français*», *Romantisme*, n° 16, 1977, pp. 95-100.

40 – Cf. lettres à E. Feydeau, 11 janv. 1859, début févr. 1859.

41 – Cf. *ibid.*, 11 janv. 1859 : «*Le culte de la mère* sera une des choses qui feront pouffer de rire les générations futures»... (en italique dans le texte).

42 – Cf. lettre à Melle Leroyer de Chantepie, 30 mars 1857 (la troisième que Flaubert lui adresse et où il résume son itinéraire moral et intellectuel : malgré ses lacunes, ses insuffisances (qui sont le propre de toute auto-analyse), ses interprétations (qui masquent et révèlent à la fois, comme «la maladie nerveuse», l'importance de la naissance et de la vie à l'hôpital de Rouen) le sens de ce mythe personnel rejoint les conclusions qu'impose la lecture de l'œuvre de l'écrivain.

CONCLUSION

1 – Voir M. Foucault, *op. cit.*, pp. 143, 144.

2 – Pour ces plans et projets inédits, outre M.J. Durry, *op. cit.*, voir *Sous Napoléon III*, manuscrit autographe, 5 ff., B.N., Mss, n.a.fr. 16432, Vente Franklin-Grout, Paris, n° 111b; Achat en 1968, projet de roman mettant en scène le milieu familial, la vie sentimentale agitée et la carrière d'actrice d'Aline P. (de Presles) sous le Second Empire. Madeleine Cottin («Sous Napoléon III, Projet de roman par Flaubert», *Bulletin du bibliophile* 1974, III, pp. 233-248, propose de dater ces lignes de 1877. Voir aussi *Sous Napoléon III*, Scénario autographe 2 p. sur un feuillet, B.N., Mss, n.a.fr. 16432, Achat 1980, Vente du 17 juin 1980 n° 46.

3 – M.J. Durry, *op. cit.*, pp. 34, 35, 39.

4 – *Ibid.*, p. 258.

5 – Cf. E. Saïd, *L'Orientalisme, l'Orient créé par l'Occident*, Seuil 1981.

6 – Voir lettres à L. Colet, 31 mars 1853, 11 déc. 1852.

7 – M. Foucault, *op. cit.*, p. 165-166.

8 – M.J. Durry *op. cit.*, p. 361. Cf. *ibid.*, p. 192.

9 – Cf. M. Foucault, *op. cit.*, p. 137. Selon Charcot, le premier geste thérapeutique est de séparer le patient de sa famille et, pour mieux l'observer, de n'écouter cette dernière que le moins possible (*ibid.*, p. 147).

10 – *Mémoires d'un fou*, O.C., t. I, p. 237.

BIBLIOGRAPHIE

MANUSCRITS

— FLAUBERT

1. Œuvres de jeunesse :

   — *La Fiancée et la Tombe, conte fantastique*, Paris B.N., N.A.F. 14 139.

   — *Deux Amours et deux Cercueils*, Paris B.N., N.A.F. 14 143.

   — *«G. Flaubert»* (Scénario), Paris B.N., N.A.F. 14 146.

   — *Gve Flaubert «Scénario»*, Paris B.N., N.A.F. 14 146.

   — *Madame d'Ecouy*, Paris B.N., N.A.F. 14 146.

   — *La Grande Dame et le Joueur de vielle ou la Mère et le Cercueil*, Paris B.N., N.A.F. 14 147.

2. *Carnets de Voyage*, n° 4, Bibliothèque Historique de la ville de Paris.

3. Manuscrit de *L'Éducation sentimentale*, 13 vol., Paris B.N., N.A.F. 17 599 - 17 611.

4. *Sous Napoléon III*, Manuscrit autographe, Paris B.N., N.A.F. 16 432 (Vente Franklin - Grout Paris n° 111 b. Achat en 1968).

   Sous Napoléon III, Scénario autographe, Paris B.N., N.A.F., 16 432 (Vente du 17 juin 1980 n° 46. Achat 1980).

— *Club des Femmes en 1848*. Manuscrit de la main de Madame Schlésinger, Rouen, B.M., mss, g. 226[4], fol. 160-163.

ŒUVRES ÉDITÉES
ET CORRESPONDANCE IMPRIMÉE DE FLAUBERT

— *Les Œuvres de Gustave Flaubert*, Éditions Rencontre, Lausanne, 1964 (Œuvres et Correspondance, 18 vol., édition établie par Maurice Nadeau).

— *Flaubert, Œuvres complètes*, 2 vol., L'Intégrale, Seuil, 1964. Préface de Jean Bruneau. Présentation et notes de Bernard Masson.

— *Œuvres complètes de Gustave Flaubert*, 16 vol., Club de l'Honnête homme, 1971-1975.

— *Madame Bovary*, Introduction de Claudine Gothot-Mersch, Garnier, 1971.

— *L'Éducation sentimentale*, 2 vol., édition d'Alan Raitt, Imprimerie Nationale, 1979.

— *Bouvard et Pécuchet*, édition de Cl. Gothot-Mersch, Folio Gallimard, 1979.

— *Madame Bovary*, Ébauches et fragments inédits, recueillis d'après les manuscrits par Mlle Gabrielle Leleu, 2 vol., Paris, Conard 1936.

— *Madame Bovary, Nouvelle Version précédée des scénarios inédits.* Textes établis sur les manuscrits de Rouen avec une introduction et des notes par Jean Pommier et Gabrielle Leleu, José Corti, 1949.

— *Souvenirs, notes et pensées intimes*, Avant-propos de Lucie Chevalley Sabatier, Buchet/Chastel, Paris 1965.

— *Correspondance inédite*, 4 vol., Paris, Louis Conard, Jacques Lambert, Librairie-éditeur, 1953.

— *Lettres inédites de Gustave Flaubert à son éditeur Michel Lévy*, Calmann-Lévy, 1965.   ʼ

— *Lettres à Baudelaire*, publiées par Claude Pichois, La Bâconnière, Neuchâtel, 1973.

— *Correspondance*, tome I, 1830-1851, édition présentée, établie et annotée par Jean Bruneau, Pléiade, NRF, Gallimard 1973.

— *Correspondance*, tome II, 1851-1858, édition présentée, établie et annotée par Jean Bruneau, Pléiade, NRF, Gallimard 1980.

— *Gustave Flaubert - George Sand, Correspondance*, Texte édité, préfacé et annoté par Alphonse Jacobs, Flammarion 1981.

DICTIONNAIRES

- DELVAU (Alfred), *Dictionnaire de la Langue verte*, Argots parisiens comparés, 2e édition, Paris, Dentu, 1866.
- LAROUSSE (Pierre), *Grand Dictionnaire universel du XIXe siècle*, 15 vol., Paris 1865-1876; 2 vol. de supplément 1878, 1890.
- LITTRÉ (Émile), *Dictionnaire de la Langue française*, édition nouvelle, 4 vol., Éditions du Cap, Montecarlo 1962.

JOURNAUX ET PÉRIODIQUES DU XIXe SIECLE

- *Le Colibri* (années 1834-1841), Rouen, B.M.
- *Le Droit des Femmes* (année 1869), Paris, B.N.
- *Le Musée des Familles* (années 1833-1840), Paris, B.N.
- *Revue des Deux-Mondes* (année 1848), Paris, B.N.
- *Revue de Paris* (années 1831-1835), Paris, B.N.
- *La Vie Parisienne* (années 1863-1867), Paris, B.N.
- *La Voix des Femmes* (mars-juin 1848), Paris, B.N.

TEXTES ET ŒUVRES

– XVIIIe SIECLE

- MERCIER (Louis-Sébastien), *Le Tableau de Paris*, Maspero, 1979.

– XIXe SIECLE

- AUDEBRAND (Philibert), *P.J. Proudhon et l'Écuyère de l'Hippodrome, Scènes de la vie littéraire*, Librairie F. Henry, 1868.
- AUREVILLY (Barbey d') :
  . *Les Diaboliques*, Le Club français du livre, 1955.
  . *Une Histoire sans nom*, suivie de *Une Page d'Histoire, Le Cachet d'onyx* et de *Léa*, Folio Gallimard, 1972.
- BALZAC (Honoré de), *La Comédie humaine*, 24 vol., Éditions Rencontre, Lausanne, 1958-1960.
- BANVILLE (Théodore de), *Critiques*, Fasquelle, 1917.

— BAUDELAIRE (Charles) :
. *Curiosités esthétiques*, La Guilde du Livre, Lausanne, 1949.
. *Les Paradis artificiels*, suivis des *Journaux intimes*, La Guilde du Livre, Lausanne, 1950.

— BOREL (Pétrus), *Rhapsodies*, Éditions La Force Française, 2e vol., 1922.

— BOUILHET (Louis) :
. *Meloenis*, Petite Bibliothèque littéraire, A. Lemerre, Paris, s.d.
. *Poèmes. Festons et Astragales*, Paris, Bourdilliat, 1859.

— CLAIRVILLE (Louis F.N.) et CORDIER (Jules), *Le Club des Maris et le Club des Femmes*, Paris, Beck 1848, Théâtre de Vaudeville.

— COLET (Louise), *Réveil de la Pologne*, Paris, Impr. de A. René, 1846.

— COMTE (Auguste) :
. *Cours de Philosophie positive*, 4e éd., tome IV, Baillière et Fils, 1877.
. *Discours sur l'ensemble du positivisme*, Société positiviste internationale, 1907.
. *Système de Politique positive*, Mathias Valmont, 1851-1854.

— DAUMIER (Honoré), *Intellectuelles (Bas-bleus) et Femmes Socialistes*, Préface de Françoise Parturier. Catalogue et notices de Jacqueline Armingeat, Éditions Vilo, Paris Éditions A. Sauret, 1974.

— DEMAR (Claire), *L'Affranchissement des femmes*, Payot, 1976.

— DU CAMP (Maxime) :
. *Les Forces perdues*, Bibliothèque contemporaine, Paris, Lévy frères, 1867.
. *Souvenirs de l'année 1848*, Paris Hachette, 1876.
. *Souvenirs littéraires*, extraits publiés in *Flaubert Œuvres complètes*, tome I, L'Intégrale, Seuil, 1964.

— DUMAS (Alexandre), *Œuvres complètes*, Paris, Calmann-Lévy 1899.

— FEYDEAU (Ernest), *Fanny*, Paris, Amyot 1858.

— FOURIER (Charles) :
. *Hiérarchie du cocuage*, éd. définitive colligée sur le manuscrit original par René Maublanc, Paris, Éd. du Siècle, Éditions d'Aujourd'hui, 1975.
. *Le Nouveau monde amoureux, Œuvres complètes*, Éd. Anthropos 1967.
. *Théorie des quatre mouvements et des destinées générales, Œuvres complètes*, Éd. Anthropos, 1967.

— GAUTIER (Théophile) :
  . *Œuvres humoristiques*, Avant-propos signé Arsène Houssaye. (*Les Jeunes France — Sous la table. Onuphrius. Daniel Jovard. Celle-ci et celle-là. Wildmanstadius. Le Bol de punch. Une Larme du Diable*), Paris, V. Lecou, 1851.
  . *Le Roman de la Momie* précédé de trois contes antiques, *Une Nuit de Cléopâtre, Le Roi Candaule, Arria Marcella*, Garnier 1955.

— GAVARNI, *Œuvres choisies*, édition spéciale comprenant : *Les Enfants terribles*, traduction en langue vulgaire. *Les Lorettes. Les Actrices. Fourberies des femmes en matière de sentiment. Clichy. Paris le soir. Le Carnaval à Paris. Paris le matin. Les Étudiants de Paris. La Vie de jeune homme. Les Débardeurs.* Suivies de l'œuvre complète publiée dans *Le Diable à Paris* sous le titre *Les Gens de Paris.* 520 dessins avec leurs légendes, Paris, Aux bureaux du Figaro et de l'Autographe, 14 rue Grange-Batelière, 1864. Préface de Théophile Gautier.

— GONCOURT (Edmond et Jules de) :
  . *Germaine Lacerteux*, avec postface d'Enzo Caramaschi, Edizioni Scientifiche Italiane, Napoli, Librairie A.G. Nizet, Paris 1968.
  . *Journal - Mémoires de la vie littéraire*. Avant-propos de l'Académie Goncourt. Texte intégral établi et annoté par Robert Ricatte. Les Éditions de l'Imprimerie Nationale de Monaco, 1956.
  . *La Lorette*, illustrée par Gavarni, Dentu, 1853.

— HUART (Louis), *La Physiologie de la grisette*, illustrée par Gavarni, Aubert 1841.

— HERICOURT (Jenny d'), *La Femme affranchie*, Lacroix 1860.

— HUGO (Victor) :
  . *Journal 1830-1848*, publié et présenté par Henri Guillemin, Paris, Gallimard 1954.
  . *Œuvres complètes : Romans, Théâtre complet, Œuvres poétiques*, 24 vol., Lausanne, Éditions Rencontre, 1959-1962.

— HUYSMANS (Joris-Karl), *A Rebours*, Union Générale d'Éditions 10/18, 1975.

— LAMARTINE (Alphonse de) :
  . *La Chute d'un ange, Épisode*, Paris, Hachette et Cie, Furne, Jouvet et Cie, Pagnerre, Éditeurs, 1877.
  . *Geneviève, Histoire d'une servante*, Paris 1851.

— LAMBER (Juliette), *Idées anti-proudhoniennes*, Paris, Dentu 1861.

— LAMENNAIS (F.) et CONSTANT (A.), *Le Deuil de la Pologne, Protes-*

tations de la démocratie française et du socialisme universel, Paris, Ballay Aîné, Éd. 1847.

— LEGOUVE (Gabriel), *Le Mérite des femmes*, Paris, Taride, 1858.

— MAUPASSANT (Guy de), *Chroniques*, 3 vol., Union Générale d'Éditions, 10/18, 1980.

— MICHELET (Jules) :
  . *L'Amour*, éd. Hechette 1859, 3e éd.
  . *La Femme, Œuvres complètes de J. Michelet*, Paris, Flammarion, s.d., éd. défin. rev. et corr.
  . *Le Peuple*, Société des Textes français modernes, Paris, Didier 1946.
  . *La Sorcière*, éd. Garnier-Flammarion 1966.

— MILL (John Stuart) :
  . *L'Asservissement des femmes*, Payot, 1975, préface et traduction de Marie-Françoise Cachin.
  . *Lettres inédites à Auguste Comte*, publiées avec les réponses d'A. Comte, Félix Alcan 1889.

— MOREAU (Gustave) :
  . *Gustave Moreau*, présenté par Jean Selz, Flammarion 1978.
  . Voir Catalogues.

— MUSSET (Alfred de) :
  . *Œuvres complètes en prose*, Pléiade, Gallimard, 1951.
  . *Poésies complètes*, Pléiade, Gallimard, 1951.
  . *Théâtre complet*, Les Classiques verts, Les Éditions Nationales, Paris 1948.

— PROUDHON (Pierre-Joseph) :
  . *Œuvres complètes*, nouvelle édition publiée avec des notes et des documents inédits, sous la direction de C. Bouglé et de H. Moysset, Paris, M. Rivière, 1923.
  . *Textes choisis*, Club français du Livre, 1952.

— SAINTE-BEUVE (Charles-Augustin de) :
  . *Causeries du Lundi*, tome 13, Garnier frères, 1858.
  . *Nouveaux Lundis*, Paris, Michel Lévy, 1865.
  . *P.J. Proudhon, sa vie et sa correspondance 1838-1848*, Paris, A. Costes, 1947.

— SAND (George) :
  . *Jacques*, Présentation de Georges Lubin, Les Introuvables, Éditions d'Aujourd'hui, 1976.
  . *Jeanne*, édition critique originale établie par Simone Vierne, PUG 1978.

. *Lélia*, Présentation de G. Lubin, Les Introuvables, Éditions d'Aujour-
d'hui, 1976.

. *Leone Leoni*, Présentation de G. Lubin, Les Introuvables, Éditions
d'Aujourd'hui, 1976.

. *Nanon*, Présentation de G. Lubin, Les Introuvables, Éditions d'Aujourd'hui 1976.

. *Le Secrétaire intime*, Paris, F. Bonnaire 1837.

. *Valentine*, Présentation de G. Lubin, Les Introuvables, Éditions
d'Aujourd'hui, 1976.

— STENDHAL, *Romans et nouvelles*, (2 vol.), Pléiade, Gallimard 1952.

— STERN (Daniel) (Madame d'Agoult), *Histoire de la Révolution de
1848*, Paris, Calmann-Lévy 1878.

— TAINE (Hippolyte), *Notes sur Paris, Vie et Opinions de M. Frédéric-
Thomas Graindorge, docteur en philosophie de l'Université d'Iéna,
principal associé commanditaire de la maison Graindorge and C^O (Hui-
les et porc salé à Cincinnati, États-Unis d'Amérique. Recueillis par
H. Taine, son exécuteur testamentaire*, Paris, Hachette 1867.

— *LES VÉSUVIENNES ou la Constitution politique des Femmes*, par
une Société de Françaises. Pour tous et Pour toutes (Flora Tristan).
Paris, Imprimerie d'Édouard Bautruche, 1848.

— VOILQUIN (Suzanne), *Les Mémoires d'une fille du peuple*, Actes et
Mémoires d'un peuple, Maspero 1978.

OUVRAGES CRITIQUES

— ALBOUY (Pierre) :
. *Mythes et Mythologies dans la littérature française*, Colin, 1969.
. *Mythographies*, José Corti, 1976.

— AUERBACH (Erich), *Mimésis, la représentation de la réalité dans la
littérature occidentale*, Gallimard, 1968.

— BALIBAR (Renée), *Les Français fictifs, le rapport des styles littéraires au français national*. Présentation d'Étienne Balibar et Pierre
Macherey, Hachette Littérature, 1974.

— BANVILLE (Théodore de) : voir Textes et Œuvres du XIXe siècle.

— BART (Benjamin F.), *Flaubert*, Syracuse U.P., 1967.

— BARTHES (Roland) :
. *Le Degré zéro de l'écriture*, Médiations, Paris, Gonthier, 1969.

. *Mythologies*, Seuil, 1957.

— BAUDELAIRE (charles) : voir Textes et Œuvres du XIXe siècle.

— BEM (Jeanne), *Désir et savoir dans l'œuvre de Flaubert. Étude de La Tentation de Saint Antoine*, La Bâconnière, Langages, diffusion Payot, 1979.

— BENEDETTO (Luigi Foscolo), *Le origini di Salammbô, Studio nel realismo storico di G. Flaubert*, Firenze, R. Bemporad e figlio, Editori, 1920.

— BENVENISTE (Émile), *Problèmes de Linguistique générale*, Gallimard, 1966.

— BERTRAND (Louis), *Gustave Flaubert*, Mercure de France, 1912.

— BOLLEME (Geneviève), *La Leçon de Flaubert*, Juillard, 1964.

— BORIE (Jean), *Le Célibataire français*, Le Sagittaire, Paris, 1976.

— BROMBERT (Victor) :
. *Flaubert par lui-même*, Seuil, Paris, 1971.
. *The novels of Flaubert*, Princeton University Press, 1966.

— BRUNEAU (Jean) :
. *Le «Conte oriental» de Flaubert*, Documents inédits, Les Lettres Nouvelles, Denoël, 1973.

. *Les Débuts littéraires de Gustave Flaubert (1831-1845)*, Paris, A. Colin, 1962.

— BRUNEAU (Jean) et DUCOURNEAU (Jean A.), *Album Flaubert*, Pléiade, Gallimard, 1972.

— CENTO (Alberto), *Il Realismo documentario nell'«Education sentimentale»*, Editore Liguori, Napoli, 1967.

— DANGER (Pierre), *Sensations et objets dans le roman de Flaubert*, A. Colin, Paris, 1973.

— DEBRAY-GENETTE (Raymonde), *Flaubert*, Miroir de la critique, Didier, 1970.

— DUCHET (Claude), *Sociocritique*, Nathan-Université, 1979.

— DUMESNIL (René) :
. *Flaubert — Son hérédité — Son milieu — Sa méthode*, Paris, Société d'Imprimerie et de Librairie, 1905.
. *Gustave Flaubert, l'homme et l'œuvre*, Desclée de Brouwer, 1932.

— DUMESNIL (R.) et DEMOREST (D.L.), *Bibliographie de Gustave*

Flaubert, Giraud-Badin, 1937.

— DURRY (Marie-Jeanne), *Flaubert et ses projets inédits*, Nizet, 1950.

— ESCHOLIER (R.), *Delacroix*, Paris, Floury 1926-28, vol. I.

— FAUCHERY (Pierre), *La Destinée féminine dans le roman européen du dix-huitième siècle (1713-1807), Essai de gynécomythie romanesque*, Service de reproduction des thèses, Université de Lille III, 1972.

— GAULTIER (Jules de) :
.*Le Bovarysme. La Psychologie dans l'œuvre de Flaubert*, Cerf, 1892.
. *Le Bovarysme*, Société du Mercure de France, Paris, 1902.
. *Le Génie de Flaubert*, Mercure de France, 1913.

— GENETTE (Gérard), *Figures* I, III, Seuil, 1966, 1972.

— GERARD-GAILLY :
. *Flaubert et «Les fantômes de Trouville»*, Paris, La Renaissance du Livre, 1930.
. *L'Unique passion de Flaubert : «Madame Arnoux»*, Paris, Le Divan, 1932.
. *Le Grand Amour de Flaubert*, Paris, Aubier, 1944.

— GIRARD (René), *Mensonge romantique et Vérité romanesque*, Grasset, 1961.

— GOTHOT-MERSCH (Claudine), *La Genèse de Madame Bovary*, Corti, 1966.

— GRACQ (Julien), *En lisant, en écrivant*, José Corti, 1981.

— LATTRE (Alain de), *La Bêtise d'Emma Bovary*, José Corti, 1980.

— LUCKACS (Georg) :
. *Le Roman historique*, Bibliothèque Historique, Payot, 1965.
. *La Théorie du Roman*, Bibliothèque Médiation, Gonthier, 1963.

— MAUPASSANT (Guy de) : voir Textes et Œuvres du XIXe siècle.

— MAURON (Charles), *Des métaphores obsédantes au mythe personnel. Introduction à la psychocritique*, José Corti, 1962.

— MICHEL (Arlette), *Le Mariage et l'Amour dans l'œuvre romanesque d'Honoré de Balzac*, Atelier de Reproduction des thèses, Université Lille III, 1976.

— MITTERAND (Henri), *Le Discours du roman*, PUF Écriture 1980.

— NADEAU (Maurice), *Gustave Flaubert, écrivain. Essai*, Les Lettres Nouvelles / Maurice Nadeau, 1980.

— POULET (Georges) :
.*Études sur le temps humain*, Plon, 1949.
.*Les Métamorphoses du cercle*, Plon, 1961.

— PRAZ (Mario), *La Chair, la Mort et le Diable dans la littérature du 19e siècle. Le Romantisme noir*, Denoël, 1977.

— REIK (Theodor), *Flaubert und seine «Versuchung des heiligen Antonius», ein Beitrag zur Künstlerpsychologie* (Flaubert et sa «Tentation de Saint Antoine» : contribution à la psychologie de l'artiste), Minden, 1912.

— RICHARD (Jean-Pierre), *Littérature et Sensation, Stendhal Flaubert*, Points, Seuil, 1970.

— ROBERT (Marthe), *Roman des origines et origines du roman*, Grasset, 1972.

— ROUSSET (Jean), *Forme et Signification, Essai sur les structures littéraires de Corneille à Claudel*, José Corti, 1962.

— SAINTE-BEUVE (Charles-Augustin de) : voir Textes et Œuvres du XIXe siècle.

— SARTRE (Jean-Paul), *L'Idiot de la famille*, 3 vol., Gallimard, Paris 1971-1972.

— SCHWAB (Raymond), *La Renaissance orientale*, Payot, 1950.

— SILER (Douglas), *Flaubert et Louise Pradier, le texte intégral des Mémoires de Madame Ludovica*, Archives des Lettres modernes, Minard, 1973.

— THIBAUDET (Albert), *Gustave Flaubert*, Gallimard, 1935.

— VIAL (André), *Le Dictionnaire de Flaubert ou le rire d'Emma Bovary*, Nizet, 1974.

— ZAGONA (Helen Grace), *The Legend of Salome and the Principle of Art for Art's sake*, Droz, Minard, 1960.

— ZELDIN (Théodore), *Ambition, Love and Politics*, Oxford University Press 1973 et 1977, éd. française Recherches, 1978.

ARTICLES ET ÉTUDES

— AGULHON (Maurice), «L'historien et le célibataire. A propos de Jean Borie : *Le Célibataire français*», *Romantisme* n° 16.

— BARTHES (Roland) :
. «Introduction à l'analyse structurale des récits», *Communications* n° 8.
. «L'Effet de réel», *Communications* n° 11.

— BELLET (Roger), «La femme dans l'idéologie du Grand Dictionnaire universel de Pierre Larousse», *La Femme au XIXe siècle, Littérature et idéologie*, sous la direction de R. Bellet, P.U.L., 1978.

— BROMBERT (Victor), «La première Éducation sentimentale, roman de l'artiste», *Europe* (Colloque Flaubert Rouen), septembre-octobre-novembre 1969.

— BURGELIN (Claude), «La flaubertolâtrie», *Littérature* n° 15.

— CLÉMENT (Catherine), «Michelet et Freud : de la sorcière à l'hystérique», *Europe*, n° spécial Michelet, novembre-décembre 1973.

— COTTIN (Madeleine), «Sous Napoléon III, Projet de roman par Gustave Flaubert», *Bulletin du Bibliophile*, 1974.

— CROUZET (Michel) :
. «Le style épique dans *Madame Bovary*», *Europe*, (septembre-octobre-novembre 1969).
. «Sur le grotesque triste dans *Bouvard et Pécuchet*», *Flaubert et le comble de l'Art*, CDU-SEDES 1981.

— CZYBA (Lucette) :
. «Notes sur l'argent dans *Madame Bovary*», *Journée de travail sur Madame Bovary*, ENS rue d'Ulm, 3 février 1973, dactylographié et diffusé par la Société des Études Romantiques.

. «Les avatars de l'image de la femme dans la Trilogie de Jacques Vingtras», *Colloque Jules Vallès*, P.U.L., 1976.

. «L'idéologie de la femme dans le *Théâtre* d'Alfred de Musset», *Europe*, n° spécial Musset, 1977.

. «Flora Tristan (1803-1844)», *Histoire Littéraire de la France*, tome 8, Éditions sociales, Paris 1977.

. «Taine-Graindorge et les clichés du bourgeois», *Romantisme*, n° spécial sur Le Bourgeois, 1977.

. «La représentation de la femme dans *L'Habitation de Saint-Domingue ou l'Insurrection*, *L'Habitation de Saint-Domingue ou l'Insurrection*, drame inédit de Charles de Rémusat (1824), édition établie d'après le manuscrit avec chronologie, introduction, notes, bibliographie et commentaires par les membres de l'Équipe de recherche associée au

C.N.R.S. 447, sous la direction de J.R. Derré, Éditions du C.N.R.S., 1977.

. «Flora Tristan : de la révolte à l'apostolat du *Tour de France*», *La femme au XIXe siècle, Littérature et Idéologie*, sous la direction de R. Bellet, P.U.L. 1978.

. «Misogynie et gynophobie dans *La Fille aux yeux d'or*», *La Femme au XIXe siècle, Littérature et Idéologie*, sous la direction de R. Bellet, P.U.L. 1978.

. «Écriture, corps et sexualité chez Flaubert», *Corps Création, entre Lettres et Psychanalyse*, sous la direction de Jean Guillaumin, P.U.L. 1980.

. «Flaubert et «la Muse» ou la confrontation de deux mythologies incompatibles», *Femmes de Lettres, Autour de Louise Colet*, P.U.L. 1982.

. «La Femme et le prolétaire dans *Le Compagnon du Tour de France*», *Colloque de Cerisy, George Sand*, CDU-SEDES, 1983.

— DEBRAY-GENETTE (Raymonde) :
. «Les figures du récit dans *Un Cœur simple*», *Poétique* n° 3.
. «Flaubert : science et écriture», *Littérature* n° 15.
. «Re-présentation d'Hérodias», *La Production du sens chez Flaubert*, Colloque Flaubert, Cerisy, Union Générale d'Éditions 10/18, 1975.

— DUBUC (André) :
. «La critique d'Amélie Bosquet sur *L'Éducation sentimentale*», *Les Amis de Flaubert* n° 26.
. «Flaubert et la rouennaise Amélie Bosquet», *Les Amis de Flaubert* n° 27.

— DUCHET (Claude) :
. «Roman et objets», *Europe* (septembre-octobre-novembre 1969).

. «Corps et société : le réseau des mains dans *Madame Bovary*», *La Lecture sociocritique du texte romanesque*, édit. par Graham Falconer et Henri Mitterand, Samuel Stevens, Hakkert Company, Toronto, 1975.

. «Signifiance et in-signifiance : le discours italique dans *Madame Bovary*», *La Production du sens*, Colloque Flaubert, Cerisy, Union Générale d'Éditions 10/18, 1975.

. «Écriture et désécriture de l'Histoire dans *Bouvard et Pécuchet*», *Flaubert à l'œuvre*, présenté par R. Debray-Genette, Flammarion, Textes et Manuscrits, 1980.

— FALCONER (Graham), «Création et conservation du sens dans *Madame Bovary*», *La Production du sens chez Flaubert*, Colloque Flaubert, Cerizy, Union Générale d'Éditions 10/18, 1975.

— FISCHER (E.W.), «La Spirale, plan de roman de Flaubert», *La Table Ronde*, avril 1958.

— GAUDON (Jean), «Lamartine, lecteur de Sade», *Mercure de France*, 1er novembre 1961.

— KAPLAN (Edward K.), «Les deux sexes de l'esprit : Michelet phénoménologue de la pensée créatrice et morale», *Europe*, n° spécial Michelet, novembre-décembre 1973.

— KNIBIEHLER (Yvonne), «La nature féminine au temps du code civil», *Annales* n° 4.

— LÉONARD (Jacques), «Les officiers de santé en France au XIXe siècle», *Revue Française d'Éducation médicale*, juin 1979.

— LEVAILLANT (Jean), «Flaubert et la matière», *Europe*, septembre-octobre-novembre 1969.

— MASSON (Bernard) :
. «L'eau et les rêves dans *l'Éducation sentimentale*», *Europe*, septembre-octobre-novembre 1969.
. «*Salammbô* ou la barbarie à visage humain», *Revue d'Histoire Littéraire de la France*, juillet-octobre 1981.

— MOUCHARD (Claude), «La consistance des savoirs dans *Bouvard et Pécuchet*», *Revue d'Histoire Littéraire de la France*, juillet-octobre 1981.

— MOUCHARD (Claude) et NEEFS (Jacques), «Vers le second volume : *Bouvard et Pécuchet*», *Flaubert à l'œuvre*, présenté par R. Debray-Genette, Flammarion, Textes et Manuscrits, 1980.

— NEEFS (Jacques) :
. «La figuration réaliste. L'exemple de *Madame Bovary*», *Poétique* n° 16.
. «Salammbô, textes critiques», *Littérature* n° 15.
. «Le parcours du Zaïmph», *La Production du sens chez Flaubert*, Colloque Flaubert, Cerizy, Union Générale d'Éditions 10/18, 1975.

— PALACIO (Jean de), «Motif privilégié au jardin des supplices : le mythe de la décollation et le décadentisme», *Revue des Sciences Humaines* n° 153.

— PICARD (Michel), «La prodigalité d'Emma Bovary», *Littérature* n° 10.

— PONTALIS (Jean-Baptiste), «La Maladie de Flaubert», *Temps Modernes*, mars 1954 - avril 1964. Repris dans *Après Freud*.

— ROUSSET (Jean), «Positions, distances, perspectives dans *Salammbô*», *Poétique* n° 6.

— SAINTE-BEUVE (Charles-Augustin de) : voir Textes et Œuvres du XIXe siècle.

— SARRAUTE (Nathalie), «Flaubert le précurseur», *Preuves*, février 1965.

— SARTRE (Jean-Paul), «Notes sur *Madame Bovary*», reproduites par Michel Sicard, *L'Arc*, n° 79.

— SEEBACHER (Jacques), «Rapprochements chronologiques pour *Madame Bovary*», *Journée de Travail sur Madame Bovary*, ENS rue d'Ulm, 3 février 1973, dactylographié et diffusé par la Société des Études Romantiques.

— SEZNEC (Jean), «Saint Antoine et les monstres, essai sur les sources et la signification du fantastique de Flaubert», *Publications of the Modern Language Association of America*, mars 1943.

— TETU (Jean-François), «Remarques sur le statut juridique de la femme au XIXe siècle», *La Femme au XIXe siècle, Littérature et Idéologie*, sous la direction de R. Bellet, P.U.L. 1978.

— WETHERILL (Peter Michael), «C'est là ce que nous avons eu de meilleur», *Flaubert à l'œuvre*, présenté par R. Debray-Genette, Flammarion, Textes et Manuscrits, 1980.

HISTOIRE, PHILOSOPHIE, SCIENCES HUMAINES

— AGULHON (Maurice), *1848 ou l'apprentissage de la République, 1848-1852*, Seuil, 1973.

— ALBISTUR (Maïté) et ARMOGATHE (Daniel), *Histoire du féminisme*, 2 vol., Éd. des Femmes, 1977.

— ARON (Jean-Paul), *Le Mangeur du XIXe siècle*, R. Laffont, 1973.

— BADINTER (Élisabeth), *L'Amour en plus, histoire de l'amour maternel XVIIe-XXe siècle*, Flammarion, 1980.

— BEAUVOIR (Simone de), *Le Deuxième Sexe*, 2 vol., Gallimard, 1949.

— BRIQUET (P.), *Traité clinique de l'hystérie*, Paris, J.B. Baillière, 1859.

- CHARLETY (Sébastien), *Histoire du saint-simonisme*, rééd. Gonthier, Genève, 1964.

- CHATELET (Noëlle), *Le Corps à corps culinaire*, Seuil, 1977.

- CORBIN (Alain), *Les Filles de noce, Misère sexuelle et prostitution aux 19e et 20e siècles*, Aubier-Montaigne, 1978.

- FERRE (Louise-Marie), *Féminisme et positivisme*, s. l., 1938.

- FOUCAULT (Michel), *Histoire de la sexualité*, 1, *La Volonté de savoir*, NRF, Gallimard, 1976.

- FREUD (Sigmund) :
  . *Cinq Psychanalyses*, PUF, 1954.
  . *La Vie sexuelle*, PUF, 1969.
  . *L'Interprétation des rêves*, PUF, 1973.
  . *Le Mot d'esprit et ses rapports avec l'inconscient*, Idées / Gallimard, 1974.

- GAILLARD (Jeanne), *Paris, La Ville 1852-1870*, Paris, Champion, 1977.

- GIANINI BELOTTI (Elena), *Della parte delle bambine*, Feltrinelli Editore, Milano, 1973; trad. franç. *Du côté des petites filles*, Ed. des Femmes, 1974.

- GROULT (Benoîte), *Le Féminisme au masculin*, Denoël/Gonthier, 1977.

- KNIBIEHLER (Yvonne) et FOUQUET (Catherine), *L'Histoire des mères du Moyen Age à nos jours*, éditions Montalba, 1980.

- LÉONARD (Jacques) :
  . *La France médicale au XIXe siècle*, Archives n° 73, Gallimard, 1978.

  . *La Médecine entre les savoirs et les pouvoirs*, Histoire intellectuelle et politique de la médecine française au XIXe siècle, Aubier-Montaigne, 1981.

  . *Les Médecins de l'Ouest au XIXe siècle*, Honoré Champion, 1978.

  . *Les officiers de santé de la Marine Française*, de 1814 à 1835, Klincksieck, 1968.

  . *La Vie quotidienne du médecin de province au XIXe siècle*, Hachette, 1977.

- MARTIN-FUGIER (Anne), *La Place des bonnes, La domesticité féminine à Paris en 1900*, Figures, Grasset, 1979.

- SAÏD (Edward), *L'Orientalisme, l'Orient créé par l'Occident*, Seuil, 1981.

— SARTRE (Jean-Paul), *L'Etre et le néant, essai d'ontologie phénoméno-logique*, Tel Gallimard, 1979.

— SULLEROT (Évelyne) :
   . *Histoire et mythologie de l'amour*, Hachette, 1974.
   . *Histoire et sociologie du travail féminin*, Gonthier, 1968.

— THIBERT (Marguerite), *Le Féminisme dans le socialisme français de 1830 à 1850*, thèse pour le doctorat ès lettres, Paris, 1926.

— TIXERANT (Jules), *Le Féminisme à l'époque de 1848 dans l'ordre politique et dans l'ordre économique*, thèse de Droit, Paris, 1908.

— VILLIERS (Baron Marc de), *Histoire des Clubs de Femmes et des légions d'amazones, 1793, 1848, 1871*, Paris, Plon-Nourrit, 1910.

— WOOLF (Virginia), *Une Chambre à soi*, Denoël / Gonthier, 1951, traduction de Clara Malraux.

***

— *LA SAINTE BIBLE*, traduite en français sous la direction de l'École biblique de Jérusalem, 3 vol., Le Club français du livre, 1955.

***

CATALOGUES

— *L'Art en France sous le Second Empire*, catalogue de l'Exposition organisée au Grand Palais, Paris, 11 mai - 13 août 1979.

— *Gavarni*, catalogue de l'Exposition organisée par le Cabinet des Estampes de la Bibliothèque Nationale, 1954.

— *Gustave Flaubert*, Exposition du Centenaire, 19 novembre 1980 - 22 février 1981, Paris, Bibliothèque Nationale.

— *Musée Gustave Moreau*, catalogue des Peintures, Dessins, Cartons, Aquarelles, exposés dans les galeries du Musée Gustave Moreau, Éditions des musées nationaux, Paris, 1974.

INDEX

(des noms cités dans le texte et les notes)

Dans cet index figurent, en lettres capitales, les noms d'auteurs, de commentateurs, de personnages historiques et d'hommes politiques; en lettres minuscules, les noms de personnages mythologiques ou de fiction ainsi que les noms de personnages historiques devenus personnages de fiction ou mythes littéraires; avec, entre parenthèses, l'indication de l'œuvre où ils figurent, lorsqu'il est apparu utile de la donner.

TABLE DES MATIERES

412

L'impression et le brochage de cet ouvrage
ont été réalisés
par l'Imprimerie Chirat, 42540 Saint-Just-la-Pendue

Achevé d'imprimer en juin 1983
Nº d'impression 6352
Dépôt légal juin 1983

IMPRIMÉ EN FRANCE